インド 暴力と民主主義
一党優位支配の崩壊とアイデンティティの政治

Violence and Democracy in India
The Collapse of One-Party Dominant Rule and Identity Politics

中溝和弥 ──［著］
Kazuya NAKAMIZO

東京大学出版会

Violence and Democracy in India:
The Collapse of One-Party Dominant Rule and Identity Politics
Kazuya NAKAMIZO
University of Tokyo Press, 2012
ISBN 978-4-13-036242-9

はしがき

　1989年下院選挙は、インド政治史を変える分水嶺となった。独立運動を主導した威光を背にインド政治を担ってきたインド国民会議派（以下、会議派）の一党優位支配が、崩壊したためである。会議派による一党優位支配は、州レベルでは深刻な政治・経済危機の最中に行われた1967年選挙以降すでに崩れていたとはいえ、中央レベルでは野党連合に敗れた1977年下院選挙を除き、独立以来40年間にわたり一貫して会議派単独政権が存続してきた。その会議派が1989年下院選挙において過半数を決定的に失い、現在に至るまで過半数を獲得できない状況が続いている。1999年下院選挙においては、114議席と総議席数の四分の一にも届かない惨敗を喫するに至った。

　1989年下院選挙は、政党政治の観点のみならず、政治と暴力の関わりという点からも特異であった。選挙期間中にビハール州バーガルプル県で発生した宗教暴動をはじめとして、多くの州で主にムスリムがヒンドゥー教徒に襲撃される宗教暴動が発生した。インドにおいては独立後から2012年現在に至るまで15回の下院選挙がほぼ定期的に行われてきたが、選挙戦がこれほどの暴力と並行して行われた事例は、1989年下院選挙のみである。政党政治の分水嶺となった1989年選挙は、暴力の激しさでも際立つ選挙であった。

　会議派支配崩壊後の空白を埋めたのは、カーストや宗教アイデンティティに基づくアイデンティティ政党である。包括政党として機能した会議派と異なり、これらアイデンティティ政党は特定の社会集団に支持を求めるため、多様な社会集団が存在するインドでは過半数を獲得することが難しい。可能性があるとすれば、インド人口の約8割を占めるヒンドゥー教徒を「ヒンドゥー票」として組織することを目指すインド人民党であるが、独立後の政治史においてインド人民党が過半数を獲得したことはなかった。結果として、中央レベルでは十党を超える大連立政権が構成されることが常態となった。1989年以降、政党政治の仕組みは決定的に変化したと言える。

なぜこのような変化が起こったのか。会議派による一党優位支配が崩壊し、その後にアイデンティティ政党が奪権したのはなぜか。政治変動の節目では、カースト・宗教アイデンティティに基づく暴動が多発し、ムスリムを中心とする多くの人命が失われたが、これら暴動の発生は政治変動と何らかの関係があるのか。そして、暴動はその後の政治変動にどのような影響を及ぼしたのか。これらの点を解明することが本書の目的である。

　政治変動を解明するために、これまで多くの研究が積み重ねられてきた。会議派党組織の崩壊から会議派支配の衰退を説明したコーリー［Kohli 1992］、インド社会に内在する社会的亀裂が政党システムに反映されたことが政党システムの変化を生み出したとするチッバー［Chhibber 1999］、カースト・宗教アイデンティティに基づく政党の台頭過程を詳細に分析したジャフルロー［Jaffrelot 1996, 2003］などである。これらの研究が重要な貢献を果たしてきたことに疑いはない。同時に、なお解明すべき問題も残った。詳細については第1章で検討するが、一番の問題は、会議派支配の崩壊とアイデンティティ政党の台頭という二つの重要な政治的変化を、必ずしも十分に結びつけて論じてこなかったことである。

　会議派支配が盤石であった時代には、政治学者の関心は会議派に注がれた。しかし、会議派が急速に衰退すると、関心は台頭著しいインド人民党、ジャナター・ダルなどのアイデンティティ政党に移っていった。会議派の衰退は、ジャフルロー［Jaffrelot 2003］やチャンドラ［Chandra 2004］のようなアイデンティティ政党研究の文脈で検証されるにとどまり、会議派支配崩壊そのものの分析は、コーリーの研究を最後になおざりにされてきた感がある。とりわけ、2004年下院選挙、2009年下院選挙で会議派連合が勝利を収め、インド人民党勢力が勢いを失った現在において、その傾向は一層強まっている。

　たしかに会議派の衰退とアイデンティティ政党の台頭は裏腹の関係に立つとはいえ、会議派衰退の過程はアイデンティティ政党の台頭過程に解消できるわけではなく、独自のダイナミズムを持っている。同様に、アイデンティティ政党の台頭過程も、会議派の衰退過程とは独立した動態を持っている。インドの政治変動を的確に分析するためには、両者それぞれのダイナミズムをまず把握

した上で、その密接な相互作用を分析することが重要だろう。この認識の上に立って、両者を結びつける要因として本書が着目したのが、第一に農村社会の変容であり、第二に、暴動である。

　第一点に関しては、農村社会における伝統的な支配構造に着目した。2001年の時点でも人口の約72％が農村に居住したインドにおいて、権力を獲得するために農村票は死活的な重要性を持つ。会議派の支配は農村社会における伝統的エリートの影響力に頼る性格を持っていたが、緑の革命の導入に伴う農村社会の変容は、会議派支配を揺るがすことになった。農村における中・下層階層の台頭と伝統的支配の弱体化は、会議派の支持基盤を緩やかに崩し、会議派は盤石な支持基盤を取り戻すため、最終的に宗教アイデンティティの活用に頼ることになる。この決断が、大規模な宗教暴動を生み出した。

　ここで第二点の暴動が登場する。鍵となるのは、政権党による暴動への対処法であった。言うまでもないことだが、暴動は特に被害者の人生を大きく変える。アイデンティティに基づく暴動の場合、その被害の大きさからアイデンティティ意識の先鋭化を生み出すことは否定できない。加えて市民の生命・安全を確保することが政府の第一の責務である以上、政権党による暴動への対処法は政府に対する信頼を左右することになる。会議派が暴動の鎮圧に失敗すれば、少数派ではあるが重要な支持基盤であるムスリムの支持を失うことになり、アイデンティティ意識の先鋭化はアイデンティティ政党の台頭に結びつくことになる。

　このように、会議派支配の崩壊とアイデンティティ政党の台頭という二つの政治現象をつなぐために農村社会の変容と暴動は重要であるにもかかわらず、これまでの研究は分析に十分に取り込んでこなかった。政治変動と農村社会の変容を結びつける試みについては、コーリーのように県（district）レベルまで掘り下げた研究は存在するものの、農村社会にまで踏み込んだ研究はごく少ない。それも農村社会の変化に概括的に触れるものがほとんどであって、本書のように現地調査に基づいて検証を行った研究は新しい。

　同様に暴動についても、これまでの研究は暴動の役割を等閑視してきたといってよい。先行研究において政治変動の過程で起こった暴力、暴動は、カースト・宗教アイデンティティに基づく動員がもたらした最果ての地であり、悲劇

的な結末であった。このため暴動に至る政治過程は詳細に検証されたものの、暴動がもたらす政治的帰結については十分な分析が行われてこなかった。現在活発に展開されている宗教暴動研究においても、暴動の原因究明に精力が注がれる一方、暴動がもたらす影響力に関し十分な関心は注がれていない。暴動を軸として政治変動を捉える本書の試みは、政治変動研究の観点からも、暴動研究からの観点からも新しい。

このように農村社会の変容と暴動の政治的帰結という二つの新機軸を用いて政治変動を体系的に把握することが可能になるが、体系性の観点から、本書はもう一つ重要な試みを行った。それは、カースト・宗教両アイデンティティの相互作用への着目である。これまでの研究において、アイデンティティ政党の台頭は、宗教政党、カースト政党が個別に分析される傾向が強かった。しかし、現実の政治過程を分析すると、宗教政党とカースト政党の台頭に両者の相互作用を欠かすことはできない。例えば、1990年にインド人民党がそれまでの建前を捨てて宗教アイデンティティを前面に出した動員に邁進したのは、国民戦線政権が後進カーストに対する留保制度の実施を宣言して、カースト・アイデンティティに基づく動員を図ったためであった。両アイデンティティの政治化を考察するに当たってこの相互作用は重要であるにもかかわらず、これまでの研究は両者の結びつきに必ずしも十分に留意してこなかった。本書は、両アイデンティティの相互作用を軸に分析を行うことによって、アイデンティティの政治を体系的に捉えることを試みた。

このように、会議派支配の崩壊からアイデンティティ政党の台頭という重要な政治変動を、体系的かつ包括的に分析した点が本書の特徴である。カースト・宗教アイデンティティの相互作用に留意しつつ、中央、州、都市、農村各レベルのつながりを多層的に分析し、暴動、とりわけ暴動への対処法を説明変数として政治変動を説明する試みは、現代インド政治を理解する上で意義がある。

ここで本書の構成を簡単に説明しておきたい。会議派支配の崩壊を分析するためには、会議派支配の構造を把握する必要がある。第2章では、会議派が農村の社会・経済構造を活用して集票した過程を検証する。その結果生じた上

位カースト地主による支配は、後進カーストの不満を生み出すことになった。第3章では、後進カーストの不満に着目した社会主義政党が後進カーストの動員を図る過程について検討する。

　動員が成功するためには、上位カースト地主の社会・経済的影響力から自立する必要がある。これを可能にしたのが、第4章で検討する緑の革命の導入であった。次第に力をつけた後進カーストは、1974年から翌75年にかけて展開された反会議派運動で重要な役割を果たし、1977年下院選挙でついに野党連合が会議派を敗ることに貢献した。

　1980年下院選挙で会議派は政権に返り咲いたとは言え、支持基盤が徐々に崩れつつあることは明らかであった。会議派はかつての盤石な支持基盤を取り戻すために様々な政策を打ち出すが、最後に頼ったのが、予算を割く必要のない宗教アイデンティティの活用であった。この決断が、大規模な宗教暴動を招くことになる。第5章は、大規模な宗教暴動に至る過程、そして会議派政権の暴動への対処法を、1989年バーガルプル暴動の現場における現地調査の成果を用いながら検証する。次の第6章では、会議派政権の暴動への対処法が、1989年下院選挙に与えた影響を分析する。

　会議派支配崩壊後の空白を埋めたのは、アイデンティティ政党であった。アイデンティティ政党の奪権を決定づけ、そしていずれのアイデンティティ政党が権力を掌握するかという点を決めたのも、暴動であった。ビハール州の事例に基づいて政権党による暴動への対処法を検証するのが、第7章となる。終章においては、本書の議論をまとめたうえで、暴力を克服する政治制度としての民主主義の可能性を検討したい。

目　次

はしがき　i
インド地図（2012年）　x

第 1 章　暴力と民主主義 …………………………………………1
第 1 節　インドにおける政治変動と暴力　1
第 2 節　政党システムの変化　3
第 3 節　これまでの研究　15
第 4 節　暴力と民主主義の州——ビハール州　30
第 5 節　本書の構成　33

第 2 章　会議派支配の展開 ………………………………………37
第 1 節　会議派の独立運動　38
第 2 節　独立後の会議派支配　44
第 3 節　ビハール州における会議派支配の展開　51
第 4 節　会議派と地主動員モデル——ムルホ村の事例　58

第 3 章　後進カーストの不満 ……………………………………67
第 1 節　カースト制度の流動性　68
第 2 節　カースト運動と政党政治　72
第 3 節　社会主義政党の出現　73
第 4 節　公務員職留保問題の展開　79
第 5 節　ビハール州における後進カースト　82
第 6 節　1967年州議会選挙と後進カーストの台頭　86
第 7 節　非会議派政権の誕生と留保問題　92
第 8 節　社会主義政党の伸長　102

第4章　豊かになる後進カースト ……………………………… 111
- 第1節　農業政策の失敗　112
- 第2節　緑の革命の時代　127
- 第3節　豊かになった後進カースト農民　137

第5章　宗教と暴動 ……………………………………………… 139
- 第1節　宗教動員モデル　140
- 第2節　宗教動員戦略の展開　142
- 第3節　会議派の動揺と対策　146
- 第4節　宗教動員戦略へ接近する会議派　151
- 第5節　バーガルプル暴動　159

第6章　分水嶺としての1989年下院選挙 ……………………… 205
- 第1節　暴動の衝撃　205
- 第2節　争点としての宗教暴動　207
- 第3節　暴動と投票行動　226

第7章　競合的多党制の成立 …………………………………… 233
- 第1節　後進カーストによる奪権　233
- 第2節　公務員職留保問題とカースト暴動　238
- 第3節　吹き荒れる宗教暴動　249
- 第4節　暴動と1991年下院選挙　258
- 第5節　ラルー政権による支持基盤の構築　276
- 第6節　後進カースト支配の成立　289
- 第7節　ムルホ村における下克上　296
- 第8節　競合的多党制の出現　306

終　章　アイデンティティの政治と暴力 ……………………… 317

付記（ビハール州選挙管理委員会資料の扱いについて／宗教暴動（1990年9-11月）
　　における死者数の確定について）　327
引用文献　332
あとがき　343
索　引　351

(出典) Census of India 2001, India Administrative Atlas 1872-2001, 2004 に基づき作成。
(注) ビハール州は2000年にビハール州とジャールカンド州に分離した。なお連邦直轄地については、デリー首都圏を除き割愛した。

インド地図（2012年）

第1章　暴力と民主主義

第1節　インドにおける政治変動と暴力

　インドの政治は、いま大きく変化している。独立運動を主導したインド国民会議派（Indian National Congress：以下、会議派）は、長年にわたり中央政府でも、州政府でも権力を握り続けていたが、1980年代末に過半数を失い野党に転落した。代わって登場したのは、「ヒンドゥー民族」から構成される「ヒンドゥー国家」の建設を目指すインド人民党（Bharatiya Janata Party：以下、BJP）であった。BJPは、親団体である民族奉仕団（RSS：Rashtriya Swayamsevak Sangh）の構成員が「建国の父」M. K. ガンディー（Mohandas Karamchand Gandhi）を暗殺したため長らく異端視されていたが、1996年下院選挙で初めて第1党となり、1998年下院選挙より2期連続して政権を担った。
　しかし、BJPが、かつての会議派のような一党優位支配を実現できたわけではない。1998年下院選挙後に成立したBJP主導の連立政権は、BJPを核としつつも十数党の地方政党から構成されており、1999年下院選挙後に成立したBJP主導の国民民主連合（National Democratic Alliance）内閣も、連立パートナーの数は減るどころか増加した[1]。2004年下院選挙で会議派は政権に返り咲いたが、かつての一党優位支配の復活ではなく、国民民主連合よりもさらに多い政党からなる連立政権（統一進歩連合：United Progressive Alliance）の中軸としての復活であった。2009年下院選挙においても政党連合は基本的に維持され、かつて会議派システムと称された一党優位制が崩壊し、政党政治の仕組みが大きく

---

1) Kondo [2003：20-22, Table I -2] 参照。BJP連合は、1999年総選挙に際して連合名を国民民主連合として連立を組み替え、強化を図った。井上［2000：39］によれば20以上の政党が参加して結成された。

変わったことに疑いはない。

　変わったのは、仕組みだけではなかった。政治の争点も、大きく変わった。独立の威光を担ったジャワハルラール・ネルー（Jawaharlal Nehru）の死後、勃発した権力闘争の只中で政治争点として耳目を集めたのは貧困追放だった。1969年の会議派大分裂によって過半数を失ったインディラ・ガンディー（Indira Gandhi）政権が貧困追放を掲げて1971年下院選挙で大勝すると、貧困追放は抗えない争点としての地位を固める。ところが1980年代に入ると、宗教アイデンティティが貧困を押しのけた。

　パキスタンとの国境に位置し印パ分離独立の際に分割されたパンジャーブ州において、1980年代初頭からスィク教徒の分離独立運動が暴力化すると、国民統合が最重要課題となった。独立を主張する過激派を殲滅するために、インド陸軍は過激派が立て籠もるスィク教の聖地である黄金寺院を蹂躙し、彼らを殺戮した。報復としてスィク教徒の首相護衛がインディラ首相を暗殺すると、今度はヒンドゥー教徒がスィク教徒を虐殺する暴動が北インドを中心として起こった。約3,000人のスィク教徒が虐殺された直後に行われた1984年下院選挙で、ラジーヴ・ガンディー（Rajiv Gandhi）会議派政権は四分の三を超える空前の議席を獲得し、下院での優位を揺るぎないものとした。

　しかし、政策は揺れる。州議会選挙での相次ぐ敗北によってラジーヴの指導力が党内で問われ始める一方、党外では1984年下院選挙でわずか2議席と惨敗したBJPによる巻き返しが始まっていた。ヒンドゥー・ナショナリストが「ラーム神誕生の地」と主張するアヨーディヤの解放を要求すると[2]、ラジーヴ政権は独立後長らく閉じられていたバブリー・マスジットを開門することで懐柔を試み、文字通りパンドラの箱を開けた。勢いに乗るヒンドゥー・ナショナリストがアヨーディヤを目指して組織した行進は、インド各地でヒンドゥーとムスリムの暴力的対立を生み、ビハール州バーガルプル県で起こった暴動で一つの頂点を迎える。1,000人を超すムスリムが虐殺された事件の衝撃は、深

---

[2]　「ヒンドゥー・ナショナリスト」とは、ヒンドゥー・ナショナリズムを掲げる勢力のことを指すが、本書においては、具体的にサング・パリワールの構成員を指すこととする。サング・パリワール（「家族団」の意）とは、民族奉仕団を中心とする関連団体の総称であり、BJPは政治部門を構成する。なお、ヒンドゥー・ナショナリスト、アヨーディヤ問題については第5章で説明する。

かった。

　会議派は、虐殺が続く最中に倒れた。バーガルプル暴動の拡大と並行して行われた1989年下院選挙で会議派は敗北し、ジャナター・ダル（Janata Dal）党首V. P. シン（Vishwanath Pratap Singh）を首班とした国民戦線（National Front）政権が誕生すると、会議派政権下で棚上げにされてきた後進カーストに対する公務員職留保問題が取り上げられる。留保制度を勧告したマンダル委員会報告の実施をV. P. シン首相が決定すると、反撥する上位カーストと決定を支持する後進カーストの間で対立が巻き起こり、最貧州の一つであるビハール州を中心に暴動が起こった。今度はカースト・アイデンティティが宗教アイデンティティを押しのけた。

　「一体となったヒンドゥー」を悲願とするBJPにとって、ヒンドゥー社会を分断するカーストの争点化は脅威だった。留保制度反対派のデモ隊と警察の衝突が相次ぎ、上位カースト学生らによる抗議の焼身自殺がセンセーショナルに報じられるなかで、BJPはアヨーディヤへ向けて新たな行進を開始する。山車に乗って運動を主導したL. K. アードヴァーニー（Lal Krishna Advani）党首は、ジャナター・ダル所属のビハール州首相ラルー・プラサード・ヤーダヴ（Laloo Prasad Yadav）によって逮捕され、これが引き金となってV. P. シン政権は崩壊した。山車行進の影響は政変にとどまらず、アヨーディヤが位置するウッタル・プラデーシュ州を中心に600名以上が殺害される深刻な宗教暴動を引き起こした。カーストと宗教を巡る暴力が渦を巻き、政党政治の仕組みが変わった。

　会議派支配は、なぜ崩壊したのか。崩壊のあとを、宗教アイデンティティやカースト・アイデンティティを掲げる政党が埋めたのは、なぜか。新しい政党システムが、新たな一党優位制ではなく競合的多党制として立ち現われたのは、なぜだろうか。政治変動と時を同じくして起こった暴動は、政治変動と何らかの関係があるのか。これらの問いに答えることが、本書の課題である。

第2節　政党システムの変化

三つの政党システム

　課題に迫る前提として、政党システムの変化を最初に検討したい。政党シス

テムの変化は、議論により指標が左右されるため時期区分は論者により様々である[3]。会議派による一党優位支配の崩壊と新しい政治勢力の台頭を、中央レベルのみならず州レベルにも重点を置いて検討するためには、ヤーダヴが提唱した3区分を採用することが目的に適う［Yadav, Y 1996, 1999, 2004］。

ヤーダヴは、各政党の議席数・得票率に加えて、投票率、選挙区ごとの候補者数、有効政党数などを指標として用いて、三つの政党システムを提示した。第一期は独立から1967年までの20年間で、会議派システムが機能した一党優位制の時代である。この時期に野党が政権を担う可能性はなかった。第二期は、1967年から1989年までの約20年間で、会議派は優位を失ったものの政党システムの中心として機能した会議派—野党システムである。野党が反会議派連合を組むことによって、中央政府においても会議派から権力を奪うことが可能になった時代だった。最後が1989年以降で、会議派が政党システムの中軸として機能した特別の地位を失い、他の政党と票を競うようになった競合的多党制の時代である。会議派はこれまでと異なり、単独で政権を握る力を失ってしまった。本書においては基本的にはこの時期区分に従って議論を進めていくこととしたい[4]。それぞれの政党システムの特徴を、時期を追って検討していこう。

第一期　会議派システム（1947-67年）の成立

会議派システム（Congress system）を理論モデルとして最初に提示したのは、コターリ［Kothari 1990：21-35］である[5]。会議派が下院において約三分の二の議席を確保し（表1-1参照）、ほぼすべての州で政権を担った政治状況を背景に、コターリは会議派システムを一党優位制（system of one party dominance）と規定し、会議派を合意政党（party of consensus）、野党を圧力政党（parties of pressure）と位置づけた。合意政党という概念は、ネルーによる安定した指導の下、会議派党内において派閥を軸とした自由な競争が容認され、競争を通じて図られた合意に基づいて党が運営されていることに由来している。党内の競

---

3) 詳しくは中溝［2008：5, 注4］で検討した。
4) Y. ヤーダヴ自身の第二期から第三期にかけての時期区分をめぐる変遷については、中溝［2008：6, 注6］で詳述した。
5) 初出はKothari［1964］。

表1-1 主要政党の議席数と得票率（下院選挙：1951-2009年）

	1951	1957	1962	1967	1971	1977	1980	1984	1989	1991	1996	1998	1999	2004	2009
投票率	44.9	45.4	55.4	61.0	55.3	62.5	57.0	64.0	62.0	56.0	57.9	62.0	60.0	58.1	58.2
会議派	364	371	361	283	352	154	353	415	197	244	140	141	114	145	206
占有率	74.4	75.1	73.1	54.4	68.0	28.4	66.7	76.6	37.2	45.7	25.8	26.0	21.0	26.7	37.9
得票率	45.0	47.8	44.7	40.8	43.7	34.5	42.7	48.1	39.5	36.4	28.8	25.8	28.3	26.5	28.6
BJP	3	4	14	35	22	—	31	2	85	120	161	182	182	138	116
占有率	0.6	0.8	2.8	6.7	4.2	—	5.9	0.4	16.1	22.5	29.7	33.5	33.5	25.4	21.4
得票率	3.1	6.0	6.4	9.3	7.4	—	19.0	7.4	11.4	20.1	20.3	25.6	23.8	22.2	18.8
JD	21	19	18	36	5	295	41	13	143	59	46	6	22	11	23
占有率	4.3	3.8	3.6	6.9	1.0	54.4	7.8	2.4	27.0	11.0	8.5	1.1	4.1	2.0	4.2
得票率	16.4	10.4	9.5	8.0	3.5	41.3	9.4	12.3	17.8	11.7	8.1	3.2	4.0	3.8	2.2
CPI	16	27	29	23	23	7	10	6	12	14	12	9	4	10	4
占有率	3.3	5.5	5.9	4.4	4.4	1.3	1.9	1.1	2.3	2.6	2.2	1.7	0.7	1.8	0.7
得票率	3.3	8.9	9.9	5.1	4.7	2.8	2.5	2.7	2.6	2.5	2.0	1.8	1.5	1.4	1.4
CPM	—	—	—	19	25	22	37	22	33	35	32	32	33	43	16
占有率	—	—	—	3.7	4.8	4.1	7.0	4.1	6.2	6.6	5.9	5.9	6.1	7.9	2.9
得票率	—	—	—	4.3	5.1	4.3	6.2	5.7	6.6	6.1	6.1	5.2	5.4	5.7	5.3
その他	85	73	72	124	91	64	57	84	59	62	152	173	188	196	178
占有率	17.4	14.8	14.6	23.8	17.6	11.8	10.8	15.5	11.2	11.6	28.0	31.9	34.6	36.1	32.8
得票率	32.2	27.0	29.4	32.5	35.7	17.1	20.2	23.8	22.2	23.2	34.7	38.5	37.0	40.4	43.7
総議席	489	494	494	520	518	542	529	542	529	534	543	543	543	543	543

(出典) 選挙管理委員会資料より筆者作成。
(注)
① 「JD（ジャナター・ダル）」に関し、1951年選挙は社会党（Socialist Party）、1957年選挙は人民社会党（PSP：Praja Socialist Party）、1962年選挙はPSPと社会党（SOC：Socialist Party）の合計値、1967年選挙はPSPと統一社会党（SSP：Samyukta Socialist Party）の合計値、1971年選挙はSSPと社会党（Socialist Party）と農業労働者大衆党（KMPP：Kisan Mazdoor Praja Party）の合計値、1977年選挙はバーラティヤ・ローク・ダル（BLD：Bharatiya Lok Dal）、1980年選挙は統一ジャナター党（セキュラー）（JNP (Secular)）、1984年選挙はジャナター党（JNP：Janata Party）とローク・ダル（LKD：Lok Dal）の合計、1999年、2004年、2009年選挙はジャナター・ダル（JD (S)：Janata Dal (Secular)）とジャナター・ダル（統一派）（JD (U)：Janata Dal (United)）の合計。
②「BJP」の項目については1971年選挙まではBJS（Bharatiya Jan Sangh）、1980年選挙はJNP（Janata Party）、1984年以降はBJP。
③ CPMは1964年結党のため、1967年選挙から参加した。
(略号) JD：ジャナター・ダル（Janata Dal）、CPI：インド共産党（Communist Party of India）、CPM：インド共産党（マルクス主義）（Communist Party of India (Marxist)）

5

合は、そのままインドの政党システムにおける競合の中心となり、野党も会議派を中心政党として認めている。

一方の野党は、欧米における二党制や多党制とは異なり、政権を担う存在ではない。むしろ圧力政党として会議派の政策決定に影響を与えることが主な役割であり、会議派の政策が世論からかけ離れた場合には、政権交代の脅しをかけて政策の修正を迫る。彼らの存在によって国民の要求に対するシステムの対応能力が担保され、会議派システムにとって非常に重要な機能を果たしている。

それでは野党に望みはないのか。野党が政権を獲得する可能性が低い以上、新興勢力にとって会議派の内部で活動する方が得策との判断が生まれ、また会議派にも必要に迫られれば新興勢力を受け入れる準備が整っている。従って、会議派は勢力を増す一方で、野党は先細りを余儀なくされる傾向にあると言えるが、野党に機会が全くないわけではない。コタ―リは、野党が勢力を伸ばす機会は会議派によって左右され、たとえば会議派が新興勢力を受け入れ損なった時などに見出せる、としている［Kothari 1990：25, 29］。

このような会議派システムが成立した条件として、コタ―リは、会議派が中心となって独立運動を組織し、現実に独立を勝ち取ったという歴史的合意が存在したこと、会議派が結成当初から民主主義のイデオロギーを遵守し、独立後は、とりわけネルーが民主主義の価値と制度を堅持し合意を重視したこと、などを挙げている［Kothari 1990：27-33］。以上を要するに、会議派システムとは、第一に、西欧諸国の政権交代や一党制諸国のクーデタと異なり、一つの党の中で変化の包括的な機能を備え、第二に、党内や野党からの圧力を通じて利害の表出と紛争の解決を行い、最後に、派閥のネットワークを通じて社会と政治を結びつけるシステムであった［Kothari 1990：34-35］。彼の提唱した会議派システムは、独立後最初の20年間に展開した政党システムを的確に表現したモデルとして、通説の地位を確立する[6]。

このような特徴を持つ会議派システムは1967年選挙での会議派の後退を契機として終焉を迎え、第二期の会議派―野党システムへ移行することになった。

---

[6] 他にも新興勢力を取り込む会議派の柔軟性を強調した代表的な研究として、ワイナーの研究［Weiner 1967］を挙げることができる。

第二期　会議派―野党システム（1967-89年）の成立

　1967年選挙は、中央政府では会議派がかろうじて過半数を維持したものの、人口規模の大きい主要15州のうち半数を超える 8 州（ビハール、ケーララ、オリッサ、パンジャーブ、ラージャスターン、マドラス（現タミル・ナードゥ）、ウッタル・プラデーシュ、西ベンガル）で過半数を失った分水嶺となった選挙である[7]。これら 8 州においては非会議派政権が成立し、「圧力政党」に過ぎなかった野党が政治権力を掌握することに成功した。

　1967年選挙は、下院選挙の投票率が61.3％、州議会選挙の投票率が61％と、双方とも初めて60％を突破した選挙だった（表1-2参照）。政治参加の増大と政党システムの変化が結びついた選挙と言えるが、ヤーダヴによれば変化の原動力となったのが中間カーストや「その他後進諸階級（OBC：Other Backward Classes）であり、彼らが大挙して選挙政治に新規参入してくることで競争が激化し、北インドにおいて独立後初めて会議派の優位と上位カーストによる支配が挑まれることとなった。ヤーダヴはこれを第一の民主化の波と規定している。その結果、政党システムも変化した。新たに出現した会議派―野党システムの特徴は次の三点である。

　第一に、野党がもはや圧力政党ではなくなり政権を担う存在となった。州議会レベルでは野党が会議派と互角に競い合い、各州において会議派と野党が対峙する二極状態が成立する。ただし、これは必ずしも全国レベルでの二極状態を生み出したわけではなく、複数の二極状態が出現することとなった［Yadav, Y 1996：99］。

　中央レベルでは、会議派の支配が依然として続いたが、1977年下院選挙で初めて非会議派連合であるジャナター党政権が成立した。「中央レベルで野党が政権を握ったときに、初めて政党システムが変化したと言える」［Kothari 1990：35］とするコターリの基準に従えば、ジャナター党政権の誕生はまさに政党システムの変化を象徴するものだった。

　ただし、ジャナター党政権は、あくまでも反会議派を掲げて結集した連合政権であり、会議派がシステムの中軸であったことに変わりはない。下院におけ

　7）　選挙結果は選挙管理委員会による1967年選挙の各州統計を参照。下院議席数で見ると、8 州の総計は292議席となり、総議席数520議席の過半数（260議席）を優に上回った。

表1-2 投票率の推移（1952-98年）

選挙年	下院選挙	「主要」州議会選挙
1952	45.7	46
1957	47.7	48
1960-62	55.4	58
1967	61.3	61
1971-72	55.3	60
1977-78	60.4	59
1979-80	57.2	54
1984-85	64.1	58
1989-90	61.9	60
1991	55.9	—
1993-96	57.9	67
1998	62.1	63

（出典） Yadav, Y［1999：2397, Table 7］.
（注）「主要」とは、当該1-2年間に行われた2,000選挙区以上の集計を指す。1998年州議会選挙については、この基準に合致していない。

る勢力も、ジャナター党政権期、1969年会議派大分裂から1971年下院選挙にかけてインディラ政権が少数派に転落した時期を除けば、会議派システム期とさほど変わらない多数を維持し続けた。とりわけインディラ暗殺直後に行われた1984年下院選挙では415議席という空前の多数を獲得している。州レベルでは政権から転落することが多かったとはいえ、二極の一極を担い、中央レベルでは引き続き権力を握り続けたことから、会議派が政党システムの中軸としての役割を果たしたと言えよう。

　第二に、会議派の権力構造に目を転じると、大きな変化が生まれた。会議派システム期においては合意政党と称されたように、会議派内部における派閥間の自由な競争を通じた各州有力者の合意形成が重視されたのに対し、インディラ政権下では1969年の会議派大分裂に象徴されるように、派閥抗争が次第に収拾不能になってきた。合意形成の失敗は度重なる分裂を生み、その中でインディラは権力を自らの手に集中させる［Kohli 1992：189-191］。権威主義的傾向は党内にとどまらず野党に対しても及び、ついには1975年から1977年にかけて「インド民主主義の例外」とされる非常事態体制を施行するに至った。民主主義の理念と制度はインディラ会議派によって大きく損なわれ、かつての合意政党の面影は失われていった。

最後に、第二点と関連するが、会議派の新興勢力を取り込む能力が大幅に低下した。会議派システムの特徴とされた柔軟性は、党内選挙という制度によって支えられていたが、1972年に党内選挙は停止され、役職は任命制とされた。これにより新興勢力を取り込む動機は大きく後退し、党組織が活力を失うと共に、会議派の包摂力も次第に縮小していった［Kohli 1992：189-191, Chandra 2004：247-257］。逆に言えば、これはコターリが指摘したように野党にとっての好機であり［Kothari 1990：29］、野党が勢力を拡大していく素地が形成されることとなった。

　このように、会議派―野党システム期においては、会議派はシステムの中軸を構成しつつも、会議派システム期の特徴を徐々に失い、野党が台頭する契機が生まれた。中央レベルでは、一見会議派システム期と変わらない、時としてそれ以上の多数を確保しながら、会議派の足元は徐々に崩れていく。会議派―野党システム崩壊の契機となったのが1989年下院選挙であり、政党システムは競合的多党制へと変化を遂げた。

第三期　競合的多党制期（1989年- ）

　1989年下院選挙は、1977年下院選挙に次いで会議派が下院で多数を失った選挙であった。415議席から197議席まで落ち込んだため落差が際立つ形となったが、会議派の退潮傾向は相次ぐ州議会選挙の敗北でそれ以前から明らかになっており、会議派の敗北そのものは意外な結果ではなかった。

　しかし、会議派の衰退は予想外の速度で進んでいく。1991年下院選挙期間中にはラジーヴが暗殺されたにもかかわらず、インディラの弔い選挙となった1984年下院選挙のような圧勝の再現はならず、244議席と過半数にも届かなかった。少数派政権として出発したナラシムハ・ラオ（Narasimha Rao）政権は、権謀術数を駆使して野党を切り崩しながら5年の任期を全うするが、1996年下院選挙で過去最低の140議席を記録する。かつての大票田だったウッタル・プラデーシュ州、ビハール州では総計139議席中わずか7議席しか獲得できず、「会議派はもはや消滅した」と思わせる凋落ぶりだった。

　一方、1996年下院選挙で第一党の座を会議派から奪ったBJPも、過半数には遠く及ばなかった。過去最高を記録した1998年選挙でも、過半数に90議席

足りない182議席に過ぎず、勢力の更なる拡大が期待された1999年選挙でも同数にとどまり、頭打ちが指摘された。万全の備えで臨んだ2004年選挙では138議席と後退し、過半数どころか政権自体を奪われてしまった。2009年下院選挙においては、さらに議席を減少させ、116議席にとどまっている（表1-1）。

　こうして、下院で多数を形成する政党が不在の状況で、会議派やBJPなどの全国政党と、州に基盤を置く地方政党が有権者の支持を激しく競い合う競合的多党制が出現する。主要な特徴を六つにまとめてみよう。

　第一に、会議派は、政党システムの中軸として「あらゆる場で」機能する存在ではなくなった［Yadav, Y 1999：2395］。中央レベルにおいては第二期までは会議派と反会議派連合が対峙する形で政党政治が展開したが、1996年選挙でBJPが第一党となると、BJP連合と反BJP連合が対峙する形に変化した。反BJP連合としてジャナター・ダル、地方政党が中心となり統一戦線（United Front）政権が形成されたが、会議派は閣外協力にとどまったことから窺えるように、反BJP連合を積極的に組織したわけではなかった。後に検討する「連合の時代」の機先を制したのはBJPであり、会議派に代わってBJPが中心的な対立軸を提供する状況は、会議派が本格的な反BJP連合を結成する2004年選挙まで続く[8]。

　州レベルに降りてくると、パターンに多様性が見られるために一般化にはより慎重になる必要があるが、それでも会議派が「あらゆる場で」中軸となる状況は失われた。2004年下院選挙の州別パターンを分析した佐藤［2006］は、得票率の1位と2位を指標として、①会議派とBJPが対峙するA群、②会議派と「その他政党」が対峙するB群、③BJPと「その他政党」が対峙するC群、の三つに分類している。A群とB群については会議派がいまだに中軸としての地位を保っていると言えるが、C群については当てはまらない。注目すべきはこのC群を構成するのが、かつて会議派の牙城であり大票田だったウッタル・プラデーシュ州とビハール州、そしてビハール州から2000年に分離したジャールカンド州だという点である。州議会選挙についても、同様の指摘を行うことができ、中央・州双方のレベルにおいて、会議派が「あらゆる場で」政党制

---

[8]　会議派が本格的な反BJP連合を形成する経緯については、近藤［2004：73］、佐藤［2006：72-73］を参照。

の中軸として機能する時代は終わったと言える。

　第二に、会議派の退潮と並行して、政治参加の増大が見られた。下院選挙の投票率に限れば史上最高の64.1％を記録した1984年選挙の存在と比較してそれほど目立つものではないが、州議会選挙では1993年から1996年にかけて行われた選挙で67％の高率を記録している。1998年には下院選挙、州議会選挙も63％前後を記録し依然として高い水準が保たれており、政治参加の増大が起こったことは確かである。ヤーダヴはこれを第二の民主化の波と規定し、上位カースト（男性）・経済的富裕層・高教育層の投票率のオッズ比が下がったのと対照的に、バフジャン（大衆）のオッズ比が上昇したことから、大衆の参加の増大が第二の民主化の波を支えた、と分析している［Yadav, Y 2000：121］。

　第三に、政治参加の増大に伴い、政党間競合も激化した（表1-3参照）。

　まず下院における政党数を検討すると、1984年選挙時で22党だったものが、1998年選挙時には40党と15年間でほぼ倍増している。有効政党数についても、1984年下院選挙時に3.9だったものが、1998年選挙では6.9と着実に増え、政党間競合が激化していることを窺わせる。もっとも州での平均を検討すると有効政党数に変化は見られず、中央レベルとの差異が広がる結果となっている［Yadav, Y 1999：2395-2396］。これは、州レベルでは2党から3党の間で競合が行われていることに変わりはないが、競合の一角を地方政党が担うようになったため、結果的に下院にも地方政党が進出し、なかには議席数で無視できない勢力を持つ政党が出現することになった、という現象の反映であると解釈できる。政党間競合の激化の一つの表徴と言えるだろう。

　ただし、州レベルでは有効政党数に変化は見られないと言ってもあくまで平均値の話であり、例えば本書で扱うビハール州においては、第7章で検討するように1984年下院選挙の3.29から1998年下院選挙の5.93と着実に上昇を続け、政党間競合が激化している。州レベルでは競合の度合いに変化は見られないと結論づける前に、少なくとも競合のパターンが州ごとに異なることに注意する必要がある。

　それでは、政党間競合の激化は権力の所在にどのような変化を生み出したか。中央レベルにおいては、1989年以降2009年に至るまで7回選挙が行われたが、政権党が選挙の洗礼を乗り越えて引き続き政権を担当した事例は、1999年選

表1-3　政党間競合の指標（1952-98年下院選挙）

	1952	1957	1962	1967	1971	1977	1980	1984	1989	1991	1996	1998
政党数	21	13	21	19	25	19	18	22	25	25	29	40
有効政党数（中央）	4.1	3.5	4.2	4.7	4.4	3.4	4.2	3.9	4.7	5.1	6.9	6.9
有効政党数（州）	3.1	3.4	3.4	3.6	3.0	3.5	3.2	3.0	2.5	3.0	2.7	3.0
有効政党数（選挙区）	3.3	3.0	2.8	2.9	2.4	2.1	2.7	2.4	2.5	2.9	3.0	2.7

（出典）　Yadav, Y［1999：2394, Table 2］.
（注）　「政党数」は下院において議席を獲得した政党数を示している。

挙におけるBJP連合、2009年選挙における会議派連合の2例しかない。他の5回の選挙ではいずれも現職が敗北している。

　州議会選挙においても、表1-4に見られるように同様の傾向を指摘できる。1989年から1999年に行われた州議会選挙で、政権党が選挙で信任を得て連続して政権を担当した事例は、下院選挙区10議席以上を保持する主要州で、わずか18％に過ぎない。全インド平均でも現職が勝利した事例はわずかに23％に過ぎず、これらの現象を指して1990年代には「現職不利の法則」が唱えられるようになったが［竹中 1999：37-38］、政権党の頻繁な交代は政党間競合の激化を端的に示している。

　第四に、政党間競合の激化と関連して、「連合の政治」が生まれた［竹中 1999：39-43］。いずれの党も単独で過半数を獲得できない状況では、権力を握るために連合を組む必要がある。競合的多党制期には、中央レベルに限っても選挙の前後に活発な連合交渉が行われた。2004年下院選挙に関して佐藤［2006：73］は、統一進歩連合は14党から構成されるとしているが、広瀬［2006：60-61, 表3-2］によると、選挙前協力と選挙後の連立参加を併せた政党の数は会議派を含めて実に31党に上る。連合の線引きをどこで行うかによって構成政党の数も変わってくる上に、選挙後の連合の組み替えも視野に入れると、連合に参加している政党数の確定は実に困難な作業となる。このような複雑で入り組んだ「連合の政治」が展開されることとなった。

　第五に、競合的多党制を構成する諸政党と社会との関係に着目すると、会議派システムにおける会議派に見られたような社会の多様な利益を包摂する包括政党とは対照的に、特定の宗教やカースト、地域などのアイデンティティに訴

表1-4 政権交代率（1989-99年州議会選挙）

	対象州	現職勝利		政権交代	
		数	割合	数	割合
主要州	33	6	18%	27	82%
小 州	24	7	29%	17	71%
全 国	57	13	23%	44	77%

（出典）　Yadav, Y [1999：2396, Table 6]．
（注）　主要州とは下院議席10議席以上の州を指し、小州には連邦直轄地も含む。

えかけ支持を獲得する政党が勢力を伸ばした。アイデンティティの政治の台頭である。これはインド政治における三つのM（マンダル・マンディール・マーケット）の争点化と密接に結びついている[9]。

　最後に、カースト・宗教アイデンティティの争点化と並行して、これらアイデンティティに基づく暴動、とりわけ大規模な宗教暴動が頻発した（図1-1）。

　本書が検証の対象とするバーガルプル暴動は、会議派─野党システム期から競合的多党制期の移行期に起き1,000名を超す犠牲者を出した。続く1990年にBJPが主導した山車行進は、600名を超える死者を生んだ。更に1992年12月のバブリー・マスジット破壊に伴う暴動の犠牲者も1,000名を超え、2002年に起こったグジャラート暴動は2,000名を超える死者を出した［Chenoy, Shukla, Subramanian and Vanaik 2003：254］。このように大規模なものも含め、カースト・宗教アイデンティティに基づく暴動が多発した。

　以上、第三期競合的多党制の主要な特徴を概観してきた。第二期までに見られたように、会議派が「あらゆる場で」政党システムの中軸として機能した時代は終わり、大衆（バフジャン）の政治参加が増大する過程で政党間競合が激化した。競合の激化は中央・州レベルにおける地方政党の進出、さらに頻繁な政権交代として具体的に現われ、「現職不利の法則」が唱えられるに至った。これまで以上に政党間関係の流動性が高まるなかで、「連合の政治」が常識と

---

9)　竹中［1999：43-47, 2005：8-9］、Yadav, Y［2004：5384］参照。「マンダル」とは、後進カーストに対する公務員職留保制度の実現を提唱した第二次後進階級委員会（通称マンダル委員会）の略称である。「マンディール」とは、ヒンドゥー寺院のことであり、宗教アイデンティティの争点化を指す。「マーケット」とは、1991年から本格的に開始された経済自由化政策を指す。

図1-1 ヒンドゥー・ムスリム暴動の件数（1950-95年）

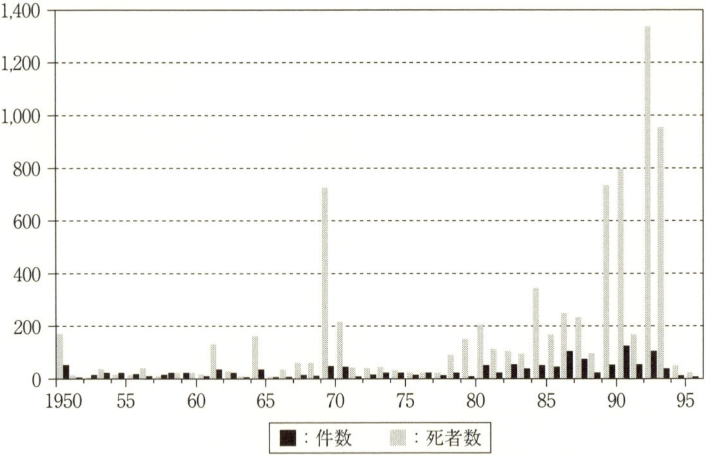

（出典）Varshney-Wilkinson Dataset on Hindu-Muslim Violence in India, Version 2 より筆者作成。

（注）元データにおいて死者数が空欄となっている場合は、死者数なしとして計上している。データは *Times of India* 紙の報道に基づいて作成されているため、例えば本書で扱うバーガルプル暴動の死者は396名と実際よりも少ない数となっている。このような問題を抱えつつも、同一の資料源に基づいて1950年から1995年という長期間を網羅していることから、おおよその傾向を知る上では有益であると判断し、採用した。

なり、選挙のたびに政権に参加する政党は増えていった。宗教やカースト、地域といったアイデンティティに訴えかけ支持を求める政党が群れをなしてデリーで大連合を結成する光景は、かつての会議派による一党優位支配を例外的な現象とすら感じさせる[10]。

　これまで独立後約60年間にわたる政党システムの展開を三つの段階に分けてそれぞれの特徴を把握してきた。本書が検討の対象とするのは、第二期の会議派―野党システムから第三期の競合的多党制への政治変動である。なぜ、カースト・宗教アイデンティティの争点化とこれらに基づく暴動が起こり、そして政党システムの変化が起こったのか。暴動と政治変動はどのような関係に立つのか。これまでの研究は政治変動をどのように捉えてきただろうか。

---

10) M. P. シンは、1989年までの会議派の優位を、「インドの社会文化に本質的に内在する細分的で連合的な性質を隠蔽していたに過ぎないのかもしれない」としている［Singh, M. P. 2001: 329］。

第 3 節　これまでの研究

会議派組織崩壊仮説

　統治能力の危機という観点から、紛争の暴力化と政治変動の関係を論じたのが、コーリーである [Kohli 1992]。彼は、カーストや宗教など生得的なアイデンティティの争点化と動員、これに伴う紛争の暴力化を統治能力の危機と捉え、この危機は会議派党組織の崩壊が重要な要因となって引き起こされた、とする仮説を立てた。これを会議派組織崩壊仮説と名付けることとする。議論は次の通りである。

　民主主義のインドにおいて派閥抗争など権力闘争が激化すると、権力者は自らの権力を維持するために、政党をはじめとする政治的組織や制度を形骸化した上で次第にポピュリズムに訴えるようになった。なぜなら組織の規則を遵守し制度を尊重することは、権力者の行動を制約し、同時に権力者への挑戦を容易にするからである。インディラやラジーヴなどの政治指導者は、支持を調達するために最大限の人々に影響を与える公約を掲げ、組織を媒介せずに大衆と直接関係を切り結ぶ試みを行ったが、これは党内選挙の停止や個人への権力集中といった政党組織の形骸化と裏腹に進行した過程であった。そのため政治的組織、とりわけ政党は、社会・経済的紛争を調整し解決する機能を失ってしまった。

　同時に政党は、政治的競合の激化により、これまで政治的意識があまり高くなく、政治参加に消極的であった社会・経済集団を動員して票を獲得する必要に迫られる。その際に用いられたのが、カースト、宗教、言語、人種など生得的なアイデンティティであった。アイデンティティに基づく動員はアイデンティティをめぐる紛争を容易に引き起こし、党組織の崩壊により紛争の調停能力を低下させた政府が調停に失敗すると、政治指導者は暴力ないし煽動に直接訴えた。こうして統治能力の危機が訪れることとなった。

　もっとも、統治能力の危機を生み出したのはアイデンティティの政治だけではない。独立以来の社会・経済的変化も、個人の認識の変化を引き起こして伝統的な社会秩序を揺るがした。とりわけ社会・経済的下層階層は、彼らの考え

る不正な支配や搾取に次第に挑み始める。他方で、これまでの特権階級は自衛策を練り始めた。その結果がビハール州で見られるような、地主の私兵集団と貧農を組織した左翼過激派との殺し合いであり、紛争のかつてない規模での暴力化が統治能力の危機を生み出した。そしてこの統治能力の危機が会議派支配の崩壊を招くことになる [Kohli 1992：17-20]。

　会議派組織崩壊仮説に対する批判はチッバーが目立つ程度で、おおむね通説として受け入れられていると言ってよい[11]。チッバーの批判の要点は、会議派にはそもそも州レベルを超えてよく整備された組織は存在しないため、存在しない組織は崩壊のしようがないという点にあるが [Chhibber 1999：66-78, 181]、チャンドラも指摘するように根拠が弱い [Chandra 2004：255-257]。批判の根拠となるデータは党のエリートに対する調査を中心としているが、エリートの認識だけで党組織の実体を語れるわけではないだろう[12]。

　ただし、会議派組織崩壊仮説にも疑問は残る。第一に、なぜカースト・宗教アイデンティティが政治争点として重要になり、これらアイデンティティを掲げる政党が支持を集めたのか。第二に、紛争の暴力化という統治能力の危機は、具体的にどのように会議派支配の崩壊に結びついたのか。これらの点は、コーリーが十分に説明していない点である。順に検討していこう。

社会的亀裂論

　アイデンティティ政党の台頭を社会的亀裂論を用いて説明したのが、チッバーの研究である [Chhibber 1999]。チッバーによれば、会議派の衰退とアイデンティティ政党の台頭は、インド社会に内在する社会的亀裂が政党システムに反映された結果である。

---

11) 会議派組織の崩壊を会議派支配崩壊の当然の前提として受け入れているものとして、パイ [Pai 1996：1171-1172] を参照のこと。同様に会議派の衰退要因として会議派党組織の崩壊を重視した研究として、広瀬 [1991] を参照のこと。会議派の衰退と共に会議派研究も衰退したために、会議派組織崩壊仮説の検証は、アイデンティティ政党研究において行われることとなった。例えば、指定カーストを主な支持基盤とする大衆社会党（BSP：Bahujan Samaj Party）の台頭を研究したチャンドラは、インディラ会議派が1972年に党内選挙を停止したことが、BSPの台頭に結びついたと指摘している [Chandra 2000：26-29, 2004：246-255]。BJPの台頭を研究したジャフルローも、会議派組織の衰退がBJPの台頭に道を開いた点に関し指摘している [Jaffrelot 1996：10, 443, 529]。

12) チッバーの批判に対する詳細な反論は、中溝 [2008：20-21, 注20] で試みた。

彼は、会議派とはそもそも州を単位とした地方政党が寄せ集まって形成された政党であったとする [Chhibber 1999：51-57]。州が単位となった理由は、第一に、インドの社会集団は1956年の言語州再編以降、基本的には州を超えた広がりを持たなかったこと、第二に、連邦制を採用し中央と州のそれぞれに独自の権限と財源が割り振られたために、州を結節点として政治勢力が結集する契機が制度的に与えられたこと、最後に、完全小選挙区制を採用したことにより、各選挙区ではいずれの社会集団も単独では有権者の過半数を占めることが難しいことから、各政党は州規模での広範な連合を構築する必要に迫られたことに由来している。いわば社会的条件と政治制度的条件が組み合わさることによって、州を単位とした地方政党が出現したと分析する。会議派の名を冠した地方政党は、各州において各社会集団の支持を満遍なく取り付けて包括政党として機能し、包括政党的地方政党の集積が全国政党としての会議派となった。

ところが、会議派が1967年選挙で敗北すると、会議派の一党優位支配を支える条件は揺らぎ始め、加えて後進カーストに対する留保制度の導入を提言したマンダル委員会報告が決定的な打撃を与える。マンダル委員会報告の実施は、包括政党であった会議派を難しい立場に追い込むこととなった [Chhibber 1999：146-157]。委員会報告に賛成すれば、留保制度によって不利益を被る上位カーストの支持を失い、反対すれば数的に優勢な後進カーストの支持を失うことになるためである。

ここで会議派は、支持基盤を失わないための合理的な選択として、曖昧な態度を取り続けたが、他党は特定集団の利益を積極的に掲げて支持を競う戦略を採用した。その結果、例えばウッタル・プラデーシュ州では、上位カーストはBJP、後進カーストは社会主義党（Samajwadi Party）、指定カーストは大衆社会党（BSP）を支持するといった政党選好の変化が生じ、包括政党としての性格を維持しようとした会議派から支持者は去ってしまう。結果的に会議派は1998年選挙では1議席も獲得することができず、かつての金城湯池であったウッタル・プラデーシュ州で会議派支配は崩壊し、代わりにアイデンティティ政党が台頭することとなった。

チッバーの議論は、社会的亀裂論に基づきつつも、その社会的亀裂が欧米のように結社によってではなく、政党によって作り出されたとするところに特徴

がある [Chhibber 1999: 20-21]。結社の力が弱いインドにおいて、国家と社会を結びつけたのは政党だった。従って社会的亀裂と政党システムの関係は、政党の戦略と政党間競合に左右される。会議派による一党優位制の成立を可能にした最も重要な条件は、権力を掌握していることであったが、この条件が揺らぎ始めると、一党優位制は「本来の姿」、すなわち州ごとの社会的亀裂を反映した政党から構成される政党システムに戻ることになる。これこそ、われわれが現在目前にしている光景である、とチッバーは説明する。

現在の会議派主導の統一進歩連合、BJP主導の国民民主連合が、会議派、BJPという全国政党以外は、ほぼ州に限定された支持基盤を持つ地方政党から構成されていることを考えれば、チッバーの議論も説得力を持ちそうである。しかし、政党システムの展開からも明らかなように、社会的亀裂が存在すれば常に競合的多党制が出現するわけではない。社会的亀裂論では十分に説明できない点は次の三つである。

第一に、社会的亀裂が競合的多党制という形で表面化した時期についてである。なぜ、1980年代後半から1990年代初頭という特定の時期だったのか。チッバーはマンダル委員会報告が決定的な契機となったとするが、後進カーストに対する公務員職留保問題は英領時代から存在する歴史のある問題だった。第3章で詳しく検討するが、社会主義政党は留保問題をネルー時代から積極的に取り上げ、後進カーストから一定の支持を取り付けることに成功はしたものの、会議派支配を覆すまでには至らなかった。例えば本書で取り上げるビハール州においても、1977年に成立したジャナター党政権が後進カーストに対する州公務員職留保制度の導入に成功するが、1980年州議会選挙では留保問題に一貫して消極的だった会議派に敗北してしまう。ところが、チッバーによれば、マンダル委員会報告の実施は、会議派支配の崩壊に決定的な役割を果たすことになる。留保問題が会議派支配に与えた影響の違いは、マンダル委員会報告が州レベルではなく、全国レベルでの公務員職を対象としていたという相違だけで説明できるだろうか。

第二に、社会的亀裂論ではBJPの台頭を説明することは難しい。BJPが掲げるヒンドゥー・アイデンティティは、州に範囲が限定されるカースト・アイデンティティを統合する性格を持つ。BJPは会議派とは異なる形で社会的亀裂を

つなぎ合わせることを目指す政党であり、従ってBJPの台頭を社会的亀裂論から説明することには無理がある。そのためであろうが、チッバーは「ヒンドゥーであれムスリムであれ、以前より宗教的になったとか、それぞれの土地において宗教対立が増加したことを示唆する証拠はない」とし、ヒンドゥー・アイデンティティの形成に疑問を呈する。その上でBJPの台頭にとって、会議派のセキュラリズムに不満を抱く宗教集団と国家主導型開発政策に不満を抱く上・中産階級の連合が成立したことが決定的な要因であった、と分析する [Chhibber 1999：159-175]。ヒンドゥー・アイデンティティの形成は確かに疑わしいとしても、宗教集団と上・中産階級の連合を社会的亀裂論から構成する試みは十分に行われていない。

　最後に、政治変動と暴動の関係について、十分な検討は行われていない。アヨーディヤ動員と宗教暴動は密接に結びついているにもかかわらず、暴動と動員を結びつける試みは行われていない。彼の議論において、暴力の増大は、第一に政党システムと社会的亀裂が結びついた結果であり、第二に、インドにおいては政党が統治能力の中心であるために、政府が頻繁に交代するとき、もしくは選挙時など権威の所在が不明確になった際に、「政党や土地の野心家にとって『ギャング』の動員が可能となり、暴力的紛争が結果的に起こる」ためであると一般的な形で分析されているに過ぎない [Chhibber 1999：188-193]。

　それでは、これらの疑問をどのように考えればよいだろうか。個別のアイデンティティ政党の台頭を分析した研究を次に紹介しよう。

アイデンティティ政党の台頭

　チッバーが十分に説明できなかったBJPの台頭に取り組んだ研究が、ジャフルローの議論である [Jaffrelot 1996]。ジャフルローは、ヒンドゥー・ナショナリズムの起源を独立以前にまで遡って検討し、BJPが強硬路線と穏健路線の間を揺れ動きながら台頭する過程を次の四つの変数に着目しながら分析した。すなわち第一にヒンドゥーの脆弱性意識、第二に地方の党組織・RSSの態度、第三に宗教指導者のネットワーク、そして最後に政治的文脈である。

　ジャフルローの研究は、BJPの台頭を独立以前から1990年代に至るまでの長期にわたって分析し、かつ中央とマディヤ・プラデーシュ州の事例を組み合

わせながら詳細に分析している点で、示唆に富む。しかし、結局のところ、アヨーディヤ運動に代表される宗教動員が果たしてBJPの台頭に結びついたのか、という点は疑問として残されている。ジャフルローによれば、支持調達の決め手となったのは最後の変数である政治的文脈であった。例えば、1967年下院選挙は未曾有の経済危機であり、1977年下院選挙は非常事態体制であり、1989年下院選挙は会議派の汚職と分裂であり、1991年下院選挙は後進カーストに対する公務員職留保問題である。彼の分析によれば、いずれも宗教動員と直接関係がないことになる。

　ただし、1989年下院選挙について宗教動員・宗教暴動と選挙の関係について全く触れていないわけではない。ラーム・レンガ行進が生み出した一連の暴動がBJPの勝利に結びついたことを、チリヤンカンダ（Chiriyankandath）の研究を引用しつつ指摘している［Jaffrelot 1996：392-398］。しかし、そこで示されているのは、暴動の簡単な概要とこれが生み出した有権者の分極化、そしてこれらと選挙結果のつながりだけである。宗教暴動が有権者をどのように分極化し、投票行動に具体的にどのような影響を及ぼしたか、十分に議論が展開されているわけではない[13]。

　ジャフルローは、後進カーストの政治的台頭についても包括的な分析を行った［Jaffrelot 2003］。彼はまず、会議派が新興勢力と権力の共有を認める「開かれたエリートシステム」を非常に早い時期から構築することに成功したというワイナーのモデル［Weiner 1967］を批判することから議論を立てる［Jaffrelot 2003：1-10, 492-496］。すなわち、ワイナーが現地調査を行った南・西インドとは対照的に、北インド・ヒンディー語圏では会議派は新興勢力（後進カースト）を排除する傾向にあった。会議派の権力は上位カーストが握り、上位カーストがパトロン―クライアント関係に基づいて低カーストを支配することにより、ブラスの指摘するところの「端の連合」が成立した［Jaffrelot 2003：114］。上位カーストの政治指導者は、低カースト、とりわけ後進カーストの指導者と権力を共有することに関心を示さず、人口・議席の4割近くを占める北イン

---

[13] 同じく宗教暴動を扱ったハサンの研究も、暴動後、有権者の政党選好に変化が生じたことを指摘しているが、「暴動がコミュニティ間の亀裂を深めた」としか言及されていない［Hasan 1998：105-106］。暴動のどのような展開が亀裂をいかに深めたかという点こそ、政治変動の分析にとって重要になる。

ドがこのように保守的な特徴を持っていたことが、会議派全体の保守性を形作ることになった。

ジャフルローは以上のように指摘した上で、社会主義政党系の指導者が会議派の保守的な性格を弱点として突いた過程を明らかにしている。第3章で詳述するが、社会主義政党は、後進カーストに対する公務員職留保問題を梃子に後進カーストの積極的な動員を図り、支持を獲得することに成功した。裏腹に会議派は上位カーストの党としての性格を捨てきれず、結果的に包括政党としての性格も失い衰退した［Jaffrelot 2003：427-435］。

後進カーストの政治的台頭を理解する上で、ジャフルローの研究は有益である。同時に、チッバーの議論と同じ疑問を指摘できる。なぜ、1990年代初頭という特定の時期に、会議派支配を覆すことができたのか。公務員職留保問題自体は歴史の古い問題であり、州レベルでは早々に実施されていたにもかかわらず、ほかならぬマンダル委員会報告の実施宣言が政党システムの変化を引き起こし、会議派支配に引導を渡す効果を持ったのはなぜか。マンダル委員会報告の実施宣言に引き続いて起こったマンダル暴動は政治変動とどのような関係に立つのか。これらの点は十分に分析されていない。

以上、アイデンティティ政党の台頭を扱った研究を検討してきた。いずれの研究も一定の説得力は持つものの、次のような疑問が生まれる。第一に、なぜ、1980年代末から1990年代初頭という特定の時期にカースト・宗教アイデンティティが政治争点として重要になったか。第二に、これらアイデンティティに基づく暴動と政治変動はどのような関係に立つのかという点である。次は暴動と政治の関係に重点を置いて学説を検討してみよう。

宗教暴動と政治変動

暴動と政治変動の関係を考えるためには、近年のインド研究において最も活発な分野である宗教暴動研究を最初に検討する必要があるだろう。暴動と政治との関わりについて考察した重要な研究として、ブラス［Brass 2003］とウィルキンソン［Wilkinson 2004］の議論を挙げることができる。

ブラスの研究は、ウッタル・プラデーシュ州の地方都市アリーガルの事例を経年的に分析したものである。アリーガルには、ムスリム知識人の養成を目的

として設立されたアリーガル・ムスリム大学が存在し、独立を挟んで多くの宗教暴動を経験してきた。彼の仮説は、暴動が頻発する場所においては、暴動をいつでも引き起こすための個人や集団からなる「制度化された暴動システム」が存在するというものであるが、「制度化された暴動システム」と密接に関連しているのは、激しい政党間競合と大衆動員である［Brass 2003：32］。

　宗教暴動と政党間競合の関係について、ブラスは、結論として二つ挙げている。第一が、選挙前に起こった大規模な暴動は激しい政党間競合を引き起こすこと、第二に、激しい政党間競合を引き起こすだけではなく、宗教が争点となった分極化した選挙結果を生み出すことである［Brass 2003：238-239］。それゆえBJPは、選挙戦を有利に進めるために「制度化された暴動システム」を構築し、最も効果的な結果を得られると判断した場合にシステムを発動してきた、と仮説を立てる。

　アリーガルの詳細な調査に基づいたブラスの研究は、示唆に富む。ただし、暴動と政治変動の関係を解明するという本書の視点からは、次の三点を問題点として指摘できる。第一に、暴動と分極化された選挙結果の相関関係を計量的手法を用いて分析しているが、分析自体はあくまでも「制度化された暴動システム」が存在することの立証として行われている。すなわち、「制度化された暴動システム」が存在するためには明確な目標が存在しなければならず、目標とはBJPに有利に働く分極化された選挙結果であった。そしてその目標は、客観的な正確さを備えていることが計量分析によって証明されているという主張である。従って、暴動と政治変動の関係に分析の重点が置かれているわけではなく、あくまでも政治的要因は暴動を説明するために用いられている。

　第二に、第一点と関連するが、暴動が政党間競合を激化させることの重要性を繰り返し指摘し、さらに経年的な分析を行っているにもかかわらず、アリーガルが位置するウッタル・プラデーシュ州、ないし全国レベルの政治変動とは結びつけられていない。政治変動の解明は、関心の対象外である。

　最後に、暴動と選挙結果を結ぶ具体的な政治過程の分析が行われていない。ブラスは、暴動の責任をめぐる「非難の擦りあい（blame displacement）」の過程を、一般のヒンドゥー・ムスリム、政治家、警察、メディアの認識を詳しく検討することによって明らかにし［Brass 2003：303-351］、その意味では暴動

の政治的帰結を考察するという本書の関心と重なる。しかし、彼の関心は、あくまでも次の暴動が発生する準備段階としての「非難の擦りあい」の過程を明らかにすることにあり、ここで論じられているのは、それぞれの当事者の偏見とも呼びうる認識の相違である。そのため、ブラスの議論においては、偏見と投票行動を結びつける試みは必ずしも十分に行われていない。偏見の持つ強い力で有権者の投票行動も説明できる、と押し切る立場もあるだろうが、少なくとも偏見の形成過程を検証する必要はあるだろう。

これに対しウィルキンソンは、「制度化された暴動システム」の存在を立証することは困難であるとブラスを批判しつつも［Wilkinson 2004：52-53］、暴動における選挙の役割の重要性を次のように強調する。

暴動は、都市レベルでの選挙を有利に展開するために引き起こされるが、暴動を鎮圧するために、いつ、どこで警察力を行使するかという判断には、州レベルの選挙要因が決定的な役割を果たす［Wilkinson 2004：4］。政党間競合が激しく、時の州政権にとって存続のためにムスリム票が欠かせない状況であれば、例えばケーララ州に見られるように暴動は1日で鎮圧されるが、グジャラート州のようにムスリム人口が少なく、ムスリム票が選挙結果に与える影響力が小さな州では、暴動は鎮圧されるどころか州政府によって煽動される。暴動の展開を左右するのは、警察権力を持つ政府の政治的意思、すなわち選挙要因にかかっている、という仮説である。

ウィルキンソンの議論においては、暴動がもたらす政治的影響の考察が射程に入っており、この点は本書の問題関心と重なる。しかし、彼が暴動の政治的帰結に着目するのは、暴動拡大の範囲を説明するためであり、暴動における州政府の役割を重視するのも暴動拡大の範囲の地域差を選挙要因によって説明するためであった。あくまでも関心は暴動の発生・拡大・収束のメカニズムを明らかにすることに向けられており、暴動が引き起こす政治的帰結は、州政府の行動の差異を説明する選挙要因の有効性を証明するために分析されているに過ぎない。その意味で、政治的要因は、あくまでも暴動を説明するために用いられている。この点はブラスの抱える第一の問題と共通する部分であり、両者とも暴動の分析が主目的であることを考えればやむを得ないと言えるが、確認しておく必要があるだろう。

政治的要因から暴動を説明するこれらの研究とは逆に、暴動を説明変数の一つとして政治的変化を解明しようと試みた近年の研究として近藤の議論を挙げることができる［近藤 2009a］。近藤は、インフレ率、所得変動などのマクロ経済指標、ヒンドゥー・ムスリム間の宗教暴動の件数を指標に取り、会議派支持率の変化とこれら指標の関係を計量分析の手法を用いて検証した。その結果、宗教暴動の影響が顕著に見られるのは1996年下院選挙であり、1989年下院選挙については、物価上昇の影響は顕著に見られるものの、宗教暴動の影響は見られないと結論づけている。

　近藤は、別稿において、宗教暴動がBJPの台頭に果たす役割について検証している［近藤 2009b］。前述したブラスの「制度化された暴動システム」仮説をマハーラーシュトラ州、グジャラート州、ウッタル・プラデーシュ州の事例において検証し、暴動が大規模化する要因を特定すると同時に、州政治に及ぼす影響、すなわちBJPの台頭に及ぼす影響について考察した。その結果、ウッタル・プラデーシュ州のように主要社会集団の「系列化」が起こっていないグジャラート州、マハーラーシュトラ州では、大規模な宗教暴動が宗教集団間の亀裂を深め、多数派であるヒンドゥー教徒がBJPを支持しBJPが台頭することになったと分析する。

　近藤の研究は、暴動の政治的帰結を検証する観点からは示唆に富む。しかし同時に、問題点を三つ指摘することができる。第一に、計量分析の手法は、宗教暴動の影響を分析する上では限界がある。近藤は、正確な計量分析を行うために暴動については件数を変数とした［近藤 2009a：74］。その結果、1989年下院選挙については、宗教暴動の影響が見られないと分析している。しかし、後に詳細に検討するように、宗教暴動が持つ多様な側面は、件数だけで計測できるものではない。暴動が起こった時期、暴動の主体、暴動の規模、暴動の刻々の局面における政府の行動など様々な要因が有権者の投票行動に影響を及ぼすと考えられ、これらの多様な要因を件数に代表させることには無理があるだろう。別稿では州政府の態度もあわせて検証されているが［近藤 2009b］、概括的に触れられているだけで十分とは言えない。

　第二に、政党システムの変化の分析は、必ずしも明確に意識されていない。会議派の衰退とBJPの台頭という、競合的多党制期における重要な変化を扱

ってはいるものの、各政党の盛衰の分析に焦点が当てられ、政党システムの変化、すなわち政治変動全体を捉える試みとしては行われていない。

　最後に第二点とも関連するが、宗教アイデンティティとカースト・アイデンティティの相互作用については十分に分析されていない。カースト暴動については取り上げられておらず、カースト・アイデンティティに基づく社会的亀裂も、「系列化」として、いわば与件として取り上げられている［近藤 2009b：296-299］。これから検討するように、政治変動の解明のためには両アイデンティティの相互作用を分析することが欠かせない。

暴動への対処法

　これまで政治変動、すなわち会議派—野党システムから競合的多党制への変化に関する学説を検討してきた。いずれの学説も重要な貢献を行ってきた一方で、次の五点が十分に解明されないまま残されている。

　第一に、カースト・宗教アイデンティティが、1990年前後という特定の時期に重要争点化した理由である。後進カースト動員の象徴的な政策と見なされてきた公務員職留保問題が英領時代から存在する歴史のある問題であったことはすでに述べた。社会的亀裂論を展開したチッバーは、マンダル委員会報告実施決定に至るまで、ウッタル・プラデーシュ州やビハール州において後進カースト団体が留保問題に関し強い圧力をかけたという事実は確認することができないと指摘し［Chhibber 1999：135, 139］、それほど大きな政治争点ではなかったと示唆している。それでは、いわば「死に体」だった争点が、なぜ突然生き返り、一党優位支配の崩壊を決定づけるほどのカースト意識の先鋭化をもたらしたのか。公務員職留保問題は、上位カーストの国家へのアクセスを制限し、彼らの経済的地位に影響を与え、さらにウッタル・プラデーシュ州のような民間企業の雇用吸収能力が小さい州においてはその影響が尚更大きくなるから［Chhibber 1999：146］、という説明だけで十分だろうか。現実に公務員職が全国レベルで提供する雇用は1988年時点で20万4,288人に過ぎず、志願者が290万人いるとは言え［Jaffrelot 2003：343］、1989年選挙の有権者4億9,890万6,129人に比すれば0.6％に過ぎない。直接の利害関係を有する人間が有権者の0.6％に過ぎない政治争点が、選挙結果の帰趨を左右するのみならず、政治変動を引

き起こす影響力を持ったと主張するためには、公務員職の経済的重要性を強調するだけでは不十分ではないか。

宗教アイデンティティについても同様の問題を指摘できる。BJPの親団体である民族奉仕団の主張は、現在でも1923年に著されたサヴァルカールの『ヒンドゥトゥヴァ（Hindutva）』が基本書とされていることからもわかるように［Jaffrelot 1996：25］、核心において大きな変化は見られないと言ってよい。いわば同じ主張を独立前から続けてきたのであり、1967年下院選挙直前の1966年11月には12万5,000人から70万人が参加したと推定される大規模な雌牛保護運動も展開された［Jaffrelot 1996：203-210］。

しかし、BJP（当時はバラーティヤ・ジャン・サン［Bharatiya Jan Sangh］）による動員も、1967年下院選挙においては獲得議席35議席、得票率9.3％と共に過去最高を記録したものの、中央レベルにおける会議派支配を突き崩す力は持たなかった。ところが、1980年代後半から1990年代前半にかけてのアヨーディヤ動員は、雌牛保護運動より大きな動員力を持ち、マンダル委員会報告と並んで政治変動の重要な一因となったと言える。BJPの基本的な主張は変わらないのに、なぜ1980年代後半から始まった動員が、会議派支配を崩壊させる力を持ったのか。掲げたシンボルの違いだけで説明できるだろうか。これは実は十分に解明されていない点である。

第二に、政治変動が急速に起こった理由である。会議派の衰退、アイデンティティ政党の台頭という変化は、議席数の変動に見られるように急激だった。例えば本書が取り上げるビハール州においては、1990年から2000年にかけてのわずか10年間、3回の州議会選挙で、会議派の議席は196議席から23議席に転落してしまった。なぜ、これほど急激な変化が起こったのか。

第三に、会議派支配崩壊後の政治権力の構成に関してである。同じアイデンティティ政党と言っても、BJPとジャナター・ダルはイデオロギー的に鋭く対立し、全く異なる。いずれの政党が奪権するか、という奪権のパターンに関し、これまで十分な説明は行われなかった。

第四に、カースト・宗教アイデンティティの密接な連関についてである。これから検討するように、ビハール州においてジャナター・ダルが奪権に成功したのは、宗教アイデンティティの争点化がまず起こり、ムスリム票が会議派か

らジャナター・ダルに動いたからこそであった。カースト・アイデンティティの争点化のみによってジャナター・ダルが奪権に成功したわけではない。両者は密接に連関しているにもかかわらず、従来の研究はアイデンティティ政党それぞれを個別に検討する傾向が強く、両者の相互作用には十分な注意を払ってこなかった。

　最後に、カースト・宗教アイデンティティに基づく暴動と政治変動の関わりについてである。暴動研究においては専ら「暴動はなぜ起きたのか」という問いの究明に努力が注がれ、「暴動が何を生み出したか」という点についての解明は十分に行われてこなかった。政治変動研究においては、暴動が果たした役割は十分に検討されなかった。近年、暴動の政治的帰結を検証する研究も現われたが、既に検討した問題は残っている。

　以上の五つを問題点として指摘できる。それでは、これらの疑問をどのように解くことができるだろうか。

　政治変動に至る政治過程を慎重に検討すると、やはり暴動が重要な役割を果たしていることに気づく。例えば、アヨーディヤ動員の一環であるラーム・レンガ行進を契機として起こったバーガルプル暴動は、第 5 章で検討するように1989年下院選挙投票日のわずか 1 ヵ月前に始まった。独立以来最悪の規模ともされた惨憺たる事態を前に、選挙実施に責任を負う県長官は「少なくともバーガルプル下院選挙区では選挙を延期する必要があるのではないか」と主張したが、暴動を完全には抑え込むことができない状況で、いわば暴動と並行しながら選挙は予定通り強行される。結果は、バーガルプル政界を長らく支配し州首相も務めた会議派の大物政治家の大敗であった。バーガルプル選挙区のみならずビハール州で会議派は大敗を喫したが、暴動の影響がなかったと言い切ることは難しいだろう。

　カースト・アイデンティティの争点化についても同様の事例を指摘することができる。V. P. シン国民戦線政権がマンダル委員会報告の実施を決定し、これに基づく動員が行われると、第 7 章で検討するように、ビハール州を中心地の一つとしてマンダル暴動が発生した。マンダル委員会の委員長ビンデシュワーリー・プラサード・マンダル（Bindheshwari Prasad Mandal：以下、B. P. マンダル）の出身地であり、後進カーストが多数を占めるビハール州マデプラ県

でも暴動が起こったが、暴動から約半年後に行われた1991年下院選挙は荒れた選挙となった。マデプラ選挙区では候補者の射殺により選挙自体が延期され、半年後に行われた補選でもマンダル委員会報告の実施を強く主張したシャラド・ヤーダヴ（Sharad Yadav）元繊維相がジャナター・ダル候補として立候補し、上位カーストと後進カーストの対立が先鋭化した。投票所の占拠をめぐって銃弾が飛び交い、宗教暴動ほどの規模ではないにせよ、カースト間対立は再び暴力化した。有権者の投票行動はカースト・アイデンティティを軸に分極化したと分析できるが、前年に起こったマンダル暴動を考慮に入れないで分極化を理解することは難しいだろう。

　言うまでもないことだが、暴動が被害者の人生に及ぼす影響は甚大である。暴動がアイデンティティに基づいて起こる場合、自分自身には全く過失がないにもかかわらず、特定のコミュニティーに属するというただそれだけの理由で、殴られ、財産を奪われ、酷い場合には家族や自身の生命も奪われる結果になる。このような言われなき暴力に直面した場合、アイデンティティ意識が先鋭化することは避けられないであろう。加えて、市民の生命・財産を守ることが政府の第一の責務であることを考えれば、暴動をめぐる政府の行動、とりわけ「暴動への対処法」は政府に対する信頼を決定づけることになる。暴動を迅速に鎮圧することに成功し、被害を最小限度に抑えることができれば、政府に対する信頼の喪失は最小限度に抑えることが可能になるが、政府が暴動を黙認・放置、酷い場合には扇動して被害を止めどなく拡大する結果になれば、政府に対する信頼は根底から揺らぐことになるであろう。民主主義において政府に対する信頼を問う一番の機会は選挙であるから、「暴動への対処法」が選挙に与える影響は必然的に大きくなると考えることができる[14]。現実に暴動の持つ影響力が発揮されたのが、政治変動の分水嶺となった1989年下院選挙であった。

　本書で検討の対象とするビハール州においては、カースト・宗教アイデンティティに基づく暴動が起こり、その結果として変化した有権者の投票行動のパターンを固定する役割を担ったのもまた暴動であった。バーガルプル暴動で標

---

14) 竹中は、「暴動のシークエンス」を6段階に分けるなかで、第5段階「警察の介入」に関し、「政府が信用されるか、信用を落とすかが決まる瞬間である」としている［竹中 2001：61-63］。暴動の終結過程が政治変動に与える影響を考察するという分析枠組は藤原［1998］を参考にした。

的とされたムスリムは、1989年下院選挙、1990年州議会選挙で会議派を見限り、ジャナター・ダル連合を支持した。1990年州議会選挙においてラルーを首班とするジャナター・ダル政権が成立するが、ラルーは就任当初から宗教暴動の鎮圧には徹底した姿勢で臨み、BJPが組織した大宗教動員である山車行進も禁止する。この決定は中央のV. P. シン国民戦線政権の崩壊を招いたが、会議派政権とは異なり宗教行進・暴動に対して決然たる態度を取ったことは、ジャナター・ダルに投じられたムスリム票を繋ぎ止める効果を持ち、以後ムスリムはラルー体制の固い支持者となる。「暴動への対処法」が変化した投票行動のパターンを固定した一例である。

　他方で、ラルー政権によるマンダル暴動への対処は、徹底して鎮圧した宗教暴動とは対照的に、曖昧だった。先述のマデプラ県でヤーダヴを中心とする後進カーストが上位カーストを襲撃する間、治安に責任を負う県庁・県警はなかなか動かなかった。2日後にようやく鎮圧に取り組むが、ラルー政権の鈍い動きは上位カーストの反撥を招くこととなる。マンダル暴動以後も上位カーストに対する曖昧な対処は続き、例えばボージュプル県においては、上位カーストと指定カースト間のカースト・階級対立において、警察は上位カースト地主に必ずしも加担せず、この対応がビハール史上最強と呼ばれた上位カースト地主の私兵集団ランヴィール・セーナーの誕生につながった［中溝 2010］。上位カースト地主の利益を手厚く保護した会議派政権と対照的な対応は、上位カーストのラルー政権からの離反を招き、選挙を重ねる毎にラルー政権に対する支持は低下していった。カースト・アイデンティティをめぐって起こった暴動・暴力への対処が、投票行動のパターンを固定した事例と指摘できる。

　このように、暴動、とりわけ「暴動への対処法」を説明変数に加えることによって、残された五つの論点をよりよく説明することができる。カースト・宗教アイデンティティの争点としての重要度が上昇した理由として、争点化に先立ち暴動が発生したことは重要である。1980年代後半から1990年代前半という特定の時期に、両アイデンティティの争点としての重要性が上昇し、アイデンティティ政党が議席を大幅に伸ばした理由は、カースト・宗教アイデンティティをめぐる暴動が選挙の直前に起き、「暴動への対処法」が有権者の投票行動に大きな影響を与えた事実に多くを求めることができるだろう。ビハール州

において会議派支配崩壊後にジャナター・ダルが権力を掌握することに成功したのは、宗教暴動に伴いムスリムが会議派から離反した後に、ラルー政権によるカースト・宗教アイデンティティに基づく暴動への対処法が固い支持基盤を作り出したからであった。「暴動への対処法」は政治変動と密接に関わっていることがわかる。

このように暴動の政治的帰結を「暴動への対処法」という変数に焦点を当て分析を行う本書の試みは、暴動を等閑視してきた政治変動研究の観点からも、暴動の原因究明に傾倒してきた暴動研究の観点からも新しい試みであり、意義がある。

第4節　暴力と民主主義の州――ビハール州

政治変動の解明にあたり、本書においては、中央レベルと同時にビハール州を検討対象として取り上げたい。州レベルについて検討を行う理由は三つある。

第一に、連邦制を採用するインドにおいて、暴動が発生した際に鎮圧の権限を握るのは州政府である。暴動を迅速に鎮圧するか否かを決定するのは州政府の政治的意志にかかっており、従って暴動の政治的帰結を検討するためには州レベルの政党政治の展開を検討することは欠かせない。ウィルキンソンが、暴動拡大の説明要因として州レベルの選挙要因を重視したのも、州政府が警察権力を掌握しているからこそであった。

第二に、暴動が有権者の投票行動に及ぼした影響を検証するためには、暴動の現場における有権者の認識を調査する必要がある。選挙データを用いた分析はもちろん重要であり本書でも重視しているが、データ分析だけでは、暴動の展開が有権者の認識にどのように作用したのか、突き詰めることはできない。暴動の現場に降りていけば、そこで展開される政治は、農村・都市・県・州・中央の政治が重層的に折り重なった政治であり、中央レベルの分析だけではおよそ理解することは難しい。少なくとも州レベルの政治を分析することは必要不可欠であり、さらに都市、農村レベルまで踏み込む必要があるだろう。

最後に、政治変動が始まったのは、まず州レベルからであったという事実である。会議派システム終焉の分水嶺となった1967年選挙は、会議派が中央レ

ベルではなく州レベルで敗北した選挙であった。そのため、政治変動を捉えるためには、州レベルの政党政治の展開を分析することが欠かせない。以上三点が、州レベルの政党政治について検討を行う理由である。

　それでは、なぜビハール州を選択したのか。理由を三つ挙げることができる。

　第一に、政党システムの変化を先鋭な形で示し、変化の主導的な役割を担ったからである。会議派システム期には、まさに会議派の金城湯池であったが、1967年州議会選挙では会議派が敗北した8州の一つとして会議派システムに引導を渡した。1974年には、グジャラート州と並んで大規模な反会議派運動を主導し、非常事態体制後の1977年下院選挙で会議派を初めて中央レベルでの敗北に追い込んだ。そして競合的多党制期には、全国で最多となる有効政党数を保持している[15]。州レベルにおいて一党優位制から競合的多党制への変化を先陣を切って示したと言え、下院議席もウッタル・プラデーシュ州の85議席（下院議席全体の15.6％）に次ぐ54議席（同9.9％）を保持していることを考慮すると[16]、全国政治の展開にも与えた影響は無視できない。インド民主主義の実践を分析する上で、重要な州である。

　第二に、第一点と関連するが、カースト・宗教アイデンティティに基づく暴動が、全国の中でも激しかった。1980年代後半のアヨーディヤ運動が引き起こした数々の暴動の中で最悪の犠牲者を生んだバーガルプル暴動を経験し、さらにマンダル委員会報告の実施に伴う上位カーストと後進カーストの対立は、ウッタル・プラデーシュ州と並んでビハール州がもっとも激しく、マンダル暴動の中心地であった。その結果、カースト・宗教アイデンティティの政治争点としての重要性が格段に上がり、会議派支配の崩壊とジャナター・ダルの台頭という政治変動を生み出した。カースト・宗教アイデンティティの争点化とこれに基づく動員・暴動と、政治変動の関係を究明するのに適した事例であると言える。

　最後に、会議派支配崩壊後に成立した新しい政治勢力の構成に特徴がある。

---

15) Yadav, Y [1996：99, Table 5] による。ヤーダブのデータは1993年から1995年にかけて行われた州議会選挙の数値に基づいている。

16) 2000年の州分割により、ビハール州40議席、ジャールカンド州14議席となった。ただし、本書が扱う時期は主に1990年代までなので、ビハール州と言うときは分割前のビハール州を指す。

宗教アイデンティティに基づく動員が活発に行われ、バーガルプル暴動という大暴動が発生したにもかかわらず、BJPは直ちには勢力を伸ばさなかった。会議派支配崩壊後に成立したのは、BJP政権ではなく、ジャナター・ダル政権であった。大規模な宗教暴動が起こったにもかかわらず、なぜビハール州ではBJPが直ちに支持を伸ばさなかったのだろうか。

　問題を解く鍵は、カースト・アイデンティティと宗教アイデンティティの相互作用にある。前述のように、ビハール州におけるジャナター・ダルの奪権を説明するためには、宗教アイデンティティの争点化を検討することが必要である。同時に、BJPの不振を説明するためには、カースト・アイデンティティの争点化を分析する必要がある。ラルー政権が、マンダル委員会報告とこれに伴うマンダル暴動の操作を通じて、ヒンドゥー・コミュニティーの中に上位カーストと後進カーストの亀裂を作り出したからこそ、BJPは「ヒンドゥー票」の構築に失敗し、勢力を伸ばすことができなかったと考えられる。カースト・アイデンティティと宗教アイデンティティの争点化は、本来独立して存在するものではなく、両者の間に密接な相互作用が存在する。ビハール州は、その相互作用を理解する好例であると考えられる。

　以上、ビハール州を検討する意義を、第一に政党システムの変化、第二にカースト・宗教アイデンティティに基づく暴動の規模、最後に新たな政治権力の構成とカースト・宗教両アイデンティティの相互作用、という三つの観点から説明してきた。それぞれの点につき、ビハール州は極端な事例、もしくは例外的な事例と位置づけることも可能であり、そうであれば、「暴動への対処法」によって政治変動をよりよく解明できるという本書の仮説に対して、所詮ビハール州の事例のみを説明するにすぎないとの批判を想定することもできる。

　確かに、政党システムの変化が他州と比較して極端な形で起こり、カースト・宗教アイデンティティに基づく暴力の程度も高いことを考えれば、仮説を証明しやすい州を選択しているとも言えるだろう。しかし、1989年下院選挙直前に行われたラーム・レンガ行進によって暴動が引き起こされた8州のうち、会議派が最多議席を獲得した州は3州に過ぎない。残りの5州では、ビハール州と同様に会議派が敗北した。ビハール州以外の事例についても、本書の仮説を検討する意義はある。そうであればこそ、ビハール州の事例を丁寧に

分析することは、最初の一歩として意義がある。

以上が、ビハール州を検討対象とする理由である。それでは、最後に本書の構成を説明しておきたい。

第 5 節　本書の構成

なぜ会議派支配の崩壊と暴動が重なったのか。この問いに答えるためには、暴動に至る政治過程をまず明らかにしなければならない。独立後、磐石であった会議派支配が次第に揺らぎ始めたからこそ、会議派が宗教アイデンティティの争点化を図ったのであり、この争点化が宗教暴動の激化という惨劇に結びついた。従って宗教暴動に至る一連の過程を明らかにするためには、会議派システムを構築した会議派支配の構造を検討することから始める必要がある。第 2 章では、会議派支配の構造を分析する。

独立を達成したインドは、英領時代の制限選挙を廃止し、普通選挙制度を最初から導入した。バラモンの大地主から指定カーストの農業労働者に至るまで、一人一票を行使する広範な政治参加が制度的に保障されるなか、会議派の一党優位支配を支えたのは、農村における地主の権力だった[17]。会議派は、大票田である農村部において、有力地主カーストが持つ社会・経済的影響力を用いて、地主の配下にある低カースト小作人・農業労働者を動員し、会議派への支持を調達しようと試みた。地主の動員力に頼ったこの方法を、地主動員戦略と名付けたい。第 2 章においては、会議派が地主動員戦略を採用するに至った歴史的経緯を英領時代から振り返った上で、この戦略が、上位カーストがすべての社会階層を代表するという参加と代表の格差を生み出した過程について検討する。

参加と代表の格差という矛盾を突いたのが、社会主義政党であった。会議派の圧倒的な強さに直面した社会主義政党は、後進カーストに対する公務員職留

---

17) インドは、2001年センサスでも人口の72.2％が農村に居住する農業国としての性格を色濃く持っている（Census of India [2001]）。本書が対象とするビハール州に至っては、実に89.5％が農村に居住しており、ヒマラヤ山麓に位置するヒマーチャル・プラデーシュ州と並んで農村人口比率の最も高い州となっている。そのため、政治権力を獲得するためには、農村部における集票が至上命題となり、農村票の動向が政党政治の動向を大きく左右することになる。

保制度の実現を掲げて、後進カーストの支持を調達しようと試みる。垂直的な地主動員戦略を水平に切り取るカースト動員戦略の採用である。社会主義政党は、上位カーストが支配的な会議派、バラーティヤ・ジャン・サンの抵抗に遭いつつも、ビハール州レベルでは留保制度の導入に成功した。成功は後進カーストの支持を次第に社会主義政党に引き寄せ、会議派の集票パターンは、地主動員モデルから、社会階層の上層と下層から支持を集める「端の連合」モデルへと徐々に変化していった。第3章においては、後進カーストの不満とこれを受けた社会主義政党が成長する過程を検討する。

　後進カーストが不満を政治的に表現するためには、上位カースト地主が持つ社会・経済的影響力から一定程度自立する必要がある。これを可能にしたのが、緑の革命という農業技術の革新に伴う農村社会経済の変容であった。第4章で検討するように、緑の革命の導入によって後進カースト農民が次第に経済力をつけ、更に出稼ぎの増加に伴い指定カースト農業労働者の地位も向上したことから、上位カースト地主の影響力は相対的に低下した。この経済的変化が社会主義政党、そして農民の利益を実現することを掲げた農民政党への支持を可能にしていった。

　このような政治変動は、会議派支持基盤の弱体化を意味した。会議派が支持基盤を取り戻そうと試みるなかで、宗教アイデンティティが争点化し、宗教暴動に行き着く過程を検討するのが第5章となる。試みは、取り得た三つの選択肢のうち最も安易かつ成功が望めた宗教動員戦略への傾斜（亜流宗教動員戦略）として現われ、ヒンドゥー・ナショナリストへの宥和策は、結果的にバーガルプル暴動という大惨事を引き起こした。亜流宗教動員戦略はバーガルプル暴動への対処法にも覿面に反映され、ラジーヴ会議派政権は、有権者、とりわけ「端の連合」モデルの重要な一角を構成していたムスリム有権者の信頼を失うこととなった。

　それでは、「暴動への対処法」は、どのような政治的帰結を生み出しただろうか。政治変動を検証するのが、第6・7章となる。第6章においては政治変動の分水嶺となった1989年下院選挙について検討を行う。1989年下院選挙は、バーガルプル暴動という大宗教暴動と同時に選挙戦が展開されるというインド政治史上稀有な選挙であった。現実に、バーガルプル暴動は、「端の連

合」の重要な一角であったムスリムの会議派からの離反を招き、会議派の衰退に大きな影響を与えた。

　第7章においては、1990年州議会選挙によって誕生したラルー政権下におけるアイデンティティの政治の展開を、「暴動への対処法」を軸に検討する。V. P. シン国民戦線政権が、会議派によって長年棚晒しにされてきたマンダル委員会報告の実施を決断したことは、上位カーストと後進カーストの暴力的対立を引き起こした。更に、マンダル委員会報告の実施に刺激されてBJPが組織した山車行進は、600名以上の死者を生む深刻な宗教暴動を引き起こした。カースト・アイデンティティの争点化と宗教アイデンティティの争点化が交錯して暴動が起こり、ラルー政権による「暴動への対処法」が、ムスリムの支持を繋ぎ止める効果を持った一方で、上位カーストの離反を招いた政治過程について分析を行う。このようにして生まれた有権者の分極化が、競合的多党制の成立につながった。

　終章においては、これまでの議論をまとめ、「暴動への対処法」を説明変数として競合的多党制の成立をよりよく理解できることを示したい。その上で、暴力を克服する政治体制としての民主主義の可能性を検討したい。

第 2 章　会議派支配の展開

　宗教暴動は、会議派支配が崩壊する過程で起こった。それでは崩れつつあった会議派支配とは、どのような構造を持っていただろうか。独立後20年間にわたり会議派システムが成立した主な理由の一つは、会議派が、カースト・宗教・階級・言語など様々なアイデンティティに分断されたインド社会を「インド国民」としてまとめ上げ、独立運動を組織した事実に求めることができる。会議派による独立運動の最大の特徴は、非暴力的な大衆運動を通じて議会における代表権を漸進的に拡大していく点にあった。運動と議会制への参加という組み合わせが、多様な社会集団を会議派のもとに結集させ、独立後会議派システムという安定的な政党システムの成立に貢献したと評価できる。

　インド国民会議派が、設立当初からこのような包摂的な性格を有していたわけではない。1885年にイギリス人によって設立された当初は、知的専門職に従事するエリートを主体とし、後に物乞いスタイルと揶揄される請願を通じて、代議制における代表権の拡大や官職の開放を要求する穏健な政治団体であった。ところが、1920年にガンディーが会議派の主導権を握り、組織改革に基づいた大規模な大衆運動を成功させることで、会議派の政党としての影響力は他を圧倒することになる。1920年代のヒラーファト・非協力運動、1930年代の市民的不服従運動、1940年代のクイット・インディア運動という三つの大規模な独立運動を主導し、1947年に印パ分離独立という形にはなったものの最終的に独立を達成したことは、様々な社会集団から支持を獲得する大きな要因となった。

　同時に、運動を成功させるために、農村における既存の社会・経済的秩序を基本的には変革しないよう細心の注意を払ったことも、独立運動の特徴であった。運動の保守的な性格は、農村の有力地主カーストの支持を勝ち得、運動の

拡大のみならず選挙においても会議派が勝利する重要な要因となった。それでは以下において具体的に検討してみよう。

第1節　会議派の独立運動

「会議」の時代

1857年大反乱により植民地インドを失う寸前まで追い込まれたイギリスは[1]、反乱鎮圧後に統治体制の抜本的改革を行った［チャンドラ 2001：160-168］。第一に、1858年のインド統治改善法により、インド統治の権限を東インド会社からイギリス国王に移行させた。イギリス本国にはインド省が設置され、インド担当相が直接統治に関与するようになった。インド人が2度と反乱を起こさないようにするための、直轄統治の開始である。

インドに対する統制を強める一方で、第二に、インド人に対しても権力への参加を認め始めた。1861年インド参事会法は、インド総督に直属する帝国立法参事会を設置し、民間人の参加を認めた。立法参事会は実質上権限を持たず、かつ民間人メンバーは総督の任命制であったため、単なるお飾りとしての意味しか持たなかった。それでも、インド人が権力の中枢に参加する機会が生まれたことは確かである。インド国民会議派が誕生した時期は、このように政治権力がインド人に対してわずかながら開放され始めた黎明期に該当する。

インド国民会議派は、退官したイギリス人元インド高等文官職A. O. ヒューム（A. O. Hume）によって組織された。当時インド各地には、開放され始めた官職の更なる開放を求めてインド協会、プネー民衆協会、マドラス大衆協会、ボンベイ管区協会など様々な政治団体が設立されていた。会議派はこうしたグループを全インド的規模で糾合することを目的としていた［チャンドラ 2001：206-210, サルカール 1993：121-122］。第1回大会は1885年12月にボンベイで開催され、初代議長にはカルカッタ出身のバラモン弁護士W. C. バナジー（W. C. Bonnerji）が就任し、72名の代議員が参加した。

会議派指導部の中核は、1860年代後半から70年代初頭にかけてインド高等

---

1) 1857年大反乱については、長崎［1981］が詳細な分析を行っている。

文官職受験や法職を目指してロンドンに留学していたボンベイ・カルカッタ出身者から構成されていた。指導部のみならず、代議員も主に法律家、ジャーナリスト、貿易商、産業資本家、教師、地主から構成されており、英語教育を受けた都市中間層エリートの団体としての性格を強く持っていた［サルカール 1993：121-122, チャンドラ 2001：209］。結成直後の参加者は急激に増加し、1889年には2,000名にまで達したものの、参加者にとって政治は片手間にすぎず、会議派の活動は年末に3日間開催される文字通りの会議であった。会議派は政党としての体裁をおよそ整えていなかったと言える[2]。

都市中間層エリートの団体としての性格は、イギリスの懐柔策に従順であるという問題を抱えていた。会議派結成直後に制定された1892年参事会法は、「お飾り」としての地位を変えるものではなかったが、会議派は反撥するどころか、活動を停滞させてしまう。このような会議派執行部の穏健な方針に反撥して急進派が登場し、1905年から始まったベンガル分割反対運動を契機に会議派は穏健派と急進派に分裂するが、急進派にしても運動を農村部まで拡大する点では限界を抱えていた。要するに、会議派は、穏健派であれ急進派であれ、エリートの政党としての性格を強く持っており、統制の効かない大衆運動をタブー視していた。「私たちの国では教育を受けた少数者と何百万人との間を、大海が分け隔てている」というラビンドラナート・タゴール（Rabindranath Tagore）の嘆き［サルカール 1993：170］は正鵠を射ていた[3]。分極的な状況を変えたのが、ガンディーである。

ガンディーの独立運動――包括性と保守性

イギリスは、第一次世界大戦に対する協力の見返りとして戦後の自治を約束したにもかかわらず、約束を反故にした。自治とはかけ離れた1919年インド統治法を制定すると同時に、戦時体制を継続するローラット法を抱き合わせで

---

2) サルカール［1993：125, 128］参照。サルカール［1993］の訳者は、1885年から1920年までの会議派を、「政党としての組織と性格を持っていない」という理由で「国民会議」と訳出している［サルカール 1993：15, 訳注［1］］。筆者も趣旨は理解できるが、混乱を避けるため、本書においては設立時から「国民会議派」ないし単に「会議派」と訳出することとする。
3) この時期の会議派指導者が、大衆を運動に巻き込むことを最初から考えておらず、自分達を大衆の代弁者だと考えていた点につき、Seth［1998］参照。

施行したことにより、独立運動はかつてない盛り上がりを見せた。運動を主導したのは、南アフリカから帰国してほどないガンディーであった。

ガンディーによる運動が農民を含む民衆の広範な参加を招き、会議派が大衆政党へと成長したことが、会議派システム形成の重要な一因であることは前述した。ガンディーは1920年に会議派の主導権を掌握し、1921年から22年にかけて行われたヒラーファト・非協力運動、1931年から足かけ5年に及んだ市民的不服従運動、1942年のクイット・インディア（「インドを立ち去れ」）運動と、ほぼ10年おきに大規模な反英独立運動を主導し、積極的な動員を図ることに成功した。これまでの会議派指導者がなしえなかったことを、なぜ彼が成功させることができたのか。何がエリート政党から大衆政党への脱皮を可能にしたか。組織、目標、手段の三点に整理して検討してみよう。

まず組織に関して、会議派の主導権を握ったガンディーが最初に着手したのが組織改革であった。主な改革点は四つある。第一に、党組織を最高意思決定機関である執行委員会から村落レベルの組織まで階層的に位置づけ整備した。第二に、州組織を言語ごとに再編した。これにより、英語を話せない土着のエリートが会議派組織において出世する道が開かれた。第三に、党の役職に関し党内選挙を導入することによって、社会的エリートが会議派に入党する契機を制度的に担保した［Chandra 2004 : 249］。既存のエリートが、自分の出世を実現するために会議派に新たな社会的権力者を加入させる動機が高まったためである。そして最後に、党費を値下げし貧しい者でも党員になることを可能にし、会議派の門戸を都市の実業家から農村の貧しい農業労働者に至るまで開放した。このような組織改革を行うことによって、膨大な農村人口を運動に取り込む制度的な基盤を整備し、反英独立運動への大規模な動員を可能とする条件を整えた。

次に、目標の設定である。独立を勝ち得ることが大きな目標であることは当然として、独立に至る過程でさまざまな目標を設定した。1920年代のヒラーファト・非協力運動においては、ムスリム急進派の支持を取り付けるために、カリフ制擁護を自治と合わせて要求した。カリフ制擁護運動を行った理由は、1909年モーリ・ミントー改革に代表されるイギリスの分割統治策によって亀裂が生まれていたヒンドゥーとムスリムの関係を修復する狙いがあった。

1930年代の市民的不服従運動においては、運動開始前に目標として決議されていた完全独立を要求せず、塩税と塩専売の廃止要求を第一に掲げた。誰もが食す塩をシンボルとして取り上げたのは、地主と小作人、都市と農村、ヒンドゥーとムスリムなどの社会的亀裂を生むものではなく、「インド人」としての団結を可能にする狙いがあった。塩税と塩専売の廃止要求を、総督はもちろん、ネルーら会議派指導部すら奇異に感じ戸惑いを見せたが、ガンディーが「塩の行進」を始めると大衆が熱狂的に応えたことからも、目標設定の正しさを確認することができる［長崎 1996：162-167］。

　加えて、糸車で糸を紡ぐことも独立運動の中で一貫して提唱され実行された。糸紡ぎも伝統的にヒンドゥー、ムスリム共に従事してきた職業であり、社会的亀裂を生むものではなかったためである。このような目標・シンボル設定は、宗教・カースト・階級・言語・地域などのアイデンティティに分断されたインド国民をまとめ上げる意図を明確に持って、周到に行われたものであった。

　最後に手段である。非協力・不服従という運動の手段はベンガル分割反対運動にモデルを求めることができるが、非暴力主義を柱に据えたことが最大の特徴であった。暴力的な社会革命の芽を摘んだことにより、資本家や地主といった「持てる者」が運動に参加することを可能にし［サルカール 1993：245-246］、宗教・カースト・階級の別を超えたあらゆる社会集団が運動に参加することを可能にした。

　以上、ガンディーが主導した運動を組織・目標・手段の観点から簡潔に整理した。これらの特徴は、会議派が「インド国民」の傘となることを可能にし［サルカール 1993：246］、独立後、会議派が包括政党として機能する土台を形成したと指摘できる。

　ガンディーが主導した運動の重要な特徴として、包括性と同時に保守的な性格を挙げることができる。多様な社会集団が独立運動に参加したことは前述の通りであるが、それぞれが対等な関係に立ったというわけでは決してなかった。むしろ逆に、ガンディーは、既存の社会・経済的秩序を壊さないように、細心の注意を払っていた。例えば、本書で検討するビハール州において、社会改革者スワーミー・サハジャーナンド・サラスワティー（Swami Sahajanand Saraswati）が小作人・農業労働者の権利を掲げて農民組合運動を展開した際には、ビハール

州会議派は当初はこれを取り込もうと試みたが、最終的には訣別する。会議派が階級闘争を拒否したからである［Frankel 1990a：74-81, Das 1983：157-158］。

更に、指定カーストの指導者B. R. アンベードカル博士（Dr. B. R. Ambedkar）が、指定カーストに対する分離選挙区を要求した際には、ガンディーは「死に至る断食」を行ってこれを阻止した［長崎 1996：181-184］。指定カーストをヒンドゥー社会から切り離してはいけないという理由からであり、その後ガンディーはアンベードカルの批判に応え、指定カーストの地位向上運動に熱心に取り組んだ。しかし、カースト秩序そのものは否定せず、また指定カーストのほとんどが農業労働に従事しているにもかかわらず、農業労働賃金の引き上げは決して要求しなかった［サルカール 1993：441］。ガンディーの非暴力主義が暴力的な社会革命の芽を摘んだからこそ、資本家はガンディーを支援し、農村の有力地主カーストはガンディーの運動に参加した［Frankel 1990b：496-497］。そして彼らが農村における運動に主要な役割を果たすこととなった。

運動の保守的な性格は、議会政党としての会議派の性格にもよく反映されている。次に検討してみよう。

議会政党としての会議派

1909年インド参事会法により間接選挙ながら選挙制度を導入したイギリスは、1919年インド統治法によって制限選挙ではあるが直接選挙を導入した。1935年インド統治法では、州政府の権限の多くはインド人に委ねられることとなり、イギリスはインド人に権力を漸次的に委譲していった。

統治法に基づく選挙への参加をめぐっては、参加派と反対派（固守派）の対立が当初存在した。初代首相ジャワハルラール・ネルー（Jawaharlal Nehru）の父であるモティラール・ネルー（Motilal Nehru）は参事会選挙への参加を主張し、スワラージ党を会議派の党内党として結成する一方で、ガンディーを中心とする固守派は選挙への参加に反対する。両者の対立は票決で固守派が敗れたことにより妥協が図られ、会議派は議会政党としても活動することとなった［サルカール 1993：266-267, 304-306］。

議会政党である以上、将来の政権構想を具体的に描く必要がある。独立イン

ドの構想については、ガンディーが1910年に『真の独立への道（ヒンド・スワラージ）』で既に明らかにしていたが、彼が示した構想は具体的な制度設計や政策ではなく、西洋近代文明批判を核とする独立インドが目指すべき理念であった［ガーンディー 2001］。イギリスはインドの憲政改革を進めるために1927年にサイモン委員会を任命するが、委員全員が白人であることが判明すると、これに対する強い反撥からインド人の手による憲法構想作成の気運が高まる。翌1928年にはモティラール・ネルーが中心となって作成した『ネルー報告』が提出され、独立インドの政治制度、基本的な政策が明らかにされた。

『ネルー報告』の発表は、地主に頼る会議派の性格を浮き彫りにした。「私有財産に対するあらゆる権利を保障する」という保守派の修正を受け入れたことは、ジャワハルラール・ネルーやスバース・チャンドラ・ボース（Subash Chandra Bose）など社会主義の影響を受けた若手指導者の批判を受けたが、基本方針に変わりはなかった。例えば、1935年インド統治法に基づく選挙が1937年に行われることとなると、会議派は具体的な政策を選挙綱領として提示する必要に迫られる。焦点の一つが、抑圧的な地主制度であるザミンダーリー制の廃止であり[4]、本書で検討するビハール州においては、会議派州委員会は、第3章で検討する会議派社会党と農民組合の要求を受け入れてザミンダーリー制の廃止を決議して選挙に臨んだ［サルカール 1993：495］。その結果、会議派はビハール州で勝利したものの[5]、選挙後には、前述のようにスワーミー・サハジャーナンド・サラスワティーが指導する農民組合との関係を絶ってしまう。会議派執行部が地主の利益に縛られていたからに他ならない。

英領時代の選挙が制限選挙だったこともあるが、会議派は集票を農村の有力地主カーストに頼った。ビハール州においては、地主の圧力で農民組合の急進派が公認候補から除外され、代わりに公認を得たのは、ほとんどが地主階層であった［サルカール 1993：480］。その結果、会議派州政権は地主の利益を擁護

---

4) ザミンダーリー制については、第4章で詳述する。
5) 会議派は11州のうち、連合州、ビハール州、オリッサ州、中央州、ボンベイ州、マドラス州、北西辺境州、アッサム州の8州で勝利した［サルカール 1993：479-481］。選挙戦では、「ガンディージーと黄色箱に一票を」と連呼して1,585議席中711議席を獲得した。「ジー」は敬称である。投票箱は非識字者用に色分けしてあり、黄色箱は会議派の箱だった。サルカール［1993：558, 訳注［2］］参照。

する政権となり、階級闘争を目指す農民運動は疎外され、無力化された。

このように独立運動期から、会議派にとって有力地主の持つ社会・経済的影響力は重要であった。独立後、議会制民主主義を採用し普通選挙制度を導入したことにより、政治権力は選挙によって構成されることとなった。権力を獲得するために、会議派はどのような集票戦略を採用しただろうか。

第2節　独立後の会議派支配

地主動員モデル

独立から1967年までの会議派システム期において、会議派は圧倒的な強さを見せた。ネルー政権期の1962年選挙までは、下院で350議席を上回り議席占有率70％を超え、州議会においても、主要15州における政権占有率は90％を超えていた［中溝 2008：61-63］。議会における会議派の多数を支えたのが、有力地主カーストの持つ社会・経済的影響力であった。

会議派システム期において、会議派が有力地主カーストに集票を頼っていたことは、共有された認識だと言ってよい［Frankel 1978：23, 1990b：502-504, Varshney 1995：78］。このような集票モデルを、地主動員モデルと呼ぶことにしたい。地主動員モデルとは、階級的観点からは、地主が、主に雇用関係にある小作人・農業労働者に対して社会・経済的影響力を行使し、彼らを動員することによって票を取りまとめる集票モデルを指す。インドには、カースト制度が存在するため、階級的要素にカースト制度を組み合わせたモデルを作る必要がある。カースト制度に関する詳細な説明は第3章で行うこととして、最初にインド社会における社会集団の構成と人口構成比を示しておこう（表2-1）。

カースト制度について簡単に説明しておくと、上位カーストを頂点として指定カーストを底辺とする階層構造が存在し[6]、「その他後進諸階級」は、表2-1の注にも付したように事実上後進カーストを指し、中間に位置する。後進カー

---

6)　「指定カースト」は行政用語であり、かつては「不可触民（untouchable）」として知られた。ヒンドゥー社会の最下層に位置し、苛酷な差別を歴史的に受けてきたため、インド憲法は彼らに対する保護措置を規定している。保護の対象となるカーストが憲法に指定されているため、行政上「指定カースト」と呼ばれる。本書においては、不可触民を指す用語として「指定カースト」を用いることとする。

表2-1 インド社会における社会集団（カースト・宗教集団）構成比（マンダル委員会報告）

カースト区分	カースト	人口比（％）
上位カースト（upper castes）	バラモン（ブミハールも含む）	5.52
	ラージプート	3.9
	マラータ	2.21
	ヴァイシャ・バニア	1.88
	カヤスタ	1.07
	合　計	14.58
中間カースト（intermediate castes）	ジャート他	3
「その他後進諸階級」（OBC：Other Backward Classes）	ヒンドゥー教徒	43.70
	非ヒンドゥー教徒	(8.40)
	合　計	52.1
指定カースト（SC：Scheduled Castes） 指定部族（ST：Scheduled Tribes）	指定カースト	15.05
	指定部族	7.51
	合　計	22.56
非ヒンドゥー教徒	ムスリム	11.19
	キリスト教徒	2.16
	スィク教徒	1.67
	仏教徒	0.67
	ジャイナ教徒	0.47
	合　計	16.16 (−8.40)
総　計		100

（出典）　Jaffrelot［2003：323, Table 9.5］、［『マンダル委員会報告』：61］より筆者作成。
（注1）　『マンダル委員会報告』の計算に基づいたインド社会におけるカースト・宗教集団構成比を示している。「その他後進諸階級」とは、事実上、後進カーストに該当する。ただし、16.16％を占める非ヒンドゥー教徒の中でも「その他後進諸階級」に相当するとされたコミュニティーは8.4％存在するとされたため、これを「その他後進諸階級」合計に加えている。この場合、非ヒンドゥー教徒の人口比は、16.16％から8.4％を引算した7.76％となる。
（注2）　原表では、「上位カースト」には本表記以外のカーストに加え、「その他ヒンドゥー上位カースト・グループ」と定義している社会集団（人口比2％）が存在する。しかし、次の表2-2で下院議員カースト構成比と人口比を計算する際に、「中間カースト」に関するジャフルローの定義と『マンダル委員会報告』の定義との関係が明確でなかったため、「上位カースト」は、バラモン（Brahman［ブミハール（Bhumihar）を含む］）、ラージプート（Rajput）、マラータ（Maratha）、ヴァイシャ・バニア（Vaishyas-Bania）、カヤスタ（Kayastha）から構成されるとし、「中間カースト」はジャート（Jat）に加えて、「その他ヒンドゥー上位カースト・グループ」と定義している社会集団（人口比2％）から構成されるものとした。

ストは上層後進カースト (upper backward castes) と下層後進カースト (lower backward castes) に分類されている。上層後進カーストとは、後進カーストの中でも政治・経済・社会的に優位に立つカーストを指し、構成は州ごとに異なっている。

農村におけるカーストと階級の関係については、後に検討するビハール州の事例に顕著なように、おおよそ地主は上位カーストないし上層後進カースト出身者であり、小作人は後進カースト、農業労働者は指定カースト出身者によって担われるという対応関係が存在する。従って、地主動員モデルとは、上位カースト・上層後進カースト地主が、社会・経済的影響力を行使して、後進カースト小作人・指定カースト農業労働者の票を取りまとめる集票モデルとなる（図2-1）。

図2-1におけるA村は、上位カースト地主が支配的な村である。上位カースト地主の下には、上位カースト地主の農地を小作として耕す後進カースト小作人が存在し、小作を行う傍ら、自らも小規模な農地を所有し自作農として耕作を行っている。その下には農業労働者として働く指定カーストが存在する。農地はほとんど所有しておらず、上位カースト地主から供与された土地に家を建てて居住し、上位カースト地主の農地、もしくは後進カースト小作人の農地で農業労働に従事している。例えば、私兵集団ランヴィール・セーナー発祥の地ビハール州ボージュプル県ベラウール村の事例がこれに当たる［中溝 2010］。

A村においては、上位カースト地主が、経済的権力に加えて上位カーストとしての社会的権威を活用して、後進カースト小作人・指定カースト農業労働者の票を取りまとめる。いわば農村の社会・経済的権力構造に沿って垂直的に集票を行う集票モデルとなる。B村も地主階級の担い手が上層後進カーストに変化した以外は、A村の事例と基本的には変わりがない。例えば、上層後進カーストであるヤーダヴの大地主が存在するビハール州マデプラ県ムルホ村の事例がこれに該当する[7]。

会議派は、このような地主動員モデルに基づいた集票戦略である地主動員戦略を採用し、農村票を確保することを目指した。地主動員モデルにおいて要となるのは、農村の社会・経済的秩序の頂点に位置する有力地主カーストであるため、彼らの協力を確保するために優先的に便宜を供与する必要がある。公共

図2-1　地主動員モデル

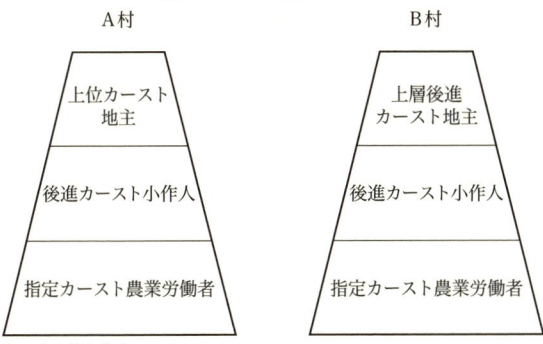

A村
- 上位カースト地主
- 後進カースト小作人
- 指定カースト農業労働者

B村
- 上層後進カースト地主
- 後進カースト小作人
- 指定カースト農業労働者

(出典)　筆者作成。
(注)　A村は上位カースト地主が支配的な村、B村は上層後進カーストが支配的な村である。それぞれの村には、後進カースト自作農も存在し、村全体が上位カースト・上層後進カースト地主の支配下にあるわけではないが、モデルとして簡略化している。

事業の割り振りや農業ローンの提供など様々な便宜供与が存在するなかで、もっとも魅力あるパトロネージの一つは選挙における公認であった。実際に会議派は有力地主カーストに積極的に公認を与え、結果的に有力地主カーストが過剰に代表されることとなった。

　他方で地主動員戦略は、有力地主カーストの下層に位置する広範な社会集団から支持を調達することを目的としており、会議派は現実にそれぞれの社会集団から支持を調達したと推定できる。ここにすべての社会階層を上位カーストが代表するという参加と代表の格差が生じることになった。地主動員戦略が構造的に抱え込んだ矛盾を次に検討してみよう。

地主動員戦略の矛盾

　北インド・ヒンディー語圏における後進カーストの政治的台頭を研究したジャフルローは、北インドにおいては、会議派は独立当初から上位カーストによ

---

7)　ムルホ村の場合は、地主と小作人が同じ上層後進カーストであるヤーダヴに帰属し、カースト制度に基づく社会的影響力は、上位カースト地主ほど明示的ではなかった。しかし、村人の証言によると、同じヤーダヴではあっても、大地主としての地位は上位カーストと同様の社会的権威を与えていた（ムルホ村のヤーダヴ農民に対するインタビュー。2004年4月14日）。従って、上位カースト地主と同様に、社会・経済的影響力を行使して、ヤーダヴ小作人・指定カースト農業労働者の投票行動を操作しようと試みていたと言える。

表2-2 会議派下院議員のカースト構成（北インド・ヒンディー語圏：1952-67年）

	1952	1957	1962	1967
上位カースト	64.96	59.67	57.33	51.97
中間カースト	0.57	1.71	1.34	3.15
後進カースト	4.58	5.11	10.01	11.02
指定カースト	17.21	20.47	20.01	21.27
指定部族	4.01	5.11	6	9.45
ムスリム	5.75	5.68	4.67	2.36
その他	2.92	2.25	0.64	0.78
合　　計	100 (N=174)	100 (N=176)	100 (N=150)	100 (N=127)

（出典）　Jaffrelot［2003：83, Table 2.14］．
（注）　数値は％表示。「北インド・ヒンディー語圏」は、ウッタル・プラデーシュ、ビハール、ラージャスターン、マディヤ・プラデーシュ、デリー、チャンディガル、ヒマーチャール・プラデーシュ、ハリヤーナーの各州から構成される。

って過剰に代表されてきたと指摘する［Jaffrelot 2003：1-10, 492-496］。彼は、会議派が新興勢力と権力の共有を認める「開かれたエリートシステム」を非常に早い時期から構築したことが会議派の成功に結びついたとするワイナー仮説［Weiner 1967：469-472］に疑問を呈し、ワイナーが調査を行った南・西インドとは対照的に、北インド・ヒンディー語圏では会議派は新興勢力、とりわけ後進カーストを排除する傾向にあったと分析する。

　北インド・ヒンディー語圏の1951/1952年下院選挙から1967年下院選挙における会議派下院議員のカースト構成を参照すると、確かにジャフルローの指摘は当を得ている（表2-2）。

　上位カースト議員の比率は、徐々に減少傾向にあるとは言え、いずれの選挙においても50％を上回っているのに対し、後進カースト議員は、徐々に増加傾向にあるとは言え、最多数となった1967年選挙においてすら約11％にすぎない。ジャフルローが指摘するとおり、上位カーストが後進カーストと権力を共有したのではなく、上位カーストが権力を掌握していたと言えるだろう。

　上位カーストが権力を掌握し、後進カーストが冷遇されるという権力構造は、中央政府内閣の構成を検討すると、北インドに限られた構造ではないことがわかる。表2-3は、中央政府における閣内大臣（cabinet minister）のカースト構成を示したものである。

　ネルー政権に始まりインディラ第一次政権で終わる会議派システム期におい

表2-3 各内閣のカースト構成比（閣内大臣）

首　相	年　度	上位カースト	後進カースト	SC/ST	非ヒンドゥー
ネルー(INC)1次	1947-52	50	6.3	12.5	31.3
ネルー(INC)2次	52-57	66.7	0	6.7	26.7
ネルー(INC)3次	57-62	76.9	0	7.7	15.4
ネルー(INC)4次	62-64	75	0	6.25	18.8
シャーストリー(INC)	64-66	75	0	6.25	18.8
インディラ・ガンディー(INC)1次	66-67	68.8	0	12.5	18.8
インディラ・ガンディー(INC)2次	67-71	78.9	0	5.3	15.8
インディラ・ガンディー(INC)3次	71-77	69.2	0	7.7	23.1
モラルジー・デサーイー(JP)	77-79	70	10	5	15
チャラン・シン(JP)	79-80	68.4	10.5	5.3	15.8
インディラ・ガンディー(INC)4次	80-84	73.3	6.7	6.7	13.3
ラジーヴ・ガンディー(INC)	84-89	71.4	0	7.1	21.4
V. P. シン(JD)	89-90	61.1	16.7	5.6	16.7
C. シェカール(JDS)	90-91	88.9	5.6	—	5.6
N. ラオ(INC)	91-96	66.7	6.7	6.7	20

（出典）　Yadav, K. C［1994：221-222, Table 6.1］より筆者作成。
（注）　数値は閣内大臣全体に占める比率（％表示）を示している。
（略号）　SC/ST：指定カースト（Scheduled Caste）／指定部族（Scheduled Tribe）、INC：インド国民会議派（Indian National Congress）、JP：ジャナター党（Janata Party）、JD：ジャナター・ダル（Janata Dal）、JDS：ジャナター・ダル（セキュラー）（Janata Dal［Secular］）。

て、上位カースト出身者は常に50％を超え、平均も68.7％に達するのに対し、後進カースト出身者は第一次ネルー政権で1名任命（6.3％）された以外は、誰も任命されていない。下院議員のカースト構成比よりも更に露骨に後進カーストに対する冷遇が浮き彫りになっていると言える。このように、会議派システム期の会議派は、コターリやワイナーが指摘するように、後進カーストという新興勢力に対して権力への参加という門戸は開いていたかもしれないが、権力の中枢という扉は閉じていた。会議派下院議員のカースト構成比、中央政府閣僚のカースト構成比を検討した結果からは、代表に関しては上位カーストが支配的な地位を占めていたと指摘できる。

　他方で、支持基盤については、地主動員モデルが想定するように、各社会集団から満遍なく支持を集めてきたと推定できる。全国規模での標本調査結果を示したものが表2-4である。

　表2-4は会議派の支持基盤に関して、それぞれの社会集団における会議派支持率を示したものである。会議派システム期に関する標本調査ではないため、

表2-4　会議派の支持基盤（全国：下院選挙）

	1967	1971	1980	1996	1998
上位カースト	41.1	45.6	35.8	28.4	28.1
後進カースト	38.0	39.4	42.0	21.7	22.5
指定カースト	49.4	47.8	50.5	31.6	29.6
指定部族	46.2	41.2	48.6	39.2	41.9

（出典）　Mitra and Singh［1999：136-137, Figure 4.2, 4.3, 4.4, 4.5］より筆者作成。
（注1）　1967年、1971年、1996年、1998年の調査は、発展途上社会研究センター（Centre for the Study of Developing Societies）が実施した投票後の調査である。1980年調査に限り、インド世論調査研究所（Indian Institute of Public Opinion）が投票前に実施した。それぞれの標本数は、1967年2,287名、1971年3,800名、1980年3,789名、1996年9,614名、1998年8,133名である。Lokniti Team［2004：5375, Table 1］参照のこと。Mitra and Singh［1999］には標本数について記述されていないため、同じ発展途上社会研究センター（Lokniti Team）が提出しているデータに従った。
（注2）　数値は、各社会集団における会議派支持率（％表示）を示している。例えば、1967年下院選挙において、上位カーストの中で会議派を支持した有権者は41.1％に上った。

　会議派システム期の動向を探るためには分水嶺となった1967年選挙のデータから推測せざるを得ない。しかし、会議派の退潮が明らかになった1967年選挙においてすら、各社会集団から満遍なく支持を集めていることがわかる。1967年選挙は中間カーストや後進カーストが新たに選挙に参加したことが会議派システムの終焉を招いたとされる選挙であり［Yadav, Y 1999：2394］、実際に後進カーストの支持率が他の社会集団と比較して最も低くなっているが、それでも38％と4割近くが会議派を支持している。1967年下院選挙の会議派得票率が40.8％であったことを考慮すれば、決して低い数字ではない。

　このように、有権者の支持率という観点からは、会議派は各社会集団から満遍なく支持を集めていたことが窺え、包括政党としての性格を有していたことがわかる。代表に関して上位カーストによる寡占を指摘したジャフルローも、会議派が、所得格差にかかわらず各社会集団から一定の支持を調達してきたことを根拠に、包括政党であったことを認めている［Jaffrelot 2003：427］。参加と代表の格差がここに生まれることになった。

　参加と代表の格差という矛盾を突いたのが、社会主義政党であった。社会主義政党は、人口比ではほぼ過半数に達するものの政治的には冷遇されてきた後進カーストに対し、権力の正当な分け前を要求すべきだと主張した。具体的には後進カーストに対する公務員職留保問題を争点として掲げ、次章で検討するカースト動員モデルに基づいたカースト動員戦略を展開して会議派に挑むこと

となる。

　会議派―野党システムから競合的多党制への政治変動期において、全国で最も激しくカースト動員戦略が展開されたのが、ビハール州であった。それでは、ビハール州において、地主動員戦略が内包する参加と代表の格差という矛盾はどのように現われたか。

第 3 節　ビハール州における会議派支配の展開

ビハール社会のカースト構成と階級

　ビハール州における会議派システムの展開について検討する前に、ビハール社会のカースト構成と階級について確認しておきたい（表2-5）。

　ビハールにおける上位カーストは四つのカーストから構成され、バラモン（Brahman）、ブミハール（Bhumihar）、ラージプート（Rajput）、カヤスタ（Kayastha）が該当する。商業に従事するバニア（Bania）・カーストはヴァイシャ・ヴァルナに該当し、ヴァルナ位階の観点からは再生族となるため本来は上位カーストに分類されるはずだが、ブレアに従って上層後進カーストに分類している。

　後進カーストの中で上層後進カーストに属するのは、バニア（Bania）・ヤーダヴ（Yadav）・クルミ（Kurmi）・コエリ（Koeri）の 4 カーストである［Blair 1969：46-49］。上層後進カーストは人口が多いことでも特徴があり、特にヤーダヴは11％を占め、単独で上位カースト総計にほぼ匹敵する人口を有し、ビハールで最大のカースト集団となっている。ヤーダヴほどではないが、クルミとコエリも、バラモン、ラージプートに匹敵する人口を擁している。

　下層後進カーストは、後進カースト全体から上層後進カーストを差し引いたコミュニティーとなる。社会・経済的に指定カーストよりは恵まれているが、社会全体の位置づけにおいては指定カーストに次いで低い位置を占めている。人口比もテーリー（Teli）の2.8％を除いていずれも 2 ％以下と少なく、政治的にも現在に至るまで十分に代表されていない。

　ビハール社会の最下層に位置するのが指定カースト（14.4％）と指定部族（9.1％）である。他宗教ではムスリムの占める比率が高く、12.5％を占めてい

表2-5　ビハール州における社会集団構成

カテゴリー	カースト	総人口比
上位カースト	バラモン（Brahman）	4.7
	ブミハール（Bhumihar）	2.9
	ラージプート（Rajput）	4.2
	カヤスタ（Kayastha）	1.2
上位カースト総計		13.0
上層後進カースト（upper backward castes）	バニア（Bania）	0.6
	ヤーダヴ（Yadav）	11.0
	クルミ（Kurmi）	3.6
	コイリ／コエリ（Koiri／Koeri）	4.1
	上層後進総計	19.3
下層後進カースト（lower backward castes）	下層後進総計	32.0
後進カースト総計		51.3
ムスリム		12.5
指定カースト（ダリット）		14.4
指定部族		9.1
合　計		100.0

（出典）　Blair［1980：65, Table 1］より筆者作成。
（注1）　Blairは、ベンガル語話者（2.5％）を組み入れない場合の比率（コラムA）と組み入れた場合の比率（コラムB）の2種類を作成しているが、本表では「コラムA」を採用した。
（注2）　上層後進カーストカテゴリーに該当するコイリ／コエリ・カーストには、表記のように二つの呼称が存在する。ブレアはコイリとしているが、他の文献ではコエリとされることが多いことから、本書においてはコエリで統一することととする。

る。以上が、ビハール州の社会構成の概要である。次に権力の構成を検討しよう。

権力の構成

　まず会議派システム期における議会の勢力から確認しておこう。ビハール州選出下院議員における政党勢力を示したものが、表2-6である。会議派の獲得議席、得票率は選挙を重ねるごとに下落しているものの、他党を引き離していることがわかるだろう。会議派システム期において最も落ち込んだ1967年選挙ですら、得票率は34.8％であるが、議席占有率は64.2％と過半数を上回っている。同時に、社会主義政党が、議席数こそ少ないものの、1962年下院選挙

表2-6 ビハール州における主要政党の議席数と得票率（下院選挙）

	1951	1957	1962	1967	1971	1977	1980	1984	1989	1991	1996	1998	1999	2004	2009
投票率	40.4	40.7	47.0	51.5	49.0	60.8	51.9	58.8	60.2	60.4	59.5	64.6	61.5	58.0	44.5
会議派															
占有率	45	41	39	34	39	0	30	48	4	1	2	5	4	3	2
	81.8	77.4	73.6	64.2	73.6	0	55.6	88.9	7.4	1.9	3.7	9.3	7.4	7.5	5
得票率	45.7	44.5	43.9	34.8	40.1	22.9	36.4	51.8	28.1	23.7	13.0	7.3	8.8	4.5	10.3
BJP															
占有率	0	0	0	1	2	—	8	0	8	5	24	30	41	11	32
	0	0	0	1.9	3.8	—	14.8	0	14.8	9.6	44.4	55.6	75.9	27.5	80
得票率	0.4	0.5	2.3	11.1	12.1	—	23.6	6.9	11.7	16.0	35.0	39.8	43.8	36.9	38
JD															
占有率	3	2	3	8	2	52	5	2	32	31	22	17	7	22	4
	5.5	3.8	5.7	15.1	3.8	96.3	9.3	3.7	59.3	59.6	40.7	31.5	13.0	55	10
得票率	24.5	21.6	18.8	25.2	10.6	65.0	16.6	20.4	37.7	34.1	31.9	26.6	28.3	30.7	19.3
CPI															
占有率	0	0	1	5	5	0	4	2	4	8	3	0	0	0	0
	0	0	1.9	9.4	9.4	0	7.4	3.7	7.4	15.4	5.6	0	0	0	0
得票率	0.4	5.0	6.4	9.9	9.9	5.6	7.3	8.2	7.9	7.6	5.1	3.4	2.7	1.2	1.4
CPM															
占有率	—	—	—	0	0	0	0	0	1	1	0	0	1	0	0
	—	—	—	0	0	0	0	0	1.9	1.9	0	0	1.9	0	0
得票率	—	—	—	0.3	0.8	0.2	0.9	1.1	1.4	1.4	0.8	0.4	1.0	0.8	0.5
その他															
占有率	7	10	10	5	5	2	7	2	5	6	3	2	1	4	2
	12.7	18.9	18.9	9.4	9.4	3.7	13.0	3.7	9.3	11.5	5.6	3.7	1.9	10	5
得票率	29.0	28.4	28.6	18.7	26.6	6.3	15.2	11.5	13.2	23.2	14.2	22.5	15.4	25.9	30.5

(出典) 2004・2009年選挙はジャールカンド州が分離したため、総議席数は40に減少した。選挙管理委員会資料、Kumar and Ranjan [2009:141, Table 1] より筆者作成。

(注)
(1) [JD]：1951年選挙はジャーナター・ダル、1962年選挙はKMPP：農業労働者人民党（Kisan Mazdoor Praja Party）とSP：社会党（Socialist Party）の合計、1957年選挙はPSP：人民社会党（Praja Socialist Party）、1962年選挙はPSPとSOC：社会党（Socialist Party）とSSP：統一社会党（Samyukta Socialist Party）の合計、1967・71年選挙はPSPとSSP：統一社会党（Samyukta Socialist Party）の合計、1977年選挙はBLD：バラーティヤ・ローク・ダル（Bharatiya Lok Dal）、1980年選挙はJNP（Secular）：ジャナター党（セキュラー）、1984年選挙はJNPとLKD：ローク・ダル（Lok Dal）の合計、1998年選挙以降はRJD：民族ジャナター・ダル（Rashtrya Janata Dal）。
(2) [BJP]：1971年選挙まではBJS：インド大衆連盟（Bharatiya Jan Sangh）、1977年選挙はBLDとして戦うためにJDの項目に繰り入れ、1980年選挙はジャナター党（Janata Party）、1984-91年選挙はBJP：インド人民党（Bharatiya Janata Party）、1996・98年選挙はBJPとSAP：サマタ党（Samata Party）、1999年選挙以降はBJPとジャナター・ダル（統一派）（Janata Dal (United)）の合計値。
(上記以外の略号) CPI：インド共産党（Communist Party of India）、CPM：インド共産党（マルクス主義）（Communist Party of India (Marxist)）。

表2-7 ビハール州議会の主要政党議席・得票率（1951-2010年）

	1951	1957	1962	1967	1969	1972	1977	1980	1985	1990	1995	2000	2005.2	2005.11	2010
投票率	39.5	41.3	44.5	51.5	52.8	52.8	50.5	57.3	56.3	62.0	59.9	62.5	46.5	45.9	52.7
会議派	239	210	185	128	118	167	57	169	196	71	29	23	10	9	4
得票率	41.4	42.1	41.4	33.1	30.5	33.1	23.6	34.2	39.3	24.8	16.3	11.1	5.0	6.1	8.4
BJP＋	0	0	3	26	34	25	215	21	16	39	41	122	92	143	206
得票率	1.2	1.2	2.8	10.4	15.6	11.7	42.7	8.4	7.5	11.6	13.0	29.8	25.5	36.1	39.1
社会主義政党	24	54	36	86	70	33	—	56	59	125	167	124	75	54	22
得票率	20.9	23.9	19.4	24.6	19.3	16.4	—	24.5	21.9	27.2	28.0	28.2	25.1	23.5	18.8
CPI	0	7	12	24	25	35	21	23	12	23	26	5	3	3	1
得票率	1.1	5.2	6.2	6.9	10.1	6.9	7.0	9.1	8.9	6.6	4.8	4.4	1.6	2.1	1.7
CPM	—	—	—	4	3	0	4	6	1	6	6	2 (CPI)	1	0	0
得票率	—	—	—	1.3	1.3	1.6	0.9	1.8	1.6	1.3	1.4		0.6	0.7	0.7
その他	67	47	82	50	68	58	27	49	40	60	55	48	62	33	10
得票率	35.4	27.6	30.2	23.7	23.2	30.3	25.8	22.0	20.8	28.5	36.6	26.5	42.2	31.5	31.3
総議席数	330	318	318	318	318	318	324	324	324	324	324	324	243	243	243

(出典) 選挙管理委員会資料、Butler, Lahiri, and Roy (1995) p. 156、中溝・湊 [2011：42-43] より筆者作成。

(注) 議席数と得票率を表示している。「BJP＋」については、1972年選挙まではBJS (Bharatiya Jan Sangh) の値、1977年選挙はジャナター党 (Janata Party) の値、1980年選挙から1995年選挙まではインド人民党 (BJP: Bharatiya Janata Party) の値、2000年選挙は、インド人民党とジャナター・ダル（統一派）(Janata Dal (united)) の合計値、サマタ党 (SAP: Samata Party) の合計値、2005年2月・11月、2010年選挙はインド人民党とジャナター・ダル（統一派）の合計値を示している。「社会主義政党」については、1951年選挙は農業労働者大衆党 (KMPP: Kisan Mazdoor Praja Party) と社会党 (SP: Socialist Party) の合計、1957年選挙は、人民社会党 (PSP: Prajya Socialist Party) と、社会党 (ロヒア) (SPL: Socialist Party Lohia) の合計 (1957年選挙については、選挙管理委員会資料は社会党 (ロヒア) を「無所属」として扱っているため、Butler, Lahiri, and Roy (1995) p. 156を参照して数値を表記した)、1962年選挙は人民社会党 (PSP) と社会党 (SOC: Socialist Party)、1967年は人民社会党 (PSP) と統一社会党 (SSP: Samyukta Socialist Party) の合計、1972年選挙は社会党 (SOP: Samyukta Socialist Party)、1977年選挙はジャナター党に合併したため「BJP＋」の欄に表記している。1980年選挙については、ジャナター党とジャナター・党 (セキュラー：チョードリー・チャラン・シン)、1990年・95年選挙はジャナター・ダル (JD: Janata Dal) の値を、2000年・2005年2月・2005年11月・2010年の選挙については、民族ジャナター・ダル (RJD: Rashtrya Janata Dal) とジャナター・ダル (セキュラー：ラーラー・ラーロー) の合計値を示している。ジャナター党とローク・ダル (Lok Dal) の合計値を示している。

(略号) CPI：インド共産党 (Communist Party of India)、CPM：インド共産党（マルクス主義）(Communist Party of India (Marxist))。

54

表2-8　ビハール州会議派所属州議会議員カースト・宗教集団構成（1957-67年）

社会集団	1957	1962	1967
上位カースト	93 (44.3)	87 (47.0)	53 (41.4)
後進カースト	48 (22.9)	46 (24.9)	30 (23.4)
指定カースト	31 (14.8)	32 (17.3)	24 (18.8)
指定部族	6 (2.9)	3 (1.6)	13 (10.2)
ムスリム	24 (11.4)	15 (8.1)	8 (6.3)
その他	8 (3.7)	2 (1.1)	0 (0)
合　計	210 (100.0)	185 (100.0)	128 (100.0)

（出典）　Blair [1969：323, Table 4.6] より筆者作成。
（注1）　数値は議員数、括弧内の数値は会議派所属議員全体に対する比率を示す。例えば、1957年州議会選挙において、上位カースト出身議員は93名に上り、会議派全体の議員数の44.3％を占めた。
（注2）　「その他」にはベンガリー（Bengali）を含んでいる。

　を除き得票率で20％を突破していることが目を引く。
　次に州議会の政党勢力の配置について検討してみよう。表2-7は、第1回選挙である1951年州議会選挙から2010年州議会選挙までの結果を示したものである。会議派システム期に関し、会議派は1967年選挙では下院選挙と異なり過半数を失って政権から転落するが、1962年選挙までは得票率も40％を上回り、議席数も1962年選挙で58.2％の占有率を記録した。安定的な支配を実現していたと言える。同時に、下院選挙と同様に、社会主義政党が、1962年選挙を除き20％を超える得票率を獲得していることが注目に値する。
　さて、それでは会議派システム期における会議派所属議員のカースト構成はどのようなものだろうか。表2-8は、1957年選挙から1967年選挙に至る3回の選挙における会議派所属州議会議員のカースト・宗教集団構成比について示したものである。
　社会集団の中で上位カーストの比率が一番高く、敗北した1967年選挙ですら40％を突破していることがわかる。続くのは後進カーストであるが、23.4％にすぎない。人口比と比較すると、上位カーストが3.18倍代表されているのに対し、後進カーストは0.46倍代表されているにすぎない。上位カーストに対する優遇と後進カーストに対する冷遇は明らかである[8]。次にビハール州内閣

---

8)　同様の傾向は、ビハール州会議派執行委員会においても確認できる。中溝 [2008：75-76] 参照のこと。

表2-9 ビハール州内閣閣僚（閣内大臣）社会集団構成比（1946-97年）

内閣	在任期間	上位カースト	上層後進カースト	下層後進カースト	ムスリム	SC/ST	ベンガリー・パンジャービー
S. K. シンハ（INC）1次	1946.4-52.4	67	0	0	22	11	0
S. K. シンハ（INC）2次	52.4-57.5	62	15	0	15	8	0
S. K. シンハ（INC）3次	57.5-61.1	56	11	0	22	11	0
D. N. シン（INC）	61.1-61.2	58	14	0	14	14	0
B. ジャ（INC）	61.2-61.10	56	11	0	22	11	0
K. B. サヘイ（INC）	63.10-67.3	40	30	0	10	20	0
M. P. シンハ（JKD）	67.3-68.1	53	23	6	12	0	6
B. P. マンダル（SD）	68.2-68.2	26	42	0	11	21	0
B. P. シャーストリー（LTC）	68.2-68.6	61	8	0	8	16	8
S. H. シン（INC）	69.2-69.6	46	19	0	8	27	0
B. P. シャーストリー（LTC）	69.6-69.7	39	15	0	31	15	0
D. P. ライ（INC）	70.2-70.12	34	22	0	11	33	0
K. タークル（SSP）	70.12-71.6	41	27	4	4	18	4
B. P. シャーストリー（IND）	71.6-72.1	36	26	0	16	22	0
K. パンデー（INC）	72.3-73.1	38	23	0	15	23	0
A. ガフール（INC）	73.7-75.4	44	20	0	8	28	0
J. ミシュラ（INC）	75.4-77.4	40	20	0	13	26	0
K. タークル（JP）	77.6-79.4	29	38	4	8	16	4
R. S. ダス（JP）	79.4-80.2	50	20	0	10	15	5
J. ミシュラ（INC）	80.6-83.4	44	17	5	17	17	0
C. S. シン（INC）	83.8-85.3	44	28	0	17	10	0
B. ドゥベイ（INC）	85.3-88.2	44	25	0	6	24	0
B. J. アーザード（INC）	88.2-89.3	33	33	0	8	25	0
S. N. シンハ（INC）	89.3-89.12	35	29	0	12	24	0
J. ミシュラ（INC）	89.12-90.3	33	29	0	14	24	0
L. P. ヤーダヴ（JD）1次	90.3-95.3	30	36	6	12	15	0
L. P. ヤーダヴ（JD）2次	95.4-97.7	13	43	9	9	21	4
R. デヴィ（RJD）	97.7-	19	53	0	14	14	0

（出典） Choudhary and Srikant [2001：326]．
（注） 数値は，閣内大臣全体に占める比率（％表示）を示す．
（略号） SC/ST：指定カースト（Scheduled Caste）／指定部族（Scheduled Tribe）、INC：インド国民会議派（Indian National Congress）、JKD：人民革命党（Jan Kranti Dal）、SD：ショシット・ダル（Shoshit Dal）、LTC：ロークタントリック・コングレス（Loktantric Congress）、SSP：統一社会党（Samyukta Socialist Party）、IND：無所属（Independent）、JP：ジャナタ党（Janata Party）、JD：ジャナター・ダル（Janata Dal）、RJD：民族ジャナター・ダル（Rashtrya Janata Dal）．

のカースト構成比を検討してみよう（表2-9）。

S. K. シンハ（Sri Krishna Sinha）内閣からK. B. サヘイ（Krishna Ballabh Sahay）内閣に至る会議派システム期における閣内大臣の構成は、上位カーストが平均で56.5％を占めているのに対し、後進カーストは13.5％にすぎない。州議会議員のカースト構成比より、会議派内閣の方が格差がより鮮明に現われていることがわかった。権力の中枢に近づくほど、上位カーストの寡占傾向が強まり、裏腹に後進カーストは排除される傾向にあった。

カーストと階級

それでは、このような参加と代表の格差、すなわち上位カーストによる権力掌握は、階級的にはどのような意味を持っただろうか。カーストと階級の関係については、地主動員モデルの説明の際に簡単に触れたが、数値化したものが表2-10である。

表2-10によれば、上位カーストの9割以上が富農・地主に該当し、上位カーストと地主階級がほとんど重なることがわかる。後進カーストは上層後進カーストと下層後進カーストに区分されることは前述したが、上層後進カーストは3割強が富農・地主、2割弱が中農に該当するものの、5割強は貧農・貧中農となる。下層後進カーストになると貧農・貧中農が9割に迫る率となる。指定カーストに至っては96.5％が貧農・貧中農に該当し、下層後進カースト・指定カーストと貧農・貧中農階級を同一視できる状況となる。

中農は家族経営主体の自作農、貧中農は自作農と小作、貧農は農業労働者におおよそ該当すると考えられるので、カーストと階級の関係については、大まかに上位カースト＝地主、後進カースト＝自作農兼小作人、指定カースト＝農業労働者という対応関係が存在すると言える。こうした対応関係はボージュプル県の調査でも確認することができた[9]。

このように、ビハール州においては、有力地主カーストは上位カースト・上

---

9) 例えば、ビハール州ボージュプル県ベラウール村の事例に関して、中溝［2010：193, 表5］参照のこと。サンプル数は少ないながら（38名）、ベラウール村においては、農地所有状況について上位カースト（ブミハール）5.3haと後進カースト（ヤーダヴ）1.5ha、指定カースト（0.05ha）の間に大きな違いがあることがわかる。それぞれ地主、自作農兼小作人、農業労働者に対応していた。

表 2-10 ビハール州におけるカーストと農地所有の関係（1980年）

	上位カースト	上層後進カースト	下層後進カースト	指定カースト
貧農・貧中農	7.9	51.8	89.5	96.5
中農	0.7	17.5	2.6	1.5
富農・地主	91.4	30.7	7.9	2.0

（出典）　Prasad, Pradhan H. [1989：104, Table A].
（注）　数値は％表示。貧農・貧中農、中農、富農を区分する具体的な基準については、言及がない。

層後進カーストによってほぼ占められていたと指摘できる。そして会議派システム期において、代表が上位カーストによって寡占されていたことは、地主動員戦略が抱えていた参加と代表の格差という矛盾が、ビハール州においても顕在化していたことを示唆している。

ただし、参加と代表の格差という矛盾が存在すると指摘するためには、地主動員戦略が実際にどの程度機能していたか、検討する必要があるだろう。会議派システム期におけるビハール州会議派の支持基盤に関する標本調査は、管見の限り存在しない。ビハール州における後進カーストの台頭について研究したフランケルは、会議派の強い支持基盤として、上位カースト、指定カースト、ムスリムの三つの社会集団を挙げ、後進カーストについては、とりわけ上層後進カーストの指導者を取り込むことに成功したと指摘している［Frankel 1990a：82-87]。本書においては、農村の事例研究を通じて、この点を検証したい。

事例として選んだのは、本書の中心的課題の一つである第二次後進諸階級委員会（通称マンダル委員会）の委員長を務めたB. P. マンダルの出身村である。B. P. マンダルは、上層後進カーストであるヤーダヴ・カーストに帰属することから、会議派と後進カーストの関係を検討する上で示唆を得られると考えられる。

第4節　会議派と地主動員モデル──ムルホ村の事例

ムルホ・パンチャーヤットの概観

ビハール州マデプラ県ムルホ村は、B. P. マンダルの出身村として知られる。前述のようにB. P. マンダルは上層後進カーストであるヤーダヴ・カーストに

属するが、生家は3,000エーカーとも言われる所領を英領時代から経営する大ザミンダールであった[10]。独立後ザミンダーリー制は廃止されたにもかかわらず、マンダル家はムルホ所領を維持して生き残り、大地主としての影響力を行使して現在に至るまで政治に積極的に関与している。先に示した地主動員モデル（図2-1）に従えばB村の事例に該当することとなり、以下においては、独立以前からの動きも含めて、会議派が採用した地主動員戦略の一例を示したい。

　検討に移る前に、ムルホ・パンチャーヤットの概観を示しておこう[11]。まず、地理的側面であるが、ムルホ・パンチャーヤットはマデプラ県の県庁所在地であるマデプラ市から東に10kmほど行った田園地帯に位置する。国道107号線がパンチャーヤットを南北に分断し、国道と村道の交差点であるチャンドニー・チョークには小さな市場が設けられ、村人たちの交流の場になっている。選挙の時に候補者がまず立ち寄るのがチャンドニー・チョークであり、ミニ集会もしばしば開催されている（地図2-1参照）。

　2001年のパンチャーヤット再編によって生まれたムルホ・パンチャーヤットは、元々はムルホ・パンチャーヤットとパラリア・パンチャーヤットという二つの独立したパンチャーヤットであった。国道の北側がパラリア、南側がムルホであり、それぞれ独立した行政単位として機能していた。パンチャーヤット法の改正により、パンチャーヤットの最小人口が5,000人とされたため、1991年統計で人口4,756人のムルホと人口1,919人のパラリアが合併することとなった。2001年統計によると、合併後のムルホ・パンチャーヤットの人口は

---

10) 所有農地の規模については、ムルホ・パンチャーヤットでインド共産党（マルクス主義）（CPM）の活動家として有名なモハン・ヤーダヴ氏の証言（2004年2月15日）に従った。マンダル家出身で長年ムルホ村の村長を務めたスバーシュ・チャンドラ・ヤーダヴ氏（Mr. Subash Chandra Yadav）も「自分はこの目で見たことはない」と留保をつけつつも同じ数値を挙げた（2011年9月11日）。ジャナター・ダル（統一派）のマデプラ県支部長でB. P. マンダルの親戚に当たるラーマナンド・プラサード・マンダル氏も同じ数字を挙げた（2004年3月19日）。彼自身も現在100エーカーの農地を所有しており、「世間的には『自分は金持ちではない。貧乏になった』と言っているが、実際は金持ちである」とのことであった。

11) パンチャーヤットとは、地方行政組織における末端を構成する行政村のことである。いくつかの自然村（gaon）が集まり行政村とされるため、例えばムルホ村とムルホ・パンチャーヤットでは後者の方が大きな領域を指している。本調査はムルホ・パンチャーヤット内で行ったため、正確にはムルホ・パンチャーヤットと表記すべきだが、パンチャーヤットは一般にはなじみのない表現であることを考慮して、以下においては「村」と「パンチャーヤット」は同じ領域を指す概念として互換的に使用する。

地図2-1　ムルホ・パンチャーヤット地図（2004年）

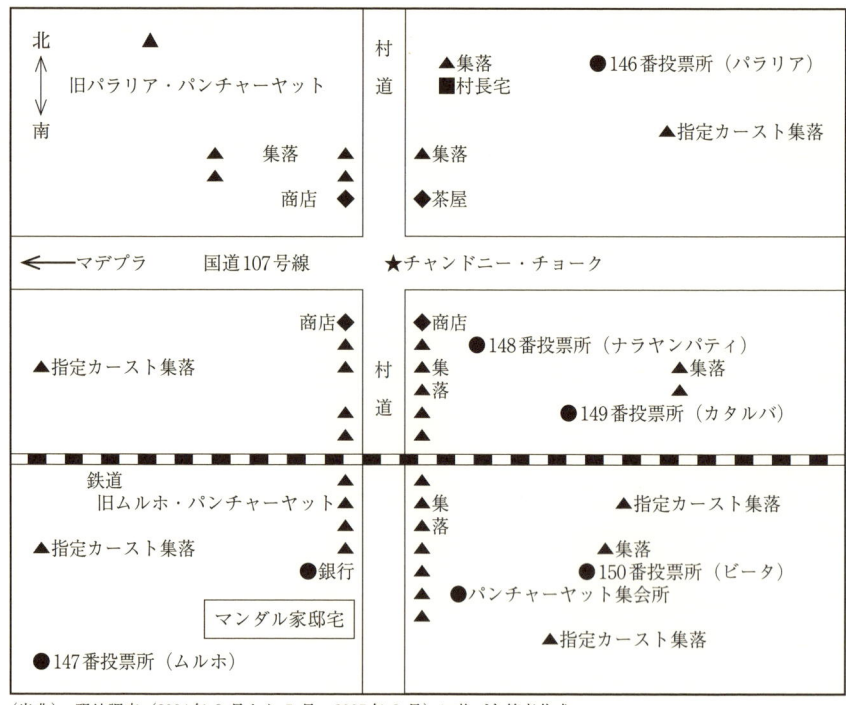

```
┌─────────────────────────────┬─────────────────────────────┐
│ 北↑        ▲                │村 ▲集落    ●146番投票所（パラリア）│
│  ↓南  旧パラリア・パンチャーヤット │道  ■村長宅                   │
│                             │                  ▲指定カースト集落 │
│         ▲  集落             │  ▲集落                         │
│         ▲                   │                             │
│           商店  ◆           │  ◆茶屋                        │
├─────────────────────────────┼─────────────────────────────┤
│ ←─マデプラ    国道107号線     │  ★チャンドニー・チョーク          │
├─────────────────────────────┼─────────────────────────────┤
│              商店◆          │  ◆商店                        │
│                             │村 ▲   ●148番投票所（ナラヤンパティ）│
│ ▲指定カースト集落    ▲       │道 ▲集                 ▲集落    │
│                             │   落                         │
│                   ▲         │     ●149番投票所（カタルバ）    │
├━━━━━━━━━━━━━━━━━━━━━━━━━━━━━┿━━━━━━━━━━━━━━━━━━━━━━━━━━━━━┤
│  鉄道                       │  ▲集              ▲指定カースト集落│
│    旧ムルホ・パンチャーヤット▲  │  ▲落                         │
│ ▲指定カースト集落             │           ▲集落                │
│            ●銀行            │  ▲  ●150番投票所（ビータ）      │
│     ┌─────────┐             │  ▲ ●パンチャーヤット集会所       │
│     │マンダル家邸宅│           │        ▲指定カースト集落        │
│ ●147番投票所（ムルホ）        │                             │
└─────────────────────────────┴─────────────────────────────┘
```

（出典）　現地調査（2004年2月から5月、2005年2月）に基づき筆者作成。
（注1）　集落について、▲印を集落としたが、実際の規模を表記すると煩雑になるため、場所の表記に止めた。集落間を結ぶ小道についても同様の理由から表記しなかった。指定カーストの集落は、基本的に他の社会集団の集落と離れた場所に位置している。
（注2）　ムルホ・パンチャーヤットには、投票所が5つ存在する（●印で表示）。それぞれの投票所には投票所番号と名前を付記している。なお、2008年の選挙区再編に伴い投票所番号も変わり、投票所も二つ増えた。詳細については、中溝・湊［2011：53, 地図］を参照のこと。

8,956名となっている。

　社会的には、ヤーダヴが支配的なパンチャーヤットである（表2-11）。2004年下院選挙のために改訂された有権者名簿に基づくと、有権者5,107名中、ヤーダヴ・カーストに属する者は3,184名おり、全体の62％強を占めている。上位カーストであるバラモンは84名しかおらず、全体の1.6％を占めるにすぎない。ヤーダヴの次に多数を占める社会集団は、最下層の指定カーストの中でもさらに下層に位置するとされるムサハールであり、779名、15％強を占めている。第三勢力が同じく指定カーストのチャマールで5％弱を占め、指定カース

表2-11　ムルホ・パンチャーヤットにおける有権者の社会集団構成（2004年）

カテゴリー	カースト	人数（％）
上位カースト	バラモン（Brahman）	84（1.6％）
上層後進カースト	ヤーダヴ（Yadav）	3,184（62.3％）
	バニア（Bania）	49（1.0％）
下層後進カースト	バライ（Barai）	14（0.3％）
	ダヌック（Dhanuk）	9（0.2％）
	ハルワーイー（Halwai）	96（1.9％）
	カルワール（Kalwar）	42（0.8％）
	カマール（Kamar）	29（0.6％）
	カヌー（Kanu）	25（0.5％）
	マリ（Mali）	17（0.3％）
	マッラー（Mallah）	54（1.1％）
	ナイー（Nai）	56（1.1％）
	サオ（Sah）	31（0.6％）
	タッタマー（Tattama）	126（2.5％）
	テーリー（Teli）	12（0.2％）
指定カースト	チャマール（Chamar）	248（4.9％）
	ムサハール（Musahar）	779（15.3％）
	ドービー（Dhobi）	16（0.3％）
	ドゥーム（Dom）	14（0.3％）
ムスリム		222（4.3％）
合計		5,107（100％）

（出典）　選挙管理委員会資料と現地調査より筆者作成。
（注）　2004年有権者名簿に基づいた有権者の社会構成（人口・人口比）を表記している。インドにおいては、18歳以上の男女に投票権が与えられている。

トを合計すると全体の約20％を占めていることになる。ムスリムも222名居住し、全体の4％強を占めている。

　経済的にも、ヤーダヴが支配的だと言える。マンダル家の経済的影響力は依然として大きく[12]、マンダル家とは親戚関係のないヤーダヴも、自作農として自らの農地を所有し小規模ながらも経営を行っている者が多く存在する[13]。これに対して、ヤーダヴの農地で農業労働者として働くのがムサハール、チャマールなどであり、ヤーダヴは経済的にも、社会的にもムルホ・パンチャーヤットで支配的な地位を占めていると言える。それでは投票行動の検討に移ろう。

ムルホ村民の投票行動

　B. P. マンダルの父ラス・ビハーリー・マンダル（Ras Bihari Mandal）は、大ザミンダールであると同時に会議派の独立運動に参加した闘士であった[14]。ビハール州会議派のヤーダヴ政治家として影響力を持っていたと言われる。B. P. マンダルは、R. B. マンダルが死去した直後に末子として1918年8月25日に生まれた。生誕の経緯から生まれ変わりとも言われるが、実際に彼は父親の政治的遺産を引き継ぐ形で政治活動を開始する。

　まず1951年から1952年にかけて行われた第1回州議会選挙に、トリベニガンジ—マデプラ選挙区から会議派候補として立候補した。同じ選挙区からは、遠戚に当たり同じく大地主であったブーペンドラ・ナラヤン・マンダル（Bhupendra Narayan Mandal）が社会党から立候補し激戦となったが[15]、これを僅差で破ってB. P. マンダルは初当選を果たす（表2-12）。

　次の1957年選挙には、B. P. マンダルは同じく会議派候補として出馬し、再

---

12) マンダル家の経済力を正確に測定することは難しい。マンダル家出身者に尋ねても、例えばスバーシュ元村長は法で定められた上限しか所有していないと回答し（2004年5月1日のインタビューでは一人25エーカーで家族として75エーカー所有、2010年10月22日には一人30エーカーで家族として60エーカー所有、2011年9月11日には一人25エーカーで家族として50エーカー所有していると回答した）、2005年から2010年まで州議会議員を務めたM. K. マンダルも、2004年5月12日のインタビューで法定上限の25エーカーしか所有していないと回答した（インタビュー終了後に、「録音されていたので言わなかったが、本当は40-50エーカーは持っている」と教えてくれた）。現時点において、マンダル家が全部で何人いるのかという点について尋ねても、よくわからないという回答であった。村の人に、ムルホ・パンチャーヤット内のマンダル家所有地規模について尋ねても、100エーカーから700エーカーまで幅があり、確かなことはわからない。2004年から2011年にかけてインタビューを行った53名（マンダル家のスバーシュ氏を除く）のうち、マンダル家と現在もしくは過去に地主・小作関係にある／あった者、もしくはマンダル家から借金をしたことのある者は15名に及んだ（他にマンダル家とは関係がないと明言した者が9名、不明な者が29名となる。不明者の中にもマンダル家と何らかの主従関係にある者が存在する可能性はある）。ただし、マンダル家が、昔ほどではないにせよ現在においても農地を多く所有している大地主であるという認識は共有されていると言える。

13) 上述の53名のうち、ヤーダヴ・カーストは27名にのぼり、そのうち22名が自作農（小作を同時に行っている者も含む）であった。

14) サッチダナンド・ヤーダヴ教授（Prof. Sachchidanand Yadav, B. N. Mandal University：2004年2月4日）、シャヤマル・キショール・ヤーダヴ元教授（Prof. Shyamal Kishor Yadav, B. N. Mandal University：2004年2月5日）に対するインタビュー。

15) B. N. マンダルは会議派社会党出身である。会議派社会党が会議派から追放されたために、社会党から立候補した。終生、第3章で検討するロヒアと常に行動を共にした。マデプラ県識字委員会書記長ゴヴィンド・プラサード・ヤーダヴ氏（2004年2月3日）に対するインタビュー。

表2-12 マデプラ州議会選挙区結果（1952-62年）

選挙年	当　選	次　点
1952 (Triveni ganji-Madhipura)	B. P. マンダル（INC）	B. N. マンダル（SP）
	17,838（23.1）	17,172（22.2）
	B. シャルダール（INC）	A. パスワン（SP）
	17,683（22.9）	17,114（22.1）
1957	B. N. マンダル（IND）	B. P. マンダル（INC）
	12,692（52.1）	9,670（39.7）
1962	B. P. マンダル（INC）	B. カマット（SOC）
	24,451（72.0）	9,507（28.0）

（出典）　選挙管理委員会資料より筆者作成。
（注）　候補者名欄の括弧内は所属政党を示し、下段は得票数と得票率（括弧内）を示している。1952年選挙に関し、マデプラ選挙区は一般候補と指定カースト候補を2名選出する2人区だったため、当選者が2名存在した。
（略号）　INC：インド国民会議派（Indian National Congress）、SP：社会党（Socialist Party）、SOC：社会党（Socialist）、IND：無所属（Independent）。

びB. N. マンダルと票を競うが、今回は敗北し議席を失う。1962年選挙も再び会議派候補として出馬し、ライバルのB. N. マンダルが下院選挙に転じたことから、選挙戦を有利に展開し対立候補に圧勝した。選挙後の1964年に、自らの選挙区（マデプラ選挙区）で起こった警察による指定カーストに対する暴行事件の対処を巡って会議派指導部と対立し、離党した[16]。

　会議派を離党し統一社会党に入党したB. P. マンダルは、1967年選挙は下院選挙に転じ、マデプラ選挙区から当選を果たす。政治家としての絶頂期はここから始まるが、以降のキャリアについては第3章で検証することにする。ここで検討したいのは、お膝元であるムルホ村民の投票行動である。

　B. P. マンダルの政治的資源は、大地主としての経済力と社会的影響力、独立運動の闘士として活躍した父親の政治的遺産に求められる。会議派の有力指導者に多く見られた伝統的な支配エリートだったと言えよう。村人からの聞き取り調査によると、ムルホ・パンチャーヤットの村民は、おおむねB. P. マンダルを支持していたと言える。調査結果は以下の通りである（表2-13）。

---

16)　B. P. マンダルの甥に当たり、元村長スバーシュ・チャンドラ・ヤーダヴ氏の弟であるプラバーシュ・チャンドラ・マンダル元教授（Prof. Prabash Chandra Mandal, Bihar University）へのインタビュー（2004年2月15日）。

表2-13 B. P. マンダルとムルホ村民の投票行動

カースト	支持	不支持	不明	合計
ヤーダヴ	6	2	1	9
その他後進カースト	2	—	—	2
指定カースト	1	2	—	3
ムスリム	1	—	—	1
合　計	10	4	1	15

(出典)　現地調査（2004年2〜5月、2005年2月）より筆者作成。
(注1)　聞き取りを行った52名のうち、回答を得られた15名の投票行動を記している。数値は人数を示している。質問は、「B. P. マンダルの存命中は、B. P. マンダルを支持したか」という形で行った。B. P. マンダルが最後に戦った1980年選挙から25年が経過しており、当時は子供であったため投票権を持っていなかった者、まだ生まれていない者もおり、また投票権を持っていた者であっても、忘れたと回答した者もいた。
(注2)　「指定カースト」の回答者はムサハール（Musahar）であった。

　15名の回答者のうち、支持しなかったと明確に断言したのは、ヤーダヴ2名とムサハール2名であった。ヤーダヴのうち1名は、生粋のCPM党員であり、党派の異なるB. P. マンダルには投票しなかった[17]。もう1名のヤーダヴは、B. P. マンダルとの間に個人的な確執があったことが不支持の原因で、B. P. マンダルの度重なる和解の申し出も撥ねつけたと述べた[18]。

　指定カーストであるムサハールの2名のうち1名は、第1回総選挙直後の1952年に行われた下院補欠選挙で人民社会党候補として当選を果たしたキライ・ムサハールの子息A氏である。彼はマンダル家の支配には常に抵抗し、B. P. マンダルも決して支持しなかったと述べた[19]。もう1名のムサハールは、選挙時には常にA氏の意向に従ってきたと証言した人物であった[20]。

　この4名と不明の1名を除いた残りの10名はB. P. マンダルを支持していたことを明言した[21]。彼らによれば、他の村人もB. P. マンダルを支持してい

---

17)　前述モハン・ヤーダヴ氏に対するインタビュー（2004年2月15日、3月30日）。
18)　ムルホ村のヤーダヴ農民に対するインタビュー（2004年4月30日、5月8日）。
19)　A氏に対するインタビュー（2004年5月4日）。
20)　ムルホ村在住ムサハールに対するインタビュー（2004年5月10日）。ただし、A氏の支持政党と彼の支持政党は食い違うことがしばしばであり、B. P. マンダルの時代はかなり昔であることから、彼の証言をどこまで信じてよいか疑わしい。
21)　「不明」の1名は、B. P. マンダルの甥に当たりムルホ村長を長く務めた前述スバーシュ・チャンドラ・ヤーダヴ氏である。マンダル家の人物であることから、おそらく支持していたと推測できるが、明確な回答を得られなかったために「不明」に分類した。

たという。2004年の調査時点でムルホ・パンチャーヤットの村長を務めており、2001年の村長選挙でマンダル家のスバーシュ・チャンドラ・ヤーダヴ氏と激しい選挙戦を戦ったラージ・キショール・ヤーダヴ氏も、B. P. マンダルの生存中は支持していたと証言した[22]。マンダル家といわば敵対関係にある彼が支持していたことからも、村人のB. P. マンダルに対する支持を推測することができる。

会議派と地主動員戦略

会議派システム期におけるムルホ村民の投票行動は以上である。B. P. マンダルは、会議派指導者として独立運動に従事した父親の政治的遺産に加え、大地主としての社会・経済的影響力を受け継ぎ、これらを行使することによって後進カースト小作人・指定カースト農業労働者の票を確保した。会議派は、B. P. マンダルの集票力に期待して党公認というパトロネージを与え、B. P. マンダルもこれに応えて会議派候補として立候補することにより、会議派の集票に貢献した。地主動員戦略が有効に機能していたと言える。

会議派と後進カーストの関係という観点からは、B. P. マンダルは上層後進カーストのヤーダヴ出身であることから、先述の地主動員モデルに従えばB村の事例に該当する。上位カーストを優遇した会議派が、後進カーストの指導者に党公認を与えることによってこれも取り込んだ具体例と指摘できるだろう。会議派は後進カーストの指導者を包摂することにより、彼らの配下にある後進カースト票を獲得することができた。

もっとも、ムルホ村の事例は一つの事例にすぎない。加えて、マンダル家は元大ザミンダールであり、現在でも大地主である。他の一般的な地主と比較して、はるかに大きな社会・経済的リソースを持っており、かつムルホ村はマンダル家のお膝元である。その意味で、ムルホ村の事例は極端な事例だとも言える。ムルホ村の事例のみから、ビハール州全体における地主動員戦略の実際の機能、とりわけ後進カーストに対する有効性を示せるわけではないことは言う

---

[22] ラージ・キショール・ヤーダヴ（Mr. Raj Kishor Yadav）元村長へのインタビュー（2004年5月14日）。他にも、B. P. マンダルと個人的確執のあった前掲のヤーダヴも、「B. P. マンダルが存命中は、村人は皆支持していた」と証言した（2004年4月30日、5月8日）。

までもないが、とはいえ具体例としての意義はあるだろう。地主による動員は実在し、会議派の集票に貢献していた。ムルホ村の事例をビハール州全体に適用できないとしても、会議派が地主動員戦略を採用する正当性を示す一つの根拠となったことは確かである。このようにして、会議派は地主動員モデルを想定し、これに基づく地主動員戦略により集票を図っていった。

　地主動員戦略が有効に機能したことは確かであるが、参加と代表の格差という矛盾は次第に露呈していく。この矛盾を突いたのが、社会主義政党であった。

第 3 章　後進カーストの不満

　地主動員戦略が生み出した参加と代表の格差は、次第に会議派支配を動揺させた。会議派支配の動揺は宗教アイデンティティの争点化を招き、宗教暴動に行きついた。この政治的変化を主導した政党の一つが、社会主義政党であった。

　社会主義政党の起源は、独立運動期に会議派の党内党として結成された会議派社会党に求めることができる。会議派社会党は独立直後に会議派右派によって会議派を追放され、野党として活動を再開した。名称が示すとおり当初は階級闘争に力点を置いていたが、会議派の圧倒的な強さに直面して戦略の転換を余儀なくされる。

　新たな戦略は、参加と代表の格差を突くカースト動員戦略であった。なかでも社会主義政党が着目したのが、人口比ではほぼ過半数を占めながら権力の配分において冷遇され、不満を強めていた後進カーストであった。社会主義政党は、後進カーストに対する公務員職留保制度の実現を争点として積極的に掲げ、後進カーストの動員を図る。勢力を伸ばす契機となったのが1967年選挙であり、州議会選挙で会議派を敗ることにより会議派システムに引導を渡した。

　続く会議派―野党システム期において、社会主義政党を含む非会議派諸党と会議派は激しい政治的競合を繰り広げる。競合の過程で、社会主義政党は後進カーストに対する公務員職留保制度を最初に州レベルで実現し、後進カーストの支持を徐々に固めていく。有権者の過半数を占める後進カーストの組織化の試みは、会議派にとって脅威となり、第 5 章で検討する集票戦略の転換を生み出すことになった。この転換が結果的に、宗教アイデンティティの争点化と宗教暴動を生み出す政治状況を形作ることとなる。

　本章においては、会議派に地主動員戦略の転換を余儀なくさせた後進カーストの政治的台頭を、社会主義政党の集票戦略であるカースト動員戦略に焦点を

絞って分析する。カースト動員戦略を分析するため、最初にカースト制度について説明を行おう。

第1節　カースト制度の流動性

カースト制はインド社会、とりわけヒンドゥー社会において中心となる伝統的な社会制度である [Kothari 1995：229]。最初に把握しておくべきことは、カースト制がヴァルナ（varna）とジャーティー（jati）という二つの範疇から構成され、これらが相互に関連していることである[1]（図3-1）。

ヴァルナとはもともと「色」を意味するとされ、インドに侵入してきたアーリヤ人と在地のドラヴィダ人を区別する概念として用いられていた。時の経過と共にいわゆる四種姓、すなわちバラモン（祭司）、クシャトリヤ（王侯・武士）、ヴァイシャ（商人）、シュードラ（労働者：農・牧・手工業）から構成される社会秩序と理解されるようになり、この順に位階が定められた。上位3ヴァルナは再生族と呼ばれ、入門式を執り行うことによってアーリヤ社会の一員として認められ、ヴェーダの祭式に聖紐を纏って参加する資格が与えられた。これに対して一番下位のシュードラは一生族と呼ばれ、入門式を挙げることが許されず、祭式に参加することもかなわず、聖紐を纏うことなどもっての外であった [Srinivas 1956：483]。シュードラの下には不可触民が位置づけられ、4ヴァルナからも排除されてインド社会の最下層に押し込まれた。このように厳しい差別を中核とする社会制度がカースト制である。

祭司以外の人間にとって、ヴァルナとはヒンドゥー社会において四つの階層に区分された差別的な身分制としての意味が中心であったが [Srinivas 1962：63]、ジャーティーは職業と密接に関連していた。例えば、クムハール（Kumhar）は壺作り（陶工）、ナーイー（Nai）は床屋など、それぞれのジャーティーは世襲的な職業を持ち、職能集団として独自の機能を果たしてきた。同

---

[1]　カースト制度については、Srinivas [1956：481-496, 1957：529-548, 1962：63-69, 1995]、藤井 [2003]、『南アジアを知る事典』(1992年)「カースト」(136-142頁) を参照した。以下において「カースト制」と言うときは、「ヴァルナとジャーティーの両カテゴリーから構成される社会制度」という意味で用い、単に「カースト」と言うときは「ジャーティー」と同じ意味で用いる。

図3-1　ヴァルナとジャーティー

ヴァルナ	ジャーティー			
	区分	名称		伝統的職業
バラモン（祭司）	上位カースト	バラモン	(Brahman)	祭司・教師
クシャトリヤ（王侯・武士）		ブミハール	(Bhumihar)	地主
ヴァイシャ（商人）		ラージプート	(Rajput)	王侯・武士
シュードラ（労働者）		カヤスタ	(Kayastha)	書記
		バニア	(Bania)	商人
	上層後進カースト	ヤーダヴ	(Yadav)	牛飼い
		クルミ	(Kurmi)	農業
		コエリ	(Koeri)	農業
不可触民＝指定カースト（アウト・カースト）	下層後進カースト	クムハール	(Kumhar)	陶工
		テーリ	(Teli)	油搾り
		ナーイー	(Nai)	床屋
	指定カースト	チャマール	(Chamar)	皮革加工
		ドービー	(Dobi)	洗濯
		バンギ	(Bhangi)	汚物清掃

ヴァルナ側：再生族（バラモン、クシャトリヤ、ヴァイシャ、シュードラ）／一生族

（出典）『南アジアを知る事典』（1992年）「カースト」（136-142頁）を参考に筆者作成。
（注）　それぞれの区分に該当するジャーティーは、実際には図示したよりもはるかに多い数から構成されているが、便宜上簡略化して表示している。

時にジャーティーは、外婚集団を内包する内婚集団でもある。職業については、とりわけ都市においては流動化が進んでいるため、世襲の縛りがかなり緩くなっているが、婚姻については内婚が依然として厳格に守られてきた。ジャーティーの数はインド全体で2,000から3,000に及び、例えばインド人類学調査局は全インドで2,384のコミュニティーを確認し、「その他後進諸階級」について調査したマンダル委員会報告は、3,743のカースト／コミュニティーを「その他後進諸階級」と認定した[2]。不可触民を除く全てのジャーティーは上述の4ヴァルナのいずれかに属すとされ、この点においてヴァルナとジャーティーは相互に関連している。

　ただし、これから検討するように、ジャーティー相互の関係、ヴァルナとジャーティーの関係は、固定的なものでは決してなかった。一例として、後進カーストの政治的台頭を代表するヤーダヴ（Yadav）・カーストを取り上げてみよう[3]。ビハール州においてヤーダヴは、地域によってアヒール（Ahir）、ゴアラ（Goala）、ライ（Rai）、サールゴープ（Sar-gope）、ゴープ（Gope）など異な

った名称で呼ばれる牛飼いジャーティーとして存在し、またカナウジヤ (Kannaujiya)、キシュノート (Kisnaut)、ダーンドール (Dhandhor)、マジューロート (Majhrot)、ブーリハール (Bhurihar) などの下位集団も抱えている。

20世紀初頭になると、アーリヤ・サマージの活動に影響を受けたアヒールの知識人が、「祖先を同じくする」ジャーティーを結集して社会的な覚醒を図るために1912年にゴーパ・カースト協会 (Gopi Jatiya Sabha) を設立した[4]。協会は各地で会議を開催し、『アヒール・サマーチャール (Ahir Samachar)』という月刊誌を発行して、パンジャーブからベンガルに至る北インドの牛飼いジャーティーに参加を呼びかけた。彼らはヒンドゥー教の神クリシュナが生まれたとされるヤドゥー (Yadu) 王朝の子孫であることを主張し、ヴァルナもこれまでのシュードラではなくクシャトリヤに属するとしたうえで、自らの寺院を建立してバラモンを排した儀礼を行い、聖紐を纏った[5]。さらに、ジャーティー間で共食を行って団結意識を高め、ヤーダヴの学校を設立して子弟に教育を行った。

上位カースト、とりわけバラモンの権威に正面から挑むこの運動は、上位カーストの強い反撥を受け、聖紐を纏ったヤーダヴがバラモンやラージプートなどの上位カーストから殴打されることもしばしばだった。このような反撥にも

---

2) インド人類学調査局の調査では、全インドにわたる調査で4,693のコミュニティーを確認している。このうち、指定部族 (636)、ムスリム (584)、スィク教徒 (130)、ジャイナ教徒 (100)、仏教徒 (93)、キリスト教徒 (339)、ユダヤ教徒 (7)、ゾロアスター教徒 (9)、その他の宗教 (部族信仰を含む: 411) を差し引くと、2,384コミュニティーとなった。指定部族と部族宗教信仰者は重複する可能性があるが、正確な数はわからなかったため、そのまま差し引いた。調査では「コミュニティー」としか書かれていないが、「コミュニティー」がヴァルナ制を認識し、外婚集団を内包する内婚集団であるとされていることから、「コミュニティー」は「ジャーティー」を指すと考えて良いものと思われる。Singh, K. S. [1998a: xiii-xix] 参照。マンダル委員会報告は、「後進ヒンドゥー・カースト／コミュニティー」としており、ここでの「カースト」は「ジャーティー」と解釈して良いと思われる。なお3,743のコミュニティーの中には、非ヒンドゥー教徒のコミュニティーも含まれている。『マンダル委員会報告』p. 61, Yadav, K. C [1994: 69] 参照。
3) Srinivas, M. N. [1966: 98-100], Blair [1969: 61], Frankel [1990a: 63-65], K. S. Singh [1998c: 3693-3696 ("Yadav")] を参照のこと。
4) Srinivas [1966: 98-100] 参照。Frankel [1990a: 63] によれば協会は1909年に設立された。
5) クリシュナはヒンドゥー教の神であるが、前7世紀以前に実在した人物であると主張されている。遊牧に従事していたヤーダヴァ族の一部であるブリシュニ族に生まれたとされる。『南アジアを知る事典』(1992年)「クリシュナ」(211-212頁) 参照。

かかわらず、1924年4月7日にはより野心的な全インド・ヤーダヴ協会（All India Yadav Mahasabha）が設立され[6]、これまでバラバラだった呼称をヤーダヴに統一することが決められ、統計調査の際もヤーダヴを名乗りはじめた[7]。こうしてビハール州で最大のカースト集団であるヤーダヴが誕生した。

　ヤーダヴの事例からもわかるように、ジャーティー間の区別は決して固定的なものではなく、「祖先を同じくする」とされたジャーティーが団結して新しい呼称を名乗る現象は珍しくなかった。さらに団結によって生み出された運動は、ヴァルナ位階の上昇を目指し、主張の正当性を証明するために虚実織り交ぜた文書が政府に提出された［Mishra and Pandey 1996：41, Blair 1970：57-58］。バラモンが位階の頂点に位置し、不可触民が最下位に位置することについてはほとんどの地域で変わりがなかったが、中間に位置するジャーティーの地位は地域によって異なり、同じ地域であっても時期により変化した［Srinivas 1962：66］。このようにヴァルナ位階は固定的なものとは決して考えられず、流動的な性格を持っていた。

　ジャーティーが団結してヴァルナ位階の上昇を目指す運動を、シュリニヴァスはサンスクリット化と概念化した［Srinivas 1956：481-496］。サンスクリット化とは、「低カーストの人々が、バラモンの習慣・儀礼・信仰を可能な限り取り入れ、位階の上昇を目指すこと」を意味し、低カーストがバラモンの生活様式を模倣することは、先に挙げたヤーダヴの例に限らず数多く見られた。ヤーダヴの運動は19世紀末から始まった運動であったが、カルナータカ州のリンガーヤット（Lingayat）は、すでに12世紀からヴァルナ位階の上昇を求める運動を開始し、バラモンと同等の地位を主張した。政治的ないし経済的に力を蓄えた低カーストがサンスクリット化によって社会的な地位の上昇を目指すことは決して新しい現象ではなかった。

　もともとサンスクリット化によるヴァルナ位階の上昇は何世代にもわたる緩やかな変化であったが、イギリスの植民地支配が生み出した近代の衝撃は変化

---

6)　Frankel［1990a：65］は1923年の設立としている。
7)　1931年国勢調査においては、「Goala (Ahir, Gopa, Yadava)」として登録されている。1931年時点ではヤーダヴの呼称が浸透していたとはまだ言えないが、植民地政府が同一カーストとして認識していたことは確かである。Lacey［1987 Table XVII Race, Tribe or caste：137］参照。

の様式に大きな影響を与えた。徴税のための土地査定事業に始まり、官僚機構・軍・警察・裁判所の創設、法の整備など近代的な統治制度の導入、鉄道・道路建設、郵便・電信・出版技術の導入など運輸・通信技術の革新、初等教育機関・大学の設立など近代的な教育制度の導入など、イギリスがもたらした近代的な諸制度・技術はインド社会に大きな変化をもたらした。シュリニヴァスは、これら西洋がもたらした新たな諸制度を活用して社会的地位上昇を図る運動を西洋化と概念化した［Srinivas 1995：49-94］。これらカースト運動と政党政治が結びついたことが、インドの特徴である。ビハール州の事例につき、次に検討してみよう。

第2節 カースト運動と政党政治

　ビハール州におけるカースト運動も、サンスクリット化と西洋化という概念を軸に分析できる。先鞭をつけたのは上位カーストであるカヤスタとブミハールであり、どちらもヴァルナ帰属が疑われたことから、当初はサンスクリット化に重点が置かれた。目標を達成する過程で、関心は次第に官職に向かうようになり、官職を得るために必要な英語教育を自らのカーストの師弟に対して熱心に行うようになる。ただしビハールの場合には官職を獲得するためにベンガリー（ベンガル出身者）の寡占を打破する必要があり、これが1912年のビハール州創設として結実した。もっとも官職には限りがあるため、上位カーストエリートの関心は、次第にインド人に開放され始めた公職に移り始めた[8]。

　ここで、カースト運動と政党政治が重なり合うことになる。選挙を勝ち抜くためには、組織が必要である。上位カースト地主は、自身の社会・経済的影響力を行使して集票を行うことができたが、他にもライバルとなる上位カースト地主が存在する競合状況においては、自前の組織だけでは不十分だった。当選を確実にするためには最も効率的に集票を行うことができる組織の支援が必要であり、それは有力な政党であった。ビハールにおいて有力な政党とは、ガンディーの指導によって大衆政党へと成長した会議派であり[9]、従って会議派に

---

8) 詳細については、中溝［2008：102-113］で検討した。

おける権力を掌握することが上位カースト地主の関心事となっていった。会議派の側でも、上位カースト地主の支持を必要としていたことは、検討したとおりである。両者の利害は一致し、上位カースト地主は会議派の主導権をめぐって鎬を削ることになった。

その結果として、ビハール州会議派は上位カーストによって牛耳られることとなる。最高意思決定機関である執行委員会のカースト構成は、最低でも6割が上位カーストによって占められる一方、後進カースト出身者は委員として存在しないことの方が圧倒的に多かった。委員となった1936年、1937年でさえ、比率は10％に達しなかった。指定カースト、指定部族も同様の扱いであり、人口比を考慮すると冷遇ぶりが際立った［中溝 2008：115-117］。

独立後も、上位カーストが支配的な権力構造は継承された。しかし、独立インドが政治体制として民主主義を選択し普通選挙制度が導入されると、人口の多い後進カーストは数の力を手にすることになる。「後進カーストの指導者は独立のために闘ったにもかかわらず、独立インドが誕生すると無視された。独立の果実は、人口の15％を占めるにすぎない上位カーストが独り占めしてしまった。なぜ後進カーストが、州首相になってはいけないのだろうか？」[10]。参加と代表の格差に不満を募らせる後進カーストを掬い上げたのが、社会主義政党であった。

第3節　社会主義政党の出現

会議派社会党

社会主義政党の起源は、独立運動期に結成された会議派社会党に遡ることができる。社会主義思想やロシア革命の影響を受けた会議派若手党員は、1930年から開始されたガンディー主導の市民的不服従運動が目立った成果を上げられなかったことに不満を強め、農民と労働者による階級闘争を軸にした運動を展開してこそ、独立を達成することができると論じた。主張は、会議派左派の

9）　ビハール州においては、チャンパーラン・サッティーヤグラハが会議派伸張の契機となった。中溝［2008：113-114］参照のこと。
10）　前掲シャヤマル・キショール・ヤーダヴ教授に対するインタビュー（2004年2月4日）。

若手指導者であるナレンドラ・デヴァ（Narendra Deva）と、1970年代に大規模な反会議派運動を指導するジャヤ・プラカーシュ・ナラーヤン（Jaya Prakash Narayan）が、1934年に会議派社会党を結成することで具体化する。ビハール州パトナーで開催された設立総会においては、第一に、イギリスから完全独立を達成すること、第二に、社会主義政党を設立すること、の二つが政治目標として掲げられた。1936年に開催された第2回大会においては、「マルクス主義こそが、反帝国主義勢力を究極の目的に導くことができる」と階級闘争路線の採用を鮮明にした［Frankel 2005：52-53］。

会議派社会党は会議派左派の結節点となると同時に、1934年に禁止団体に指定されたインド共産党の受け皿にもなった。共産党員が個人の資格で入党することを認めた結果、1938年には会議派社会党執行部の3割を共産党員が占めることとなった。会議派社会党は急速に影響力を拡大し、1938年の会議派議長選挙において、会議派左派の指導者であり、独立武力闘争も辞さないスバース・チャンドラ・ボース（Subhas Chandra Bose）を当選させることに貢献する［Frankel 2005：53-54, 60］。

ガンディー主義を正面から否定しかねないボースの議長就任に、ガンディーは乗り気ではなかったが、最初は了承した[11]。しかし、ボースがガンディーの意向に反し再選を求め、会議派社会党の支持を得て再選を果たすと、ガンディーとの対立が顕在化する。ガンディーは、自らが推した候補の敗北を「彼の、という以上に、私の敗北だ」と宣言して自らの威信の問題にした上で、執行委員のほとんどを辞任させた。新執行委員会を組織できなかったボースは辞任を余儀なくされ、会議派からも立ち去ることとなった［サルカール 1993：505-509］。

ボースの追放を契機に、会議派社会党も会議派党内での影響力を次第に失っていった。1942年から開始されたクイット・インディア運動では主導的な役割を果たすものの、独立後は会議派右派の影響力の増大と共に会議派から追放されてしまう。ガンディー暗殺直後の1948年2月に、会議派右派の指導者であるV. J. パテール（Vallabhbhai Jhaverbhai Patel）が党内党を禁止したことを

---

11) ガンディーは、「ボースは頼りにできない、しかしこの男の他に議長になれる人物はいない」と当時記している。長崎［1996：190］参照。

受けて、会議派社会党は会議派から離党し、社会党（Socialist Party）を結成することとなった［Frankel 2005：71-72］。

階級とカースト

社会党は、これまでの経緯から明らかなように、当初は階級闘争路線を採用していた。社会主義者の代表的なイデオローグであったラーム・マノハール・ロヒア（Ram Manohar Lohia）も、ネルーから「インド社会主義の新星」と賞賛されたように、当初は階級闘争路線に基づき農業問題に力を注いでいた。会議派社会党の創設メンバーとして活躍していたロヒアは、会議派社会党の追放と共に会議派を去り、社会党の結成に参加する。1950年にはヒンド・キサン・パンチャーヤット（Hind Kisan Panchayat：インド農民会議）の代表に選出され、農産物価格と工業製品価格の平衡、収入上限1,000ルピーの設定、農地所有を12.5エーカーから30エーカーの範囲に制限する、などの項目から構成される13ポイント・プログラムを打ち出し、不徹底な農地改革への抗議運動を展開していた。しかし、1952年頃より、彼の関心は階級闘争から次第にカースト制度へと移っていく［Jaffrelot 2003：261］。

ロヒアによれば、インドが繰り返し侵略されてきた原因はカースト制度に存在した。カースト制度のために、人口の90％はインドの悲劇に無関心となり、それ故侵略を許してきた。カースト制度をなくすことは、従属的な民衆を解放するためにも必要なだけではなく、インドのためにも必要である、と主張した。

それではどうすればよいか。ロヒアは、公務員の採用資格として異カースト間結婚を条件とするなど様々な提案を行うが、最も力強く主張したのは後進カーストに対する公務員職留保制度の実施であった。彼は、「誰もが平等な機会を与えられるとしたら、5,000年にわたって自由な教育を享受してきたカーストが優位に立つだろう。低カーストの人間は、特別な配慮を与えられた時のみ、この伝統を打ち破ることができるだろう。戦いを幾分か対等にするためには、これまでずっと虐げられてきた者に対して、優遇された機会が与えられるべきである」と訴え［Jaffrelot 2003：263］、後進カーストに対し公務員職の60％を留保するよう要求した。

カーストを軸に動員を図ることは、階級を軸に動員を図る階級闘争路線とは

表3-1　会議派と社会主義政党（下院議席：1951-67年）

	1951	1957	1962	1967
投票率	44.9	45.4	55.4	61.0
会議派	364 (45.0/74.4)	371 (47.8/75.1)	361 (44.7/73.1)	283 (40.8/54.4)
社会主義政党				
社会党	12 (10.6/2.5)	—	6 (2.7/1.2)	—
農業労働者大衆党	9 (5.8/1.8)	—	—	—
人民社会党	—	19 (10.4/3.8)	12 (6.8/2.4)	13 (3.1/2.5)
統一社会党	—	—	—	23 (4.9/4.4)
社会主義政党合計	21 (16.4/4.3)	19 (10.4/3.8)	18 (9.5/3.6)	36 (8.0/6.9)

(出典)　選挙管理委員会資料より筆者作成。
(注)　議席数、得票率、占有率の順に記載している（得票率/占有率は括弧内に表記）。「—」は政党が存在しなかったため、数値が存在していないことを示している。1957年選挙に関し、ロヒアの社会党は選挙管理委員会資料では無所属候補として扱われているため、表記していない。

異なる。とりわけ、カースト制度を封建社会の遺制と捉える社会主義者にとって、カーストを軸に動員を図ることへの抵抗は強かった。そのため、会議派システム期において、社会主義政党は留保問題に関して団結していたとはおよそ言えず、逆に留保問題への対処を一つの理由として統合と分裂を繰り返すこととなる。経緯を簡潔に示すと以下のようになる。

　まず、会議派社会党を起源とする社会党に加えて、1951年には、前年1950年の会議派議長選挙で右派のタンドンに敗北し会議派を去ったJ. B. クリパラニ（Jivatram Bhagwandas Kripalani）が、農業労働者大衆党（KMPP：Kisan Mazdoor Praja Party）を結成する［Frankel 2005：88-89］。両党は、イデオロギー的には社会主義政党として分類されるものの、別組織として第1回下院選挙を戦い、会議派に惨敗した（表3-1）。

　1951年選挙は、得票率こそ両党合わせて16.4％に達したが、獲得議席は21議席に過ぎず、各党別になると10議席前後となり、およそ会議派に立ち向かうことはできなかった。そこで、1954年には両党が合併して人民社会党（Praja Socialist Party）が結成され、後進カーストに対する公務員職留保を提言するロヒアは、幹事長に就任する。しかし会議派との協調をめぐる路線対立からロヒア派は離党し、再び1956年に社会党を立ち上げて、1957年選挙前には全インド後進諸階級党を立ち上げようとしていたチャンダプリ（R. L. Chandapuri）と

交渉を行い、合流して選挙に臨んだ［Frankel 1990a：88］。

　1957年下院選挙において、人民社会党は19議席、ロヒア派社会党は9議席と合計で議席を28議席に伸ばしたが[12]、会議派に太刀打ちできない点では変わりはなかった。1962年選挙では、ロヒア社会党、人民社会党とも議席・得票率共に減らし、合計して独立以来最低となる18議席・得票率9.5％と底をついた。これを受けて1964年には、ロヒアが社会主義勢力を再び結集し統一社会党（Samyukta Socialist Party）を結党するが、翌1965年に再度分裂しロヒア派社会党（統一社会党）と人民社会党が並立する以前の状況に戻ってしまう。ただし、後に検討する1960年代後半の政治経済危機を捉えて、1967年選挙では得票率こそ減らすものの、議席を36議席に伸ばすことに成功した。

　このような離合集散の過程で、ロヒア派社会党は、後進カーストに対する公務員職留保制度を実現するという主張を変えることはなかった。例えば、1959年に開催された第3回社会党全国大会においては、「その他後進諸階級」に60％の留保枠を設けることが盛り込まれ、1962年選挙直前の1961年5月に開催された全国大会でも再びこの点が強調された［Frankel 1990a：88］。1967年選挙を控えた1966年4月に開催された統一社会党の第1回大会では、後進諸階級（指定カースト、指定部族、「その他後進諸階級」、女性）に対し60％の留保枠を全ての分野に、すなわち、公務員職のみならず、教育機関、議会にまで拡大することが議決された［Jaffrelot 2003：264-265］。

　このようにロヒア派が採用したカースト・アイデンティティを軸にした集票戦略は、カースト動員戦略と名付けることができる。会議派の地主動員戦略とどのような関係に立つのか、次に検討してみよう。

カースト動員モデル

　カースト動員戦略は、カースト動員モデルに基づいた集票戦略である。農村の社会・経済構造と組み合わせると、次のような集票モデルとなる（図3-2）。

　A村・B村は上位カースト地主が後進カースト小作人・指定カースト農業労働者を雇用しており、彼らに対し社会・経済的影響力を行使している村である。

12）ロヒア派社会党の議席数については、Mishra and Pandey［1992：121-122］を参照した。

図3-2 カースト動員モデル

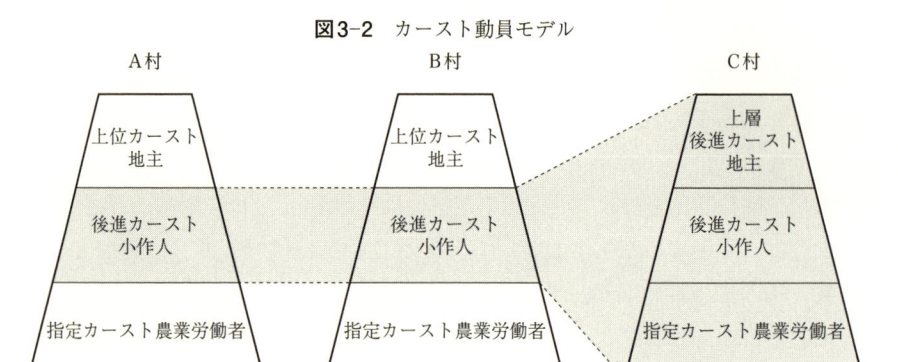

```
    A村              B村              C村
  ┌──────┐        ┌──────┐         ┌──────┐
  │上位カースト│    │上位カースト│      │  上層   │
  │  地主  │      │  地主  │        │後進カースト│
  │      │      │      │        │  地主  │
  ├──────┤      ├──────┤        ├──────┤
  │後進カースト│    │後進カースト│      │後進カースト│
  │ 小作人 │      │ 小作人 │        │ 小作人 │
  ├──────┤      ├──────┤        ├──────┤
  │指定カースト農業労働者│ │指定カースト農業労働者│ │指定カースト農業労働者│
  └──────┘      └──────┘        └──────┘
```

(出典) 筆者作成。
(注) A村・B村では上位カースト地主の農地で、後進カースト小作人・指定カースト農業労働者が働いている。C村においては、上層後進カースト地主の農地で、後進カースト小作人・指定カースト農業労働者が働いていることを示している。

　C村においては上層後進カースト地主が、後進カースト小作人・指定カースト農業労働者を雇用し、彼らに社会・経済的影響力を行使している村である。第2章で検討した地主動員モデルにおいては（図2-1）、A・B・C村それぞれにおいて、地主が小作人・農業労働者の票を垂直的に取りまとめることが想定されていた。

　これに対して、カースト動員モデルにおいては、A・B村では後進カースト小作人の票を水平に切り取り、C村については地主動員モデルと同様に上層後進カースト地主が後進カースト小作人・指定カースト農業労働者の票を垂直的に取りまとめることが想定されている。具体的には、A・B村では後進カースト小作人が上位カースト地主の言うことを聞かない、ということになり、両者の対立関係は地主動員戦略の有効性を揺さぶることとなる。C村の事例は、これまで会議派を支持していた上層後進カースト地主が、社会主義政党に「地主の票」を丸ごと持参することになり、会議派にとってはこれも大きな痛手となる。第2章で検討したムルホ村の事例がこれに該当した。

　このように、カースト動員モデルに基づいたカースト動員戦略は、会議派が採用する地主動員戦略と鋭い緊張関係に立つこととなった。カースト動員戦略は、農村における既存の社会・経済秩序を突き崩す可能性があったからである。そのため、会議派にとっては、カースト動員戦略を採用する社会主義政党は、

是非とも無力化しなければならない相手であった。それ故に会議派は、社会主義政党が象徴的な政策として掲げた後進カーストに対する公務員職留保問題を棚上げにして争点化を避け、カースト動員戦略の有効性を封じ込めようとした。

第4節　公務員職留保問題の展開

憲法制定議会における議論

　後進カーストに対する留保制度は、南インドでは英領時代から実現されていた[13]。イギリスは、マドラス管区において、正義党の親英的態度に報い、かつバラモンが支配的な会議派を牽制するために、非バラモン留保議席を設けると同時に後進カーストに対する公務員職留保制度も導入した。

　インドが独立すると、最優先課題として憲法制定作業が急がれた。憲法制定議会でも後進カーストへの優遇措置の重要性は認識されており、ネルーは演説において、「マイノリティ、後進地ないしは部族民居住地、被抑圧者、『その他後進諸階級』」に対して特別の政策が取られるべきであるとした。ただし、「その他後進諸階級」が誰のことを指すのか、曖昧にされたままだった［Jaffrelot 2003：214-221］。

　曖昧にされたのには理由があった。「その他後進諸階級」がインド社会の中で過半を占める多数となることが予想されたからである。指定カーストの指導者で、指定カーストに対する留保制度の実現を強硬に主張したアンベードカル憲法起草委員会委員長でさえ、後進カーストに対する留保制度に対しては警戒感を示す。「その他後進諸階級」が特定されてしまえば、非常に強固な社会的実体を持つようになることを恐れたためであった。上位カースト出身議員は、より直截に、能力の乏しい者を採用することによって行政の効率が妨げられると主張し、留保枠が拡大されることによって、競争試験受験者の士気が削がれると反対した。

　結果的に、後進カーストに対する留保制度は「後進諸階級」に対する留保として憲法16条4項に規定される[14]。「後進諸階級」の認定基準の設定は憲法

---

13)　詳細については中溝［2008：96-98］で検討した。

340条に基づいて設置される委員会に委ねられることとなった。作業に取り組んだのが、1953年1月に任命された第一次後進諸階級委員会、通称カレルカール委員会であった。

第一次後進諸階級委員会

　第一次後進諸階級委員会は、カカ・カレルカール（Kaka Kalelkar）を委員長として、1953年1月29日に任命された。任命された11名の委員の多数は低カースト出身であったが、カレルカール委員長は、ガンディー主義者として独立運動に参加したバラモン出身の政治家であった[15]。委員会に与えられた任務は、第一に「社会・教育的後進諸階級（socially and educationally backward classes）」を認定すること、第二に、「社会・教育的後進諸階級」の地位向上を図るための政策を勧告すること、であった［『マンダル委員会報告』：70］。報告書は任命から2年後の1955年3月30日に提出される。内容を簡単に振り返ってみよう。

　まず、第一の認定について、委員会は2,399のカースト・コミュニティーを「社会・教育的後進諸階級」と認定し、そのうち837のカーストないしコミュニティーを「最も後進的」と規定した［『マンダル委員会報告』：6］。カーストを基準として「社会・教育的後進諸階級」を認定した点が注目に値する。

　第二の政策については、実に多岐にわたる政策を勧告している。徹底的な農地改革、村落経済の再編、ブーダン（土地寄進）運動の展開、牧畜業の育成、乳業の育成、地場産業の育成、識字率の向上など、当時のインド政府の課題をほとんど網羅した提言を行っているなかで、主要な提言は全ての公務員職、教育機関における留保制度の実施であった。公務員職については、一級職には25％、二級職には33.3％、三級職と四級職には40％の留保を提言し、教育機関には70％の留保を提言した［『マンダル委員会報告』：6］。

　ただし、提言は行ったものの、委員の意見はまとまらなかった。焦点となったのは根本的な問題、すなわち、カーストを後進性の認定基準としてよいのか、

14）　憲法の条文には「後進諸階級（Backward Classes）」と書かれているため「後進諸階級」と記したが［Majumdar and Kataria 2004：28-29］、「その他後進諸階級」と同義である。従って、以下においては「後進諸階級」と「その他後進諸階級」は互換的に用いることとしたい。

15）　カレルカールは高名な文学者としても知られていた。『マンダル委員会報告』p. 70, Jaffrelot［2003：221-222］参照のこと。

という点であった。反対意見提出者は11名中5名に上り、委員長のカレルカールまでもがカーストを後進性の認定基準とすることに反対する。カーストを基準とすることは、国の統一を脅かし、人々の希望を打ち砕くコミュナリズムとカースト主義を助長することになる、という懸念からだった。代わりに経済的基準、すなわち年収800ルピー以下の家族を「その他後進諸階級」と認定し、これを援助すべきであると主張した[16]。

このように、カレルカール委員会は委員会としての意見をまとめきれないまま報告書を政府に提出し、扱いはネルー政権に委ねられることとなった。

会議派政権の対応

報告書を受け取ったG. B. パント（Govind Ballabh Pant）内相は、保守派で鳴らした人物だった。優れた行政手腕を誇るバラモン政治家として、1937年から39年、1946年から54年にかけてウッタル・プラデーシュ州首相を務めた後、ネルー内閣の内相に抜擢された。パント内相は、報告書を受け取ると直ちにこれを却下した。理由は、第一に、社会主義型社会の建設においては社会的、またその他の差別は自然に消滅していくだろうから、経済発展に投資することが差別解消の対策となる、第二に、カーストを認定基準とすることは、カースト制に基づく差別を永続化することにつながり、分離主義を生み出す危険性がある、というものだった［Jaffrelot 2003：226］。

ネルー政権は、このようにカレルカール委員会報告を批判すると同時に、カースト以外の有効な認定基準を作成するために内務省を中心に調査作業を行った。しかし、具体的な結論を出せないまま、全インドレベルで「社会・教育的後進諸階級」の認定を行うことを最終的に放棄する。1961年8月14日に内務省は、「全インドレベルのリストを作ることには実用性がない」とした上で、「中央政府はカーストよりは経済的な基準を適用した方がよいと考えるが、各州は独自の後進諸階級リストを作る権限を持っている」とこれを各州政権に委ねることを決定した［『マンダル委員会報告』：7］。この後、留保制度の運用は各

16）『マンダル委員会報告』p. 6, Jaffrelot［2003：225-226］。委員の一人であったチョウラシア（S. D. Singh Chaurasia）によれば、カレルカールの委員長としての任命は、後進諸階級の人から大いに歓迎されたわけではなかった。

州政府が中心となって行うことになった[17]。

このように、会議派は後進カーストに対する公務員職留保問題を棚上げにし、争点化を避けることで社会主義政党、とりわけロヒア派の勢力を削ごうと努力した。ロヒア派が主張を変えることはなかったが、他の社会主義政党はカーストを動員の軸とすることに対するイデオロギー的抵抗が強く、社会主義勢力は留保問題に関しおよそ団結しているとは言えない状態だった。会議派の棚上げ策と社会主義政党の分裂が相俟って、留保問題を軸とする動員の試みは常に存在したものの、政治争点としての力は弱かった。それ故に、社会主義政党も会議派に匹敵する力は持てず、会議派システムにおける圧力政党としての機能に留まっていたと言える。

とは言え、後進カーストに対する留保問題が全く進まなかったわけではない。州レベルにおける後進諸階級委員会の任命から明らかなように［中溝 2008: 126, 表3-6］、遅れはしたものの任命されたことは事実である。任命の背景には、後進カーストの政治的台頭とこれに基づいた社会主義政党の伸長という現象が存在した。北部ヒンディー語圏において最初に後進諸階級委員会が任命されたビハール州の事例について、次に検討してみよう。

第5節　ビハール州における後進カースト

後進諸階級連盟の結成

会議派政権において権力から疎外されていた後進カーストを組織化する試みは、独立直後から始められる。1947年9月に設立されたビハール州後進諸階級連盟（Bihar State Backward Classes Federation）である。後進カースト出身の独立運動の闘士が中心となった連盟は、独立運動期に結成されたトリヴェニ・サバを参考に、カースト動員モデルに従って第1回総選挙を戦う政党と

---

[17] 中央政府の方針が決定され、ネルーが死去した後の1964年10月に、カレルカール委員会を審議するための動議が提出された。審議は動議が提出されてから1年以上たった1965年11月に行われたが、シャーストリー首相の立場は、ネルー政権の立場と同じだった。答弁に立った教育担当国務大臣は、カーストに基づく留保制度はカースト制度の永続につながり、留保制度によって後進諸階級の利益が確保されるか明らかではないと従来の立場を繰り返した。Jaffrelot [2003: 228] 参照。

なることを目指していた。総裁代行に就任したチャンダプリ（R. L. Chandapuri）は、1948年からヒンディー語週刊誌『下層階級（Pichara-Varg）』を発行し、上位カーストから政治・経済・社会的権力を奪い返すことを訴えた。彼は、1948年から1949年にかけてビハール州全県に支部を作り、最盛期には128のカーストから40万人の参加者を獲得したという。ビハールでの成果に基づき1950年にはデリーで全インド後進諸階級連盟が結成され、ビハールと同様の組織展開が図られることになった［Frankel 1990a：84-85］。

　チャンダプリは間近に迫った第1回1951年総選挙を念頭に指定カーストの指導者アンベードカル博士と交渉を行い、後進カースト・指定カースト連合を結成して選挙に臨む体制を整えようとした。しかし選挙前に構想が実現することはなく、連盟は政党ではなく中央政府から資金援助を受けて奨学金や寮を建設する文化団体に変わってしまった［Frankel 1990a：85-86］。会議派による妨害工作が成功したためである［中溝 2008：129-130］。

会議派党内における後進カースト

　会議派が行った妨害工作は妨害措置と包摂措置に区分できるが、より効果的だったのは、会議派システム期の特徴である包摂措置であった[18]。後進カーストを重要ポストに起用する措置が典型であるが、実際にビハール州政府閣僚のカースト構成比から、会議派党内で後進カーストが次第に重用されていく様子を確認できる[19]。上位カーストが優位を占めていることは変わらないが、K. B. サヘイ内閣においては、これまで10％程度だった後進カーストの比率が30％に上昇している（表2-9）。会議派所属州議会議員の構成においても、1957年選挙、1962年選挙とも会議派選出議員の中でヤーダヴの占める割合は22％に達していた［Frankel 1990a：87］。

　会議派党内で後進カーストを包摂していく過程を、党内の権力闘争の文脈に位置づけると次のようになる［Frankel 1990a：82-87］。独立運動期から州首相

---

18) 妨害措置とは、例えば、チャンダプリが発行した『下層階級』を発刊停止に追い込むなど直接的な妨害行為を指し、包摂措置とは、これから検討するように、会議派の権力構造に取り込んでいく措置を指す。詳しくは、中溝［2008：129-130］で検討した。
19) 会議派執行委員会における後進カースト比率の上昇については、中溝［2008：130-131］で検討した。

を務めていたS. K. シンハの存命中は、彼が出身カーストのブミハール閥を固め、またライバルであったラージプート閥の長A. N. シンハ（Anugrah Narain Sinha）も州首相の地位を窺うよりは党の団結を優先させる政治家だったために、S. K. シンハ州首相による安定した支配が続いた。

ところが、A. N. シンハが1957年に死去すると息子のS. N. シンハ（Satyendra Narain Sinha）がラージプート閥の長として代替わりする。さらにS. K. シンハが1961年に死去すると、側近であったマヘーシュ・プラサード・シンハ（Mahesh Prasad Sinha）が台頭する。これらの指導者は先代ほどの指導力を持っていなかったため、カースト閥の関係は安定性を失うこととなった。

S. K. シンハ死去後に州首相に就任したバラモン出身のB. ジャ（Binodhanand Jha）は、州首相として初めて戦った1962年選挙で会議派を勝利に導いたが、会議派党組織の改革を目指したカマラージ・プランにより突然の退陣を余儀なくされた。彼が後任に推したのが、上層後進カーストであるクルミ出身のパテール（Bir Chand Patel）であった。しかし、パテールが州首相として推挙されたという情報が流れるや否や、ブミハール閥、カヤスタ閥、更にパテールと良好な関係にあるはずのラージプート閥まで結束してカヤスタ出身のK. B. サヘイを支持し、結果的にサヘイが州首相に就任することとなった。

にわか作りの上位カースト連合によって州首相に就任したK. B. サヘイの権力基盤は、磐石とは言い難かった。彼は、指定部族出身のS. K. ベイグ（Sushil Kumar Bage）を右腕、ヤーダヴ出身のラーム・ラッカン・シン・ヤーダヴ（Ram Lakhan Singh Yadav）を左腕と称し重用した。自分を推したブミハール閥とラージプート閥を牽制するためだった。この点は、閣僚構成比からも確認することができる（表2-9）。

このように、上位カースト間の権力闘争が激化する過程で、後進カーストが次第に重用されていった。カースト派閥間の抗争という観点からは、後進カーストは上位カーストの主導権争いに利用されたにすぎないという見方も可能だが、会議派の政党としての機能という観点からは、後進カーストに出世の道を開くことによりこれを包摂したことが重要である。例えば大臣になったR. L. S. ヤーダヴは、1967年選挙が間近に迫ると社会主義政党の主張を取り入れ、公認の60％を後進諸階級に与えるべきであると主張した。提案は党指導部に

受け入れられなかったが、上位カースト支配が顕著であった会議派においてすら、後進カースト指導者の影響力が徐々に高まりつつあったことを示している［Jaffrelot 2003 : 265］。

このように会議派は、後進カーストの有力指導者を取り込むことによって、地主動員モデルを維持しようと試みた。対照的に、地主動員モデルと緊張関係に立つカースト動員モデルの採用には冷淡だった。ビハール州会議派においても、後進カーストに対する公務員職留保制度の導入が提案されたことがあったが、党内の反対によって提案は撤回された［Jaffrelot 2003 : 249-250］。さらに、カレルカール委員会報告が中央政府によって拒否された後、留保制度の運用が州政府に委ねられたが、ビハール州においては1971年まで任命されることはなかった。

社会主義政党による動員

後進カーストを包摂する一方で留保制度の実施に消極的な会議派に対し、他の政治勢力も黙っていたわけではない。社会主義政党が、階級闘争からカースト動員戦略に次第に軸足を移してきたことは、全国レベルの展開で検討したとおりである。ビハール州は会議派社会党の設立大会がパトナーで開催されたことからわかるように、社会主義勢力がもともと影響力を持っていた州であった。会議派社会党の創設者の一人であるジャヤ・プラカーシュ・ナラーヤンはビハール出身であり、独立後、会議派右派に敗れて農業労働者大衆党を結成したJ. B. クリパラニを下院に送ったのも、ビハールであった[20]。第2章で触れたB. P. マンダルのライバルであるB. N. マンダルも会議派社会党に所属し、独立後はロヒア派社会党に籍を置いた有力政治家であった。1962年下院選挙において、B. N. マンダルが、後にインディラ政権で鉄道大臣を務める大物バラモン議員L. N. ミシュラ（Lalit Narayan Mishra）を敗ったことは、マデプラ県においていまだに語り継がれている。

社会主義政党は分裂と統合を繰り返していたため、効率よく集票を行うことが難しかった。しかし、ビハール州においては合計すると下院、州議会とも得

---

20) J. B. クリパラニは、1951年選挙で敗北した後、1952年にバーガルプル・プルニア（Bhagalpur cum Purnia）選挙区で行われた補選に立候補し当選した。

票率は1962年選挙を除き20％を超えていた（表2-6、2-7）。その一方で、会議派の攻勢により活動が停滞していたビハール州後進諸階級連盟は、カレルカール委員会の勧告が棚上げされたこともあり、運動の展望が見えなくなっていた。1957年選挙を前に、既存政党と組むことは全インド後進諸階級連盟総裁となっていたチャンダプリにとっても必要であり、再度の分裂により自身の基盤を強化したいロヒアにとっても必要であった。こうして先述のように両者は合流する。しかし、1961年4月の大会において、社会党は候補者の60％を後進カーストに割り当てると決議したにもかかわらず、ビハール州の社会主義者は闘争の軸を階級からカーストに移すことについて「後退である」と批判的だった。幻滅したチャンダプリは、1962年選挙前に再び社会党から後進諸階級連盟を脱退させた［Frankel 1990a：88］。このように、ビハール州において、社会主義政党は路線対立を解消することができず、カースト動員戦略を全面的に展開するには至らなかった。戦略の曖昧さは、1962年選挙の後退に現われていたと言える。しかし、曖昧なままでは会議派に打ち勝つことはできない。転機となったのが、1967年選挙であった。

第6節　1967年州議会選挙と後進カーストの台頭

地主動員モデルの動揺

　1967年選挙は、第4章で検討するように、未曾有の政治経済危機のさなかに行われた選挙であった。1962年の印中国境紛争における大敗、1964年のネルーの死去、1965年の第二次印パ戦争、1966年のシャーストリー首相の急逝、1965年、66年と連続した大干魃に伴う食糧危機、そして14％に迫る独立後最悪レベルのインフレーションと、ネルーが築き上げた政治経済体制が大きく動揺するなかで行われた選挙であった。そしてこの選挙を契機に会議派システムは終焉を迎え、会議派―野党システムに移行することになる。

　ビハールにおいて1967年州議会選挙は、次の三つの側面で会議派の地主動員モデルが動揺した選挙であった。第一に、これまで会議派支配を支えてきた有力地主の離反が相次いだ。第二に、これまで地主動員戦略が取り込めず、かつ選挙への関心に乏しかった有権者が、新たに選挙に参加した。最後に、地主

動員モデルを切り崩す可能性の高いカースト動員戦略が大々的に実施された。それぞれについて検討していこう。

　第一点目に関し、最も顕著な事例は、かつての大ザミンダールであったラムガール・ラージャー（Ramgarh Raja）が、1967年選挙直前の1966年12月に人民革命党（Jana Kranti Dal）を結成したことである。これにカヤスタ・カースト出身で会議派の有力政治家であったマハマヤ・プラサード・シンハ（Mahamaya Prasad Sinha）が参加した。M. P. シンハは1967年選挙後に州首相に就任することからもわかるように、会議派にとって大きな打撃であった［Frankel 1990a：88］。第2章で検討したB. P. マンダルも、会議派を離れ統一社会党に入党し、マデプラ下院選挙区から初当選を果たす。このように地主動員モデル自体が崩れたわけではないが、有力地主が地主の票を野党に持って行ってしまったために、本来獲得できたはずの地主の票が減少した。

　第二点目は、投票率の上昇である。独立以後行われた3回の選挙で50％を上回ることのなかった投票率が、51.5％と初めて50％を突破した。未曾有の経済危機の震源地となったのがビハール州であり、深刻な食糧危機は有権者の関心を高めた。投票率の上昇は、これまで地主動員戦略が取り込めず、かつ選挙への関心も薄かった有権者が、今回は投票所に出向いたことを示している。各党の獲得票数の変化からもこの点は確認できる［中溝 2008：136-137］。

　最後が、カースト動員戦略の大々的な採用である。ビハールの社会主義政党はこれまでのイデオロギー対立を棚上げにし、後進カーストに対する留保制度の導入を積極的に訴えた［Frankel 1990a：88-89］。下層後進カーストであるナーイー（Nai）出身の指導者カルプーリ・タークル（Karpoori Thakur）は、「社会主義者は約束した。下層民には60％の留保だ」というスローガンを連呼し、カースト動員戦略を実践した。

　ジャフルローは、汚職と物価問題に加え、後進カーストの支持が会議派から離れたことが社会主義政党の躍進につながったと分析している［Jaffrelot 2003：265-267］。選挙戦の焦点はK. B. サヘイ会議派政権の汚職と食糧問題であり、留保問題は大きな争点とは言えなかったため、戦略がどこまで功を奏したのか判断は難しい。しかし、結果として社会主義政党は1962年選挙の退潮から復活し、独立以来最高となる86議席、得票率24.6％を獲得した。会議派

にとって、カースト動員戦略の実際の効果はともかく、地主動員モデルと緊張関係に立つカースト動員戦略を実践する政党が躍進し、自らの敗北を招いたことは、地主動員戦略の正当性を揺るがすに十分だった。

このように、1967年州議会選挙の重要な意義は、会議派の地主動員モデルが動揺したことに求めることができる。そして1967年州議会選挙を契機として、後進カーストの政治的台頭が顕著となった。

後進カースト州首相の誕生

選挙後に成立した統一議員党（SVD：Samyukta Vidhayak Dal）連立政権は、M. P. シンハを州首相としたが、連立政権の核は、後進カーストへの留保制度の実現を主張して選挙を戦った統一社会党だった。統一社会党を左から共産党、右からバラーティヤ・ジャン・サン（BJS：Bharatiya Jan Sangh, 以下BJS）が支える形で政権が運営され、副首相にはカルプーリ・タークルが就任した。彼は選挙キャンペーンに引き続いて、「社会主義者は後進カーストに必ずや60％の留保枠を実現する」と唱え続けた［Jaffrelot 2003：266-267］。

しかし、反会議派の一点のみでまとまり、会議派からの離党者も多かったSVD内閣の基盤は脆弱だった。会議派は権力を奪還するために、かつて敵対したチャンダプリを包摂し、社会主義勢力を分断しようと試みた。チャンダプリは、後進カースト出身の州首相を初めて誕生させる格好の機会だと考え、会議派と組むことに同意した。こうして後進諸階級連盟ビハール州総裁を務めていたB. P. マンダルが州首相に選ばれることとなった［Jaffrelot 2003：267, Frankel 1990a：89-90］。

B. P. マンダルは、第2章で触れたように1967年下院選挙で国会議員に選出されていたが、SVD内閣で保健相を務めていた。国会議員が州政府閣僚を務めることはできないため、ロヒアはB. P. マンダルに閣僚ポストを手放すことを要求したが、B. P. マンダルは拒否していた。会議派指導部とチャンダプリの談合が成立すると、1967年8月26日にB. P. マンダルは統一社会党を離党し、25名の議員と共にショシット・ダル（Shoshit Dal：「被抑圧者の党」）を立ち上げる。25名の内18名は社会主義政党からの離党者であり、ほとんどがB. P. マンダルと同じヤーダヴ・カーストだった。離党者を買収するためにK. B.

サヘイが使った金額は37万5,000ルピーと噂され、議会で怒号が渦巻く中、1968年1月にショシット・ダル＝会議派連合は多数派工作に成功した。ビハール政治史上、初の後進カースト出身の州首相の誕生である〔Frankel 1990a：90〕。

B. P. マンダルは組閣において、上位カーストと後進カーストの閣僚比を26％対42％と初めて逆転させ、後進カースト主導の内閣であることをアピールした。参加と代表の格差の解消である（表2-9）。更に、ビハール州公務員職委員会（Bihar Public Service Commission）委員長に同じヤーダヴ出身のH. N. ヤーダヴを任命し、これまで上位カーストに昇進を阻まれてきた後進カースト出身官僚を昇進させるなど、後進カーストの地位向上を試みた[21]。内閣成立直後に、元州首相B. ジャが16名の議員を率いてロークタントリック・コングレス（Loktantric Congress）を結党して会議派を離党したために、マンダル内閣は信任投票を乗り切ることができず47日間しか持たなかった。しかし、後進カーストの政治的台頭を表わす兆しとしての意味は持ったと言える[22]。

ビハール州後進諸階級委員会の任命

マンダル政権は簡単に崩壊したが、権力を握るためには後進カーストと手を組まなければいけない状況は変わらなかった。元州首相B. ジャは、ロークタントリック・コングレスを軸に連立政権を組んだが、自らが州首相に返り咲くよりは、配下である指定カースト出身のボーラ・パスワン・シャーストリー（Bhola Paswan Shastri）を州首相に据えた方がよいと考えた。指定カーストが首相になったのも、ビハールではこれが初めてである。インディラ会議派は多数を確保するためにシャーストリー内閣を解任して1969年2月に中間選挙を行ったが、結果は思うようにならなかった。得票率は30.5％とさらに落ち込み、議席も10議席減らして118議席となった（表2-7）。

---

21) 前掲プラバーシュ・チャンドラ・マンダル元教授へのインタビュー（2004年2月15日）。
22) B. P. マンダル内閣の存続期間について、Choudhary and Srikant [2001：326] は、1968年2月1日から2月22日までの22日間としている。しかし、Mishra [1986：110-118] は、1968年2月1日から3月18日までの47日間としており、Frankel [1990a：99] も同様に47日間としている。前述プラバーシュ・チャンドラ・マンダル元教授も47日間と証言したため、47日説を採用した。ちなみに、Jaffrelot [2003：269] は、「2、3ヵ月」としている。

しかし人民社会党、統一社会党ともにショシット・ダルの分裂が響いて、合計議席を86議席から70議席に減らす。ショシット・ダルも「90％の人間は搾取されており、政府は10％の人間のためにしか働いていない」と訴え、カースト動員戦略に従った後進カースト票獲得を狙ったが、6議席、得票率3.7％にとどまった。社会主義政党とショシット・ダルを合計しても1967年の水準には達せず、支持基盤の重複による票の奪い合いが結果に反映された形となった。分裂状態は1972年まで続くことになる [Frankel 1990a：100]。

　会議派は議席を減らしたものの、社会主義勢力の分裂を利用して政権の主導権を掌握した。選挙後には、カヤスタ閥の領袖K. B. サヘイ、ラージプート閥の領袖S. N. シンハ、ブミハール閥の領袖M. P. シンハの合意に基づき、ラージプート出身のS. H. シン（Sardar Harihar Singh）を首班とする連立政権が発足する。S. H. シン内閣では当然のように上位カーストが優遇され、閣内における上位カースト比率が46％であったのに対し、後進カースト比率は19％に押さえられた。扱いに不満を抱いた後進カースト出身の会議派議員は、ヤーダヴ出身であるダロガ・プラサード・ライ・ヤーダヴ（Daroga Prasad Rai Yadav）の下に結集した [Frankel 1990a：100]。この結集は、派閥対立の軸が、上位カースト間の対立から、「上位カースト閥」対「後進カースト閥」へと次第に移りつつあることを示している。

　会議派党内の対立軸に変化の兆候が現われつつある時に、中央レベルでは後に検討する会議派大分裂が起こった。大分裂が起こった際には、S. H. シン内閣は、閣僚配分をめぐる対立からすでに崩壊しており、次に成立したシャーストリー内閣もわずか11日で崩壊し、大統領直轄統治が施行されていた [Frankel 1990a：100]。大分裂の結果、カヤスタ閥、ラージプート閥、ブミハール閥の領袖達はみなインディラ首相に反撥して会議派（O）にとどまり、上位カーストの中でインディラ派と行動を共にしたのは、インディラの出身カーストであるバラモン閥だけであった。これにD. P. ライ・ヤーダヴを指導者とする後進カースト議員が加わり、ビハール会議派はほぼ半分に割れる。ビハール会議派州議会議員団115名中60名はインディラ派で、55名が会議派（O）という構成となった [Frankel 1990a：100]。

　大分裂により上位カースト支配の壁が低くなったことが、会議派政権史上初

の後進カースト出身州首相を生む契機となった。1970年2月16日に大統領直轄統治が終了すると、インディラ会議派を軸とした連立交渉が成立し、州首相にはヤーダヴ出身のD. P. ライ・ヤーダヴが就任した。ライ内閣においては、B. P. マンダル内閣のように上位カースト閣僚と後進カースト閣僚の比率を逆転させるところまでは行かなかったが、上位カースト比率は、歴代会議派政権の中では最低となる34％に押さえられ、代わりに後進カースト比率はK. B. サヘイ内閣に次ぐ22％に上昇した（表2-9）。官僚機構のトップである州次官にも後進カースト出身者を据え、会議派も後進カーストに配慮していることをアピールしたが、公務員職留保問題の観点から最も重要だったのは、後進カーストに対する留保制度を検討するビハール州後進諸階級委員会、通称ムンゲリ・ラール（Mungeri Lal）委員会を任命したことであった［Jaffrelot 2003：269-270, Frankel 1990a：100］。1960年の内務省決定より、11年が経過していた。

　委員会の任命は、地主動員戦略とカースト動員戦略の緊張関係を生み出した。留保制度に反撥する上位カースト、とりわけバラモンの反撥を恐れたバラモン閥の頭目L. N. ミシュラは、インディラ首相に、ブミハール閥とラージプート閥がインディラ会議派を出て行った今は、バラモンがビハール州政治で重要な役割を担うときだ、と進言した。前述のように1962年下院選挙において社会主義者のB. N. マンダルに敗北した経験を持つミシュラであるから、懸念はなおさら強かったと推測できる。インディラ首相はミシュラの進言を受け入れ、1970年12月にライ内閣は崩壊した［Frankel 1990a：100-101］。

　しかし、後に成立したのは反会議派勢力を結集することに成功したカルプーリ・タークルであった。タークル政権は1971年6月1日まで続き、タークル政権崩壊後はインディラ会議派が主導したシャーストリー政権が成立する。シャーストリー内閣も1971年12月に崩壊し、3度目の大統領直轄統治が施行され、1972年州議会選挙まで続くことになった。

　1967年選挙から1972年選挙に至るまでの時期は、9つの連立政権が成立し、3回の大統領直轄統治が行われ、中間選挙も1度行われる政治的に非常に不安定な時期であった。不安定な政治状況を生み出した原動力の一つが、後進カーストの台頭であったことに疑いはない。1967年選挙において、後進カーストに対する公務員職留保制度の実現は主要な争点ではなかったかもしれないが、

留保制度の実現を声高に叫んだ社会主義政党が大幅に議席を伸ばし、上位カーストが支配する会議派から権力を奪ったことは事実である。

膠着した議会は、ビハール政治史上初の後進カースト州首相を生みだし、更に指定カースト州首相も生み出した。会議派党内においてすら、これまで従の立場に置かれていた後進カーストが次第に勢力を強め、会議派大分裂という党中央の権力闘争を機会に会議派政権史上初となる後進カースト州首相が誕生した。その彼の下で、長年棚晒しにされてきた留保問題を検討する委員会が任命されることとなった。

ただし、留保制度の実施を決断したのは、ビハール州においては、ジャナター党政権であり、中央レベルにおいては、ジャナター党政権に次いで非会議派政権を樹立した国民戦線政権であった。いずれも非会議派政権であり、留保問題の展開を考える上では、これら非会議派政権を検討することが重要である。それでは、中央レベルにおける最初の非会議派政権となったジャナター党政権はどのように成立しただろうか。

第7節　非会議派政権の誕生と留保問題

貧困追放戦略

1967年選挙における州レベルでの会議派支配の動揺は、全国レベルでの戦略転換に結びつくこととなった。以下、その経緯を簡潔に検討してみよう。

インディラ・ガンディーの首相就任は、シャーストリー首相の急死を受けた突然のことであった。当時シンジケートと称された有力指導者の合議によって首相に選任された経緯から、インディラは就任当初はシンジケートの影響下にあった。ところが1967年選挙でカマラージ会議派総裁をはじめとするシンジケートの大物が落選すると、インディラは自立を試みる。選挙後の閣僚人事でシンジケートを排除し、反撥したシンジケートはインディラのライバルであり会議派右派の指導者であるモラルジー・デサイ（Morarji Desai）を財務相として入閣させた。権力闘争は、銀行国有化に象徴される経済政策をめぐる左派と右派の対立と相俟って展開され、最終的にインディラが党を割る形で会議派は1969年11月に分裂した。いわゆる会議派大分裂である[23]。

大分裂は、インディラ派の集票戦略に大きな転換を迫った。地主動員モデルの要である有力地主カーストの多くがシンジケート派である会議派（O）に残ったためである。農村における集票の要を失ったインディラ派は、新組織の整備を行うことによって集票手段を確保しようとするが、試みは失敗する。しかし、選挙は戦わなければならない。そこでインディラが編み出したのが、貧困追放をスローガンとして掲げ、かつてない規模で大量のポスターやバッジを配布し、できる限り多くの遊説をこなして膨大な貧困層に直接訴えかけることだった。「私を追放したい者がいる。私は貧困を追放しようとしている」が決め台詞だった［Frankel 2005：454-455］。

　貧困追放戦略は、貧困層を対象とした戦略であるから、社会主義者や共産主義者の階級動員戦略に近い。ただし、精緻な階級分析に基づいた戦略とまでは言えず、さらに、ビハール州ではバラモン閥がインディラ派に留まったことからもわかるように、有力地主カーストを完全に排除したわけではなかった。中途半端な性格を持っていたと言えよう。

　しかし貧困追放戦略は、当たった。予定より1年繰り上げて1971年3月に行われた1971年下院選挙は、貧農を中心とする多くの農民が、独立後初めて全国政治に直接参加した選挙であると位置づけられている［Frankel 2005：458］。インディラ派の会議派（R）は予想外の352議席を獲得し圧勝する一方で、シンジケート派の会議派（O）はわずか16議席と惨敗した。結果判明直後から会議派（O）の党員が続々とインディラ会議派への入党を希望する事態が生じ、インディラ派は再び地主動員戦略の党へと戻っていった。

　しかし、以前と同じ姿に戻ったわけではなかった。特徴を三つ指摘することができる。

　第一に、会議派（O）が惨敗にもかかわらず野党として踏みとどまったことからもわかるように、かつて会議派を支持した地主層が完全に戻ってきたわけではなかった。その意味では、不完全な形で地主動員モデルが再現されたと言える。

---

23)　選挙管理委員会によって、シンジケート派は会議派（O：Organization）、インディラ派は会議派（R：Requisition）と名付けられた。一連の過程に関し、Frankel［2005：388-433］を参照のこと。

第二に、地主動員戦略の硬直化である。会議派システム期の重要な特徴が包摂であり、包摂を制度的に支えていたのが党内選挙であった。ところが、インディラは1972年に党内選挙を停止し、党の重要ポストは自らの任命制へと切り替えた。この制度改変によって、党有力者の関心は新興勢力の包摂からインディラへの忠誠へと切り替わることとなる。確かにインディラへの権力集中は実現したが、包摂性は損なわれることとなった。新興勢力側からすれば、会議派は「敷居の高い党」となり、地主動員戦略は硬直化した。

　最後に、有力地主カーストが戻ってきても、貧困追放は生き続けた。具体的には、後に触れる非常事態体制期における農地改革実施の試みとして現われることとなる。従って、農村部における集票の要として有力地主カーストは引き続き重視しつつも、指定カースト農業労働者を中心とする貧困層を以前にも増して重視する戦略へと変わった。相対立する二つの集票戦略の矛盾は、1977年選挙において程なく露呈することとなった。

　以上、1967年選挙における会議派の退潮が、地主動員戦略に及ぼした影響について考察した。1967年選挙を契機に動揺を始めた地主動員戦略は、会議派大分裂を経て貧困追放戦略に転換した。1971年下院選挙でインディラ会議派が勝利したことにより、地主動員戦略は不完全な形で再現されたものの、硬直化し、かつ矛盾する集票戦略を抱え込むことになった。このような地主動員戦略の機能不全は、1977年選挙における会議派の敗北として明確な形を取ることとなる。会議派敗北を引き起こした原動力となったJP運動について、次に検討してみよう。

JP運動

　1971年総選挙に引き続き1972年3月に行われた州議会選挙でも勝利を収めたインディラ会議派は、1971年12月に行われた第三次印パ戦争に伴う戦費支出の増大、天候不順による農業生産の減少、さらに1973年のオイルショックに伴うインフレーションといった経済状況の悪化により、急速に支持を低下させていった。インディラが党内での権力を確保するために党内選挙を停止したことは、前述の通りである。重要ポストには独自の政治基盤を持つ政治家は登用されず、インディラによる操作が容易な者が選ばれた［Frankel 2005：517］。

脆弱な権力基盤しか有さない州首相は、それぞれの州における権力闘争を乗り切ることができない。権力闘争が引き起こす離党は後を絶たず、たとえば、アーンドラ・プラデーシュ州では1973年1月に、オリッサ州では1973年3月に、会議派政権が崩壊したことに伴う大統領直轄統治が行われた。グジャラート州、マイソール州（現カルナータカ州）では権力闘争の激化に伴う内閣改造がしばしば行われ、ビハール州でも1973年7月にK. パンデ（Kedar Pande）内閣からA. ガフール（Abdul Gafoor）内閣へ、同じ会議派政権ではあるが州首相が交代した［Frankel 1978：518］。政争に明け暮れる会議派政権において政府の機能は低下し、経済危機への効果的な対処は望めなかった。政府に対する不満は、会議派（O）の有力指導者モラルジー・デサイの出身州グジャラートで最初に噴出する。インディラ政権を非常事態宣言の実施に追い込んだJP運動の幕開けである。

　JP運動とは、運動を主導した元会議派社会党の指導者ジャヤ・プラカーシュ・ナラーヤン（Jaya Prakash Narayan：以下JPと略）の頭文字から名付けられた運動である。グジャラート運動・暴動に触発されて起こったビハールの運動も、当初は学生主体の運動であった。学生達は運動に広がりを持たせるため、すでに政界を引退しガンディー主義的な社会運動（サルボダヤ運動）に取り組んでいたJPに運動の指導を懇願する[24]。JPがこれを受け入れ、全体革命（Total Revolution）を掲げて運動を指導したことから、JP運動と略称されるようになった。

　JP運動の意義は三つに整理することができる。第一に、独立以来初めて全国規模で行われた反会議派運動であった。運動の高揚はインディラ政権を追い詰め、「インド民主主義の例外」とされる権威主義的な非常事態体制を招いた。第二に、非会議派政党を結集する契機となったことである。当初、学生運動として始まった運動は、次第に政党とのつながりを深め、活動家・野党指導者を一斉に逮捕した非常事態体制は、異なる集票戦略を取る非会議派野党勢力の結集を実現した。最後に、ビハール州の事例に顕著なように、後進カーストが活躍し、しばしば主導的な役割を果たした。後進カーストの政治的台頭は、1967

---

[24]　学生指導者としてJP運動で主導的な役割を果たしたラルー元州首相に対するインタビュー（2004年3月12日）。

年選挙以来次第に目立ち始めていたが、インディラ政権を追い詰める大規模な運動として立ち現われたのは、初めてのことであった[25]。JP運動が結集した反会議派勢力はジャナター党として一つの党にまとまり、1977年下院選挙で会議派を打ち破った。中央レベルで初の非会議派政権となったジャナター党政権は、社会主義政党を主要な構成政党としていたために、公務員職留保問題を進展させることとなった。

ジャナター党政権の成立

1977年3月に行われた下院選挙で会議派は大敗する。特に北部インドで議席を落とし、JP運動の中心地であったビハール州では1議席も獲得することができなかった。直前まで施行されていた非常事態体制が、すでに動揺を始めていた地主動員戦略の機能不全を次の三点で悪化させたことが原因であった。

第一に、集票の要となる地主層は、農地改革に反撥してインディラ派から離反した。先述の貧困追放戦略の継続として、インディラ政権は農村貧困層救済のために、農地所有上限設定を柱とする農地改革を強権的に進めた。確かに一定の成果は上がったが、集票の要である地主層の支持を失うこととなった［Frankel 1990a：105-106］。

第二に、地主動員戦略の硬直化が極端な形で現われた。非常事態体制を施行することにより、新興勢力を党組織に取り込むのではなく、刑務所に放り込んでしまった。包摂策の正反対を行く非民主的手法は、インディラ政権に対する激しい反撥を生み出すこととなった。

最後に、農地改革の受益者となるはずの貧困層も、人口抑制策として強制した不妊手術に反撥して離反した。指定カーストと同様に会議派の支持基盤とされていたムスリムも、オールド・デリーにおけるスラム街撤去などの強制措置に反撥し、離反したとされる［Rudolph and Rudolph 1988：49］。このように、貧困追放戦略を経てほころびを見せていた地主動員戦略は、さらなる機能不全に陥り会議派は敗北した。

会議派を打倒したジャナター党は、しかしながら、直ちに権力闘争に直面す

---

25) 詳細については、中溝［2008：145-149］で検討した。

る。首相の座を巡って、会議派（O）出身のモラルジー・デサイ、農民の代表を自任するチャラン・シン（Charan Singh）、会議派政権において長年指定カーストの有力指導者であったものの選挙直前に会議派を離党したジャグジーワン・ラーム（Jagjivan Ram）が争ったが、JPの裁定によって、バラモン出身のモラルジー・デサイが首相に選出された。チャラン・シンは次席ポストである内相に就任したが、ジャナター党政権内部の権力抗争はここで終わらなかった［Frankel 1990a：106-107］。

　ジャナター党はJP運動という反会議派運動を共通の母体として生まれた党であり、反会議派の一点を除けば、イデオロギー的にも、集票戦略という観点からも異質な政党の集合体であった。集票戦略の観点から次の四つに分類できる。

　第一が、会議派（O）であり、これはすでに検討した通り昔ながらの地主動員戦略であった。第二が、カースト動員戦略を採用する社会主義勢力である。ジャナター党の中では旧バラーティヤ・ローク・ダル（BLD：Bharatiya Lok Dal, 以下BLD）勢力として一大勢力となった。第三が、同じくBLDに属していたが農民の利益を主張するチャラン・シンのグループである。チャラン・シンの言う農民とは、おおむね緑の革命の恩恵を受けた自作農を指している［Varshney 1995：102-103］。カースト的には、ほぼ上層後進カーストを中心とする後進カーストが該当し、支持基盤としては社会主義政党と重なるものの、農民の利益に重点を置くところに特徴がある。最後が、ヒンドゥー・ナショナリズムを主張するBJS勢力である。カースト・宗教・言語・地域などのアイデンティティによって「分断された」インドを、「ヒンドゥー国家」を建設することによって克服しようとする彼らの集票戦略は、宗教動員戦略と名付けることができる。詳細については第5章で検討するが、カースト・アイデンティティの争点化を「インド社会を分断するもの」として敵視するため、カースト動員戦略とは根本的に対立し、厳しい緊張関係に立つことになる。

　以上四つの相異なる集票モデルに基づく戦略を採用する政治勢力が、反会議派の一点で糾合したのがジャナター党であった。後進カーストに対する公務員職留保問題に関し、ジャナター党は選挙公約において「弱者に対する特別の取り扱い、または新しいパッケージ」の実施を謳い、「25％から33％の留保を後

進諸階級に行う」と約束したが、実際に政権を取ると留保問題はなかなか動かなかった [Jaffrelot 2003 : 309]。留保制度の実施がカースト動員戦略を採用することを意味し、社会主義勢力を除く三つの政治勢力の集票戦略と緊張関係に立つからである。とりわけ、カースト動員戦略と厳しい緊張関係に立つ宗教動員戦略を採用するBJS勢力の反撥が、ジャナター党政権の存立基盤を脅かす危険性があった。会議派（O）出身でバラモンのモラルジー・デサイ首相、バラーティヤ・ローク・ダル（BLD：Bharatiya Lok Dal）出身で後進カーストであるジャートのチャラン・シン内相が、権力闘争を戦いつつも、共に留保制度の実現に消極的だった理由はこの点に求めることができる。

このように中央政府レベルで留保問題が停滞したのとは対照的に、後進カーストが主導権を握ったビハール州では留保問題が進展した。次に検討してみよう。

ビハール州における公務員職留保制度の実施

下院選挙から3ヵ月後の1977年6月には、ビハール州を含む10州で州議会選挙が行われた。下院選挙に引き続き、ビハール州ではジャナター党が得票率42.7％、215議席を獲得して勝利した（表2-7）。州首相ポストは、かつて会議派でラージプート閥を率いたS. N. シンハと、生粋の社会主義者で後進カーストに対する公務員職留保制度の実現を訴え続けたカルプーリ・タークルによって争われた [Frankel 1990a : 107]。

形勢は、会議派（O）出身のS. N. シンハに有利だった。ジャナター党の中でラージプート閥は45名の議員を抱え、最大のカースト閥となっていたためである。これに対し、ラージプートに次いで36名の議員を抱えていたヤーダヴ閥はS. N. シンハの選出に反対し、後進カーストの象徴としてカルプーリ・タークルを一致して推挙していた [Frankel 1990a : 107-108]。

上位カースト閥と後進カースト閥が対峙する状況の中で、デリーから突然、指令が来る。旧BLD勢力と旧BJS勢力の間で取引が成立し、それぞれ3州の州首相を決めることとなった、というものだった。ビハールは旧BLD、すなわちチャラン・シンが決めることとなり、農民の利益を主張すると同時に後進カーストの代表でもあった彼は、カルプーリ・タークルを指名した。同時に

BJSの幹部もデリーからやってきて、BJS系の議員にタークルを支持するよう圧力をかけた。JPもタークルに賛成だった［Frankel 1990a：107-108］。

　こうしてカルプーリ・タークル政権が成立した。タークル政権では、B. P. マンダル内閣以来のことだが、後進カースト大臣の比率が42％となり（内、上層後進カーストは38％）、上位カーストの比率を上回った（表2-9）。会議派政権期の参加と代表の格差が、解消される方向に大きく動いたと言える。議会における多数を確保した後進カースト主導の本格政権となったものの、相矛盾する集票戦略の衝突が、留保制度の実現をめぐって激しく引き起こされることとなった［Frankel 1990a：108-109］。

　タークル政権は、就任早々、前年1976年に提出されたムンゲーリ・ラール委員会報告の実施作業に着手する。当然のことながら、上位カースト閣僚は強く反撥した。両者の対立は激しく、中央のジャナター党政権が、対立の激化によりタークル政権が崩壊すれば中央にまで波及するのではないか、と懸念するほどであった。そこでタークルは、留保問題を1年間寝かせて、上位カーストに譲歩する形で再び実現しようと試みる。カレルカール委員会は33％の留保枠を提言し、ムンゲーリ・ラール委員会は26％の留保枠を提言していたが、タークルは留保枠を25％に押さえる形で実施を発表した。それにもかかわらず、直ちに上位カーストの若者を中心とした抗議運動が起こり、役所への攻撃など運動は暴動化した。

　運動の暴力化を目の当たりにして、タークルはジャナター党国会議員団に留保問題を諮る。タークル内閣全閣僚とビハール選出国会議員が出席した会議において、タークルとジャナター党総裁チャンドラ・シェカールの間で妥協が成立した。新たな留保枠は、表3-2に示した通りである。

　後進諸階級を「その他後進諸階級」と「最後進諸階級」に分類する点はムンゲーリ・ラール委員会の勧告に従ったが、後進カーストに対する留保枠の総体を20％に押さえ込んだ。押さえ込みにより生じた余剰を「女性」と「経済的後進諸階級」に割り振り、上位カーストも対象となることを可能にした。このように、上位カーストに対する譲歩を盛り込んだ上で、タークル内閣は1978年11月10日に実施を決定した。

　決定は、再び上位カーストの若者を中心とした抗議運動を引き起こし、旧

表3-2 ビハール州政府公務員留保枠（1978年）

カースト	留保率（％）
その他後進諸階級	8
最後進諸階級	12
指定カースト	14
指定部族	10
女　性	3
経済的後進諸階級	3

（出典）　Jaffrelot [2003：316].

　BJS勢力は、表だっては留保政策に反対しなかったが、背後で学生達を煽動した［Jaffrelot 2003：316, Frankel 1990a：111］。いくら上位カーストに対する譲歩が行われたとしても、カースト動員戦略の採用に踏み切ったことに違いはなく、宗教動員モデルとは根本的な対立を生み出すことになったからである。タークル内閣は実施決定から5ヵ月後に旧BJS勢力が支持を撤回することによって崩壊するが、原因は州公務員職留保制度の実施によって具体化したイデオロギー・集票戦略の対立に求めることができる。後に残されたのは、上位カーストと後進カーストの間の厳しい対立だった[26]。

第二次後進諸階級委員会

　中央レベルでは、デサイ政権が、タークル・ビハール州政府による留保制度実施決定から約1ヵ月後の1978年12月20日に、ようやく第二次後進諸階級委員会の任命を発表した。委員長に就任したB. P. マンダルの名を取ってマンダル委員会と通称されるが、デサイ政権がカレルカール委員会報告の実施ではなく新たな委員会の任命という選択肢を取ったことは、四つの集票モデルの対立から生まれた妥協的な態度と考えられる[27]。

　マンダル委員会は、カレルカール委員会とは異なり、委員長のマンダルを含む委員の全員が後進カースト出身者から構成されていた。委員会の任務は、カレルカール委員会と同様であり、第一に「社会・教育的後進諸階級」の認定基準を作成すること、第二に「社会・教育的後進諸階級」の地位向上のためにふ

26）　Jaffrelot［2003：316-317］, Frankel［1990a：110-111］には、上位カーストの反撥にあらためて衝撃を受けた後進カースト議員の証言が記されている。
27）　Jaffrelot［2003：320-321］も、デサイ政権の消極的な姿勢の現われと解釈している。

さわしい政策を提言すること、である。とりわけ、公務員職の留保について、留保を行うことが適切か否か検討することが求められていた［『マンダル委員会報告』: Ⅳ］。

しかしながら、マンダル委員会は、ジャナター党政権に報告書を提出することができなかった。任命から半年後の1979年6月に、デサイ政権がチャラン・シンの離党により崩壊してしまったためである。チャラン・シンは、旧BJS党員の民族奉仕団（RSS）所属問題を巡る対立からジャナター党（セキュラー）を設立し、会議派の支持を得て念願の首相に就任した［中溝 2008: 171-182］。しかし、会議派が信任投票直前に支持を撤回したことにより信任投票を乗り切ることができず、1980年下院選挙が実施されることとなった［Jaffrelot 2003: 319］。マンダル委員会が報告書を提出したのは、選挙からほぼ1年経った1980年12月であった。

最初にマンダル委員会報告の内容を検討したい。マンダル委員会は、カレルカール委員会の失敗を強く意識し、カレルカール委員会が客観的な認定基準を作成できなかったと批判を受けたことを念頭に、基準作りに様々な方法を取り入れた［中溝 2008: 155-156］。その結果、1972年最高裁判決を取り入れ、第一に、カーストは後進性の認定基準となりうる、第二に、留保制度は個人ではなく集団を対象とする、最後に留保枠は50％を超過してはならないとした。この原則に基づいて、インド全人口の約52％、3,743のカースト・コミュニティーを「社会・教育的後進諸階級」と認定し、以下の政策を提言する［『マンダル委員会報告』: 62-69］。

第一に、中央政府・州政府を問わず、すべての公務員職、技術系・職業的教育機関に、「社会・教育的後進諸階級」のために27％の留保枠を設定する。第二に、「社会・教育的後進諸階級」のために、特別な教育的配慮を行う。例えば、競争試験で入学した学生と同等の学力を身につけるために、特別編成の教育システムが組まれ、職業訓練にも重点が置かれる。第三に、村落における家内制手工業を発展させるために、特別のプログラムを作成し、融資を行う。「社会・教育的後進諸階級」が実業界に進出するために、州政府は特別の財政支援体制、教育機関を設置する。第四に、「社会・教育的後進諸階級」が小規模自作農・小作人・農業労働者・家内制手工業従事者である事実に鑑み、各州

は徹底的な農地改革を実施する。最後に、「社会・教育的後進諸階級」の福祉政策について、指定カースト・指定部族に対する福祉政策と同様、中央政府が財政負担を行って特別に実施する。以上の五点が、マンダル委員会報告の提言であった。

報告書は選挙から約 1 年経過した1980年12月に提出されたが、国会で審議されたのはそれからさらに 1 年半経過した1982年 4 月30日であった。これに先立つ1982年 2 月18日には、ジャナター党（セキュラー）を改組して新たにローク・ダル（LKD：Lok Dal）を結党したチャラン・シンが、マンダル委員会報告の実施を要求して会合を開いた。しかしながら、ようやく開かれた審議は定足数をかろうじて上回る状況だった［Jaffrelot 2003：329-332］。

審議の結果、インディラ政権はマンダル委員会報告を実施しないことに決める。審議の数日後にシン内相が、「中央政府は、各州政府の委員会報告に関する見解を調査するために、委員会報告を送付する」と述べただけであった。これが会議派政権がマンダル委員会報告に対して取った行動の全てだった［Jaffrelot 2003：330］。第 5 章で検討するように、地主動員戦略の機能不全に直面していたとは言え地主動員モデルを捨てきれない会議派にとって、マンダル委員会報告を棚上げにすることは、いわば当然の選択であった。マンダル委員会報告の実施は、次の非会議派政権である国民戦線政権の誕生を待たなければならなかった。

第 8 節　社会主義政党の伸長

州公務員職留保制度の影響

これまで、社会主義政党が後進カーストに対する公務員職留保制度の実現を梃子に、カースト動員戦略に基づいて党勢を拡大する過程を検討してきた。ビハール州においては、州公務員職留保制度がようやく実現したが、このことは社会主義政党の党勢にどのような影響を与えただろうか。

最初に1980年ビハール州議会選挙結果を振り返っておこう。社会主義政党は、1980年 6 月に行われた州議会選挙においても、下院選挙に引き続きジャナター党分裂の影響を深刻に受けた。下院選挙をジャナター党（セキュラー）

として戦ったチャラン・シンは、先述のように新たにローク・ダルを結成したものの、ラージ・ナラインが離党してローク・ダル（ラージ・ナライン）を結党したことにより、更なる分裂となった。元来のジャナター党はチャンドラ・シェカール（Chandra Shekhar）率いるジャナター党、旧BJS系のインド人民党（BJP）、ジャグジーワン・ラームを党首に掲げたジャナター党（JP）の三つに分かれたことにより、結局のところ旧ジャナター党は五つに分かれて州議会選挙を戦うことになった［Frankel 1990a：114］。

選挙結果は、旧ジャナター党勢力にとって下院選挙に引き続く敗北であった。旧ジャナター党の得票率を合計すると32.9％と会議派の34.2％に迫るものの、獲得議席の合計では77議席と、会議派の169議席には遠く及ばなかった（表2-7）。完全小選挙区制の下での分裂選挙が響いたことは容易に推測できる［Frankel 1990a：113-114］。チャラン・シン政権が誕生した際に、ビハール州会議派においてヤーダヴ政治家の重鎮であったR. L. S. ヤーダヴは、「チャラン・シンの首相選出によって、後進カーストは大いに啓発された。……チャラン・シンの首相就任によって、後進諸階級は一つの階級になった」と振り返ったが［Frankel 1990a：113］、少なくとも政党政治のレベルでは「一つの階級」とは呼べないほどに分裂していた。

しかし、社会主義勢力を総体として捉えれば、州レベルで公務員職留保制度が導入された1980年選挙以降、後進カーストは社会主義政党を支持するようになったことが窺える。表3-3、3-4は、「その他後進諸階級（OBC）」人口比と社会主義政党得票率の比例関係を、下院選挙と州議会選挙の両レベルの選挙に関して示したものである。

いずれの選挙においても、1977年選挙に関しては比例関係が存在しないのに対し、カルプーリ・タークル政権下で公務員職留保制度が実施に移された後の1980年選挙以降は、比例関係が存在することがわかる[28]。「その他後進諸階級」が社会主義政党を支持する傾向にあったことを窺うことができる。

それでは、第2章で地主動員モデルの具体例として検討したムルホ村では、どのような投票行動の変化が起こっただろうか。ムルホ村は、第二次後進諸階

---

[28] 1995年州議会選挙に関してのみ、OBC比率「60％以上」の得票率が「50-59％」の得票率を下回っているが、下落は0.38ポイントに過ぎず、誤差の範囲内と考えられる。

表3-3 社会主義政党得票率とOBC人口比の比例関係（ビハール州下院選挙：1977-96年）

OBC比率	1977	1980	1984	1989	1991	1996
39％以下（13）	60.18	11.58	17.33	37.79	31.37	25.65
40-49％（13）	69.41	22.84	17.71	45.08	47.41	36.34
50-59％（26）	65.29	31.31	28.99	59.62	50.80	43.52
60％以上（2）	66.40	39.47	43.99	67.09	62.12	59.51
平均（54）	65.28	23.82	24.78	51.14	46.41	38.01

（出典）　選挙管理委員会発行の各年選挙統計とビハール州選挙管理委員会資料（State Election Commission, Patna）より筆者作成。
（注）　OBC比率の括弧内は議席数。数字は得票率（％表示）。1977年選挙はジャナター党、1980年選挙は、ジャナター党（セキュラー）、1984年選挙は、ローク・ダルとジャナター党の得票率合計を表記している。1989年選挙はジャナター党、インド共産党、インド共産党（マルクス主義）、ジャールカンド解放戦線（ソレン派）、インド人民党が選挙協力を行ったため、議席調整が成功した選挙区についてはジャナター・ダル連合として合計して計算している。1991年選挙はジャナター・ダル連合（ジャナター・ダル＋インド共産党＋インド共産党〔マルクス主義〕＋ジャールカンド解放戦線）、96年選挙は、ジャナター・ダル連合（ジャナター・ダル＋インド共産党＋インド共産党〔マルクス主義〕）の数値を示している。ビハール州選挙管理委員会資料の扱いについては、付記「１．ビハール州選挙管理委員会資料の扱いについて」を参照のこと。
（略号）　OBC:「その他後進諸階級」（Other Backward Classes）。

表3-4 社会主義政党得票率とOBC人口比の比例関係（ビハール州議会選挙：1977-95年）

OBC比率	1977	1980	1985	1990	1995
39％以下（100）	41.98	17.40	14.84	20.99	23.29
40-49％（44）	48.55	25.79	19.59	25.46	37.95
50-59％（166）	44.43	27.39	25.79	32.54	39.98
60％以上（14）	47.88	37.87	44.33	47.72	39.60
平均（324）	44.44	24.82	22.72	28.80	34.54

（出典）　選挙管理委員会発行の各年選挙統計とビハール州選挙管理委員会資料（State Election Commission, Patna）より筆者作成。
（注）　OBC比率の括弧内は議席数。数値は得票率（％表示）。得票率につき、1977年選挙はジャナター党、1980年選挙は、ジャナター党（JP）とジャナター党（セキュラー・チャラン・シン）、ジャナター党（セキュラー・ラージ・ナライン）の合計、1984年選挙は、ローク・ダルとジャナター党の合計を表記している。1990年選挙はジャナター・ダルの値、1995年選挙はジャナター・ダル連合（ジャナター・ダル＋インド共産党＋インド共産党〔マルクス主義〕＋ジャールカンド解放戦線〔マルディ派〕＋マルクス主義〔協調派〕）の得票率を表記している。
（略号）　OBC:「その他後進諸階級」（Other Backward Classes）。

級委員長であるB. P. マンダルの出身村である。公務員職留保制度の実施がどのような影響を及ぼしたか、検討してみたい。

ムルホ村の事例——人から党へ

　ムルホ村民は、第2章で検討したように、B. P. マンダルの存命中はおおむね彼を支持したと推測できる。本章で検討したように、B. P. マンダルは頻繁に党籍変更を繰り返したが、村人の彼に対する支持は変わることはなかったという。わずか47日間の短期政権とはいえ、ビハール州政治史上初の後進カースト州首相を輩出した誇りが作用していたことは十分に考えられる[29]。
　B. P. マンダルは1971年下院選挙はショシット・ダルから立候補しインディラ派の会議派候補に敗れるが、1977年下院選挙ではジャナター党候補として立候補し返り咲いた（表3-5）。デサイ・ジャナター党政権より第二次後進諸階級委員会の委員長に任命され、「その他後進諸階級」に対する留保制度の制定作業に従事するが、ジャナター党候補として出馬した1980年下院選挙では会議派候補に敗北し議席を失う。落選後、報告書をインディラ・ガンディー内閣に提出し、1982年4月13日に生涯を閉じた。享年63歳だった。
　ムルホ村民が、政党ではなくB. P. マンダルという人物を基準に投票していたことは、支持政党は変わっても地主動員戦略自体は依然として有効であったことを示している。B. P. マンダルは、いわば地主の票を丸ごと抱えて政党を渡り歩いていたと言える。しかし、代が替わると、地主動員戦略の有効性が揺らぎ始めた。
　B. P. マンダルにとって最後の選挙となった1980年選挙はマンダル家の代替わりの選挙でもあった。下院選挙に引き続く州議会選挙に三男のマニンドラ・クマール・マンダル（Mr. Manindra Kumar Mandal）が会議派候補として出馬するが、ムルホ村民はB. P. マンダルに対する愛着とは打って変わって冷淡になる。1980年州議会選挙の投票行動を検討してみよう。

---

29) ただし物質的な利益に関し、2004年から2005年にかけて筆者が観察した限りでは、ムルホ村にもたらされた具体的なインフラストラクチャーは電気のみであった。それもB. P. マンダルの生家が位置するムルホ集落と、少し離れたカタルパ集落にのみ電線が張られており、ムルホ・パンチャーヤット全体には行き渡っていなかった。電気は、B. P. マンダルが州首相に就任してから通されたとのことであった。

第8節　社会主義政党の伸長——105

表3-5　マデプラ下院選挙区選挙結果（1967-80年）

選挙年	当　選	次　点	三　位
1967	B. P. マンダル（SSP）	K. K. マンダル（INC）	H. P. シン（PSP）
	145,911（51.7）	108,485（38.5）	27,708（9.8）
1971	R. P. ヤーダヴ（INC）	B. P. マンダル（SHD）	R. N. プラサード（BJS）
	146,232（46.2）	118,323（37.4）	44,792（14.2）
1977	B. P. マンダル（BLD）	R. P. ヤーダヴ（INC）	K. シン（CPI）
	301,076（65.4）	100,359（21.8）	44,336（9.6）
1980	R. P. ヤーダヴ（INC〔U〕）	R. K. Y. ラヴィ（INC〔I〕）	B. P. マンダル（JNP）
	204,022（46.4）	146,524（33.3）	59,424（13.5）

（出典）　選挙管理委員会資料より筆者作成。
（注1）　候補者名欄の括弧内は所属政党。下段は得票数と得票率（括弧内）。
（注2）　1969年の会議派大分裂後、選挙管理委員会はインディラ派を「INC」と認定した。インディラ派会議派は1978年に再び分裂し、インディラ派はINC（I）、反インディラ派は最終的に会議派（ウルス派）（INC〔U〕）として選挙管理委員会に認定された。ウルス派は、カルナータカ州首相を1972年から1980年まで務めたデヴラージ・ウルス（Devraj Urs）を指導者とした。1980年選挙において、マデプラ下院選挙区においては、会議派（ウルス派）、会議派（インディラ派）、B. P. マンダルの三つ巴の戦いとなった。
（注3）　1977年選挙に際して、ジャナター党の結党は法的な手続きを踏まえなかったため、選挙管理委員会はジャナター党を認定しなかった。従って、ジャナター党は、公式にはバラーティヤ・ローク・ダル（BLD）として選挙戦を戦った。
（略号）　INC：インド国民会議派（Indian National Congress）、INC（U）：インド国民会議派（ウルス派）、INC（I）：インド国民会議派（インディラ派）、SSP：統一社会党（Samyukta Socialist Party）、PSP：人民社会党（Praja Socialist Party）、SHD：ショシット・ダル（Shoshit Dal）、BJS：インド大衆連盟（Bharatiya Jan Sangh）、BLD：バラーティヤ・ローク・ダル（Bharatiya Lok Dal）、CPI：インド共産党（Communist Party of India）、JNP：ジャナター党（Janata Party）。

表3-6　マデプラ州議会選挙区結果（1980年州議会選挙）

	候補者	政　党	得　票	得票率
当選	R. K. ヤーダヴ	JNP（SC）	24,102	32.3
次点	M. K. マンダル	INC	13,972	18.7
三位	K. マンダル	JNP（SR）	7,707	10.3

（出典）　選挙管理委員会資料より筆者作成。
（略号）　JNP（SC）：ジャナター党（セキュラー：チャラン・シン派）、JNP（SR）：ジャナター党（セキュラー：ラージ・ナライン派）、INC：インド国民会議派（Indian National Congress）。

表3-7 ムルホ・パンチャーヤット投票行動（1980年州議会選挙）

カースト	INC	JNP (SC)	CPM	その他	合　計
バラモン	1				1
ヤーダヴ	4	8	1	1	14
その他後進カースト	2	1			3
指定カースト	10				10
ムスリム	3				3
合　計	20	9	1	1	31

(出典) 現地調査（2004年2〜5月、2005年2月）より筆者作成。
(注1) 聞き取りを行った52名のうち、回答を得られた31名の投票行動を記している。質問は、「1980年州議会選挙において、何党を支持したか」という形で行った。候補者名についても適宜確認した。
(注2) CPMの活動家はCPMに投票したと述べたが、マデプラ州議会選挙区からCPM候補は出馬していない。
(注3) 「その他」に該当する政党はジャナター党であったが、マデプラ州議会選挙区から立候補した旧ジャナター党候補の内、JNP (SC)、JNP (SR)、JNP (JP) のいずれに投票したのかは定かではなかった。
(略号) 「その他後進」：ヤーダヴ以外の後進カースト、INC：インド国民会議派（Indian National Congress）、JNP (SC)：ジャナター党（セキュラー：チャラン・シン派）、CPM：インド共産党（マルクス主義）（Communist Party of India [Marxist]）。

　最初に州議会選挙結果であるが、社会主義者であり1977年選挙でジャナター党候補として当選した現職のラーダ・カント・ヤーダヴに敗れ、次点であった（表3-6）。
　それでは、ムルホ村民の投票行動はどのようなものだっただろうか（表3-7）。全体的には、会議派から出馬したM. K. マンダルを支持したものが64.5％を占め、ムルホ・パンチャーヤットの多数は依然としてマンダル家の候補を支持していたことが窺える。しかし、個別のカースト集団ごとに検討すると、投票行動に違いが生じてくる。
　まず、ムルホ村で最大多数を占めるヤーダヴであるが、14名中過半数を超える8名がローク・ダル（選挙管理委員会資料ではジャナター党 (SC)）を支持している。1980年選挙でM. K. マンダルを支持したヤーダヴは4名に過ぎず、これまで多数のヤーダヴがB. P. マンダルを支持した傾向とは逆転している。ヤーダヴの次に人口が多い指定カーストについては、1980年選挙ではみな会議派、すなわちM. K. マンダルを支持した。ただし、第7章で検討するようにM. K. マンダル個人の評判はいいとは言い難く[30]、2005年2月州議会選挙では、彼を避けて無所属のA. K. マンダルへの支持を表明した者が多かったこ

とから判断すると、M. K. マンダルを支持していたというよりは会議派という政党を支持していたと推測できる。

バラモン、ムスリムも会議派に投じているが、同様にM. K. マンダル個人の評判は良くない。彼らについても、M. K. マンダル個人に投じたというよりは、会議派という政党を支持したと解釈した方が適切であろう。ただし、指定カーストにせよ、バラモン、ムスリムにせよ、会議派候補のM. K. マンダルに投じたことは事実であるので、人か党かという問題はヤーダヴ・カーストの場合ほど明確には区別できない。

B. P. マンダルと比較して、M. K. マンダルに対する不支持がとりわけヤーダヴ・カーストの投票行動で増えたことは、「どの政党に所属しようがB. P. マンダルを支持した」というかつての投票行動と異なっている。なぜこのような変化が起こり、そして可能になったのだろうか。これまで検討してきたように、村の有力カーストであるヤーダヴは、社会主義政党・農民政党の流れを汲むローク・ダルを支持した者が多かった。それでは、なぜヤーダヴの多くはマンダル家の意向を無視し、ローク・ダルに票を投じたのか。M. K. マンダルを支持しなかったからと言って、ローク・ダルを必ずしも支持する必要はないからである。

B. P. マンダルの死後はローク・ダルを支持したと証言し、1980年州議会選挙もM. K. マンダルが会議派から立候補した故に支持しなかったと述べたムルホ村元村長は、「なぜ会議派に反対したのか」という問いに対し、次のように回答した。「会議派は上位カーストの党であり、後進カーストを官職で差別していた。上位カーストは特権的な地位を確保して、後進カーストは正当な分け前に与ることができなかった。自分は留保制度を支持しており、それゆえ1989年にはジャナター・ダルに入党した」[31]。他のヤーダヴも会議派を支持しなかった理由として、上位カースト支配、バラモン主義を挙げ、ローク・ダルはこれらに反対していたからこそ支持したと述べた[32]。

---

30) 1990年選挙において、指定カーストの1名は会議派支持者であるにもかかわらず、M. K. マンダルには入れたくないのでジャナター・ダルに投票したと述べた。M. K. マンダルの不人気ぶりを窺うことができる。詳細については、中溝 [2008：165] 参照のこと。
31) 前述ムルホ村元村長ラージ・キショール・ヤーダヴ氏に対するインタビュー（2004年5月14日）。

ここで注目すべきは、投票行動の基準が人から党に変化していることである。仮に会議派が、ヤーダヴによって「後進カーストにも公平な党である」と認識されていれば、いくら候補者の人格に問題があっても、会議派に投票した可能性は存在する。この点は、同じ村に住む指定カーストの例からも推測できる。しかし、現実は異なった。会議派は、「後進カーストを差別する党」であった。本章で検討したように、会議派政権において後進カーストは冷遇され、後進カーストに対する公務員職留保制度も棚上げにされたままだった。会議派に代わって留保制度を実施した政党はジャナター党であり、ジャナター党分裂後は、実施の正統性をローク・ダルが引き継いだ。ヤーダヴがローク・ダルを、後進カーストに対し正当な分け前を要求する後進カーストの党とみなす理由は十分に存在した。

　もっとも、社会主義政党がいくら後進カーストの利益を主張したとしても、マンダル家の社会・経済的影響力が強ければ、社会主義政党に投じることは容易ではない。すでに検討したように、マンダル家は大地主である。極端な事例と言えるが、そのムルホ村でさえ、投票行動の基準は、人から党へと次第に変化していった。何がそのような変化を可能にしたのだろうか。

---

32) ヤーダヴ地主（匿名希望）に対するインタビュー（2008年4月30日、同年5月8日）。別のヤーダヴ教師は、「会議派は後進カーストのことを顧みなかったため、社会主義者を支持した」と述べた（2004年4月10日インタビュー）。

第4章　豊かになる後進カースト

　社会主義政党・農民政党の成長は、独立後30年にしてついに会議派を中央政権の座から追い落とした。1980年に会議派は政権に復帰するものの、大票田である後進カーストの離反は、会議派にとって脅威となった。この脅威認識こそが、1980年代後半以降の宗教アイデンティティの争点化に結びつき、宗教暴動の激化に帰結することとなる。それでは、会議派からの後進カーストの離反は、なぜ可能になったのか。

　後進カースト農民が社会主義政党、農民政党にいくら魅力を感じたとしても、上位カースト地主の社会・経済的影響力が強ければ、これらの政党を容易には支持することはできない。それが可能になるのは、地主動員モデルが機能不全に陥る、すなわち上位カースト地主の社会・経済的影響力が弱体化した場合である。上位カースト地主の権力を支える二つの柱の一つである経済的影響力が相対的に弱体化すれば、権力基盤そのものに打撃を与える可能性があり、そうであれば、カースト動員戦略が機能する好条件が生まれることになる。ビハール州で起こったのは、この変化であった。後進カースト農民、そして指定カースト農業労働者の経済力の上昇は、上位カースト地主の経済力を相対的に低下させ、社会主義政党・農民政党への支持を可能にする条件を作り出した。

　長年インドの最貧州に位置してきたビハールは、灌漑設備等のインフラストラクチャーの未整備に加え、州政府による優良種子の開発・普及努力の不足から緑の革命の恩恵を受けられずにいた。それでも、遅ればせながら1970年代以降、限定的ではあったが緑の革命の効果が次第に現われ始め、穀物生産量も上昇していった。緑の革命が提供した機会を最も積極的に活用したのは上層後進カーストであり、余剰収入を上位カーストからの農地購入にあて、緑の革命を推進した。指定カーストも出稼ぎや農業労働賃金の上昇に伴う収入増により

経済状況を改善していった。これら経済的変化により、農村社会の伝統的な社会・経済的階層構造は徐々に弛緩し、地主動員モデルも次第に機能不全に陥るようになっていった。

　本章においては、社会主義政党・農民政党の台頭を生み出した経済的要因について、農業政策の展開を踏まえつつ分析する。これにより宗教暴動に至る会議派の脅威認識が生まれた経済的背景を明らかにすることができるだろう。

第 1 節　農業政策の失敗

ネルー会議派中央政府の農業政策

　独立インドの農業政策をめぐっては、左派と右派の厳しい対立が当初存在した。ネルー首相が代表する左派は、農業生産性を増大し、かつ農村社会における極端な格差を是正するためには、農地改革こそ必要であると主張した。すなわち、インドの農業生産が停滞したのは、ザミンダーリー制などの中間介在者制度が寄生地主制として展開したために、農業が投資の対象ではなく搾取の対象となってしまったことが主要な原因である。生産性を向上させるためには、搾取を生み出す構造を改革する必要があり、具体的にはザミンダーリー制の廃止はもちろんのこと、農地所有に上限を設定し実際の耕作者に農地を分配することが重要である。そうすれば格差が是正されると同時に、新たに生み出された膨大な自作農は労働意欲を刺激され、創意工夫を発揮して生産性の向上に励むことになるはずである。彼らの努力を効率よく生産性の上昇に転化するためには、経済規模に見合わない小規模農地を統合する必要があるが、そのためには中国の人民公社に倣って農村共同体を作り、共同体開発プログラム (Community Develoment Program) を策定すればよい、と考えた［Frankel 2005：94-106］。左派の農業政策は、制度改革によって増産を目指したことから、制度アプローチと名付けたい。

　これに対しパテール内務大臣 (Vallabhbhai Jhaverbhai Patel) が代表する右派は、農業技術の近代化こそが増産に結びつくと主張した。すなわち、近代的な農業にとって必要な条件は、安定した水の供給と高収量を可能にする種子、化学肥料の供給であり、政府は限られた資源をこれらの条件を満たすために用い

るべきである。そのために、灌漑設備や電力開発などインフラストラクチャーを整備して安定的な水利を実現し、化学肥料を安価で提供するために化学肥料工場を新設する。増産を可能にする技術的なインフラを整えた上で穀物の買い取り価格を高く設定し、増産が利益を生む仕組みを構築する。そうすれば、生産意欲を刺激された農家は増産に励み、自ずから食糧自給は達成されるであろう。左派が主張するように農地改革によって農地所有に上限を設定することは、かえって非効率を生む結果となり、増産という観点からは望ましくない［Frankel 2005：86-88］。右派の農業政策は、農業技術の近代化を最も重視したことから、近代化アプローチと名付けたい。このように、農業政策を巡って、全く異なるアプローチが対峙することとなった。

　左派と右派の対立自体は、第3章で検討したように独立以前から存在した。左派を主導したのが会議派社会党であり、独立後、会議派から追放されたことによって社会主義政党が結成された経緯について説明したとおりである。独立以前のイデオロギー対立は、独立運動の進め方と密接に関わっていたが、独立後は経済政策を巡って戦われる。ガンディー暗殺後の会議派は、左派を代表するネルー首相と、右派を代表するパテール内務大臣の両頭体制として特徴づけることができ、経済政策を巡って両者は厳しく対立した。

　ガンディーと同じくグジャラート州の出身であるパテールは、会議派組織の構築を主導した実力者であった。第2章で検討したように、会議派は土地の有力者、すなわち地主によって支えられており、パテールは地主の利益を代弁していた[1]。近代化アプローチはまさに地主の利益と合致しており、会議派党内でも右派の方が優勢であった。独立インド最初の第一次五カ年計画（1951-56年）草案では右派の農業政策が採用され、1950年9月に行われた党総裁選挙では、右派のタンドン（Purshottamdas Tandon）が左派のクリパラニ（J. B. Kripalani）を敗って勝利し、会議派執行委員会は右派で固められた［Frankel 2005：86-89］。

---

1)　独立運動当時、ビハール州において農民運動を展開していたスワーミー・サハジャーナンド・サラスワティーとパテールは鋭く対立する。急進化するサハジャーナンドをパテールは、「階級間の憎しみを唱道するものは、国の敵だ」と厳しく非難した。［Frankel 1990a：79］。サハジャーナンドもパテールのことを自伝において批判している［サラスワティー 2002：102-119］。

表4-1　五カ年計画予算配分（第一次―第三次）

	第一次（1951-55年度）		第二次（1956-60年度）		第三次（1961-65年度）	
	金額（crores）	比率（%）	金額	比率	金額	比率
農業関連	357	15.1	568	11.8	1,025	14.1
灌漑・電力	661	28.1	913	19.0	1,575	21.8
鉱工業	179	7.6	890	18.5	1,750	24.1
運輸・通信	557	23.6	1,385	28.9	1,450	20.0
社会資本	533	22.6	945	19.7	1,250	17.2
その他	69	3.0	99	2.1	200	2.8
合計	2,356	100	4,800	100	7,250	100

（出典）　Frankel［2005：132, Table 4-1, 188, Table 5-2］．
（注）　金額はクロール（crores）＝1千万ルピー単位。比率は総予算に占める割合。第三次計画については、草案概要（Draft Outline）の数値を採用した。第三次計画の「農業関連」項目には小規模灌漑が含まれており、関連して「灌漑・電力」には大規模灌漑しか含まれておらず、正確には第一次・第二次計画とは対応していないことに留意する必要がある。

　しかし、右派の権勢は、パテールの死去により大きな打撃を受けることになる。1950年12月15日にパテールが死去すると、ネルーは翌1951年8月に自ら執行委員会の職を辞し、タンドン総裁に辞任を迫った。ネルー・タンドン対決として知られる左派と右派の対決はネルーの勝利に終わり、自ら党総裁に就任したネルーは左派の経済政策を全面的に採用することになった［Frankel 2005：89-90］。

　重工業を重視したネルーの経済政策において、農業は予算措置で軽視された。これはネルーの経済政策が、統計学者マハラノビスが提唱した二部門成長モデルに基づいていたためである。二部門成長モデルとは、「閉鎖体系という条件のもとで工業部門を生産財生産部門と消費財生産部門の二部門に分割し、前者への投資配分を大きくすればするほど、長期的には経済成長率が高まることを示したモデル」である［絵所 1994：108］。そのため、限られた予算を重工業部門に割り振ることとなり、農業部門には十分な予算を割り振ることができなかった［Frankel 2005：118, Varshney 1995：40-41］。農地改革が強調された背景には、格差の是正による社会正義の実現もさることながら、予算の厳しい制約という事情も反映していた。ネルーの経済政策が本格的に導入された第二次五カ年計画の予算配分でこの点を確認することができる（表4-1）。

　ネルーが十分に準備を行えなかった第一次五カ年計画と比較して、最も予算

配分比率が上昇したのが鉱工業であり、7.6％から18.5％と約2.5倍の伸びを示している。逆に比率を落としたのが、農業、灌漑・電力、社会資本の各分野であった。農業やインフラに予算を配分するよりは、重工業部門に公共投資を集中させるというネルーの経済政策が十分に反映された結果となった。基本政策は第三次五カ年計画でも踏襲され、鉱工業部門の比率はさらに上昇して24.1％となっている。農業関連部門も14.1％に増加したが、表の注に記したように、小規模灌漑が含まれているため農業関連部門の比率は実際の数値よりは減少することになる。

　このように十分な予算を使えなかったからといって、インド経済において農業部門の重要性が低かったわけでは決してない。限られた予算のなかで計画経済を成功させるためには、インフレーションを抑制して物価水準を低く抑え、希少な外貨を工業部門以外に極力使用しないことが重要であった［Frankel 2005：118］。物価を安定させ、外貨を節約するために、食糧増産は至上命題とされたのである。このように計画経済成功の鍵を握るとされながら十分な予算を計上できなかった点が、ネルー経済体制の矛盾であり弱点であった。現実に、その後の展開において農業生産と国際収支の見通しの甘さが、ネルーの経済政策を危機に陥れることになる［絵所 2008：29-30］。制度アプローチが実際にどのように展開していったのか、ビハール州の事例から解き明かしてみたい。

ビハール州における制度アプローチ

　農業は憲法により州政府の管轄とされたため、制度アプローチが現実に展開されたのは州レベルであった。制度アプローチの要である農地改革立法は、大別して次の三つに分類することができる。第一が、イギリス植民地支配の残滓を清算する立法で、ザミンダーリー制廃止法がこれに該当する。第二が、小作人の権利を保障し生活の安定を図る立法で、小作保護法である。第三が、制度的アプローチの要となる農地所有上限設定法と農地統合法である。上限を設定することによって生じた余剰地を、土地なし小作人・農業労働者に分配し、労働意欲を刺激する狙いを持っていた。さらに小区画に分かれた農地を統合し、生産効率性を上昇させることを意図していた。それぞれについて検討してみよう。

（1） ザミンダーリー制廃止法

　ザミンダーリー制は、1793年にコーンウォリス総督がベンガル・ビハール・オリッサ地域に導入した制度である[2]。制度の要点は、土地保有者であるザミンダールに土地所有権を与える代わりに、永代定額の地租納入義務を負わせる点にあった。条例によれば新制度導入の目的は、何よりも農業生産の増大であり、それを可能にするための地所改良の条件を整えることであった。すなわち、地租を永代定額にすれば地租を超える収入はすべてザミンダールの取り分になるので、収入を増やすためにザミンダールは土地に投資を行うであろう。そうすれば、生産性も自ずから上昇するはずである、という考え方である。ザミンダーリー制は、イギリス流のジェントルマン・ファーマーを創出しようとしたと語られる由縁である。こうした公式的立場とは別に、当時の植民地政府の主要な目的として、確実に地租を徴収する制度を構築する狙いがあったことも明らかである［中里 1989：1-2］。

　ザミンダーリー制の特徴は、ザミンダールが保有する地所に、すべての権利の上位に立つ所有権を一括して与えたという点にあった。そのため、ザミンダーリー制施行以前に存在した慣習的権利もすべてザミンダールの所有権に従属するようになり、ザミンダールはこれまでにない強い法的権利を手に入れた。同時に、定額の地租を滞納した場合には地所を公売にかける措置が執られたため、ザミンダールは地所の経営に細心の注意を払うようになる。当初は地租の額は極めて高額に設定されたため、なかには地所の一部分を貸し出して礼金を徴収し、これを地租の支払いに充てるザミンダールも出現した。結果的にザミンダールの下に何層にも及ぶ土地の保有権が設定され、さらに直接の耕作者である農民（ライヤット）にも保有権が認められたことから、ザミンダーリー制のもとでは非常に複雑な農地の権利関係が重層的に存在することになった［中里 1989：7-13］。それぞれの保有権者は寄生地主となり、地所に投資を行うよりは地代の徴収に関心を注いだため、搾取が構造化されることとなった。

　このように、ザミンダーリー制の展開は、植民地政府の思惑通りには進ま

---

[2] ザミンダーリー制の法制度については、中里［1989］が優れた概観を提示している。なお、具体的な展開について、中里［1987］も参照のこと。

かった。ザミンダーリー制を貫いていた目的は植民地政府による地租収入の確保であり、従ってザミンダール以下、各種の土地保有権者の関心は、地代の徴収に注がれた。搾取の構造は農業生産性の増大には結びつかず、それ故にザミンダーリー制は農業生産性停滞の元凶であるとされ、過酷な収奪の廃絶が独立以前の農民組合運動の焦点となった［小嶋 2008：130、サラスワティー 2002］。そのため独立後早々にザミンダーリー制廃止が法制化される動きとなった。

　独立インドで最初にザミンダーリー制廃止を法案として議会で成立させたのは、ビハール州である［Jannuzi 1974：8-13］。1947年に可決された法案は、憲法がまだ制定されていなかったため、1935年インド統治法の規定に従い州知事の裁可を仰いだ。州知事からの修正要求を受け入れて改訂された法案は、1949年6月6日に州知事の裁可を得て、1948年ビハール州ザミンダーリー制廃止法として公布された。

　権利を奪われるザミンダールは、次の二つの方法で熾烈な抵抗を試みた。第一が法廷闘争であり、矢継ぎ早に違憲訴訟を提起した。ザミンダールの訴訟提起に中央政府は憲法改正で応じ、最終的に最高裁が1948年法より包括的な1950年ビハール州農地改革法に合憲判決を出したのは1952年であった。最初にザミンダーリー制廃止法が提案されてから5年が経過していた。

　第二が、法案の操作である。ザミンダールの利益を守る上で最も効果的だったのが宅地条項と直営地条項であり、これらによりザミンダーリー制は廃止されたものの、ザミンダールはライヤットとしての農地所有は認められ、さらに実際に農耕作業に従事する必要はないと法的に認められた［Jannuzi 1974：29-33］。ザミンダールは、ザミンダーリー制廃止以前と実質的には変化のない形で農業経営を継続できることになり、実際に本書で取り上げるマンダル家もザミンダーリー制廃止で大きな打撃を受けた様子は見られず、ジャヌージも、600エーカー所有していたザミンダールが100エーカーしか失わなかった事例を紹介している［Jannuzi 1974：51-54］。

　とはいえ、ビハール州全体でザミンダールを含む中間介在者は47万4,000人存在し、皆がマンダル家のような大土地所有者ではなかった。ザミンダーリー制の廃止は地租の上昇を意味し、さらに州政府の不十分な保障措置が追い打ちをかけた[3]。ザミンダールという称号を失ったことによる社会的地位低下に悩

み、かつての生活水準を維持するために貯金を切り崩して暮らす元ザミンダールも多く存在したとジャヌージは報告している [Jannuzi 1974：38-44]。

より深刻だったのは、保有権を所持していなかった農民達である。直営地所有を認められた元ザミンダールは、借地人や小作人が保有権を取得することのないよう、所有農地から追い出し始めた。これは同一農地を12年間以上継続して耕作した場合、借地人・小作人に保有権が発生するという1885年ビハール小作法の規程を念頭に置いた動きである。保有権不所持借地人・小作人は、追い出しに伴ってザミンダーリー制廃止以前より不安定な地位に置かれることになった。ザミンダーリー制の廃止に当初は期待していた保有権不所持借地人・小作人も、追い出しの進展につれて次第に不安を覚えるようになっていった。ジャヌージが行った5ヵ村のフィールド・ワークからも、ザミンダーリー制廃止の恩恵を受けたと考えているのは、多くが保有権を持っていた借地人であったことがわかる [Jannuzi 1974：32-33, 45-49, 51-67]。状況を改善するためにビハール州政府がどのような対策を取ったか、次に小作法改革を検討しよう。

（2） 小作保護法

ザミンダーリー制廃止に伴う小作人の追い出しは、看過できない問題であった。後進カースト農民の多くは小作人であり、数の多い後進カースト小作人を社会主義政党に奪われることは、会議派支配の崩壊につながりかねないからである。ビハール州における一連の農地改革立法を主導したK. B. サヘイ租税大臣（1963年より州首相）は、1954年12月にビハール州小作法改正案を提出し、小作のさらなる保護を目指した [Thakur 1989：67-76]。

主な改正は、次の三点からなっていた。第一に、刈分小作の小作料を、現行の二十分の九より二十分の五に引き下げる[4]。第二に、現物小作料の上限を二十分の七に設定する。最後に、1953年2月1日以降違法に追い立てられた小

---

3) ビハール州政府が徴収した地租は、1952-53年の1,156万5,807ルピーから、1955-56年には3,541万4,331ルピーと約3倍に増加した。ザミンダーリー制廃止の効果は明らかであろう [Jannuzi 1974：23, Table 2]。ザミンダールに対する補償措置は、1954年ビハール州農地改革法修正法により定められたが、法施行より12年経過した1966年の時点で、何らかの補償を受け取った者は約65％に該当する30万8,000人にとどまった [Jannuzi 1974：36]。

作人を、県長官の権限で元々働いていた農地に復帰させることを可能にし、小作人の地位保全手続きを容易にする、という内容であった。

小作法改正は、地主の反撥を招き、当の会議派内部からも反対を招いたが、1年後の1955年12月に1955年ビハール州小作法第二修正法として成立する。後に検討する1961年農地改革法においても、農地所有上限設定を超えた余剰地を耕作する小作人には保有権が与えられることになり、さらなる小作人の法的保護が図られた［Thakur 1989：76-78］。

ただし、このように小作法が改正されたにもかかわらず、結果として小作人の地位が改善されることはなかった。違法な追い立てを阻止するために県長官に権限は付与されたものの、それでも小作人の地位を証明しなければならないことに変わりはなかったため、口頭契約がほとんどを占める実態では制度は機能しなかった。1964年には、ビハール州政府は、小作人であることを証明するために刈分小作人登録作業を開始したが、追い出しが始まり農村が混乱しているという報告を受け、登録作業をすぐに中止した［Thakur 1989：78-79］。後進カースト小作人の状況は改善されなかった。

（3）　農地所有上限設定法・農地統合法

小作法改正と同時期に進められたのが、農地所有上限設定法である。ザミンダーリー制を廃止するだけでは大土地所有制に大きな変化は起こらず、農村における格差は依然として大きなままであった。前述のように左派は、実際の耕作者のインセンティヴを高め生産性を向上させるためには大土地所有制を解体し、土地なし農民を自作農に転換させることが必要だと考えた[5]。そのための立法が農地所有上限設定法であり、制度的アプローチの要となる政策であった。

農地所有上限設定法は、一連の農地改革立法のなかで最も激しい抵抗を受けた。最初に法案として提出されたのは、1955年である。1955年ビハール農地

---

4) 刈分小作（share cropping）とは、小作料を定額ではなく、契約で定めた比率に応じて現物で支払う小作契約の形態を指す。従って小作料は、豊作の時は多く、不作の時は少なくなる。ビハール州のように農業生産が天候に左右される度合いの高い州においてはリスクを軽減する効果があり、ビハール州では長年にわたって行われてきた。本書の調査対象地であるムルホ村では現在でも刈分小作が行われている。

5) サヘイ租税大臣は、1955年に農地所有上限設定法案を提出した際、趣旨説明において生産性を向上させるための法案であると述べている。Jannuzi［1974：72］を参照のこと。

（上限設定と管理）法案は、農地所有の単位を個人ではなく家族とし、300エーカーを上限として設定したことに特徴があった。300エーカーを超えても「よい管理」を行えば所有が認められるという抜け道が用意されたにもかかわらず、会議派内部からも強い反撥を招き、法案を提出したK. B. サヘイ租税大臣は1957年州議会選挙で落選してしまう。それでも、ネルー中央政府からの強い圧力を受けて立法したのが、1961年法であった[6]。

　1961年ビハール農地改革（上限設定と余剰地収容）法は、1955年法案よりも大幅に地主の利益に配慮した法律であった。要点は、次の三点にまとめることができる。第一に、農地所有の単位を家族ではなく個人に設定した。農地の種類は5段階に区分され、それぞれの等級に上限が設定されたが、家族が大人数であればあるほど、多くの農地を所有することができた。第二に、法施行後1年間に限り、農地の自由な譲渡が認められた。これにより、余剰地（上限を超える農地）を所有する個人は、余剰地を自分の望む人物に譲渡することができた。最後に、上限設定の範囲内で、「個人的な耕作」のために農地を小作人より取り戻すことが認められた。

　地主に有利な抜け穴の多い法律に、効果を期待するのは難しい。地主は、資産を守るために、酷い場合には家畜を人間として登録して農地を譲渡した。これらの農地は、偽装（Benami）地として知られることになる。さらに、「個人的耕作」のための取り戻しは、以前にも増して多くの追い出しを生むことになった。追い出された小作人の多くは、農業労働者として同じ農地で耕作に従事することになり、小作人の地位はますます不安定なものとなった。

　制度的アプローチの残された改革である農地統合法も、同時期の1956年に、1956年ビハール州農地統合および細分化予防法として制定された。しかし、土地台帳の改訂の遅れなどから、実施にほとんど関心が払われることなく、法律は形骸化した［Jannuzi 1974：86-92］。

---

[6] Jannuzi［1974：72-85］参照。1957年選挙は、全国レベルでも左翼政党、とりわけインド共産党が議席を伸ばした選挙であったことから、会議派左派は危機感を強める。農地改革の不徹底から、会議派は小作や土地なし農民、とりわけ指定カーストの支持を失いつつあると認識し、1959年1月に開催された会議派執行委員会では農地所有上限設定法の制定を1959年末までに終えるという決議を採択した［Frankel 2005：156-163］。

このように、ビハール州における制度的アプローチは、失敗に終わった。ザミンダーリー制はたしかに廃止され、搾取が重なり合う構造は改善された。しかし、大土地所有制度そのものは温存され、宅地条項や直営地条項が新設されたことにより、保有権を持っていない農民の地位はかえって不安定になった。この状態を改善するために小作法が改正されたが、農村の実態に即した改革ではなかったために効果を上げることができず、さらに農地所有上限設定法の「個人的耕作」条項により追い出しはますます拡大していった。かつての小作人が農業労働者に転落する状況も広がっていった。

　このような状況は、ビハール州に限らず、他州でも共通して見られた現象であった [Frankel 2005：190-195]。ザミンダーリー制が施行されていた他州においても、1954年までにはザミンダーリー制は廃止されたものの、抜け道が用意されていた点では変わらなかった。農地所有上限設定法も1961年までには制定されたが、地主は所有地の分割や譲渡などで対抗した。1961年には、計画委員会が「農地所有上限設定法は、農地再分配を可能にする余剰地を生み出さなかったようだ」と報告している [Frankel 2005：193]。小作法の改正も、小作人に法が保障した便益を与えるどころか、かつて認められていた慣習的権利を奪う結果となった。特に、多くの小作法が規定した小作人による小作地の「自発的な引き渡し」条項は、地主によって悪用され、小作人の追い出しが大規模に見られるようになった。計画委員会は、「『自発的な引き渡し』を厳しく規制しなければ、小作権保護条項を効果的に実施できなくなってしまう」と懸念を示している [Frankel 2005：194]。

　耕作者に農地を与えて生産性を向上させることを目的とした制度アプローチは、意図に反して土地なし農民の地位を不安定化する結果に終わったと言ってよい。ビハール州に限らず、全国的に農村における地主と土地なし農民の格差は拡大したと指摘できる。この変化が、農業生産性にどのように反映されたか、次に検討したい。

破綻した農業政策
（１）　計画経済の破綻
　制度アプローチの失敗は、農業生産にどのような影響を及ぼしただろうか。

図4-1 穀物生産量・輸入量（1951-80年度）

（出典）絵所［2008：34, 表2-1］より筆者作成。
（注）インドにおいて農業年度は、前年の7月から開始される。従って、1951年度の数値は、1950年7月から1951年6月にかけて生産された純生産量を示している。純生産量（Net production）とは、総生産量（Gross production）の87.5％の値である。12.5％は種子や食害、廃棄物として計上している。Government of India［2004：S-21］と照合した結果、1967年度・1968年度の穀物純生産量に修正を施した。

　独立後の穀物純生産量、穀物純輸入量を示したものが図4-1である。
　制度アプローチが支配的であった1966年度までに注目したい。穀物純生産量の平均は5,410万トンであり、前年比増加率は2.5％である。生産性が増大していることは確かであるが、同年期の平均人口増加率が2.1％であることを考慮すると[7]、ほぼ相殺されると考えてよいだろう。計画経済全体の観点から重要なのは、自給を達成することができず、食糧不足が慢性化したことである。この点は、穀物の純輸入が途切れることがなかったことからも確認することができる。
　穀物の不足は、インフレーションと結びついた。次の図4-2は、同時期の卸売物価指数とインフレ率の推移を示したものである。
　第二次五カ年計画が開始された1956年度（1956年4月-1957年3月）に、独立後初めて10％を超える14％のインフレを記録していることがわかる。これは1956年度（農業年度：1955年7月-1956年6月）の穀物生産量が減少したこ

---

[7] 人口増加率については、Government of India［2004：S-21］より計算を行った。

図4-2 卸売物価指数とインフレ率の推移（1950-66年度）

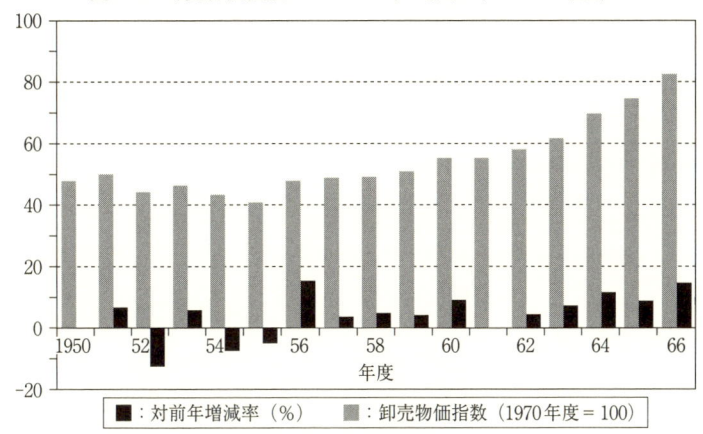

■：対前年増減率（％）　■：卸売物価指数（1970年度＝100）

（出典）　絵所［2008：29, 表1-3, 46, 表2-3］より筆者作成。
（注）　インドの会計年度は、4月1日より翌年3月31日までである。

図4-3 外貨準備高の推移（1950-66年度）

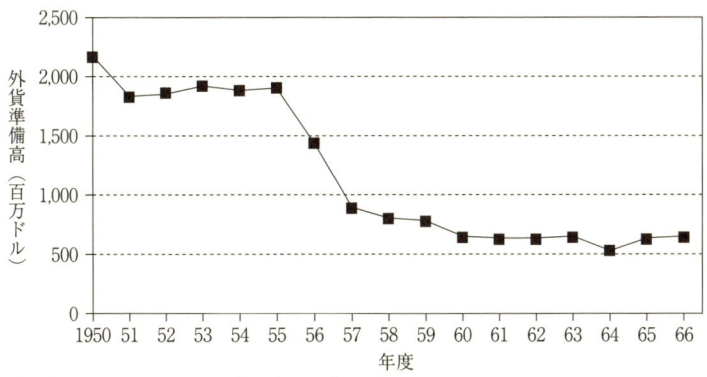

（出典）　Government of India［2004］より筆者作成。

とが一つの要因となり、ネルー政権は穀物不足によるインフレを抑制するために1957年に前年の2.6倍となる360万トンの穀物を輸入せざるを得なかった[8]。さらに天候不順が追い打ちをかける。1957年夏に十分な降雨量を得られなかったため、1958年の生産量はさらに落ち込み、インフレを抑制するために300

8）穀物生産量とインフレ、穀物輸入量の関係については、Frankel［2005：142-143］参照のこと。ただし、数値については、本文中のグラフに基づいて表記した。

第1節　農業政策の失敗——123

万トンを超える穀物輸入を余儀なくされる。その結果、1956年度以降、外貨準備高は大幅に減少を始めた（図4-3）。このように農業生産の不振は第二次五カ年計画全体を圧迫し、1958年には計画支出の削減を余儀なくされてしまった［絵所 2008：31］。

　ネルー経済体制の雛形である第二次五カ年計画が、農業が一因となって開始早々に行き詰まってしまったことは、その後の展開を示唆している。農業政策の展開に決定的な影響を与えたのは、1965年、66年と連続した大干魃であった。1966年度（農業年度）の穀物生産量は5,460万トンと前年より18.9％下落し、1959年度以来最低となった。これを受けてインフレーション率も、1966年度には13.9％と1956年度に迫る独立以来最悪レベルの数値を記録する。インフレ率の上昇には、1962年印中国境紛争、1965年第二次印パ戦争に伴う軍事費の増大、同じく第二次印パ戦争開始に伴うアメリカの援助停止など、農業生産以外の要因も存在したが、ビハール州において飢饉状態が報告されたような深刻な食糧不足が大きな要因となったことは疑いがない［Brass 1986：255-256］。穀物輸入も、1966年度には1,000万トンの大台を突破せざるを得なかった。

　首相就任後初めての選挙を翌1967年に控えていたインディラ・ガンディーにとって、経済危機を脱出するためには、アメリカ、世界銀行の勧告を受け入れるより他はなかった。インディラ・ガンディーは、1966年6月6日にルピーの切り下げを断行し、一連の経済自由化措置、すなわち製造ライセンス品目の規制緩和、輸出補助金の削減、輸入関税の引き下げを行う［絵所 2008：35-36］。第一次経済自由化政策の採用であるが、国内における批判の高まりから、第四次五カ年計画の決定を先送りし、年次計画でしのがざるを得なかった［Frankel 2005：306-307］。1966年度から68年度まで3年間続いた年次計画は、ネルー経済体制の破綻を意味し、そして1967年州議会選挙における会議派の敗北は、ネルーが構築した会議派システムの終焉を招いた。政治経済危機を克服するために、インディラ会議派政権は、緑の革命、すなわち近代化アプローチをなし崩し的に採用していくことになるが、政策の転換を説明する前にビハール州の農業経済を検討しておきたい。

（2） ビハール州における農業経済

1960年代後半の食糧危機において、ビハールは中心地の一つであった [Frankel 2005：314]。1966年の干魃は、「記憶されているなかで最悪の干魃」であると州政府文書に記され、1967年4月から11月にかけては飢饉が宣言された [Brass 1986：246-247]。コメ、トウモロコシに関するビハール州の生産量が、1952年から1965年までの平均値でインド第2位であったことを考慮すれば [Sinha and Singh 1969：818, Table 2]、ビハール州における食糧危機は、ひとえにビハール州だけの問題ではなく、インドにとって独立20年間の成果が厳しく問われる試練であったと言える [Dyson and Maharatna 1992：1325]。農業生産の推移について、主要穀物であるコメついて検討してみよう。

図4-4は1950年から1998年までのコメの生産量、単位面積あたり収穫量、作付面積を示したデータである。

1950年代から1960年代までに着目すると、年によってかなりの変動が起こっていることが確認できる。特に1966/67年期の落ち込みは酷く、生産量は1965/66年期の426万2,000トンから164万5,000トンと4割弱にまで落ち込んでいる。ビハール農業が天候に大きく左右される脆弱性を抱えていたことは明らかだろう。

ただし干魃が襲っても、灌漑設備が整備されていれば被害はより小さく食い止めることができるはずである。ビハール州における灌漑設備の整備状況について示したデータが次頁の表4-2である。

ビハール州耕作面積の49.2％を占めるコメから検討しよう[9]。1952/53年期から1964/65年期の13年間で4.1ポイントしか増加しておらず、ほとんど変化のないことがわかる。トウモロコシも同様に変化がないが、小麦については14.2％から24.5％と1.7倍に増え、顕著な伸びを示している。しかし、小麦の作付け面積は、全体の6.3％と小さいため、全体の趨勢には大きな影響を与えていない。穀物の総作付面積に占める灌漑地の比率は、17.5％から21％へとわずか3.5ポイントしか上昇しておらず、独立後、灌漑設備の整備がほとんど行われていなかったことを示している。灌漑設備の未整備が、大干魃の影響を

---

9) 総作付面積に占める各作物の耕作面積比は、Sinha and Singh [1969：818, Table 2] を参照した。

図4-4 ビハール州におけるコメの生産量・単収・作付面積（1950-98年）

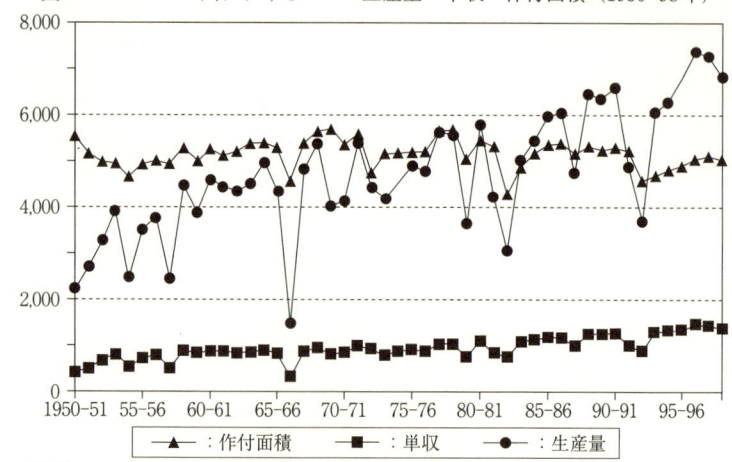

（出典）Indiastatデータより筆者作成。
（注）生産量の単位は千トン、単収の単位はkg/ha、作付面積の単位は千ヘクタールである。

表4-2 ビハール州における灌漑設備の整備状況（1952-65年）

	総作付面積における灌漑地の比率（％）		灌漑地全体に占める比率（％）	
	1952/53-54/55	1962/63-64/65	1952/53-54/55	1962/63-64/65
コメ	29.5	33.6	81.7	83.6
トウモロコシ	0.2	0.3	0.1	0.1
小麦	14.2	24.5	5.0	7.8
穀物総計	17.5	21.0	92.7	96.0

（出典）Sinha and Singh [1969：820, Table 5]．
（注）時期については、3年間の平均値を示している。たとえば、「1952/53-54/55」の値は、1952/53年期から1954/55年期の3年間の平均値を示している。

危機的なレベルにまで高めたことは言うまでもない。

　化学肥料については、使用量の変化を示したデータがないため灌漑設備のように比較を行うことはできないが、1964/65年期における窒素肥料の使用量は、1ヘクタールあたり2kgにすぎず、全インド平均の3.4kgに及んでいない。最も多く使用したのはマドラス州（現タミル・ナードゥ州）の9.9kgであり、ほぼ5倍の差がついている。インド14州の中では9位となっている [Sinha and Singh 1969：820, Table 4]。このように、新技術の採用において他州にも後れを

126——第4章　豊かになる後進カースト

取ったことが、1965-67年期の食糧危機につながった。

　以上、ビハール州における独立以降1967年までの農業生産について振り返ってきた。生産量は増大したものの、灌漑設備の整備はほとんど進展せず、化学肥料の使用量も低いレベルにとどまったことから、天候に大きく左右される脆弱性を克服することはできなかった。近代的技術の不足を、膨大な人的資本によって解決することを目指したのが制度アプローチであったが、すでに検討したようにビハール州においては失敗した。その結果が、1965年、1966年と連続した大干魃に伴う深刻な凶作であり、直後に迎えた1967年州議会選挙で会議派は敗北する。ビハール州を含めた八州の州議会選挙で会議派は敗北し、中央と州にまたがる一党優位制の時代は終わった。

　ネルー経済体制が破綻すると同時に、会議派システムも崩壊した。会議派の、そしてインドの政治経済危機を克服するためにはどうすればよいか。答えの一つが、近代化アプローチ、すなわち緑の革命の導入であった。

第2節　緑の革命の時代

政策の転換

　制度アプローチから近代化アプローチへの転換は、元々厳しいイデオロギー対立が存在しただけに容易には進まなかった。近代化アプローチの主張、そしてこれを支持する政治勢力は、すでに検討したように1960年代後半の政治経済危機のはるか以前より存在した。制度アプローチを主導したネルーも、農業技術の近代化には大いに関心を示したが、価格刺激策には難色を示した。個人の生産意欲を刺激するのではなく、中国のように共同体方式によって生産性を向上させることが可能であるというのが彼の信念であり、予算上の厳しい制約が信念を支えた。最晩年には自らの農業政策の失敗を嘆くようになるが、1964年に死去するまで制度アプローチを転換することはなかった［Varshney 1995：38-47］。

　近代化アプローチ、すなわち緑の革命への転換が動き始めたのは、ネルーの後継首相にシャーストリー（Lal Bahadur Shastri）が就任し、緑の革命の導入

に積極的なスブラマニアム（C. Subramaniam）を農相に招いてからである。ネルー政権期も歴代の農相は近代化アプローチを主張したが、ネルーと会議派左派、計画委員会を説得することはできなかった。イデオロギー的に中道で、党内左派、右派のいずれからも異論の出なかったシャーストリーの短い在任期間中に決定的な転換が起こることになる [Varshney 1995: 51]。

　図4-1からもわかるように、1960年代前半の穀物生産量は伸び悩んでいた。第二次五カ年計画開始時には、穀物生産の30％増産が必要であるとされ、計画終了時の1962年には、総生産量で9,000万トン、純生産量で7,875万トン生産している予定だった。しかし実際には、純生産量で6,180万トンにすぎなかった[10]。1965年より始まる危機を迎えるまでもなく、農業政策転換の必要性は明らかであった。

　ヴァルシュネイは、緑の革命への転換が進んだ1964年から1967年にかけての3年間を三つに時期区分している。第一期が、1964年から65年にかけての新戦略の形成期、第二期が、1965年から66年にかけて緑の革命への支持調達を巡る政争が展開された時期、そして第三期が、1966年から67年にかけての実施期である [Varshney 1995: 60]。実施までの経緯を簡潔に追いかけよう。

　シャーストリー政権内部で緑の革命を積極的に推進しようとしたスブラマニアム農相に対峙したのは、党内では会議派左派、官庁では財務省と計画委員会であった。会議派左派は、ネルーの制度アプローチを固守することを要求したが、ネルー死後、権勢をふるうようになったシンジケートは緑の革命の導入に積極的であった。1965年の年次大会において両者の妥協が図られ、社会主義型社会の建設には邁進するものの、農業と工業における生産性向上には必要であることを認めた [Varshney 1995: 63-64]。左派は事実上、黙認したと言える。

　財務省の反対は、財政的な観点からであった。緑の革命には膨大な補助金が必要となるが、そのためには増税して予算を確保する必要がある。十分な増税を行えないのであれば、赤字財政は必至でありインフレを招くことになる、という懸念であった。計画委員会も、工業を犠牲にして農業を発展させることは容認できないと反撥した [Varshney 1995: 58-59]。

---

10)　ヴァルシュネイは総生産量を8,200万トンとしており、そうであれば、純生産量は7,175万トンとなる。この点は、データの検証が必要である [Varshney 1995: 42]。

シャーストリー首相は、これらの反対を押え込むために、まずT. T. クリシュナマチャリ（T. T. Krishnamachari）財務相に辞任を求める。後任には「融通の利く」S. チョードリー（S. Chaudhri）が任命された。この人事により、財務省の反対はかなりの程度抑え込まれた。

　シャーストリー首相はクリシュナマチャリ財務相辞任の2週間後に急死したものの、政策転換の基本路線は変わらなかった。1966年1月19日に後継首相に就任したインディラ・ガンディーは、シンジケートの影響下にあり、シャーストリー内閣をほぼそのまま継承した。スブラマニアムは農相に留任し、さらに計画委員会の委員に任命され、計画委員会に影響力を行使する条件が整った［Varshney 1995：67］。

　このタイミングで1966年の経済危機が訪れる。インドの食糧不足を1957年より支えてきたPL480に基づくアメリカからの輸入は、ジョンソン（Lyndon Johnson）政権になって方針が変わり、インドが農業近代化政策を推進することを条件に月間ベースで供与されることになった。さらに、1965年10月に第二次印パ戦争が勃発すると、アメリカは援助を停止する［Varshney 1995：72-75］。1965年夏から始まった大干魃は前年比18.9％の減産を招き、1966年のインフレーション率は前述のように13.9％に達した。翌年に初めての総選挙を控えたインディラにとって経済危機を打開するためには、アメリカと世銀が援助再開の条件とした一連の経済自由化政策と農業近代化政策を受け入れる他はなかった。インディラは、国内の反対を押し切ってルピーの切り下げを1966年6月6日に断行し、援助再開を取り付ける。PL480に基づく援助は月間ベースではあったが再開され、穀物輸入は総計1,000トンを超えた。独立後20年を経て、経済的自立とはほど遠い現実であった。

　計画委員会は、ルピー切り下げ後の1966年8月に発表した第四次五カ年計画の新草案において、緑の革命を全面的に受け入れる。「もし輸入穀物への依存を終える必要があるのなら、近代的な生産技術を大胆に取り入れなければならない。……長期的な目標は、化学肥料を大量に投入して新品種を育てる農法を、灌漑設備の整った地域に大規模に導入することである」［Varshney 1995：67-68］。さらに、化学肥料を生産する工場も早期に建設し、化学肥料の不足分は積極的に輸入することも提唱した。1年前からの劇的な転換である。ここ

に緑の革命が本格的に展開されることとなった［Varshney 1995：69］。

　独立後20年を経て、制度アプローチから近代化アプローチへと大きな変化が起こった。それでは、新政策はどのような変化を社会にもたらしただろうか。

緑の革命の社会的影響

　1966-67年期に、総作付面積1億3,000万ヘクタール中190万ヘクタールで栽培された新品種は、1970-71年期には1,540万ヘクタールで栽培されるに至った［Varshney 1995：69］。1967年のモンスーンより天候が回復したことと相俟って、1970-71年期には8,450万トンを生産する。PL480による援助は1971年末に契約を終了し［Varshney 1995：75］、1972年には初の輸出に転じた。その後、再び干魃に見舞われ1975年には750万トンの食糧輸入を余儀なくされるが、翌年1975-76年期には大豊作となり、輸入も減少した。1978年より輸出に転じるようになり、緑の革命導入後、ほぼ10年間でインドは穀物を輸入する必要がないという意味で、食糧自給を達成する［藤田 2002：102］。穀物生産の対前年増加率も、1950-51年期から1965-66年期の平均が2.5％であったのに対し、1966-67年期から1979-80年期の平均は4.1％と上昇した。新政策の大きな成果であった。

　それでは、緑の革命は、農村部にどのような影響をもたらしただろうか。緑の革命は、時間をかけて段階的に進展し、かつ大きな地域差を伴って展開したため、研究が発表された時期、さらに研究対象とした地域によって評価が分かれる。そのため、一般化には慎重になる必要があるが、既存の農村社会構造を大きく変容させる効果を持ったという点では一致している［Frankel 1971, 柳澤 1991, 2008, 藤田 2002］。

　フランケルの研究は、緑の革命が本格的に導入されて間もない1960年代末から1970年代初頭を対象としている。パンジャーブ州、アーンドラ・プラデーシュ州、タミル・ナードゥ州、ケーララ州、西ベンガル州で調査を行った結果として、新技術に対応できた富農と対応できなかった貧農の格差が拡大したと報告している［Frankel 1971：194］。とりわけ、米作地帯で農村における階層分化は顕著であった。この格差の拡大は、地主と小作・農業労働者の間に存在した伝統的な政治的パトロン―クライアント関係を損ない、貧困追放が焦点

になった1971年下院選挙におけるインディラ・ガンディーの圧勝をもたらしたと分析する[Frankel 1971：208]。

これに対し柳澤の研究は、1970年代末から80年代初頭にかけてのタミル・ナードゥ州の事例に基づき、下層階層の社会・経済的な力が増大し、農村社会の既存の階層構造が揺らぎつつあると分析している[柳澤 1991：332-391, 2008：297-312]。柳澤によれば、農村階層秩序の変容自体は19世紀末から継続して起こっており、緑の革命導入後もこの傾向は踏襲された。すなわち、長年にわたって農村の社会経済を牛耳ってきたバラモンは、19世紀末以降、都市のホワイトカラー職を求めて移住を始め、村落における影響力を次第に弱めていった。同時に不可触民(後の指定カースト)出身者が多い農業労働者は、海外へ出稼ぎを行うなどしてバラモンからの自立性を次第に強めていった。後の後進カーストや指定カーストの小作人・農業労働者は、バラモンが手放した土地を購入するなどして零細農になり、ゆっくりとではあるが社会経済的地位を上げていった。

独立後もこの傾向は続き、緑の革命の開始後は、後進カーストの農民が中心となって積極的に新技術を取り入れ、耕地所有を拡大し、緑の革命を推進する中核的な農業経営者階層となった。指定カースト農業労働者も、緑の革命によって農閑期の農業労働需要が増大し、かつ非農業部門の就業機会も増えたことから、労働条件の改善を勝ち取っていった。その結果が、1980年代における農業労働賃金の上昇であり、所得の上昇に伴って自立性を強めていった。フランケルが指摘した格差の拡大とは逆に、格差の縮小が起こっていると指摘している。藤田の研究も、東部インドと同様の農業構造を持つバングラデシュ農村の事例を引きながら、農業技術の革新がもたらした下層階層の台頭について指摘し、インドにおける農業労働賃金の上昇に言及している[藤田 2002：106-110]。

それでは、緑の革命の導入は、ビハール州の農村にどのような社会・経済的影響をもたらしただろうか。

ビハール州における緑の革命

緑の革命を本格的に導入する契機となった1960年代後半の食糧危機の中心

地であったビハール州は、既に見たように灌漑設備の整備もほとんど進まず、肥料の使用量も低い水準のままであった。制度アプローチの失敗は、保有権を所持していなかった小作人をより一層不安定な地位に追いやっていた。その状態での1965年、66年の大干魃は、ビハール農業を危機的な状況に陥らせ、地主が緑の革命の必要性を認識する契機となった［Wilson 1999：323］。

　ビハール州における緑の革命は、小麦革命としての性格が強かった[11]。1970年代においても、コメの生産量・単位面積あたり収量が共にそれほど伸びなかったのに対し（図4-4）、小麦は生産量、単位面積あたり収量、作付面積とも大幅に上昇する（図4-5）。これは1970年代以降、管井戸灌漑が普及するにつれて小麦の耕作が可能になり、作付けのパターンが変化した結果による。

　それでは小麦革命を可能にした技術革新はどのようなものだっただろうか。まず管井戸から検討しよう（表4-3）。1962-65年期の平均台数が、1,000ヘクタールあたりわずか0.92台に過ぎなかったのが、ほぼ20年後の1980-83年期には49.76台と約54倍の伸びを示している。全インド平均が約10倍の伸びであったことを考えれば、驚異的な増加率と言えるだろう。この影響で灌漑地の比率も約1.7倍になり、1992-95年期の平均は43.18％と30年前の2.1倍に上昇している。

　同様に、緑の革命にとって重要な肥料の使用量も大幅な伸びを示した。1962-65年期の平均値と比較して1980-83年期の平均値は約9.3倍となり、30年後の1992-95年期の平均値は約28.8倍になっている。30年間の全インド平均の増加率が約20.5倍であることを考えると、肥料使用量も急激に増加したと言える。このようにビハール州における緑の革命を支えたのは、管井戸灌漑の普及による灌漑設備の整備と全インド平均に迫る大量の化学肥料の使用であった。このような緑の革命の展開は、農村社会にどのような影響をもたらしただろうか。

　1999年から2000年にかけて標本調査を行ったシャルマの論考によると、次のようになる［Sharma 2005］。緑の革命の恩恵を最も受けたのは、ヤーダヴ、クルミ、コエリからなる上層後進カーストであった。勤勉な農耕カーストとして、緑の革命が生み出した機会、例えば制度的金融を存分に活用し、上位カー

---

11)　藤田幸一氏の発表「ビハールの農業」（アジア経済研究所「インドの地域・階層間格差──最貧困ビハール州のゆくえ」研究会、2011年5月27日）における指摘による。

図4-5　ビハール州における小麦の生産量・単収・作付面積（1950-2000年）

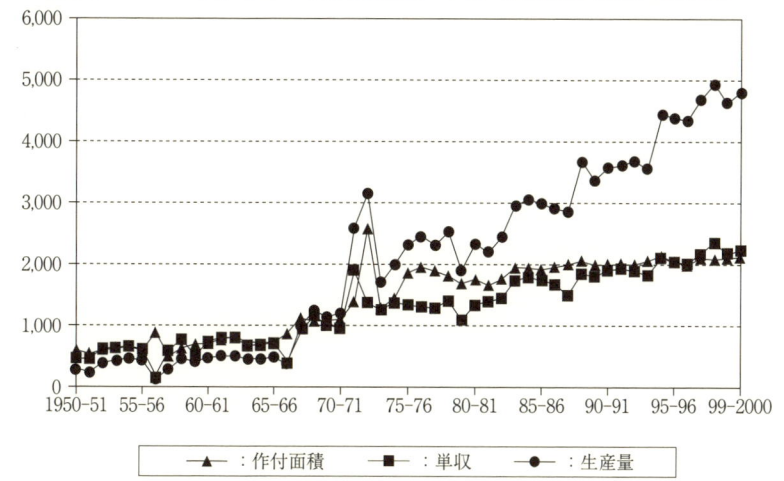

― ▲ ―：作付面積　― ■ ―：単収　― ● ―：生産量

（出典）　Indiastatデータより筆者作成。
（注）　生産量の単位は千トン、単収の単位はkg/ha、作付面積の単位は千ヘクタールである。

表4-3　ビハール農業における投入財使用量の推移（1962-95年）

	トラクター（台数）			管井戸（台数）			肥料使用量（kg）			灌漑地比率（%）		
	1962-65	1980-83	1987	1962-65	1980-83	1987	1962-65	1980-83	1992-95	1962-65	1980-83	1992-95
ビハール州	0.21	1.94	8.88	0.92	49.76	52.32	2.96	27.46	85.36	20.13	33.67	43.18
全インド平均	0.30	3.68	11.73	4.58	49.16	64.94	4.33	42.62	89.08	19.00	29.29	35.66

（出典）　Bhalla and Singh ［1997：A-8, Table 5］より筆者作成。
（注）　「1962-65」とあるのは、1962年より1965年までの3年間の平均値を示している。「1987」については、1987年の値。数値について、トラクターとポンプセットについては、1,000ヘクタールあたりの台数を示し、肥料使用量については、1ヘクタールあたりの使用量（kg）を示している。

スト地主よりも多くの収入を得ることができた。これらの収入を、上位カースト地主の農地購入費に充て、所有農地を増やしていった［Sharma 2005：964］。

　それでは農業労働者はどうだろうか。主に指定カーストから構成される農業労働者の賃金も、1970年代後半より上昇を始める（図4-6）。多少の波はあるものの、1980年代を通して、上昇傾向にあることがわかるだろう。先に検討したように、農業労働賃金は1980年代に全インドで上昇するが、ビハール州

図4-6 ビハール州における農業労働者実質賃金の推移（1970-89年）

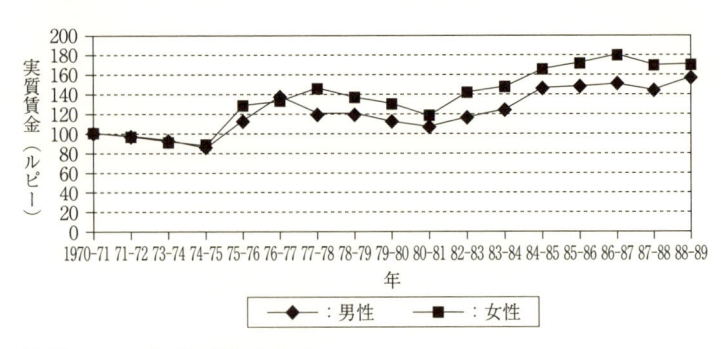

（出典）　Sharma［1995：2589, Table 3］．
（注）　1970-71年期の農業労働賃金を100として計算した．

も全国の傾向を踏襲している。ビハール州における農業労働賃金の上昇は、農業労働者が、コルカタなど大都市への出稼ぎに加えて[12]、緑の革命の先進地帯であるパンジャーブ州やハリヤーナー州などへ出稼ぎに行くことによって労働力の供給不足が生じたこと、第二に左翼過激派の運動に参加して賃金の引き上げ闘争を展開したことにより起こった［Sharma 2005：967-969］。このような実質賃金の上昇は、元来の農業労働者の地位向上に貢献すると同時に、農地改革法によって追い出しを受け農業労働者に転落した元小作人の地位も上昇させたと考えられる。

　これら上層後進カースト自作農、指定カースト農業労働者が次第に地位を上昇させていくなかで、上位カーストは相対的に影響力を低下させていくこととなった。相続による農地の細分化に加えて農業労働賃金の上昇に直面した上位カースト地主は、農業で大きな利益を見込めないと判断すると、農地を小作に出すか売却し、自らは都市の仕事を求めて農村を離れる者が増え始めた［Sharma 2005：964-966］。その結果、上位カースト地主と指定カースト農業労働者の間で、多くの出稼ぎ・移動が起こることになった（表4-4）。

　表4-4からは、1981-82年から1999-2000年の間において、上位カーストと

---

[12]　押川［1985］は、ムンゲール県の一村について詳細な調査を行っている。調査村の多くの出稼ぎ者はコルカタを目的地とし、ジャーティーの伝統的な職業に従事する他、様々な職種に従事した。

表4-4 ビハール州農村における職業従事者に占める出稼ぎ者(Migrant worker)の比率
(1981/82-1999/2000年)

社会的属性	1981-82			1999-2000			増減比
	全体	短期	長期	全体	短期	長期	
カースト							
上位カースト	12.4	68.8	31.3	29.0	48.0	52.1	2.3
後進カースト（付表2）	10.2	75.9	24.1	16.9	60.8	39.2	1.7
後進カースト（付表1）	8.0	84.2	15.8	14.7	58.1	41.9	1.8
指定カースト	6.1	90.0	10.0	14.0	58.0	42.0	2.3
ムスリム	13.7	100.0	0.0	24.8	46.4	53.6	1.8
階級							
農業労働者	7.1	90.2	9.8	11.1	71.8	28.2	1.6
貧中農	9.5	100.0	0.0	20.6	64.3	35.7	2.2
中農	4.2	33.3	66.7	12.3	36.4	63.6	2.9
富農	12.3	67.7	32.3	19.2	57.8	42.3	1.6
地主	16.8	75.0	25.0	39.6	38.5	61.5	2.4
非農業従事者	16.1	88.9	11.1	37.6	46.2	53.9	2.3
農地所有規模							
土地なし	7.6	91.9	8.1	16.7	64.4	35.6	2.2
1エーカー未満	9.2	85.2	14.8	22.2	45.2	54.8	2.4
1－2.5エーカー	16.3	70.8	29.2	23.6	43.3	56.7	1.4
2.5－5エーカー	14.6	80.0	20.0	18.5	55.6	44.4	1.3
5－10エーカー	7.6	80.0	20.0	14.4	46.7	53.3	1.9
10エーカー以上	7.4	20.0	80.0	13.8	100.0	0.0	1.9

(出典) Sharma [2005：968, Table 5].
(注)
① 小数点第2位以下は四捨五入した。
② カーストについて後進カースト（付表2）とはビハール州後進諸階級リストの付表2に記載されたカースト、後進カースト（付表1）とは同リスト付表1に記載されたカーストと考えられるが、特に言及はない。付表1の方がより後進的であるとされている。階級についても、それぞれのカテゴリーに関する説明は行われていない。
③「全体」は全職業従事者における出稼ぎ者の比率を示し、「短期」・「長期」は出稼ぎ・移住における期間を示す。「短期」は原表では季節労働となっている。
④ 増減比は、「全体」カテゴリーにおける1981/82年から1999/2000年の増減比を示している。

　指定カーストが最も多くの増加率（2.3倍）で移動していることがわかるだろう。表からは階級と農地所有規模の関係は必ずしも明らかでないが、地主・10エーカー以上に属する者と、農業労働者・貧中農・土地なしに属する者の増加率が高いことが窺える。
　このように、上位カースト地主が離村の傾向を強めることによって、上位カースト地主が農村社会に対して有する社会・経済的影響力は相対的に低下した。

本書で検討しているムルホ村についても、同様の変化が起こった。ムルホ村に管井戸灌漑が普及し始めたのは、1970年代前半からであった[13]。管井戸灌漑の導入により乾期作（ラビ作）で小麦を栽培することが可能になり、これまでの雑穀・豆類からより収益性の高い小麦へと作付けを変更した。小麦の品種改良も普及したことから穀物の増産が達成され、ヤーダヴを中心とする自作農は次第に豊かになっていったと考えられる。

　出稼ぎもおおよそ1980年代から始まった。指定カーストのムサハールは、パンジャーブやハリヤーナーなど緑の革命の先進地帯において農業労働者として出稼ぎを行い、更にデリーやバンガロールなど他の大都市でも建設労働に従事するようになった[14]。

　これらの動きに対して、マンダル家は農業への関心を次第に失っていった。マンダル家の多くはムルホ村には居住せず、パトナーやデリーなどの大都市に居住している[15]。これとおそらく関連する動きとなるが、マンダル家は1980年頃から農地の売却を始めたという。2001年の村長選挙でマンダル家と争った元村長が理由の一つとして挙げていたのが、出稼ぎに伴う労働力不足により農地の管理を十分に行うことができなくなったという点であった[16]。マンダル家のスバーシュ元村長、息子のアナンド氏も、農業労働力不足による農業労働賃金の上昇が農業経営にとって大きな問題になっていることを認めた[17]。両氏に対するインタビューは、2010年から11年にかけて行われたため、1980年代

---

13) アショーク・ヤーダヴ氏（2011年9月11日）、ムルリ・ダール氏（2011年9月12日）、元村長ラージ・キショール・ヤーダヴ氏（2011年9月14日）に対するインタビュー。

14) 2010年10月から11月にかけてムサハール集落で行った調査による。時期についてムスリムのサドレ・アラム氏も1980年代より始まったと証言した（2010年11月3日）。

15) 筆者が観察した限りでは、元村長のスバーシュ氏はムルホ村の自宅に居住しているが、息子のアナンド氏はデリーに居住している。州議会議員を務めたマニンドラ氏は普段はマデプラ市の自宅に居住しているようであり、息子の弁護士はパトナーに居住している。更に、アメリカに居住している家族もいると聞いた。このほかにもマンダル家の多くの者はムルホ村には居住していないとの村人の観察もあり、マンダル邸はいつも閑散とした印象を受ける。

16) 元村長ラージ・キショール・ヤーダヴ氏に対するインタビュー（2011年9月14日）。同氏によれば、マンダル家はムルホ・パンチャーヤットのなかに700エーカーの農地を所有していたが、売却により現在は250エーカーほどになったということであった。

17) 両氏に対するインタビュー（2010年10月22日）、スバーシュ氏に対するインタビュー（2011年9月11日）による。アナンド氏は、現統一進歩連合政権が進める全国農村雇用保障法（NREGA）について、農業労働賃金の高騰によって地主も困難に直面しているのであるから、NREGAではなく農業労働賃金に対する補助金を地主に供与すべきであると主張していた。

にも同様の認識を持っていたかという点については慎重になる必要が当然あるが、緑の革命の導入に伴う後進カースト自作農の成長、農業労働者の出稼ぎの増加、これらを受けての地主の離農傾向という点は、ビハール州全体の傾向と符合する。そしてムルホ村においても、マンダル家の社会・経済的影響力は次第に低下していったと考えられる。このことは地主動員戦略の機能不全を引き起こし、第3章で検討したように代替わり後のマンダル家が次第に政治的支持を失っていくことに結びついたと想定できる。

以上を要するに、緑の革命が始まって以降、ビハール農村社会における上位カースト地主の影響力は次第に低下してきた。緑の革命が生みだした機会を最も効果的に活用したのが上層後進カースト農民であり、上位カーストから農地を購入して、農村社会で次第に影響力を上昇させた。同時に指定カースト農業労働者は、出稼ぎと左翼過激派の運動への参加、そしてこれらに伴う農業労働賃金の上昇により、彼らも次第に社会・経済的地位を向上させてきた。

相続による農地の細分化、そして農業労働賃金の上昇による農業経営の困難に直面した上位カースト地主のなかには、農地を売却して都市に就業機会を求めて移住する者が多く出るようになった。これらの変化は、タミル・ナードゥ州の調査に基づいて柳澤が指摘した変化とかなりの程度通底している。緑の革命は、インド農業のみならず、農村社会の変容にも大きな影響を与えたと指摘できる。

第3節　豊かになった後進カースト農民

本章においては、後進カーストの政治的台頭を準備した経済的変化について、農業政策の展開と関連づけながら検討してきた。ネルー政権期に採用された制度アプローチは、ザミンダーリー制を廃止し、保有権所持借地人の地位を向上させるなど、一定の成果はあったものの、農業生産性という見地からも、農村内格差の是正という観点からも失敗した。その帰結が1960年代後半の未曾有の食糧危機・経済危機であり、インディラ政権は近代化アプローチ、すなわち緑の革命の本格的導入に踏み切る。

緑の革命が生み出した機会を最も積極的に活用したのは、都市に関心を向けつつあった上位カースト地主ではなく、小作人、零細農、あるいは農業労働者として苦労してきた後進カースト農民であった。ビハール州においては、とりわけ、ヤーダヴ、クルミ、コエリが積極的な農業経営を行い、社会・経済的地位を上昇させた。指定カーストも出稼ぎ、左翼過激派の運動への参加などによって農業労働賃金の上昇を勝ち取り、次第に地位を向上させた。これらの動きに対して上位カースト地主は、農地を後進カーストに売却し都市に移住する者も多く出てきた。このように農村社会の伝統的な階層構造は次第に弛緩することとなった。

　上位カースト地主の社会・経済的影響力の低下は、地主動員モデルの機能不全を意味した。裏腹に、後進カースト農民は、上位カースト地主の妨害を阻止する力を次第に身につけ、カースト動員モデルが有効に機能する条件が整うことになる。この延長上に、社会主義政党、そして農民政党の台頭を位置付けることができる。

　緑の革命は、導入当初に財務省と計画委員会が懸念したように、膨大な予算を消費した。農業投入財に対する補助金は、1980年代末に、化学肥料325億ルピー、灌漑255億ルピー、電力270億ルピーの合計850億ルピーに達し、中央政府と州政府の経常収入の10％、財政赤字の22％を占めるようになった［藤田 2002：111］。財政難と野党の台頭にいかにして対処するか、会議派の取った政策を次章で検討しよう。

第 5 章　宗教と暴動

　人口において過半数に迫る後進カーストの台頭は、会議派にとって脅威だった。後進カーストを代表する政治勢力の出現を妨害策と包摂策を駆使して封じ込めてきたが、社会主義政党が後進カーストの党として次第に成長していくのを止めることができなかった。後進カーストが主導権を発揮したジャナター党によって、ついに中央レベルでも政権の座から追われ、自らの選択の結果とはいえ、初の後進カースト出身首相が誕生したことの衝撃は大きかった。

　1980年下院選挙で会議派は再び過半数を大きく上回る議席を獲得し、政権を奪い返す。しかし同時に、非会議派有力政党が着実に支持を伸ばしつつあることも事実だった。地主動員戦略が機能不全を強め、支持基盤が、上位カースト・指定カースト・指定部族・ムスリムといった社会階層の頂点と底辺から構成される「端の連合」に移行していく過程において、会議派は新たな手を打つ必要に迫られた。

　会議派が打ち出した対策は三つにまとめることができる。第一が、離反を強める後進カーストに対し、補助金など様々な便宜を供与しこれを慰撫する方策、第二が、開発資金を村レベルに直接供与することによって、有力地主カーストの社会・経済的影響力を強化する方策、最後が、宗教動員戦略の模倣であった。これら三つの方策で最も実施が容易であり、かつ効果が見込めたのは、予算を組む必要のない第三の方策であり、会議派は最終的にこれに最も力を込めることとなる。その結果、ラーム・レンガ行進を契機とした暴動が続発し、バーガルプル暴動という大暴動で頂点を迎えることとなった。虐殺されたムスリムは会議派を見限り、「端の連合」の重要な一角が崩れた会議派は、1989年下院選挙で大敗する。

　本章においては、以上の政治過程につき検証することとしたい。会議派が宗

教動員戦略に傾斜していった過程について検討するためには、宗教動員戦略の本家であるインド人民党（BJP）の変化を把握することが欠かせない。会議派の戦略転換は、BJPの過激化と密接に関係しており、またBJPの過激化も会議派の戦略転換と密接に関連していた。宗教アイデンティティをめぐる両者の競合が暴動に至る政治状況を最終的に作り出すこととなった。

第1節　宗教動員モデル

　宗教動員モデルの本家であるBJPについてまず説明しておきたい。BJPは、独立前の1925年に結成された民族奉仕団（RSS）を母体とし、ヒンドゥー・アイデンティティに基づいた「ヒンドゥー民族」からなる「ヒンドゥー国家」を建設することを目標とする政党である。RSSは、インドがこれまでムスリムに支配され、次いでイギリスに支配された原因を、「ヒンドゥー社会の脆弱性」に求める。ヒンドゥー社会が、カースト、言語、地域などのアイデンティティによって分断されているからこそ侵略を招いたのであり、侵略から身を守るためには「真のヒンドゥー」から構成される「ヒンドゥー国家」を樹立することが必要だ、という主張である〔Jaffrelot 1996：11-79〕。

　RSSは当初は社会・文化団体として出発したが、独立直後の1948年に構成員がM. K. ガンディーを暗殺したことにより、禁止団体に指定される。この経験に加えて、「ヒンドゥー国家」を樹立するためには政治力を持つことが必要不可欠であるという認識から第1回下院選挙を目前にした1951年に、政治部門としてバーラティヤ・ジャン・サン（Bharatiya Jan Sangh：以下、BJSと略称）を創設した。現在のBJPの前身である。「建国の父」ガンディーを暗殺した政党として長年タブー視されてきたが、1967年選挙で躍進し、1974年のJP運動に積極的に参加することによって1977年にはジャナター党の主要構成党の一つとして初めて中央政権に与った。1980年にジャナター党政権が崩壊すると、新たにBJPを創設し、「ヒンドゥー国家」建設に邁進しながら現在に至っている。

　BJPの集票モデルは、ヒンドゥー・アイデンティティを基盤にした「ヒンドゥー票」の構築を目指すことから、宗教動員モデルと名付けることとする。農

図5-1 宗教動員モデル

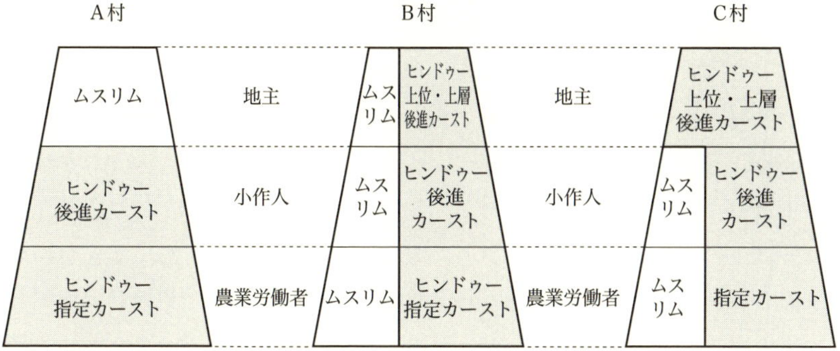

| A村 | B村 | C村 |

（出典）筆者作成。

村の社会・経済構造と組み合わせると、次のようになる（図5-1参照）。

　パターンとして三つ考えることができる。A村はムスリムの地主が存在し、その下で後進カースト、例えばヤーダヴの小作人が働き、指定カーストの農業労働者が働く村である。本章で検討するバーガルプル暴動で、最初に衝突が起こったビハール州バーガルプル県ファテプル村の事例が該当する。宗教動員モデルに従えば、A村ではムスリム地主の下に位置するヒンドゥー小作人・農業労働者を水平に切り取る形で集票が行われる。

　B村は、同じ村にヒンドゥーの地主もムスリムの地主も存在し、ヒンドゥー後進カースト小作人・指定カースト農業労働者、ムスリム小作人・農業労働者が存在する村である。例えば、これも本章で検討するバーガルプル県チャンデリ村の事例が該当する[1]。宗教動員モデルに従えば、ヒンドゥー上位カースト／上層後進カースト地主・後進カースト小作人・指定カースト農業労働者を垂直に切り取る形で集票が行われる[2]。

　最後のC村は、ヒンドゥー上位カースト／上層後進カースト地主の下で、ヒンドゥー後進カースト小作人・指定カースト農業労働者とムスリム小作人・農業労働者が働く村である。例えば、ボージュプル県ベラウール村［中溝：

1）　実際にはチャンデリ村ではムスリムの農業労働者は確認できなかったが、ムスリムでも農業労働者が存在することは事実であり、従ってモデルとして呈示している。この点はC村の場合も同様である。

2）　モデルなので簡略化しているが、実際にはムスリム地主の下でヒンドゥーが働くこともあれば、ヒンドゥー地主の下でムスリムが働くことも当然起こる。この点は留意しておきたい。

2010］がこれに該当する。宗教動員モデルに従えば、ムスリム小作人・農業労働者をカギ型に切り離した残りを獲得する形で集票が行われる。

これまで検討してきた地主動員モデル、カースト動員モデルと比較すると、A村の事例はカースト動員モデルに近い一方で、B村、C村の事例とも地主動員モデルに近いことがわかるだろう。インド全体において、ムスリムが地主である事例は少なく［Jain, A. K. 2007：154-155］、ビハール州においても、2エーカー以上の農地を所有するムスリムはムスリム人口の8.2％にすぎないため［Asian Development Research Institute 2004：36, Table 3.6］、インド全国・ビハール州の両レベルにおいて、ほとんどの場合がC村の事例、すなわち地主動員モデルに最も近いパターンが最多となる。両者は農村における既存の社会・経済秩序を壊さない点で共通しており、宗教動員モデルはそれだけ地主動員モデルと区別が付きにくいとも言える。このことはBJPが、カースト動員戦略を採用する社会主義政党と鋭く対立したことと同時に、地主動員戦略の機能不全に直面した会議派が、宗教動員戦略に傾斜していく理由を説明する。

共通点と同時に、相違点にも留意しなければならない。最も重要な相違点は、宗教動員戦略の実践がムスリムの虐殺を頻繁に伴ったことである。BJPが目指す「ヒンドゥー国家」が原理的にはムスリムを含まないことの帰結であった[3]。ただし、BJPが採用する宗教動員モデルにも内容に幅がある。その展開について、次に検討してみよう。

第2節　宗教動員戦略の展開

BJPの「リベラル路線」

BJSは、RSSが引き起こした宗教暴動を引き金としてジャナター党が分裂したあともジャナター党に残り[4]、ジャナター党として1980年下院選挙を戦った。しかし、1980年下院選挙は惨敗に終わる。会議派に敗北したことはもちろん、ジャナター党（セキュラー）に得票率でこそ上回りはしたものの、議席数では

3）　RSSの二代目総裁ゴールワルカルは、主著の中で「非ヒンドゥーはヒンドゥーの文化・言語・宗教を受け入れないなら、このヒンドゥー国家で優先的な待遇はおろか、市民権さえ享受し得ずに従属しなければならない」と述べている。内藤［1998：54］参照のこと。

敗れてしまった。敗北後の1980年4月5日にはジャナター党から離脱して新たにインド人民党（BJP）を立ち上げることとなった。

この時点で、BJP内部には対立する二つの路線が存在した。第一が、穏健派の「リベラル路線」であり、次のように主張した。議会制民主主義の枠内で「ヒンドゥー国家」の実現を目指す以上、多数を獲得する必要がある。そのためには「ヒンドゥー国家」の主張を多少弱めて宗教以外の政策を呈示し、有権者に広く受け入れられなければならない。いわば、会議派に代替しうる第二の包括政党の建設を目指したと言える。

これに対して強硬派は、インド社会においてはヒンドゥー教徒が8割を超える多数派なのだから、「ヒンドゥー票」の構築に成功しさえすれば自ずと多数は確保できる、と主張した。「ヒンドゥー国家」建設の主張を後退させることは退却に他ならず、「ヒンドゥー票」の構築からますます遠ざかってしまう。「ヒンドゥー票」を構築するためには象徴的なシンボルを掲げた大動員が効果的であり、アヨーディヤ問題ほど格好のシンボルはない。従って、アヨーディヤ問題を梃子に大動員を行うべきだ、と考えた。1980年代のBJPは、両極の間を揺れ動くことになる。

BJPの設立当初、優勢に立ったのは穏健派であった［Jaffrelot 1996：315-318］。BJPはBJSの後継者ではなく、ジャナター党の後継者であることを強調し、党首には穏健派を代表するA. B. ヴァージペーイー（Atal Bihari Vajpayee）が就任した。1980年6月に行われた州議会選挙の選挙綱領は、1977年選挙時のジャナター党綱領をそのまま引き継いだものであり、1980年12月にボンベイで開催されたBJP第1回党大会において、ヴァージペーイーは「リベラル路線」を明確に打ち出した。ガンディー型社会主義と建設的なセキュラリズムを党是として掲げ、党憲章の中にはヒンドゥーの一文字も入れられなかった。人事面でも、これまでBJSと関係のなかった旧ジャナター党の指導者を幹部に積極的に登用した。

他方で、強硬派の政策は抑えられた。例えば、ジャナター党政権時代に、BJS出身のテャギ（O. P. Tyagi）が改宗を禁じるために提出した「宗教の自

---

4) ジャナター党政権崩壊の過程で、RSSの関与が濃厚に疑われたビハール州ジャムシェドプル暴動が決定的な契機となった政治過程につき、中溝［2008：171-182］で詳細に検討した。

由」法案が生んだ懸念を払拭するために、改宗を合法化する法案を新たに提出した。さらに、1979年ジャムシェドプル暴動への関与が指摘されたD. N. パンデ（D. N. Pande）議員の党員資格を停止した。選挙キャンペーンにおいては、「ヒンドゥー国家」の建設よりインフレーションや腐敗など社会・経済的争点が重視され、総合農村開発事業（IRDP：Integrated Rural Development Program）で生じた貧富の格差を捉えて、農民が貸し付けを受ける際の手続きを助けるなどの福祉プログラムの推進が強調された。このように、ヒンドゥー・ナショナリズムの主張は影を潜めた。

RSSの離反

BJP穏健派指導部の「リベラル路線」に、従来の活動家・支持者は困惑した。先述の第1回党大会においても、多くの参加者が不満を表明した。たとえば、「ガンディー型社会主義」に対しては257の修正案が提出されたが、ヴァージペーイー執行部は全く譲歩せずに押し切った［Jaffrelot 1996：319］。

親団体のRSSも、「リベラル路線」に異議を唱え始める［Jaffrelot 1996：327-330］。1983年4月に機関誌『オーガナイザー（Organizer）』誌上で、「BJSは『ヒンドゥー党』だった」と讃えた上で、「BJPはヒンドゥー性を弱めようとしている。非ヒンドゥー票を獲得する必要性について議論の余地はないが、『ヒンドゥー党』としての特徴が弱まっているとも言える」と懸念を明らかにした。RSSの中には、ムスリム票を獲得する必要はない、という者もおり、旧ジャナター党指導者のジェトマラニ（Jethmalani）が、イスラーム教の断食明けのイード祭に参加しようとしたときには批判された。RSSはBJPの連立構想にも批判的だった。

批判は、選挙における離反となって現われる。先例となったのはケーララ州だが、左翼政権との相次ぐ衝突に、1980年1月、1982年5月州議会選挙で政権に就く見込みのないBJPよりも政権を取れる会議派を支持したとされる。BJPからの離反は、1983年5月デリー選挙、同年6月カシミール選挙でも繰り返された。

このように、穏健派が主導する「リベラル路線」は、「ヒンドゥー国家」建設の手綱をゆるめるべきではないとするRSSの離反を招いた。「リベラル路

線」に対する不満は、「リベラル路線」の内容もさることながら、非ヒンドゥー教徒、とりわけムスリム団体の動きに触発された面もあった。契機となったのは、1981年2月にタミル・ナードゥ州で行われた指定カーストの集団改宗である。ヒンドゥー社会が抱える不平等な構造の矛盾を突いた集団改宗に刺激され、RSSは活動を強化していく。その象徴が、1964年に設立されたものの休眠状態となっていた世界ヒンドゥー教会（Vishwa Hindu Parishad：以下、VHP）の活性化であった[5]。

VHPは、選挙政治の重要性を強調し、「ヒンドゥー票」を構築するために多様な活動を展開していった。これまでおよそ組織されているとは言えなかったヒンドゥー聖職者サドゥーを組織化するために「ヒンドゥー団結会議」を開催する一方で、他宗教に改宗したヒンドゥー教徒を再びヒンドゥー教徒に改宗させる再改宗運動も展開した。学校建設や寺院建設なども行い、「ヒンドゥー票」構築のためのインフラを整備していった。これらの活動により大動員の基盤を築き、その上で本格的な宗教動員に乗り出したのが1983年11月に開始された「一つの魂」行進（Ekatmata Yatra）であった。行進は大成功を収めたという［Jaffrelot 1996：349-362］。

この成功を受けて取り上げられたのがアヨーディヤ問題である。アヨーディヤはウッタル・プラデーシュ州東部に位置する古都で、ヒンドゥー教の神ラームが生誕した地と言い伝えられている。ヒンドゥー・ナショナリストは、ムガール朝がインドを征服した際に、ラーム神を記念して建立されたヒンドゥー寺院をムスリムが破壊して、その上に初代ムガール皇帝バブールの名を冠したバブリー・マスジットを建設した、と主張する。だからこそバブリー・マスジットを我々の手で破壊し、跡地に新たにラーム寺院を再建することが「真のヒンドゥー」の責務である、と現在もなお訴え続けている。これがアヨーディヤ問題である。

バブリー・マスジットを破壊し、ラーム寺院を建設するアヨーディヤ運動は、「ヒンドゥーの脆弱性」を具現的に克服する格好の素材だった［Jaffrelot 1996：363-364］。VHPは1984年に開催した宗教国会において「アヨーディヤの解放」

---

5) 経緯については、中溝［2008：185-186］で検討した。

を全会一致で決議し、行動を取ることになった。「解放」を実現する実行部隊として戦闘的なバジラン・ダル (Bajrang Dal) が1984年5月から6月にかけて設立され、急速に組織の拡大が図られた。ウッタル・プラデーシュ州では10万人の構成員を獲得したとされる。バジラン・ダル構成員はRSS構成員ほど規律を求められず、代わりに訓練キャンプで「勇敢であるためにはどうすればよいか」がたたき込まれた。さらに「解放」を実現するために、1984年7月27日には「ラーム生誕の地」解放献身委員会 (Sri Ramjanmabhoomi Mukti Yagna Samiti) が結成された。

以上1980年代前半におけるヒンドゥー・ナショナリストの動きについて概観してきた。この時期はヒンドゥー・ナショナリズムに内在する矛盾が顕在化した時期であった。穏健派と強硬派の対立は、1984年下院選挙の大敗に結びつき、1980年代後半は強硬派が主導権を握ることになる。この点を検証する前に会議派の動揺について検討しておこう。

第3節　会議派の動揺と対策

1980年下院選挙は、インディラの目論見通り、会議派の圧勝に終わった。しかし、勝利はしたが、長期的趨勢で見ると野党、とりわけ社会主義政党とBJPが得票率を伸ばしていることは、疑う余地のない事実であった。BJPと社会主義政党の合計値を計算すると、1980年選挙は前述のように確かに惨敗であるが、得票率 (28.4％)・議席数 (72議席) ともに1977年選挙を除き過去最高を記録していることがわかる。この点は両共産党を加えた合計値 (議席数：119議席、得票率：37.1％) においても同様であり、非会議派有力政党が着実に支持を伸ばしつつあることを示している［中溝 2008：188, 表4-1］。会議派にすれば、確かに勝利は収めたが、支持基盤はかつてほど磐石ではなくなってきていることを意味した。何が起こったのだろうか。

主要な要因の一つは、後進カーストによる会議派からの離反が次第に顕著になり始め、会議派が頼った地主動員モデルが崩壊を始めたことである。ブラスは、会議派の支持基盤に関し、とりわけインディラ政権時代に顕著になった傾

向として「端の連合」仮説を提唱した［Brass 1994：74］。「端の連合」仮説とは、社会秩序の頂点に位置する上位カースト地主と、社会秩序の底辺に位置する指定カースト農業労働者、指定部族、宗教的少数派であるムスリムの連合を意味し、この「端の連合」が会議派支配を支えたという説である[6]。換言すれば後進カーストは会議派を支持していない、ということになる。この点に関し、ブラスはウッタル・プラデーシュ州議会選挙の事例を検討して、1957年選挙から後進カースト中農は会議派から離反し始め、1977年選挙におけるジャナター党の勝利に貢献したと指摘している［Brass 1980a, 1980b］。

　ただし、第2章で検討した全国規模の標本調査によると、1980年下院選挙では、後進カーストよりも上位カーストの離反が目立ち、後進カーストが離反したとは必ずしも言えない（表2-4参照）。1980年の調査のみ調査方式が異なり[7]、かつ1977年選挙・1984年選挙という前後の選挙に関するデータが示されていないため、1980年選挙を例外として扱えるのか否か判断がつきかねるが、競合的多党制期の1996年には後進カーストの支持率が21.7％と他の社会集団と比較して大きく落ち込んでいることは確かである。競合的多党制期に限らず、1980年選挙を除く他の選挙では、他の社会集団と比較して後進カーストの支持率が最低を記録していることを考えると、1980年選挙は例外的な選挙と言える可能性は高い。そうであれば、会議派─野党システム期以降は後進カーストの離反が次第に目立ち始めた時期であると言える。

　表2-4は全国レベルのデータであるが、インド最大の議席数を誇るウッタル・プラデーシュ州では後進カースト中農が会議派から離反を始め、チャラン・シンのインド革命党（BKD）、バラーティヤ・ローク・ダル（BLD）、そしてジャナター党を支持したことはブラスが示している［Brass 1980b：31］。ウッタル・プラデーシュ州に次ぐ議席数第2位を誇るビハール州でも、後進カ

---

6)　ブラスは、Brass［1994］において、「社会階層の頂点に位置する地主カーストと、社会階層の底辺に位置する多くの宗教的少数派を含む低カースト、貧困層、不利な立場に置かれている者の連合である」としている。カースト制は地域により大きな違いが存在するため一般性を持たせた書き方になっていると考えられるが、この点ジャフルローは、ブラスを引用しつつ具体的に特定している［Jaffrelot 2003：427］。後進カーストが抜けた後、残る地主は上位カーストが中心となるので、筆者もジャフルローと同様に、具体的に表記した。

7)　表2-7の注において言及したとおり、1980年調査においては投票前に調査が行われ、調査の主体もCSDSではなく、インド世論調査研究所が行った。

ーストによる社会主義政党に対する支持動向は第3章で分析したとおりである。このように考えると、「端の連合」の成立が全国レベルでも、ビハール州レベルでも、議席という結果になって現われはじめたと解釈できる。

　後進カーストが抜けた「端の連合」では、選挙に確実に勝利できないことは結果から明らかであった。後進カーストの政治的台頭は無視できない現実であり、「端の連合」に頼るだけでは限界があった。それではどうすればよいか。

　選択肢として取り得る方法は、三つ存在した。第一は、後進カーストに対する手当を厚くする方法である。後進カーストが不満を抱いているのであれば、慰撫すればよいという考え方である。第二は、有力地主カーストの力を強化して、地主動員モデルを再生させる方法である。新たなリソースを供与すれば、再び地主の票を確保することができるはずだ、という考え方である。最後が、地主動員モデルの代替となる新たな集票モデルを採用することである。有力地主カーストの社会・経済的影響力が衰えたのであれば、新たに団結を生み出す紐帯を探せばよい、という考え方である。会議派は、上記三つ全ての方法を試み、支持基盤の崩壊に歯止めをかけようとした。具体的に検討してみよう。

　まず第一点であるが、ジャナター党政権期に導入された補助金政策を、更に拡大する形で実行した。穀物買い取り価格の引き上げや肥料等に対する農業関連補助金は、ジャナター党政権期に上昇を始めていたが、1980年にインディラ会議派が政権に返り咲いて以降も上昇を続けた［Varshney 1995：169-171］。前章で藤田によるデータを紹介したが、ヴァルシュネイによれば、農業関連の補助金支出は1976-80年期で対GDP比約0.9％だったものが、1989-90年期には約1.5％に増加している。補助金政策の受益者は後進カーストに限られないものの、後進カースト農民の支持獲得が主目的の一つであることは、補助金政策がチャラン・シンの政策に刺激されて実施されたことからも明らかだろう［Vaeshney 1995：101-112］。

　更に、ジャナター党政権期に本格的に開始された総合農村開発事業（IRDP）も全国展開された。総合農村開発事業の重点は次第に貧困軽減に置かれ、従って指定カースト・部族が受益者として重視されたが、同時に小農・零細農も対象であった［近藤 1998b：23］。ビハールの社会経済構造と照合すると、これらは後進カースト、とりわけ下層後進カーストに該当する。政策の実施過

程においては、腐敗行為による漏洩によって農村の「持てる層」も利益に与ることができたことから［近藤 1998b：50］、実際には上位カースト地主・富農、上層後進カースト自作農・小作人も恩恵を受けたと推測できる。このように、いわば補助金をかつてない規模で散蒔いたわけだが、狙いが農村部における会議派の支持基盤の強化、とりわけ後進カースト農民にあったことは確かだと思われる。

　第二点は、ラジーヴ政権期末期に試みられたパンチャーヤット制度の改革に典型的に見ることができる。ラジーヴの改革は、パンチャーヤット制度の権限を中央政府が掌握し、さらに州政府をバイパスして、中央政府が県レベル以下の農村に直接開発資金を供与する点に特徴があった［井上 1998：18-22］。この改変が非会議派州政権の権力を削ぐことを目的とすると同時に、地主動員戦略を立て直すことを目的としていたことは否定できない。開発資金の供与が農村社会の底辺に生きる下層階層を対象としていたとしても、補助金の割り振りを差配する権力を現実に握っているのは、村長をはじめとする村の社会・経済的権力者だからである[8]。

　パンチャーヤット制度改変は、「州政府をないがしろにするものである」という非会議派政党の反撥を受けて1989年下院選挙直前に否決される［Brass 1994：141, 井上 1998：21］。確かに州政府の権力は削ぐことになるかもしれないが、農村の権力構造自体を変える話ではなかった。むしろ、強化する効果を持っていたと言える。上位カースト地主による社会・経済的影響力に陰りが見られるのであれば、新たに開発資金を注入してリソースを提供すればよい。資金を確実に村に届けるためには、州政府を関与させずに中央政府予算から直接村に支給する仕組みを作ればよい。そうすれば、非会議派州政権が押さえるパトロネージ・ネットワークを先細りさせることも可能だ[9]。パンチャーヤット改革の背景にはこのような思惑があったと思われる。第2章で検討したマデプラ県ムルホ村で長年村長を務めたマンダル家のスバーシュ元村長は、ラジーヴの改革案について「天才だ」と絶賛していたが[10]、彼と同様に自らの権力が

---

8) この点は、ビハール州ボージュブル県ベラウール村、同州マデプラ県ムルホ村の事例でも確認することができた。
9) 実際に非会議派政権は、州の権限が削られることを恐れた。井上［1998：19］参照のこと。

増大することを歓迎した村長は多かったと推測できる。

　最後が、宗教動員戦略への接近である。地主動員戦略が次第に効果を失いつつあるのであれば、それに代わる強力な集票戦略を探せばよい。これまで検討した4つの集票戦略の中で、上位カースト地主による支配という農村の社会・経済秩序を温存したまま、新たに結束をもたらす可能性のある戦略は、BJPが推し進める宗教動員戦略だった。ただし、「端の連合」の一角を形成するムスリムは重要な支持基盤であるため、BJPのように露骨に「ヒンドゥー票」の構築を目指すことはできない。ムスリムは少数派であるとは言え、全人口の約11％を占める大集団である[11]。従って、宗教動員戦略を志向しつつも、ヒンドゥー、ムスリム双方の反撥を招かないような宥和的な政策、すなわち亜流宗教動員戦略が採られることとなった。

　以上、三つの方策を、会議派は全て試した。第一の補助金政策については、次章で検討するように、1985年3月の州議会選挙までは会議派も勝利を続け、政策の効果が問われることもなかった。ところがこれ以降の州議会選挙では敗北を重ねる。とりわけ1987年6月に行われたハリヤーナー州議会選挙は、チャラン・シンから「農民の代表」を受け継いだデヴィ・ラール（Devi Lal）のローク・ダルが、「農民の利益」を掲げて会議派に大勝したため、補助金政策による後進カーストの懐柔策は効果が疑わしくなっていた。第二のパンチャーヤット改革については、すでに述べたように、1989年下院選挙直前に上院で否決され、実施を見ていなかった。最後に残った宗教動員戦略への接近は、補助金政策のように新たに予算を割く必要もなければ、パンチャーヤット法案のように議会で野党の承認を得る必要もなく、最も容易に実現できた。そして、パンジャーブ問題とこれに引き続く1984年下院選挙で効果は実証済みだった。最終的に会議派は宗教動員政策へ接近し、この決断がバーガルプル暴動を生むことになった。宗教動員戦略への接近を生む契機となった1984年下院選挙について、次に検討しよう。

---

10) ビハール州マデプラ県ムルホ村スバーシュ・チャンドラ・ヤーダヴ元村長に対するインタビュー（2004年5月1日、2005年2月14日）。
11) 1981年センサスによれば、ヒンドゥー教徒82.6％に対してムスリムは11.4％を占めている。ただし、1981年はアッサム州では調査が行われなかった。

第 4 節　宗教動員戦略へ接近する会議派

亜流宗教動員戦略

　宗教動員戦略への接近を、亜流宗教動員戦略と名付けることとしたい。セキュラリズムの護持を国是として憲法に刻んだことから、会議派は、BJPのように露骨に「ヒンドゥー国家」の実現を訴えるわけにはいかなかった。そこで亜流宗教動員戦略となるわけであるが、戦略は次の二つの内容を持つことになる。

　第一に、国民統合にとって脅威と認識する宗教的少数派、1980年代前半の文脈ではスィク教徒による分離独立運動を徹底的に攻撃する。一見、国民統合の脅威と闘うことを強調するが、脅威が宗教アイデンティティに基づいている以上、守る対象も宗教アイデンティティに基づくこととなる。すなわち多数派を占めるヒンドゥー教徒の保護が黙示的に訴えかけられることとなる。

　第二の特徴は、宗教的保守派・過激派の要求に対し、セキュラリズムの原則からこれを却下するのではなく、譲歩することである。例えば、後に検討するシャー・バノ訴訟をめぐってイスラーム保守派が新法の制定を求めた際、これを受け入れて最高裁判決を覆す。同時に、抱き合わせとしてヒンドゥー・ナショナリストにも譲歩し、独立直後から閉じられていたバブリー・マスジットを開門する。こうして両宗派の強硬派に譲歩する宥和策を採用し、双方の支持を取り付けようとした。セキュラリズムの原則を貫いて宗教アイデンティティの非争点化を図ったのではなく、宗教宥和策を採用することによって宗教アイデンティティを集票に利用しようと試みた。

　このように、「ヒンドゥー国家」の実現を露骨に掲げるわけではないものの、宗教アイデンティティを黙示的に集票に利用しようとする戦略が、亜流宗教動員戦略である。亜流宗教動員戦略が大々的に展開されたのが、次に検討する1984年下院選挙であった[12]。

---

12)　マノールによれば、スィク教徒の国カリスターン建国を要求するスィク教徒過激派と全面対決の姿勢を打ち出すことによって「ヒンドゥー票」を獲得できると会議派指導部が認識したのは1982年のいずれかの時点であったという［Manor 1991：80］。その後、亜流宗教動員戦略は、1983年デリー選挙、ジャムー・カシミール州選挙で実践されることとなった。パンジャーブ問題も含めた詳細については、中溝［2008：193-197］で検討した。

1984年下院選挙における宗教アイデンティティの争点化

　スィク教徒の首相護衛によってインディラ・ガンディーが暗殺された1984年10月31日の晩に、長男のラジーヴ・ガンディーが首相に就任した。ラジーヴは13日間の服喪期間が明けると直ちに、総選挙を12月24日に行うことを表明する［Manor 1991：93］。選挙戦は、亜流宗教動員戦略を大々的に採用したものだった。

　1984年選挙において、ラジーヴ首相は「国家の危機」を声高に訴え、野党を「非国民」と決めつけ非難した。「野党は、インドを弱くすることに関心を持っている外国から援助を受け取っている」、「ジャナター党、BJP、ダリット労働者農民党（Dalit Mazdoor Kisan Party）は、英国在住のスィク過激派とつながっている」[13]、野党指導者の会合については「国の統一を脅かす毒を植え付けている」、アーンドラ・プラデーシュ州首相でテルグ・デーサム党の創設者ラーム・ラオ（N. T. Ram Rao）については「分離主義者」、ジャナター党政権下のカルナータカ州では、「ジャナター党はインディラ暗殺者を助けた」、「ジャナター党は国を分裂させようと企んでおり、過激派を匿っている」、「ジャナター党の二人の幹部は、パキスタンの協力者だ」などと声高に叫び続けた。ラーム・ラオに関する発言は直ちに撤回したことからもわかるように、根拠のない煽情的な演説であった。ポスターにはスィク教徒を意味するターバンを巻いた暗殺者がインディラを射殺する光景があしらわれ、「国家の危機」が強調された。そして、「国を守れるのは、会議派だけだ」と訴えた［Manor 1991：81-83］。

　以上の演説内容からもわかるように、「国を守れ」という主張は反スィク感情と表裏一体となっていた。11月にデリーで行われた選挙キャンペーンにおいて、ラジーヴ首相は会議派所属のスィク教徒市長が野次り倒されるのを止めようともせず、自身の演説では「復讐」を口にした。M. K. ガンディーの暗殺に関与したことから、これまで敵視してきた民族奉仕団（RSS）への批判は止まった［Manor 1991：81］。このような亜流宗教動員戦略を採用したからこそ、RSSの活動家が会議派を支持し［Jaffrelot 1996：329-330］、会議派もこれを受

---

13) チャラン・シンは1984年下院選挙を前に、ローク・ダルを「ダリット労働者農民党（Dalit Mazdoor Kisan Party）」と改名した。富農の党という批判をかわし、貧困層の取り込みを狙ったものと思われる。

け入れたと言える。

選挙結果は会議派の圧勝に終わった。獲得議席数（415議席）、得票率（48.1％）とも独立以来最高を記録し、議席占有率で76.6％に達した。続いて1985年3月に行われた11州1連邦直轄地の選挙でも、1984年下院選挙ほどの勢いを維持することはできなかったが、シッキム州を除いて現職政権を維持することができた。1985年3月の州議会選挙までは亜流宗教動員戦略は抜群の効果を発揮したと言える。

BJPのヒンドゥー回帰

BJPの「リベラル路線」は成果を上げていなかった。ヒンドゥー・ナショナリズムへの偏向を修正し、非ヒンドゥー教徒にも受け入れられるような政策を呈示したにもかかわらず、票を上積みするどころか減らしていった。代わりにスィク教徒を非難する会議派が票を集め、これまでBJPを支えてきたRSSも離反した。1984年下院選挙は、得票率こそ1971年選挙と同程度の7.4％を確保したものの、議席数は独立以来最低となるわずか2議席にまで落ち込んだ。党の看板であるヴァージペーイー党首も落選し、解党の危機がささやかれた。1985年3月の州議会選挙でも、1984年下院選挙からは復調したものの、「リベラル路線」の成果を誇れる状況ではおよそなかった。

その結果として、BJPの宗教動員戦略への揺り戻しが始まっていく［Jaffrelot 1996：375-382］。人事面では、強硬派を代表するアードヴァーニーが党首に就任し、RSS幹部がBJP幹部に登用された。政策面でも、アードヴァーニーが党首に就任した1986年5月の党大会においては、雌牛の屠殺禁止、統一民法典の制定、憲法370条の廃止、というBJS時代の政策が復活した。1987年10月には、アヨーディヤ問題を含めた現況について討議する会議が開催され、「ヒンドゥー票」を構築することで一致した。

もっとも、「ヒンドゥー路線」へ回帰したからと言って、BJPが掲げる政策が宗教問題によって占められたわけではない。例えば、1988年1月に開催された全国委員会では、アヨーディヤ運動の継続が確認されると同時に農業問題も取り上げられた。ただし、「ヒンドゥー路線」の強化は明確であり、1988年9月29日に行われたRSS初代総裁ヘードゲーワール（Hedgewar）生誕100年

祭においてアードヴァーニーは、「ラーム神を支持する者と協力して、他党の反対を乗り越えて、前進し続ける」と明言した。

BJPが「ヒンドゥー路線」に転換した契機として、選挙における敗北が重要であったことには疑いがない。同時に、会議派が亜流宗教動員戦略を採用した事実を抜きに考えることもできない。会議派の政策がBJPの過激化を促し、BJPの過激化が会議派の政策に影響を与える。このような相互作用の結果、宗教アイデンティティが争点化し、1989年下院選挙の最中にバーガルプル暴動という大虐殺を生むこととなった。その前提として、会議派による亜流宗教動員戦略の実践を次に検討してみよう。

ラジーヴ政権による亜流宗教動員戦略
（１） シャー・バノ訴訟

1984年下院選挙、1985年3月州議会選挙ともに会議派の勝利に終わり、敗北したBJPが「リベラル路線」から「ヒンドゥー路線」へ回帰しつつあるときに起こったのが、シャー・バノ訴訟であった［Jaffrelot 1996 : 334-336］。シャー・バノ訴訟とは、ムスリムの離婚女性シャー・バノが、元夫に対して扶養費の支払いを求めて起こした訴訟である。彼女は1932年に法律家の夫と結婚し結婚生活を送っていたが、夫は1975年に二度目の結婚を行ってしまう。ムスリム慣習法に従って1978年に夫から離縁されたシャー・バノは、妻の扶養義務を求めて元夫を訴え、裁判で被扶養権を認められた。1980年に扶養料の改定を夫に求めた際、元夫は、「イスラーム法（Shariat）によれば、離婚して3ヵ月を経過すれば、妻に扶養金を支払う必要はない」と最高裁判所に逆に訴えた。

最高裁判所は、1985年4月23日に判決を下し、元夫の訴えを棄却した。扶養費支払い義務を定めた刑事訴訟法125条は全ての宗教に適用され、「コーランの中にも、離婚された妻は扶養費を支払われるべきであると規定されている」という理由からだった。最高裁はさらに踏み込んで、統一民法典制定のための努力が全く行われていないことを嘆いた。

最高裁の判決は、ムスリム国会議員の一部やムスリム諸団体の反撥を招いた。扶養費を巡る問題とは別に、最高裁がコーランの解釈を行ったことについても

反撥が向けられた。全インド・ムスリム私法会議（All India Muslim Personal Law Board）は、1985年10月に「イスラーム法防衛週間」を組織し、多くの会合で「ムスリム私法が危機に瀕している」、「イスラーム法は我々の宗教的権利である。これを守るためには死をもいとわない」と叫んだ。動員は成功し、ビハール州では40万人、ボンベイでは30万人が参加したとされる。独立以来、ムスリムによる抗議活動としては最大規模の盛り上がりであった。

　動員に先立つ1985年7月に、全インド・ムスリム私法会議は刑事訴訟法125条と憲法44条に関し、ムスリムを除外するよう改訂すべきだという要望をラジーヴ首相に提出していた。当初ラジーヴは動かなかったが、10月の動員の成功を目の当たりにして、次第に譲歩を始める。宗教的少数派の慣習法を変える意図はないと保証することから始まり、1985年12月21日には、刑事訴訟法125条の改訂を全インド・ムスリム私法会議に約束することで、明確に政策を転換した。約束は守られ、1986年2月27日には、ムスリム女性（離婚に関する権利保障）法案が提出された。法案では、夫が離縁した妻に3ヵ月を超えて扶養費を払う義務はなく、3ヵ月の後は実家が扶養すべきである、というものであった。実家に頼れない場合はワクフ（waqf：イスラーム法に則った寄付金）によって扶養されることとされたが、現実には無理な話であった。こうしてラジーヴ政権は全インド・ムスリム私法会議の要求を全面的に受け入れる形で譲歩し、ムスリム票を確保しようとした。

（2）　アヨーディヤ開門

　ムスリムの動員力に敏感に反応し、ラジーヴ政権の譲歩を見逃さなかったのがヒンドゥー・ナショナリストだった［Jaffrelot 1996：369-371］。VHPはインディラ暗殺以降、行進を一時中止していたが、シャー・バノ訴訟に関するムスリムの動員を目の当たりにして、再び活動を活発化させる。1985年10月31日には、第2回目となる宗教国会を開催し、831名のサドゥーが参加した。会議では、独立直後の1949年以来閉鎖されてきたバブリー・マスジットの開門を要求し、期限を1986年3月9日に切った。期限までに開門されなければ、抗議運動を行うことを議決し、その前段階としてラーム・シーター行進（Ram Janaki Raths：ラーム王子とシーター妃を讃える行進）をウッタル・プラデーシュ

州とビハール州で行うこととした。行進は1985年11月から12月にかけて25の都市を起点として行われた。

　行進はさほど支持を集めなかった。従って、期限までに開門されない場合に行われる抗議運動がどれほどの支持を集められるのか、疑わしい状況だった。それにもかかわらず、ラジーヴ政権はヒンドゥー・ナショナリストに譲歩する決定を下す。1986年1月25日にアヨーディヤ在住の弁護士パンデーが、県判事補に対しババブリー・マスジットの開門を請願したところ、判事補は裁判手続きを取ることを求め、1月30日にファイザバードの判事に対して改めて請願が行われた。判事は翌2月1日に、モスクの門を開けるよう決定を下した。

　この決定に対し、ラジーヴ政権も、ウッタル・プラデーシュ州会議派政権も何の行動も取らなかった。決定が下された40分後には南京錠が開けられ、現場にはVHPの多勢の構成員と共に国営放送ドゥールダルシャンのテレビカメラが待機していた。手際の良さは、ラジーヴ政権が開門をイベントとして演出しようとしたという印象を与えるに十分だった。実際に、VHP指導者と県長官、V. B. シン（Vir Bahadur Singh）ウッタル・プラデーシュ州首相（会議派）は、1985年12月に何度も交渉を行い、開門へ向けての準備を行っていた。今回の非常に迅速な決定は、1950年代に行われた請願が告訴権なしとして上級裁判所で審議が停止され、以後30年近く司法判断が動かなかった経緯からの劇的な転換であり、政治的意図が大きく働いた結果であると推測できる。実際に、当時ラジーヴ首相の側近であったアルン・ネルー（Arun Nehru）は、ムスリム女性法案とアヨーディヤ開門は抱き合わせで行われたと回想している[Jaffrelot 1996：371]。

　後の展開が示すように、アヨーディヤ開門はまさにパンドラの箱を開ける決定であった。ラジーヴ首相の意図は、開門によってモスクの中に置かれたラーム像への参拝が許されれば、ヒンドゥー・ナショナリストを宥めることができるだろう、という点にあった。しかし、見通しの甘さは直ちに露呈する。RSSは「ヒンドゥー票」を構築する格好の機会と捉え、モスクが建つ場所にラーム寺院を建設する権利を次に主張し始めた。開門の翌月3月に採択されたRSS関連団体の決議は、「全ての人が、この聖なる試みに参加する機会を与えられるべきである」とし、たがが外されたアヨーディヤ運動は更に加速していくこ

ととなった [Jaffrelot 1996:371]。

　このように、ラジーヴ政権は、ムスリム保守派の要求とヒンドゥー強硬派の要求に譲歩して、双方から支持を得ようと試みた。しかし、両者の要求は、本来的に対立するものであり相容れるものではない。矛盾は程なく露呈することとなる。

宗教対立の激化

　ムスリムは、当然のことながらアヨーディヤ開門に反撥した。開門直後の1986年2月5日には、ジャナター党下院議員S. シャハブッディンやデリーのジャマー・マスジッドの宗教指導者（イマーム）であるブカーリ（Imam Bukhari）を含むムスリムの指導者達がバブリー・マスジット行動委員会（Babri Masjid Action Committee：以下、BMAC）を立ち上げた。翌2月6日には、アヨーディヤ在住のムスリムであるM. ハシームが、アラハバード高裁ラクナウ支部に、バブリー・マスジッド開門に対する異議申し立てを行った。1986年4月にはBMACが、アヨーディヤの原状復帰を求めてウッタル・プラデーシュ州で抗議運動を展開し、1986年8月にはデリーでも抗議運動を行った。1987年3月30日にニューデリーで行われた抗議運動では、50万人が参加したとされている [Jaffrelot 1996:372-373]。

　ムスリム団体の活発な動員に対抗する形で、BJPも「リベラル路線」から「ヒンドゥー路線」への転換を加速させていく。具体的な経緯は前述したため繰り返さないが、アードヴァーニーが主導権を握って「ヒンドゥー路線」を推進する過程は、ムスリム団体による動員と時期をほぼ同じくしていた。1988年9月には、アードヴァーニーがアヨーディヤ問題に対する支持を明確に示したことはすでに触れたとおりである。

　直後の1988年10月には、ヒンドゥー・ナショナリスト、ムスリム団体双方が大動員計画を発表した。まずBMACが、アヨーディヤにおける行進を1988年10月14日に行うと発表し、これへの対抗策としてVHPは、「ラーム神に対する偉大な献身」を10月11日から5日間にわたって行うと発表した。緊張の高まりと共にウッタル・プラデーシュ州アリーガル、ムザッファナガール、ファイザバードで暴動が起こり、ブータ・シン内相はBMCAに行進の停止を命

じる。BMACは、アヨーディヤに関する全ての問題をアラハバード高裁で審議することを条件に停止に応じ、判断は司法に委ねられることとなった[14]。

ラーム・レンガ行進の開始

ヒンドゥー・ナショナリストは、さらに活動を拡大していった。RSSは、1988年秋から1989年4月6日まで行われた先述のヘードゲーワール生誕100年祭を機会として新メンバー獲得に力を入れ、インド全村落の半数に及ぶ25万村を訪問した。構成員は1979年の100万人から180万人に増加し、支部の数は2万5,000に及んだ［Jaffrelot 1996：383］。

VHPも動員を拡大していった。1989年2月には第3回目となる宗教国会を開催し、「公的領域をヒンドゥー化する」、「ラーム寺院を建設する」という二つの大きな決議を採択した。ラーム寺院の建築モデルも披露され、ラーム・レンガ行進（Ram Shila Procession）を核とする行動計画が提案された。計画によると、寺院建設費用として一家族につき1.25ルピーの寄進を求め、同時にラームの刻印が施されたレンガ（ラーム・レンガ）を製造し、祈禱によって清める。全国各地から集められた寄付金とラーム・レンガはラーム・レンガ行進によってアヨーディヤを目指して運ばれ、ラーム寺院建設竣工予定日である11月9日にアヨーディヤに結集する手はずとなっていた［Jaffrelot 1996：373-374, 383］。

BJPも、アヨーディヤに関するRSS、VHPの方針を受け入れる。1989年6月に開催されたBJP全国委員会では、アヨーディヤ問題に関する党の方針が最終的に決められた。アヨーディヤ問題について、「ラーム生誕の地は、可能であれば交渉によって、もしくは法によって、ヒンドゥーの手に返されるべきである。司法に委ねるべきではない」と決議した［Jaffrelot 1996：381-383］。こうして、ラーム・レンガ行進のハイライトは、遅くとも1990年初頭に予想されていた下院選挙の選挙戦と重ねられ、選挙へ向けてBJP、RSS、VHPの連携は万全の体制となった。1984年下院選挙前の分裂状態とは実に対照的であ

---

14) Jaffrelot［1996：373］参照。この決定は、ムスリム団体内部の分裂をもたらした。強硬派はデリーのジャマー・マスジットのイマームであるブカーリを指導者としてBMACに残り、穏健派はジャナタ党国会議員シャハブッディンを指導者としてバブリー・マスジッド連絡協議会（Babri Masjid Coordination Committee）を結成した。

り、1984年選挙の後4年間で「ヒンドゥー路線」が「リベラル路線」を圧倒した様を窺うことができる。

　ラーム・レンガ行進が始まると、暴動が続発した[15]。公式推計によれば1989年に706件の暴動が起こり、他の推計によると、行進が引き起こした暴動によって1,174名が犠牲になった［Jaffrelot 1996：396-398, 1998：79-81］。嚆矢となったのが、1989年9月14日にラジャスターン州コタで起こった暴動である。1956年に宗教暴動が起きて以来33年間平穏だったコタでは、BJP党員が参加したとされるラーム・レンガ行進において、武器や刀が運ばれると同時にムスリムを挑発するスローガンが叫ばれたことを契機として、暴動が起こった。行進がムスリム地区を通過した際に石が投げ込まれ、報復として行進の参加者が187の店を焼き払い、15名が犠牲となった。

　暴動は、コタを皮切りに、ラージャスターン州、マディヤ・プラデーシュ州、ウッタル・プラデーシュ州、グジャラート州、ビハール州、さらにはカルナータカ州、アーンドラ・プラデーシュ州など南インドにも拡大していった。アーンドラ・プラデーシュ州と大統領直轄統治下にあったカルナータカ州を除き、全て会議派政権州である[16]。いずれもラーム・レンガ行進が引き金となったものであり、同じ問題が原因となって全インド規模でヒンドゥー・ムスリム暴動が発生したのは、独立後初めての現象と言ってよい。なかでも、最悪の犠牲者を出したのが、ビハール州で起こったバーガルプル暴動であった。

第5節　バーガルプル暴動

バーガルプルの概観

　シルク製品の産地として知られるビハール州バーガルプル県バーガルプル市は、ガンジス川沿いにある中規模な都市である[17]。古くから交通の要所として

---

15)　*India Today*（以下 *IT* と表記), 1989/10/31, pp. 26-37.
16)　中央政府は会議派政権であるから、カルナータカ州も実質的には会議派政権州であると言ってよい。従って、暴動が起こった州は、アーンドラ・プラデーシュ州を除き全て会議派政権州であった。
17)　暴動の発生した1989年に最も近い1991年センサスによると、バーガルプル市の人口は26万119名である。ジャールカンド分離前のビハールでは人口第7位に位置した。Registrar General of India ［1998：218-225］参照。

栄え、ガンジスを下ってきた有力な商人カーストの一つであるマルワーリー商人やムスリムの王族などが定住の地として選んだ。郊外では織機と発電機の音が終日響き渡り、発電機の排ガスが息苦く立ち込めている。独立以来最悪規模と当時呼ばれたヒンドゥー・ムスリム暴動は、この街で1989年10月に起こった[18]。

　暴動は、ラーム・レンガ行進が全国で引き起こしていた暴動の集大成とも呼べる規模だった。暴動はバーガルプル市にとどまらず農村部にも拡大し、バーガルプル県21郡の内15郡で多数の犠牲者が出た［Engineer 1995：1729］。犠牲者は、1995年時点での政府集計で1,069名にのぼり、ラーム・レンガ行進に直接関係する暴動としては文字通り桁違いの被害だった[19]。

　規模もさることながら、選挙戦の最中に起こった暴動であることも特異だっ

---

18) 本節の記述は、筆者が2004年8月から9月にかけて行った現地調査に基づいている。現地調査に加え、以下の論文、報道を参考にした。People's Union for Democratic Rights［1990］（以下『PUDR報告』）, People's Union for Civil Unity, State Unit, Bihar, *The statement of fact, opinion, suggestions*（以下『PUCL報告』）, Bhagalpur Riot Inquiry Commission［1995］（以下『委員長報告』）, Bharti［1989c］, Dogra［1990］, Engineer［1990, 1995］, Jha, A. K.［1991］、他に*IT*, *Frontline*（以下、*FL*）の各誌、*The Hindustan Times*（New Delhi）（以下、*HT*）、*The Hindu*（Madras）（以下、*HI*）紙。
　ビハール政府が任命した調査委員会は、当初ラームナンダン・プラサード判事1名からなる委員会だったが、プラサード判事の娘が1991年下院選挙でBJPから立候補したために、報告書の中立性が損なわれるとして、新たにシンハ判事、ハサン判事が委員としてラルー政権によって任命された。報告書の取りまとめに際しプラサード判事と、シンハ、ハサンの両判事は対立し、それぞれ報告書を別個に提出した。プラサード判事の報告書（『委員長報告』）は時の会議派政府、BJPに対して甘く、シンハ、ハサン両判事の報告（『シンハーハサン報告』）は厳しいとされている。両者の対立の経緯について、*IT*, 1995/7/31, pp. 84-85参照。筆者は残念ながら『委員長報告』しか入手することができなかったため両者の比較を原本に基づいて行うことはできないが、報道、論文等によって埋め合わせることとしたい。『シンハーハサン報告』に関しては、主にエンジニア博士（Dr. Asghar Ali Engineer）の紹介に頼っている［Engineer 1995］。エンジニア博士は、「社会とセキュラリズム研究センター（Centre for Study of Society and Secularism）」所長として、ムンバイを拠点にインドの宗教問題、とりわけ宗教暴動について長年にわたり精力的に調査研究を行ってきた。

19) 虐殺事件の常ながら、犠牲者数の確定は非常に難しい。*IT*, 1995/7/31, p. 85によると、公式集計とは書いていないものの、バーガルプル県長官が1,069名の死者の内985名の親族に補償金が支払われたと述べていることから、1,069名の死者が出たと政府が認識していると判断してこの数字を採用した。もちろん、インタビューから明らかなように、検死も行われずガンジス川に投げ込まれた遺体も数多くあることから、実際の犠牲者は更に増える可能性が大きい。『PUDR報告』によると約1,000名の死者のうち、93％がムスリムであった［『PUDR報告』：1］。『委員長報告』はムスリムが約900名、ヒンドゥーが約100名犠牲になったとし、合計約1,000名が犠牲になったとしている［『委員長報告』：1］。

た。次章で検討するが、ラジーヴ首相は総選挙の実施を 10 月 17 日に唐突に発表し、周囲を驚かせた。バーガルプル暴動はちょうどその 1 週間後に当たる 10 月 24 日から始まり、独立後の政治史を検討しても、選挙期間中にこれほど大規模な暴動が並行して起こった事例は存在しない。政治と非常に密接に結びついた暴動であったと言える。

それでは、バーガルプル暴動は、なぜ、どのように起こり、なぜこれほどの規模に拡大したのか。一連の過程に、ラーム・レンガ行進を企画した VHP、そして VHP と密接な関連を有する RSS、BJP はどのように関係していたのか。暴動発生当時、中央・州政府で政権を担っていた会議派は、暴動の発生・拡大・鎮圧にどのような行動を取ったのか。亜流宗教動員戦略の実践はどのような影響を与えたのか。以下においては、これらの点を念頭に暴動の過程を検討することとしたい。まずは、背景の説明から始めよう。

バーガルプルにおけるヒンドゥー・ムスリム関係

バーガルプルにおけるヒンドゥーとムスリムの暴力的対立は、1989 年暴動が初めてではない。ヒンドゥー・ムスリム関係が極めて悪化した独立直前の時期には、1946 年 8 月の「直接行動の日」を引き金として起こったカルカッタ暴動がビハールにも飛び火し、バーガルプルでも多くの犠牲者が出た[20]。1967 年、1970 年、1984 年にも小規模な衝突が起こり、宗教間の暴力的対立と無縁な街では決してなかった［『PUDR 報告』：2］。

しかし、バーガルプルの街が、ヒンドゥーとムスリムの緊張関係に常に覆われていた、と想定するには無理がある。後述のように、暴動の 2 ヵ月前から不穏な雰囲気は漂い始めるが、暴動がいつ起こるか、どれほどの規模になるか、といったことは、多くの市民にとって曖昧なままであった。バーガルプル大学のアリ教授（ムスリム）は、「ムスリムの多くは何か起こることを感じ取っていたが、自分は、コミュニティー全体が対決し一方が追い出される状況になるとはとても思ってもいなかった。いまでも信じられない気持ちである」と述べた。暴動が起こる前は、何か起こりそうだと漠然とは思いつつ、実際に起こっ

---

[20] 社会活動家バナラシ・プラサード・グプタ氏に対するインタビュー（2004 年 9 月 19 日）。グプタ氏は 1946 年暴動を経験した数少ない生き証人である。

たような大暴動は予期できなかった、という認識が一般的だったように思われる[21]。

それでは、ヒンドゥーとムスリムの社会・経済的関係はどのようなものだっただろうか。まず人口比については、1991年センサスによると、バーガルプル県全体ではムスリムの人口比は13.9％でビハール平均14.8％を下回る一方、バーガルプル市に限ると29.4％と比率は倍以上に跳ね上がる[22]。ムスリムの存在感は、人口比のみならず主要産業であるシルク産業の寡占でいっそう強められることとなった。

暴動前のシルク産業においては取引業者の80％、機織工場主の90％、織工の90％、染色工のほぼ100％をムスリムが占め、ムスリムがシルク産業を牛耳っていると言ってよい状況であった[23]。取引商人はデリー、ムンバイ、コルカタ、ヴァーラーナシーなど大都市に事務所を構えるマルワーリー・カーストの輸出業者から注文を受けて機織工場主に発注し、工場主は織工、染色工を使って製品を仕上げた。ヒンドゥーの取引業者はマルワーリー商人が主で、機織工場主、織工のヒンドゥーはタンティー（Tanti）・カーストに属すものが主だった。シルク産業は1980年代半ばからブームを迎え、現在のIT産業のように大学新卒者を惹きつける魅力があり、マルワーリー商人がムスリムの寡占を打ち破る動機は十分にあった［中溝 2011：34］。

農村部に目を転じると、暴動が最初に起こったバーガルプル郊外のファテプル（Fatehpur）村に見られるように、ムスリムの大地主が存在する地域もあった。ジャウンプーリー（Jaunpuri）と呼ばれる人々はウッタル・プラデーシュ

---

21) ファルール・アリ（Dr. Farul Ali）教授（バーガルプル大学T. N. B. college）へのインタビュー（2004年8月22日）。暴動の予測可能性の低さについては、A元教授へのインタビュー（2004年9月13日）、B氏へのインタビュー（ナヤ・バザール（Naya Bazar）虐殺の生存者、2004年9月14日・17日）からも確認できる。
22) Registrar General & Census Commissioner［1996：44-45］参照。
23) シャキール氏へのインタビュー（2004年9月13日、24日）による。シャキール氏は「シルク・タイクーン」とも呼ばれるバーガルプルシルク産業界の大物で、バーガルプル市で衝突が最初に起こったタタルプル・モスクの近くに自宅と事務所を構えている。暴動前は和平委員会（Peace committee）のメンバーとして衝突を回避するために努力したにもかかわらず、暴動が始まると警察に嫌疑をかけられ逮捕される。裁判で無実が証明されたが、暴動後は中央福祉協議会（Central Welfare Society）の中心メンバーとして夜警活動を行うなど暴動の防止に尽力した。彼らの活動について、IT, 1994/6/30, pp. 102-103を参照のこと。

州ジャウンプル（Jaunpur）一帯を支配していたムスリムの王の子孫で、戦に敗れガンジス川を下ってサハルサにたどり着いた。その後バーガルプルに移住し、ファテプル・パンチャーヤット一帯に住み着き、英領時代はこれらの村がファテプル所領（Fatehpur estate）としてムスリムのザミンダールによって支配されていた。ファテプル所領では、ヤーダヴなどのヒンドゥーが小作人、農業労働者として働き、ムスリムの地主に仕えていた[24]。このようにバーガルプル市近郊にはムスリムの大地主が存在し、暴動で最大の犠牲者を出したロガイン（Logain）村にも、バーガルプルのイスラーム宗教指導者であるアマン・バブー（Aman Babu）が所有する350エーカーともされる広大な農地が存在した[25]。

このように、バーガルプル市の主要産業であるシルク産業をムスリムが支配し、かつ郊外にはムスリム大地主の所有地が広がるというように、ムスリムは少数派とはいえ数が多く、かつ経済的に比較的裕福な層が存在したのがバーガルプルの特徴である[26]。シルク・タイクーンと呼ばれるシャキール氏は、「（ヒンドゥーよりも）ムスリムが優位に立つところで暴動は起きる」と断言したが[27]、バーガルプルには彼の説が説得力を持つ社会・経済的状況が存在した。それでは、こうした社会・経済的状況と政治的要因はどのように関係しただろうか。

政治的競合の激化
（1）　警察・政治家と犯罪組織

バーガルプルにおける政治的要因について検討する前に、犯罪組織の活動と警察・政治家の関係について確認しておきたい。1980年代にバーガルプルが全国に知られる契機となったのは、暴動ではなく刑務所における残虐行為だった [Bharti 1989a：2643]。警察官が、熱した鉄棒で拘留者の目をくり抜き、眼孔に塩酸を注いだ事件は、バーガルプル警察の残虐性を示すと同時にギャング

---

24)　アクバール村長へのインタビュー（2004年9月16日）。ジャウンプーリーの歴史については、自身がジャウンプーリーであるアシュラフィー氏からの情報。
25)　2004年9月20日のロガイン調査による。アシュラフィー氏からの情報。
26)　Engineer [1990：305-306] もこの点について触れている。
27)　前掲シャキール氏へのインタビュー（2004年9月13日、24日）。

組織の活動にも注目を集めた。残虐行為は、そうしたギャングに対する懲罰の意味が込められていたが、警察とギャングの対立はこれにとどまらなかった。

1987年には、ガンジス川のディアラと呼ばれる中州地帯で、バーガルプル県警副長官（Deputy Superintendent of Police）メヘーラーが電気料金をめぐる機織職人たちのデモに取り囲まれて殺害された［『委員長報告』：7, 34］。機織職人の中にはヒンドゥーもいたが9割はムスリムであり、デモにはムスリム・ギャングであるサラン・ミア・ギャング（Sallan Mia Gang）とアンサーリー・ギャング（Ansari Gang）も関わっていたとされることから[28]、警察とムスリム機織職人の関係は悪化した。

県警副長官殺害事件の後に、バラモン出身のK. S. ディヴェディ（K. S. Dwivedi）が県警察長官（Superintendent of Police）として着任する。ギャング一掃を掲げるディヴェディは、有力ギャングの一つであるサマア・ミア・ギャングを1989年6月に掃討作戦で壊滅させた。その際、包囲されたギャングにはムスリム、ヒンドゥー合わせて15名いたが、投降したにもかかわらず8名のムスリムだけ殺され、7名のヒンドゥーは殺されなかったことから、「ムスリムが狙い打ちされた」、「ディヴェディは反ムスリムだ」という認識が広まり、一部にはギャングに対する同情の念も生まれて来ることになった[29]。

警察との敵対関係とは裏腹に、ギャングは政治家とはつながりを持っていた。バーガルプルには、ディヴェディによって壊滅させられたサマア・ミア・ギャングとは別のギャングも存在し、政治家は選挙の際の投票所占拠やライバル候補の攻撃に彼らを使っていた。具体的な関係となると、情報は交錯し、また裏世界の話なので確かめることは難しい。『PUDR報告』は「関係は安定しなかった」としているが、それも説得力のある話である[30]。相矛盾する話を整理す

28) 『PUCL報告』p. 5参照。『PUCL報告』は、PUCLビハール支部が、バーガルプル暴動調査委員会に提出した報告書である。作成年度は不明であるが、調査は1989年12月24日から29日にかけて行われた。
29) 『委員長報告』pp. 7, 34, 『PUDR報告』p. 5参照。『委員長報告』は、ムスリムだけが殺されたことについて、「たまたまだった」としている。ディヴェディ県警本部長が反ムスリムだ、という認識は誤りだとしながらも、ただし認識自体が生まれたことは認めている。前掲アリ教授によると、「同情心」が芽生えたのは犯罪者の間だけであって、一般のムスリムは無関心だった（2004年8月22日インタビュー）。
30) 社会活動家シャラン氏も、「関係は入り乱れていた」とする（2004年8月20日インタビュー）。

ると、次のようになる。

　バーガルプル政界には1988年2月から1989年3月まで州首相を務めたバグワット・ジャ・アーザード（Bhagwat Jha Azad）と同時期に州議会議長を務めたシヴ・チャンドラ・ジャ（Shiv Chandra Jha）という会議派所属の二人の大物政治家がおり、ライバル関係にあった。『PUDR報告』によると、アンサーリー・ギャングは最初シヴ・チャンドラ・ジャに使われていたが、暴動の時点ではバグワット・ジャ・アーザードの庇護を受け、他にサラン・ミア・ギャング、サムア・ミア・ギャングも同様の庇護を受けていたとしている。これに対し、エンジニアは、サラン・ミア・ギャングはB. J. アーザード、アンサーリー・ギャングはS. C. ジャの庇護を受け、大物政治家の敵対関係がそのままギャング同士の敵対関係に反映されているとする［Engineer 1990：305］。彼によると、B. J. アーザードは、S. C. ジャに打撃を与えるためにアンサーリーを逮捕したが、S. C. ジャはこれを覆すためにディヴェディを県警察長官に就任させアンサーリーを釈放した。しかし、ディヴェディは掃討作戦でアンサーリー・ギャングの一味も殺害したため、アンサーリーはディヴェディに敵対心を持つようになった、とする。

　このように、もともと政治家とギャングの関係が不安定なのか、情報そのものが間違っているのか判断は難しいが、少なくとも、政治家とギャングの間に何か特別な関係がある、という認識は多くの市民に共有されていたと言える。そして関係の認識は、暴動の責任をめぐる解釈に重要な役割を果たすこととなった。

（2）　政治家の権力闘争

　前述のように、バーガルプルにはB. J. アーザードとS. C. ジャという二人の会議派大物政治家がいた。B. J. アーザードは、1962年下院選挙でバーガルプル選挙区から初当選を果たして以来、会議派がジャナター党に大敗した1977年下院選挙での落選を唯一の例外として会議派候補として当選を重ねていた。一方のS. C. ジャは、バーガルプル選挙区選出の州議会議員として1980年に初当選を果たす[31]。議員としての経歴はアーザードより浅いものの、1985年州議会選挙で再選された後は州議会議長に就任し、存在感を示していた。

二人の険悪な関係は、B. J. アーザードが初当選を決めた1962年下院選挙において、アーザードとジャが党公認を競った時から始まる［Bharti 1989a：284］。敗れたジャの敵愾心は、アーザードが州首相に就任した1988年2月より剥き出しになった[32]。議長室は反アーザード派の拠点になり、倒閣運動は次第に支持を集めていく[33]。1988年8月の時点で解任を陳情するためにニューデリーに上京した議員は60名だったが、1989年1月末の時点でアーザードの解任を求めた議員は140名に上った。党中央執行部は、ジャ議長と、同じく反アーザード運動を展開していたシン州知事に辞職を求め事態の打開を図るが、議長を解任されたジャは公然と反アーザード運動を主導し、結局アーザードも2ヵ月後の1989年3月に解任された。アーザードの後を継いだS. N. シンハ新体制の下でジャ前議長は何の役職も得ることができず、バーガルプル選出の二人の大物政治家は共倒れとなった。
　州行政府の長と州立法府の長としての激しい権力闘争が、二人の関係をより一層険悪なものにしたことは想像に難くない。前項で検討したギャングを使った二人の争いも、権力闘争の文脈に置くと理解が深まる。後に検討するように、アーザードは暴動を引き起こした張本人として名指しされ、1989年下院選挙で大敗し最終的に政界引退を余儀なくされた。アーザードが暴動を引き起こした理由として主に二つの解釈が流布しており、第一が、1989年下院選挙での当選を確保すること、第二が、S. N. シンハ州首相をはじめとする会議派執行部に仕返しをすること、であった。権力闘争から読み解くと、これらの動機も理解できる。

（3）　ヒンドゥー・ナショナリストの活動
　会議派の内部抗争から政党間競合に目を向けてみよう。バーガルプル政界で注目を集めていたのは、会議派の権力闘争だけではなかった。急速に伸張していたヒンドゥー・ナショナリストの影響力も、会議派支配を脅かしつつあった。前述のように、暴動の直接の引き金となったのはラーム・レンガ行進であるが、

---

31)　当選履歴については、選挙管理委員会の各選挙資料によった。
32)　*IT*, 1988/7/31, pp. 24-25, *IT*, 1988/8/31, pp. 36-37, Bharti ［1989a］を参照した。
33)　以下の記述については、次を参照した。*IT*, 1988/7/31, pp. 24-25, Bharti ［1989a, 1989b］。

行進を組織したVHP、RSS、さらにBJPはバーガルプルでどれほどの影響力を持っていただろうか[34]。

三つの組織の中でもっとも歴史が古いRSSは、RSSバーガルプル県支部長シュクラによると、独立前の1940年以前から活動を始めた[35]。活動の開始から暴動の起こる1989年までの組織的発展の経緯は詳しくわからないが、サング・パリワール総体としてみると、バーガルプル市では1960年代後半から一定の影響力を持っていたと考えてよい。バーガルプル市を含むバーガルプル州議会選挙区では、BJPの前身であるBJSが1967年選挙で初めて議席を確保して以来、S. C. ジャが選出された1980年代を除いてBJPの牙城となっている（表5-1）。ただし『PUDR報告』によると、VHPのバーガルプル市における活動は1988年以前には大衆的な基盤を持っておらず、1989年初頭から反社会的分子を取り込み始めたと言われている［『PUDR報告』: 7］。

農村部においては、活発な活動が1980年代後半から始まったという証言がある。バーガルプル市郊外に位置し最初の衝突が起こったファテプル・パンチャーヤットの村長によると、1985年頃からカーキ色の半ズボンを穿いたRSSの若者が外（主にバーガルプル）からやって来て、村々を回っていた。彼らは半ズボンや帽子を配ってRSSへの参加を募っていたが、ムスリムのところにはやってこなかった[36]。サダナンド・シンVHP南ビハール支部長によると、VHPが活動を始めたのは1980年以前であったが[37]、農村部における活動は1988年初頭から活発化したようである［『PUDR報告』: 29］。VHPが組織を拡大する重要な契機の一つがラーム・レンガ行進であったことは確かなようで、

---

34) サング・パリワール（RSSグループ）は、ラーマ・レンガ行進が暴動を引き起こしたことも、構成員が暴動に関与したことも、言下に否定する。シュクラ氏（Mr. Shankar Lal Shukla：RSSバーガルプル県支部長：2004年9月23日）、サダナンド・シン氏（Mr. Sadanand Singh：VHP南ビハール支部長：2004年9月23日）、パンデ氏（Mr. Satya Narayan Pande：BJPバーガルプル県支部長：2004年9月24日）へのインタビュー。

35) 前掲シュクラ氏へのインタビュー（2004年9月23日）。ただし、本人もあまり詳しくないと認めていた。前掲アリ教授は、あまり詳しくないとしながらも、活動は独立後から始まったとしている（2004年8月22日インタビュー）。

36) 前掲アクバール村長へのインタビュー：（2004年9月16日）。

37) 前掲サダナンド・シン氏へのインタビュー（2004年9月23日）。「南ビハール」は、ジャールカンド分離後のガンジス川以南の地域を指す。当然のことながら管轄地域はバーガルプル県にとどまらない。

表5-1　バーガルプル州議会選挙区選挙結果（1952-90年）

	1952	1957	1962	1967	1969	1972	1977	1980	1985	1990
当選	INC	INC	INC	BJS	BJS	BJS	JNP	INC	INC	BJP
次点	BJS	BJS	BJS	JKD	INC	INC	INC	JNC(SC)	JNP	INC
三位	SP	IND	CPI	INC	CPM	SOP	IND	BJP	LKD	JD

（出典）　選挙管理委員会資料より筆者作成。
（略号）　BJS：バラーティヤ・ジャン・サン（Bharatiya Jan Sangh）、BJP：インド人民党（Bharatiya Janata Party）、CPI：インド共産党（Communist Party of India）、CPM：インド共産党（マルクス主義）（Communist Party of India (Marxist)）、INC：インド国民会議派（Indian National Congress）、JD：ジャナター・ダル（Janata Dal）、JKD：人民革命党（Jan Kranti Dal）、JNP：ジャナター党（Janata Party）、JNP (SC)：ジャナター党（セキュラー：チョードリー・チャラン・シン）、LKD：ローク・ダル（Lok Dal）、SP：社会党（Socialist Party）、SOP：社会党（Socialist Party）、IND：無所属（Independent）。

バーガルプル県の全ての村にレンガ祈禱委員会を作って行進を組織し、「ヒンドゥー票」の構築に邁進した[38]。『PUDR報告』は、VHP指導者の話として、ビハールにおいてバーガルプルは村落レベルまで組織が浸透している4県の内の一つであり、特別な存在だったとしている［『PUDR報告』：29］。

いずれにせよ、ラーム・レンガ行進をめぐる動員が活発に行われ、暴動が起こった時点で、ヒンドゥー・ナショナリストの組織は村落レベルにまで浸透していたと言ってよい。RSSバーガルプル県支部長、VHP南ビハール支部長の主張が誇張でないことは、ラーム・レンガ行進が実際に多くの村で行われ、引き起こされた暴動がバーガルプル市に限らず農村部に拡大したことが暗示している。RSSの影響力がさほど強くない北ビハールにおいて、バーガルプルはRSSの強い数少ない県だったという評価は[39]、妥当と言えるだろう。

このように、会議派内部の権力闘争も、会議派とBJPの政党間競合も、1980年代後半から共に激化し始めた。政治エリートの競争と同時に、一般大衆の動員が積極的に行われたのも1980年代後半の特徴であった。最も大規模に行われたのがラーム・レンガ行進であるが、行進を検証する前に予兆としての夏祭りを次に検討しよう。

[38] 前掲サダナンド・シン氏へのインタビュー（2004年9月23日）。ただし、前掲アクバール村長によると、ファテブルでは、委員会と呼べるような固い組織はなかった。外から5、6人の人間がやってきて、レンガを渡してああしろ、こうしろと指示を出す感じだったという。ファテブル村の責任者は、ヴィノード・ヤーダヴと言い、当時はBJPの支持者だったが、現在はRJDの支持者である。

[39] アンワール氏（Mr. Ali Anwar：ジャーナリスト、ビハール州後進階級委員会委員、現上院議員）もこの点を認めた（2004年8月15日インタビュー）。

不穏な夏祭り

　ラーム・レンガ行進に言及する前に、その2ヵ月ほど前の8月に行われた両コミュニティーの祭りに触れる必要がある。1989年はイスラム暦の新年ムハッラーム（Muharram）が8月12日に当たり、12日から14日までムハッラームが祝われた。一方、地元のヒンドゥーのお祭りであるビシェリ・プージャー（Bisheri puja）が8月17日に当たり、これも16日から18日まで祝われた[40]。両コミュニティーにとって大切な祭りがほぼ同時期に行われた偶然は、対立の機会を提供した[41]。

　バーガルプルにおいて、1980年代後半から宗教的な祭りは年々大規模に祝われるようになってきたという。従来は、祭りは地区単位で行われていたのが、上に中央委員会を頂くようになり、統制され、かつ大規模化・長期化の傾向にあった。ヒンドゥーの祭りも、ムスリムの祭りも過熱化し、犯罪者が祭りで果たす役割が次第に大きくなってきたため、衝突が起こらないように行進の進路について、両コミュニティーの名士と県長官・県警察長官などの政府関係者から構成される和平委員会（Peace Committee）で話し合いがもたれるのがここ数年の慣例となっていた。

　1989年のビシェリ・プージャーは、とりわけ大規模に祝われることになった。衝突が起こったパールバッティ（Parbatti）で祭りを組織したのは、犯罪者として悪名高くVHPにも所属していたカメシュワール・ヤーダヴであった［Engineer 1990：305］。彼らは、ビシェリ・プージャーが始まる2週間以上も前から神様を祀る大きなテントを道端に設置し、ムハッラームの行進を妨げようとした。前例のないことだった。

　衝突が起こることは明白だったため、A. ジャ（Arun Jha）県長官の主催で和平委員会が開かれた。テントを撤去しムハッラーム行進を妨げないことで合意が成立したにもかかわらず、いざ当日12日になるとテントの一部は撤去されていなかった。ここで衝突が起こる。「ヒンドゥー寄り」と批判された『委員長報告』は、障害物が撤去されたものの、ムハッラーム行進の参加者（ムスリムのことを指すと思われる）が許可もないのにパールバッティに入り込んでラ

---

40) 『PUDR報告』p. 9,『委員長報告』p. 7参照。
41) 本項の記述は、『PUDR報告』、『委員長報告』、Engineer [1990]、インタビューによっている。

ーティー（棍棒）でビシェリ・プージャーに使われる鐘を叩き、政府関係の車両の窓ガラスを割ったと報告している［『委員長報告』：7］。さらにヒンドゥーとムスリムの間でレンガの投げ合いが起こり、5人が負傷したとする。

　これに対し、『PUDR報告』は、ムハッラーム行進のために空けられた道が狭かったために、両コミュニティが暴行を働き、3軒のムスリム商店、1軒のヒンドゥー商店が荒らされたとしている［『PUDR報告』：9］。これによるとムスリムが暴力行為を行ったことは否定されていないが、ヒンドゥーも同様に行い、被害はムスリムの方が大きかった。エンジニアの報告は、和平委員会でムスリム側が譲歩を勝ち取ったために、ムスリムは勝利したと考え「血気盛ん」な行進を行い、ヒンドゥーは「敗北した」と強調した、としている［Engineer 1990：305］。

　『委員長報告』はムスリムの責任を強調し、『PUDR報告』はヒンドゥーの責任を強調するという違いはあるものの、ムスリムもヒンドゥーも暴力行為を行い、大した衝突にはならなかったという点では一致している。インタビューの回答者も、ムハッラーム行進の衝突の記憶は、次のビシェリ・プージャーの衝突の記憶に比べて曖昧だった[42]。

　数日後に行われたビシェリ・プージャーではより大きな衝突が起こった。ヒンドゥー寄りとされる『委員長報告』は「小さな衝突」として片付け、詳細については沈黙する一方で［『委員長報告』：7］、『PUDR報告』、エンジニアの報告、さらにインタビューは、暴動の前兆としての性格を明らかにしている。

　『PUDR報告』によると、ビシェリ・プージャーは和平委員会委員に付き添われてムスリム集住地区を通過して夜中に駅に到着したが、なぜかそこで止まってしまった。翌朝になって行進の参加者（ヒンドゥーと思われる）が1軒の商店を略奪し、8軒の商店に損傷を与えた。そして、最初の殺人事件が起こる。ムスリムのリクシャー引き1名が殺害されたこの事件は、意図的に、「ラームダースという名のリクシャー引きが殺された」、つまりヒンドゥーが殺されたと報じられた。さらに報道では、事件に関連して、後に暴動を主導することに

42）前掲の社会活動家ラーム・サラン氏（2004年8月20日）、前掲A元教授（2004年9月13日）、前掲アリ教授（2004年8月22日）へのインタビュー。

なるカメシュワール・ヤーダヴを含む100名あまりが逮捕された模様、と伝えられた。その後、BJPの学生組織である全インド学生会議（ABVP）が反ムスリム・プロパガンダをパールバッティの会合で喧伝し、宗教間の対立を煽る怪しげなパンフレットがVHPのオフィスの周辺などで堂々と貼り付けられるようになった。「何かが起こる」という不穏な雰囲気が、両コミュニティーの間で漂い始めた。以上が『PUDR報告』の内容である［『PUDR報告』：9-10］。

　エンジニアの報告も、『PUDR報告』に沿っている［Engineer 1990：305］。「敗北」に報いるために、行進では反ムスリム・スローガンが叫ばれ、ムスリムのリクシャー引きが殺された。殺人事件のあと緊張が高まり、チェーラム（Chehlum）の祭り（イスラーム教）、ダシェラ（Dashera）の祭り（ヒンドゥー教）によって緊張はますます高まった、とする。カメシュワール・ヤーダヴが逮捕された時期は明らかではないが、ムハッラームかビシェリ・プージャーの騒ぎの時に逮捕され、会議派の政治家の圧力によってすぐに釈放された。

　インタビューでも、ビシェリ・プージャーの衝突のあと、緊張が高まったという点では一致を見た。アリ教授は、ムスリムのリクシャー引き殺人事件は予め計画されたものではなく、衝突の最中に偶発的に起こったものだが、これにより緊張が高まったとする[43]。A元教授も、ビシェリ・プージャーの衝突のあと、「何かが起こる」という噂が流れていたと指摘した[44]。パールバッティの教授宅前には大きな広場があり、ビシェリ・プージャーの衝突の際に群衆が集まり始めていた。いつもなら解散を命じる警察が、なぜか静観を決め込んで何もしないので、「（暴動にならないよう）群衆を解散させて欲しい」と要求すると、やっと解散させた。その日には何も起こらなかったが、そのあとから「何かが起こる」という噂が流れ始めた。

　A元教授が感じ取った警察の態度の変化は、『委員長報告』ではかき消されている。もう一つの報告である『ハサン—シンハ報告』は、『委員長報告』とは異なり、宗教間の緊張が徐々に高まったとしている[45]。報告書に付きまとう政治性を差し引いても、緊張感が高まりつつあったという認識は多数によって

---

43) 前掲アリ教授へのインタビュー（2004年8月22日）。
44) 前掲A元教授へのインタビュー（2004年9月13日）。
45) *IT*, 1995/7/31, p. 85.

共有されていたと言える。次に検討するファテプル事件で殴られ重傷を負ったバナラシ・グプタが反コミュナリズム大会を企画して宗教間の融和を図るなど、緊張を緩和するための多くの試みが実際に行われたことも、緊張感の高まりを裏付けている[46]。しかしこれらの試みを踏み越えて、最初の衝突がバーガルプル市近郊のファテプルで起こった。

ファテプルの衝突

　暴動の口火を切ったファテプルは、前述のようにムスリム王族の末裔であるジャウンプーリーが大地主として君臨していた村だった[47]。ムスリム地主にヤーダヴの小作人が仕える関係が広く見られ、政治・経済・社会的にムスリムがヒンドゥーに対して優位に立っていたからこそ、ヒンドゥー・ナショナリストが最初の標的にしたのだと村長は説明する[48]。ファテプル村で、ラーム・レンガ行進へ向けた祈禱は、暴動の始まる1ヵ月前か2週間前から始まった。

　村にレンガを運び込んだのは、大地主でシルク産業界の大物であり、かつ映画館を2軒経営するマハデーヴ・シンの一味だった。彼は過去にはイスラーム学生団体が組織した会議を主催するなどムスリムを支援したこともあり、暴動発生当時もバーガルプルのインド・パレスティナ友好協会を運営していたが、他方でVHPのパトロンとして知られ、ギャング組織との関係も取り沙汰されていた［『PUDR報告』：4-5］。ファテプルのヤーダヴ集落には、BJPの活動家だったヴィノード・ヤーダヴが受け皿を作り行進を組織していた。ただ、委員会と呼べるような固い組織は作られておらず、マハデーヴ・シンの一味が、集落の人に指示を出して準備を進めるといった具合だった。

　ラーム・レンガ行進の祈禱が始まる前から、緊張関係は存在した。アクバール村長によると、次のようになる。

---

46) 前掲バナラシ・プラサード・グプタ氏へのインタビュー（2004年9月19日）、『PUDR報告』p. 30参照。グプタ氏は、会議が成功裏に終わったことから、宗教暴動は起こらないと思ったと言う。
47) ファテプール事件は、前出アクバール村長（2004年9月16日）、前出グプタ氏（2004年9月19日）へのインタビュー、『PUDR報告』、『委員長報告』、Dogra［1990］を参照した。
48) 前掲アクバール村長へのインタビュー（2004年9月16日）。

ヤーダヴ集落に行って彼らと話している時に、いつもとは違う、何かしら違う印象を持った。特に何が起こったわけではないが、彼らの態度やちょっとした仕草に、小さな変化を認めることができた。
　暴動が始まる1週間前、村の男が霊に取り憑かれたために、隣のウッタル・プラデーシュ州の宗教指導者の下にお祓いを受けに行った。男が「バーガルプルではよくないことが起こる。帰るな」とうわごとのように繰り返したが、自分は、霊に憑かれた男の言うことだから、と取り合わなかった。しかし、実際にはこんなことになってしまった。
　バーガルプルに帰ってくると、妙に静かだった。暴動はまだ始まっていなかったが、人々はひそひそ声で話していた。緊張は高まり、人々の顔付きは変わっていた。

　バーガルプル市に各郡からレンガが集められるのは10月24日と決められ、VHPは18日から5日間の日程で24時間祈禱を村落で行う計画を立てた。ファテプルでの行進日はバーガルプル市より早い22日となり、ファテプルでも18日頃から祈禱が昼夜問わず行われるようになっていた。村長によると、行進を翌日に控えた21日に、ファテプルでヒンドゥーがムスリムに殺されたという噂が流れた。実際にはそんな事件は起きていなかったが、行進の当日になるとファテプルの入り口に大群衆が集まり、レンガを運ぶためにヤーダヴ集落に押し入ろうとしていた。噂に刺激された群衆がファテプルに入ると暴動になることは必定だったため、村長は群衆を食い止めることに必死だった。管轄のサボール署からもバガット署長が部下を率いてやって来て、群衆がファテプルに入れないように統制した。間隙を縫ってBJPの人間がヤーダヴ集落の人々と合流し、わざわざ迂回してファテプル・モスクの前を行進したが、衝突は起こらなかった。行進はファテプルの入り口へと進み、待っていた大群衆と合流して、サボールに進んだ。道中、暴徒と化し、マドラサ（イスラーム学校）やムスリム判事の自宅、ムスリム所有の商店を荒らしながら、去って行った（地図5-1）。
　『PUDR報告』も、『委員長報告』も、大筋では村長の話に沿っている。『PUDR報告』によれば、もっと他にいい道があるにもかかわらず、わざわざ

地図5-1　ファテプル地図

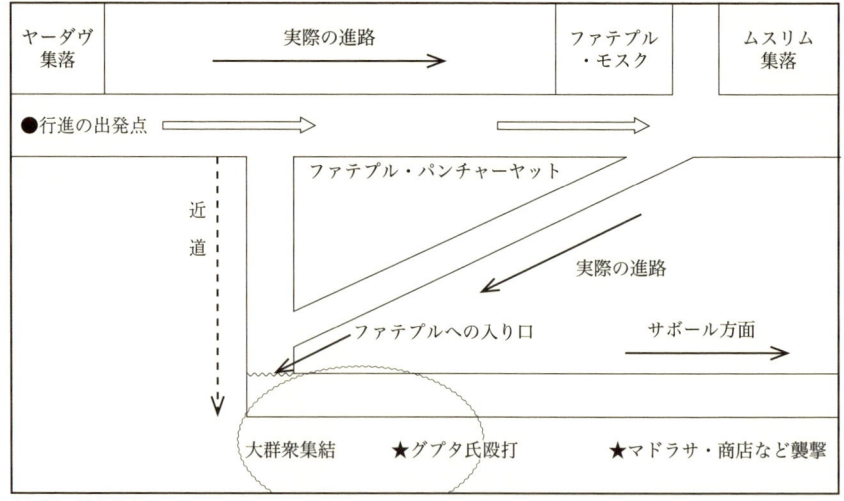

```
┌─────────┬──────────────────────┬─────────┬─────────┐
│ヤーダヴ  │    実際の進路        │ファテプル│ムスリム │
│集落      │    ──────→          │・モスク  │集落     │
└─────────┴──────────────────────┴─────────┴─────────┘
●行進の出発点 ──→         ──→

        近      ファテプル・パンチャーヤット
        道              ＼
        ┆                ＼  実際の進路
        ┆                  ←─────
        ↓        ファテプルへの入り口   サボール方面
                  ～～～～～～～
              ╱           ╲
             (大群衆集結  ★グプタ氏殴打   ★マドラサ・商店など襲撃)
              ╲           ╱
               ～～～～～
```

（出典）筆者作成。

　狭いムスリム地区を行進が通過しようとしたため、ムスリムの若者が立ちふさがり事態が緊迫した。そこに宗教融和・社会福祉会議議長であるバナラシ・グプタが当局の求めに応じて調停に来たが、殴られてしまった。そのあと、両コミュニティーの長老が話し合い、ムスリム地区を通過することで合意し、ファテプル内部では問題を起こさずに通過した。しかし、ファテプルを通過して交差点に到達したあとに暴徒化しマドラサやムスリムの商店を襲撃した［『PUDR報告』：24］。

　調停者として言及されているバナラシ・グプタは、実際にはファテプルにはたどり着かなかった。『委員長報告』にもイスラーム団体の証言として記載されているが、本人によると、県警察長官の求めに応じて宗教融和・社会福祉会議のメンバー6名でファテプルに向かったが、入り口で待機していた大群衆に行く手を阻まれ、調停どころではなかった。ラーティーなどで武装していた集団は、メンバーの一人であるムスリムのクァスミを殺すと主張し、止めに入ったバナラシ・グプタは頭を殴られて怪我をした。3、4名の学生の助けにより這々の体でその場を脱出できたが、ファテプルに行くどころではなかった[49]。

ファテプルで暴徒と化した行進は、翌23日にサボールからバーガルプル市に位置するヒンドゥー寺院（Goushala）へ向けて行進する際にも、ムスリム商店を焼き討ちしていた[50]。ファテプルでの衝突はすぐにバーガルプル市民の知るところとなり、ラーム・レンガ行進が結集する24日を前に、緊張は高まっていった。

暴動の展開
（1）　和平委員会の決裂
　10月24日にはバーガルプル市の東、西、南からラーム・レンガ行進がヒンドゥー寺院を目指して一斉に集結する手はずになっていた。バーガルプル市西部に位置し、ムスリム集住地区として知られるタタルプル（Tatarpur）の住人は、ファテプル事件を聞き24日の行進が暴徒化することを懸念した。西方のナトナガール（Nathnagar）からやってくる行進がタタルプルを通過する予定となっていたからである（地図5-2）。
　行進の進路をめぐる交渉は、県長官と県警察長官同席の下で、ヒンドゥー、ムスリムの名士からなる和平委員会において何度も行われた。ファテプル事件後の23日にタタルプルで開かれた和平委員会においては、イスラーム教指導者でバーガルプルのムスリムに影響力を持つアマン・バブーが、「ラーム・レンガ行進は、衝突の起こる可能性のある場所を通過すべきではない」という州次官通達とファテプル事件を引き合いに、タタルプルを通過することに反対した。これに対し、県警察長官は「なんとしてでも、行進を通過させる」と主張し、「もし行進を妨害すれば、バーガルプルをメーラットにしてやる」と恫喝した[51]。アマン・バブーは、「州次官通達を守らずに行進を許可するのであれ

---

49)　前掲グプタ氏へのインタビュー（2004年9月19日）。Dogra [1990：145] にも同氏の証言が採用されている。
50)　『PUDR報告』p. 24参照。ゴーシャラ（Goushala）は、マルワーリー・カーストの商人が建立し、運営しているヒンドゥー寺院のこと。バーガルプル県のラーム・レンガは、このゴーシャラにいったん全部集められ、アヨーディヤを目指して行進することになっていた。
51)　サイード・ムハンマド・イシュタヤク・アラム氏（通称アマン・バブー）へのインタビュー（2004年9月13日）。メーラット（Meerat）はウッタル・プラデーシュの都市。1857年大反乱が始まった都市としても有名であるが、ヒンドゥー・ムスリム暴動が頻発することでも知られる。バーガルプル暴動発生前には、1987年に大きな暴動が起こり多くのムスリムが犠牲になった。

地図5-2　タタルプル一帯地図

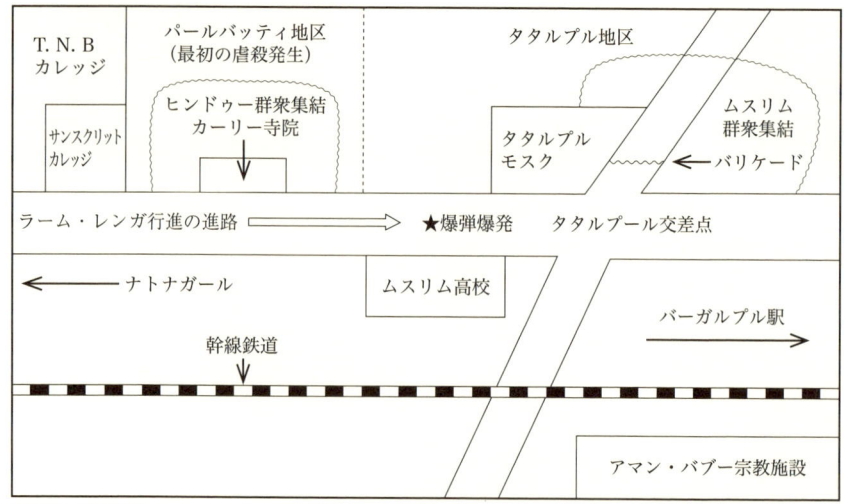

```
┌─────────────────────────────────────────────────────────────┐
│ T.N.B      パールバッティ地区              タタルプル地区       │
│ カレッジ    （最初の虐殺発生）                                  │
│                                                      ムスリム   │
│          ヒンドゥー群衆集結                            群衆集結  │
│ サンスクリット カーリー寺院         タタルプル                   │
│ カレッジ                          モスク         ←バリケード    │
│                                                              │
│ ←ラーム・レンガ行進の進路⇒    ★爆弾爆発   タタルプール交差点  │
│                                                              │
│ ←    ナトナガール        ムスリム高校                          │
│                                              バーガルプル駅     │
│           幹線鉄道                              ⇒              │
│ ━━━━━━━━━━━━━━━━━━━━━━━━━━━━━━━━━━━━━━━━━━━━━━━━━━━━━━━━━━━ │
│                                        アマン・ババー宗教施設    │
└─────────────────────────────────────────────────────────────┘
```

(出典)　筆者作成。

ば、ファテプル事件のような暴動が起こらないように責任を負って欲しい」と言い、そのあと県長官、県警察長官と和平委員会のムスリム委員の連絡は途絶えた。

　同じ和平委員会の委員として会合に出席していたシルク実業家のシャキール氏も、県警察長官の挑発的な態度について証言した。タタルプルを通過することだけは避けて欲しいと丁重にお願いしたにもかかわらず、「もし行進を妨害したら、バーガルプルをカルバラ（Karbara）にしてやる」と言い放ったという[52]。ムスリムの委員は最後まで抵抗したが、ヒンドゥーの委員が、「挑発的なスローガンを叫ばなければ、通過してよい」という合意を強引にまとめ上げてしまった[53]。もっとも、アマン・ババーの発言が最後だとすれば、通過を了承したとも取れる両義性があり、解釈の問題になる。いずれにせよ、ヒンドゥー、ムスリム双方の合意に関する認識が食い違ったまま、当日24日を迎え

---

[52]　カルバラ（Karbala）の戦いのことを指す。モハメットの孫であるフサインが殉教した戦いで、殉教の日を祝うのがムハッラーム（Muharram）のお祭りである。本来はシーア派のお祭りだが、インドではスンニー派も交えて大々的に祝われる。「カルバラの戦い」を引き合いに出すことは、死を意味する。

た。

(2) 行進の開始

10月24日は朝から人の動きが怪しかった。最初の虐殺が起こるパールバッティに居住していたA元教授は、サボールにある大学に行く道すがら、行進が通過する予定の道路沿いに建つカーリー（ヒンドゥー教の女神）寺院の前にトラックが停まり、人だかりができているのに遭遇した。なかには、8月の騒ぎで逮捕されたカメシュワール・ヤーダヴがいた。そこで教授はカメシュワール・ヤーダヴに、「これから何かやろうとしているのか。そのつもりなら大学に行かないぞ」と言うと、「いやいや、どうぞ行ってください。先生はいつも私のことを疑っている。何も起こりませんよ」と言うので、その言葉を信じて大学に向かった[54]。

一方、行進を迎えることになるタタルプルでは、ほぼ同時刻にムスリムが集まり始めていた[55]。担当官のアラムが10時頃現場に到着し解散を求めたが、ムスリムは拒否し、行進を阻止すると主張して譲らなかった。緊迫する事態に、アラムは11時30分頃、県長官に連絡を取る。県長官と県警察長官は急行し、群衆をなだめようと試みるがうまくいかず、ビハール政府の証言では「群衆に求められ」、A. K. シン（Singh）報告、『PUDR報告』では「直接対決へ事態が急速に動いていることを認識して」、両者はアマン・バブーを訪ねムスリム群衆をコントロールするよう要請した［『委員長報告』:12,『PUDR報告』:11］。ア

---

53) 前掲シャキール氏へのインタビュー（2004年9月13日、24日）。Bharti [1989c : 2643] によれば、会合はバーガルプルの西方に位置するナトナガール（Nathnagar）地区でももたれ、ムスリムが「挑発的なスローガンが叫ばれなければ、行進を妨害しない」と合意したとされている。ナトナガール地区で会合が開かれた可能性も否定しないが、問題となっていたのはタタルプル地区であって、出席していたのはタタルプル地区のムスリムと考えるのが妥当だろう。合意の内容については、アマン・バブーの発言が最後だとすれば、ヒンドゥー側からすれば「了承した」、ムスリム側からすれば「了解しなかった」と両義に解釈できる余地が残されていると思われる。

54) 前掲A元教授へのインタビュー（2004年9月13日）。

55) 『委員長報告』pp. 12, 20-21参照。ここから爆弾が投げられるまでの記述は、『委員長報告』に引用されているA. K. シン報告（"Bhagalpur Riots-in Retrospect"）に頼っている。筆者が参照した文献の中で、同論文に記述されている経緯が一番詳しく矛盾しない上に、かつインタビューと照らし合わせても信頼性が高いと判断したためである。他から引用する場合は注を新たに付けた。

マン・バブーの反応は、これも報告書によって異なるのだが、県当局の証言によると、アマン・バブーは「行進がタタルプルを通過する際には何も起こらないだろうし、通過する際には私も現場に出向く」と保証したとのことだが[『委員長報告』:30]、『PUDR報告』によれば要請に応じず、A. K. シン報告によれば進路を変更するよう求めた、としている。本人によれば、「どうやって統制すればいいのか。州次官通達に逆らって行進を許可したのはあなたなのだから、あなたが自分で統制すればいい」と拒んだら、両者は帰っていったとのことであった[56]。

　県長官と県警察長官がアマン・バブーの所からタタルプル交差点に戻ってくると、14時近くになっていた。行進は、パールバッティ手前のT. N. B. カレジにまで達していた。参加者の数は、前日までのいくつかの行進とは比較にならないほど膨れあがり、ラーム・レンガを積んだトラック3台を先頭に、ゆっくりと進んできた。トラックの荷台には女性・子供がレンガと一緒に乗って宗教歌を歌い、H. K. ヴァルマ担当官と警察がトラックを先導していた。トラックに引き続く行進は、「カーリー（女神）万歳！　タタルプルからムスリムを追い出せ！」、「インドはヒンドゥーのもの、ムスリムはパキスタンに去れ！」[Engineer 1990: 305]、「われわれが殺すか、殺されるかだ！」[『PUDR報告』: 10-11]、「モスクを壊してマンディール（ヒンドゥー寺院）を建てよう！」[『委員長報告』: 24]などの挑発的なスローガンが叫ばれていた。参加者の中には、学生、武装したルンペン、1989年下院選挙対策として釈放された者を含む犯罪者、BJP、VHP、バジラン・ダルのメンバーなどもいた[57]。ムスリム団体の証言によると、行進がパールバッティにさしかかった時には、カメシュワール・ヤーダヴ率いる武装した5,000人の一群も加わった。行進の参加

---

56) 前掲アマン・バブーへのインタビュー（2004年9月13日）。
57) 『PUDR報告』p. 10, Engineer [1995: 1729-1730] 参照。エンジニアの引用によれば、『ハサン―シンハ報告』は、「だいたいにおいて、行進の参加者の大部分は、平穏な (peaceful) 献身的な態度で宗教的行為を行っていたが、なかには、武装しスローガンを叫んでいた者もいた、と言える。……この不寛容かつ挑発的行為が、純粋に宗教的な行進の神聖さを汚し、穏健な性格を奪い、悲惨な結果を招いた」(p. 1730) としている。これに対し『委員長報告』は、行進が挑発的なスローガンなど叫ばず、また武装した参加者などいない穏健なものだったことを証明するために、かなりの頁を割いている。しかし、最終的には挑発的なスローガンが叫ばれ、武装した者がいたことを「いたかもしれないが、ごく少なかったに違いない」と認めている。『委員長報告』pp. 14-26参照。

者は約 1 万人にまで膨れあがり、より過激に、攻撃的になった[58]。

　県長官は、別の担当官であるメヘラーを行進に向かわせ、速度を落とすよう指示した。しかし、十分ゆっくりとした速度だったため行進は止まらず、ムスリム高校にさしかかろうとしていた。それを認めた県長官は、VHPの指導者に、タタルプルからムスリムが退去するまで待つよう伝えるために先頭に向かった。その時、爆弾が爆発した。トラックと行進の間だった。

（3）爆弾の爆発

　誰が、どこから爆弾を投げたか、という問題は、爆弾の爆発が暴動の起点となったために、様々な説が戦わされた。A. K. シン報告は、ムスリム高校とH. ハック教授の自宅の欄干から投げ込まれ、さらにムスリム高校の屋根からは発砲も行われたとしている。報告の引用箇所からは「誰が投げたか」という点は明らかではないが、『委員長報告』は、採用した他の証拠からムスリム・ギャングと犯人を特定し〔『委員長報告』：29〕、行進の参加者が最初にムスリム高校のモスクに向かって爆弾を投げた、というムスリム側証人の一団体の証言を「空想的で、真実とは認められない」と一蹴している〔『委員長報告』：17〕。

　暴動の責任をムスリムに押しつける傾向が顕著な『委員長報告』とは異なり、『ハサン—シンハ報告』は、この点についてより慎重である〔Engineer 1995：1730〕。報告書によれば、爆弾が爆発したあと、警察は直ちに犯人を追ってムスリム高校に入ったが、誰も逮捕することができなかった。さらに爆弾が投げ込まれたという証拠も発見することができなかったことから、「ムスリムかヒンドゥー、あるいは双方の犯人がいると言えるだろう。……宗教的偏見を持つ——これすらも疑わしいが——犯人が、宗教暴動を起こすために爆弾、石、爆竹を投げたということだろう、という限度までしか言えない」とした上で、「最終的な結論として、誰かが上述の暴動を引き起こすために、近くのどこかから飛び道具や爆竹を投げたことは言えるかもしれないが、最初にムスリム高校から爆弾が投げられたという主張は疑わしいと感じている」としている。『PUDR報告』も、「誰が爆弾を投げたかはわからない」とした上で、行進の参

58）『委員長報告』p. 27参照。『委員長報告』は、「証拠なし」としてこの証言全体を却下している。

加者説、アンサーリー・ギャング説、タタルプルのムスリム説、さらには警察説まで紹介している［『PUDR報告』：11］。

インタビューによると、アンサーリー・ギャングがムスリム高校から爆弾を投げたという点については、ほぼ一致していると言ってよい。自宅屋上からの目撃情報として、VHPのメンバーがトラックから爆弾を投げ込んでいたと証言したシャキール氏も、ムスリム高校にも別の人達がいて、彼らが最初に爆弾を投げ込んだと証言した[59]。県長官、県警察長官の要請を断ったアマン・バブーも、ムスリム高校から、ムスリム・ヒンドゥー両コミュニティーの犯罪者が投げ込んだと認めている[60]。もっとも詳しく説明してくれたのはA元教授で、やったのはアンサーリー・ギャングで、土地の人ならみんな知っている、と明確に指摘してくれた。アンサーリーはA元教授の弟の級友だったため、昔から個人的に知っていた。爆弾を投げたのは、B. J. アーザードが、後に検討する政治的思惑から「行進を妨害して欲しい」と20万ルピーをアンサーリーに渡したからだった。暴動のあと、アンサーリーに、「なぜ、B. J. アーザードからカネを取って、自分のコミュニティーに対して犯罪を犯したのか。カネが欲しいなら自分がどこかから調達できたのに」と詰問すると、アンサーリーは「先生、（こんなことになるなんて）わからなかった」と答えた[61]。

爆弾が爆発すると、行進の参加者はパニックになり、散り散りになって退却した［『PUCL報告』：8］。近くにいた県長官と県警察長官も、車の後ろに隠れた。爆発によって怪我人は出た模様だが、重傷者はおらず、死者も出なかった[62]。爆発自体の被害が小さかったことは爆竹説の根拠となっているが、この小さな爆発は、次の二つの行動につながっていった。ヒンドゥー暴徒によるムスリムの虐殺と、警察によるムスリムへの発砲である。

（４）　虐殺の開始

虐殺は次のように始まった。散り散りになった行進の参加者の一部は、道沿

---

59) 前掲シャキール氏へのインタビュー（2004年9月13日、24日）。
60) 前掲アマン・バブーへのインタビュー（2004年9月13日）。
61) 前掲A元教授へのインタビュー（2004年9月13日）。
62) ビハール政府の証言によると数名の警官が怪我をし［『委員長報告』p. 13］、『PUCL報告』によると、行進の参加者は、トラックに乗っていた女性、子供も怪我をしたと証言した（p. 8）。

いのムスリム商店を略奪し火を放ったあと、カメシュワール・ヤーダヴの手引きによって、通過したばかりのパールバッティになだれ込んだ[63]。パールバッティは、ヤーダヴやクルミなどヒンドゥーの多い地区で、約500世帯の内ムスリムは13世帯に過ぎず、4、5世帯を除いて貧しかった[64]。A元教授の自宅では、事前に危険を察知したため、女性・子供は避難したが、長兄と長兄の二人の息子、90歳になって移動が困難な母親の4名は家に残った。母は一番安全な場所に匿った。そこに暴徒がやってきた。インタビューから構成すると襲撃の様子は次のようになる。

　　暴徒はまず略奪を行った。家はとても大きかったので、兄たちは暴徒が略奪を行っている隙を見て逃げ出した。母を連れ出そうと思ったが、暴徒から身を隠すのに精一杯で、母の所までたどり着くことができなかった。暴徒が去るまで、兄は息子と裏庭の貯水槽の中に身を潜めた。家の前には警察の駐在所があり、暴徒は奪った物品を駐在所の前に集めてから、家に火を放った。警察はいたが、略奪するまま、放火するままに任せて、何もしなかった。暴徒が立ち去ったあと家に戻ると、母の姿はなかった。
　　自分は兄からの電話を受けて、初めて自分の家に何が起こったか知った。彼らは助かったが、母は行方不明だ。自分が知り得た情報は、家から脱出できなかったパールバッティのムスリムが、サンスクリット・カレッジに集められて殺された、というものだった。

　パールバッティで殺害されたムスリムの人数については諸説あるが、『PUDR報告書』によれば17名が殺害され、サンスクリット・カレッジの井戸に放り込まれた［『PUDR報告』：11］。『委員長報告』は19名殺害説を検証する中で、ムスリム犠牲者の家族が警察に被害届を提出したのが11月8日と遅れた点を捉えて、見舞金狙いではないかと、ヒンドゥー団体の主張を引用して暗に疑っている。さらに井戸から引き揚げた遺体の損傷が激しくムスリムかヒンドゥーか区別が付かなかったという警察の証言を根拠として、パールバッティ

---

63) イスラム団体の証言。『委員長報告』p. 27.
64) 前掲A元教授へのインタビュー（2004年9月13日）。

虐殺そのものにも疑問を呈しているが [『委員長報告』: 28-29]、しかし、他の報告、インタビューで彼の見解を支持するものはない。

　A元教授の場合、母がまだいるかもしれないと思いサンスクリット・カレジに出向いたが、200ヤード手前で警察に止められた。遺体がバーガルプル中央警察署に収容されたと聞いたので、県長官にせめて遺体だけでも確認させて欲しいと願い出たが、それも叶わなかった。こうして、母との別れは、唐突に訪れた。

　『委員長報告』が「見舞金狙い」と疑いをかけている点も、検証すると警察の不手際が浮き彫りになる。被害届の提出が遅れたのは、警察の怠慢であった。『委員長報告』は、被害届に、警察の受理が遅れたことが非難されていないことを根拠として、「そうした事実（不受理）はなかった」としているが、A元教授の証言によれば、多くの被害届が受理されなかった。教授の事件では、県警察長官に直接掛け合って何回も確認したにもかかわらず、数ヵ月後に公判が始まると母親殺害の件は受理されていなかった。和平委員会の委員で、県長官、県警察長官と顔見知りの教授ですらこの有様である。名士ではない一般市民が、被害届に警察を非難する文面を載せたら対応がどのようなものになっただろうか。想像は容易につくだろう。警察の不手際は明らかであった。

　（5）　ムスリムへの発砲

　パールバッティでムスリムが略奪され、殺されているとき、警察の関心は、タタルプルのムスリムに注がれていた。『委員長報告』が引用しているビハール州政府の証言によれば、ムスリム高校近辺での爆発の直後、タタルプル交差点に集まっていた群衆がどのような行動を取ったかは明記されていないが、15時頃再び参集を始めたという。そして警察に対し、爆弾、レンガ破片を投げつけ、さらに発砲して襲いかかった。この襲撃によって警官28名が負傷し、政府の車4台が破壊された。その後、バーガルプル中央警察署のドゥベイ警部が、外出禁止令が発令されたため解散するよう群衆に警告を与え、さらに指示に従わない場合は発砲することも警告したが、群衆は警告を無視した。直後に再び警察に対し爆弾・レンガ破片が投げられ、銃撃も行われたため、ディヴェディ県警察長官は拳銃を6発発射し、警察は23発発砲した。その結果、ムス

リムの2名が射殺された [『委員長報告』:31]。以上がビハール政府の説明であるが、発砲はムスリムの攻撃に対して行われた正当防衛であり、事前の警告もきちんと行われていた、ということになる。

　これに対し、同じビハール政府の高官であるA. K. シン特別県副長官（治安担当）によると、事情は異なってくる。彼の報告によると、（ムスリム高校近辺での爆発の後）県長官はタタルプル交差点に戻ってきた。途中、部下の進言を取り入れ外出禁止令を発令するが、群衆は解散しなかった。警察は、正式な命令のないままラーティーで群衆を殴り、解散させようとした。その時、警官を狙って周囲の建物から爆弾が投げられた。警官が乗っていた馬は狼狽し、警官達も逃げ出した。護衛が逃げてしまって一人取り残された県警察長官はジープの下に隠れ、拳銃を6発発射してパールバッティの方に走り去り中央警察署に向かった。県長官と担当官は近くの元消費税コミッショナーの家に避難し、警察が県長官を護衛した。30分後、アラム担当官が警察と一緒に家を出て、発砲を命じた。25発発射され、2名が射殺された。群衆は散り散りになり、15時頃には騒動が終わった [『委員長報告』:32-33]。以上がA. K. シン報告の内容であるが、これによると、最初に外出禁止令が出され、警察がラーティーで群衆を殴ったあとに爆弾が投げられたことになる。最初に群衆が警官を襲ったのではない。後に警官が発砲し、2名が死亡した。

　現場を自宅の屋上から目撃していたシャキール氏によると、「（ムスリム高校から、そしてVHPのトラックから爆弾が放り込まれたあと）警察がムスリムに対して発砲を始めた。警察はタタルプルモスクを占拠し、モスクから発砲した。2名が殺害された。BJP、VHPの指導者は群衆を率いてタタルプルになだれ込もうとしたが、警察は彼らを制止した。そして2、3時間後に群衆は退いていった」とのことである[65]。彼の証言からはどちらが先に攻撃したか不明であるが、警察とタタルプルに集まっていたムスリムの間で衝突が起こり、警察の発砲によって2名が死亡したことまでは確認できる。

---

65) 前掲シャキール氏へのインタビュー（2004年9月13日、24日）。

（6） 暴動の拡大

このように、ヒンドゥー暴徒によるムスリムの虐殺・略奪は野放しにされる一方で、タタルプルではムスリムに発砲が行われた。24日深夜には、ディヴェディ県警察長官が警察を率いて、和平委員会のムスリム・メンバー、その他のムスリム有力者の自宅を一斉に捜索・逮捕した。この警察の対応について、『ハサン—シンハ報告』は、「実際には県警察長官に対する、言われているところの爆弾攻撃への報復であり、ムスリムに対するこれ見よがしの偏見」と厳しく非難している［Engineer 1995：1730-1731］。

警察の要請を断ったアマン・バブーの所には、暴動から逃れた多くの人が避難して来た。アマン・バブーが彼らに対する食事の供給など救援活動に忙殺されていると、夜中の2時頃、警察が来て逮捕された。容疑は、暴動を煽動したことだった。バーガルプル中央警察署に48時間留置されたが、50人収容の部屋に350人詰め込まれて、動物のような扱いを受けた。水も与えられず、背中を小突かれながら取り調べを受けた[66]。別の留置者は、水を求めたところ小便を渡され、さらに酷く殴られた。県警察長官が陣取って、殴れと命じていたという[67]。

ムスリムの一斉逮捕、酷い取り調べとは対照的に、ヒンドゥー暴徒は野放しにされた［Engineer 1995：1731］。『ハサン—シンハ報告』は、「少なくともドゥベイ警視は、シュージャガンジ（Shujaganj）のムスリム商店の略奪を目撃し、パールバッティの襲撃・放火・略奪・虐殺について知らされているにもかかわらず、24日の晩から25日早朝にかけて、ヒンドゥーが一人でも逮捕されたという記録はない」と指摘し、警察の偏向を明らかにしている［Engineer 1995：1731］。外出禁止令も、出されたのはムスリム集住地区だけでヒンドゥー地区には出されなかったため[68]、ヒンドゥー暴徒は自由に移動することができた。ムスリムはヒンドゥー暴徒に対抗しようにも、一斉捜索で許可銃器を押収されて

---

66) 前掲アマン・バブーへのインタビュー（2004年9月13日）。
67) シャキール氏が人づてに聞いた話。彼も逮捕されたが、法廷に直接出向いての逮捕だったため、警察署に留置されずにすんだ。前掲シャキール氏へのインタビュー（2004年9月13日、24日）。
68) 前掲A元教授へのインタビュー（2004年9月13日）。前掲アリ教授へのインタビュー（2004年8月22日）。

いたため、抵抗できなかった。こうした政府の対応の残酷なまでの対照は、暴動の拡大に大きく貢献した。

　暴動の拡大に噂の果たした役割も大きかった。『PUDR報告』によると、24日夕刻から25日朝にかけて、300-400人のヒンドゥー学生がムスリムの大家に殺され、行進の参加者がタタルプルで皆殺しにあったという噂が流された。地元紙をはじめとするメディア、さらに全インドラジオ（All India Radio）、BBCまでもが十分な検証を行わずにこれらの噂を垂れ流し、さらにVHPの幹部が5、6台のスクーターに分乗して市内を駆けめぐり、噂を隅々まで広めたという。噂は市内各所でムスリムに対する「報復」を生み、虐殺が繰り返された。一例として、22名が虐殺されたナヤ・バザール（Naya Bazzar）を取り上げてみよう。

　ナヤ・バザールの虐殺は、ラジーヴ・ガンディー首相のバーガルプル訪問と時を同じくして起こり、かつ犠牲者がバーガルプル市会議派青年部長パルヴェーズ・アフメッドの家族で、パルヴェーズが事件後メディアで虐殺の様子を語ったことから注目を集めた。当時のメディアないし報告は、ヒンドゥーの隣人はパルヴェーズ一家を助けてくれたが、警察が無関心だった、という筋書きでナヤ・バザール虐殺を描写している。

　エンジニアによれば、D. K. S. ムンナとP. シンハは、パルヴェーズの家族を含むムスリムの3家族をジャムナ・コティと呼ばれる彼らの家に匿った［Engineer 1990：306］。しかし、彼らの運命は26日に暗転する。26日の朝にパルヴェーズの自宅は1,500名からなる暴徒に襲撃され、放火された。警察の派出所は1 kmも離れていないところにあったが、誰も助けに来なかった。11時30分には、鋭利な刃物を持った50名くらいの群衆が、身を隠していたジャムナ・コティに押し入る。44名が避難していたが、18名がその場で殺された。子供は3階から投げ落とされ、首を切られ、太ももを切り落とされた。女性は胸を切り落とされた。ムンナとシンハはただ見ていることしかできなかった。

　パルヴェーズ自身も、『インディア・トゥデイ』誌のインタビューに応じ、次のように述べている。「多くのヒンドゥーがわれわれを助けてくれた。ムンナ、シンハ、S. ジャは、われわれを匿うために格別の努力を行った。ムンナはわざわざ警察と会い、匿っていることを伝えたにもかかわらず、警察は何も

してくれなかった。そして暴徒がやってきたとき、われらがヒンドゥーの友人に、なすすべはなかった」[69]。『PUDR報告』も、パルヴェーズが何日間も当局と党に、さらにはラジーヴ・ガンディーにまで連絡を取ろうと試みたが、助けてもらえなかった、としている［『PUDR報告』：14-15, 47-48］。

ところが、虐殺事件の生存者の話では、「ヒンドゥー・ムスリム友愛の美談」は、「仕組まれた罠」となる。ジャムナ・コティで暴徒に襲撃され、殺されかかったところを軍に助けられたパルヴェーズの叔母によると、次のようになる[70]。

> ラーム・レンガ行進がやってくる数日前に、街角でヒンドゥーが集まってひそひそ話をしていた。自分が近づくと、ピタッと話をやめるので不思議には思ったが、そのときは大して気にしなかった。
>
> 24日の出来事がナヤ・バザールに伝わると、ナヤ・バザールのムスリムは恐怖におののいた。夜になると向かいのムンナが、「危ないからうち（「ジャムナ・コティ」）に避難するといい」と言ってきたので、彼を信頼してナヤ・バザールのムスリムはみな彼の家に避難することとなった。
>
> しかしこれは罠だった。避難場所を提供したはずのムンナは、暴徒と密かに連絡を取り、導き入れた。家に押し入った暴徒は逃げまどうムスリムに次々と襲いかかり、殺していった。子供も容赦しなかった。小さな子供を空中に放り投げ、落ちてくるところを刀で突き刺して殺した。殺すだけではなく略奪にも余念がなかった。これらの行為は、まったく自由に行われた。警察は一切関心を示さなかった。結局22名が殺害された。自分は、国境警備隊に助けられた。
>
> いま振り返ってみると、あのひそひそ話は、襲撃の段取りを相談していたのだろう。彼らの狙い通り、ナヤ・バザールのムスリムは自分達だけになってしまった。他の人達は土地・家屋を二束三文で売って他に越してしまった。

彼女の言うように虐殺が「仕組まれた罠」だとすれば、警察の無視も意図的だった可能性がある。『PUDR報告』によれば、シンハが警察に対し、なぜ遅れたのかと問うたところ、「ムスリムは死に値する」と答えたという［『PUDR

---

69)　*IT*, 1989/12/15, p. 171参照。
70)　前掲B氏へのインタビュー（2004年9月14日）から構成した。

報告』：48］。パルヴェーズ一家への襲撃を、会議派青年部内の権力闘争が原因とする見方もある。社会活動家のラーム・シャラン氏によれば、パルヴェーズと敵対するヒンドゥーのグループが、暴動を使ってパルヴェーズを殺そうとしたが果たせなかった[71]。パルヴェーズ自身も、PUDRの調査チームに対し、会議派党組織での早い出世が多くの人の妬みを買った、と認めている［『PUDR報告』：48］。事実とすれば、党にいくら助けを求めても応じてくれなかったのは、理由のあることだった。

　虐殺が「仕組まれた罠」であったにせよ、そうでなかったにせよ、警察が何も行わなかったことは確かである。バーガルプル市で暴動を押さえ込んだのは、地元の警察ではなく、州政府の要請により遅ればせながら各地から到着し始めていた軍であり、国境警備隊であった。州政府、中央政府の対応がどのようなものだったか、次に検討してみよう。

会議派政府の対応

　バーガルプルで暴動が発生した時、S. N. シンハ州首相はS. B. チャヴァン（Chavan）中央政府財務相、S. M. デーヴ（Dev）内務担当国務大臣ら中央政府大臣とA. R. マルー（Mallu）会議派幹事らと共に、バーガルプル暴動発生直前の10月22日に発生した暴動により19名の犠牲者が出たシーターマリーを訪れていた[72]。バーガルプル暴動発生の報を聞き、州首相は24日夜にバーガルプルに急行する[73]。現場での具体的なやりとりは明らかではないが、ビハール州政府は二つの決定を行った。第一が軍の投入、第二が県警察長官の更迭である。

　第一の軍の動員については、決定が行われてから実際に活動が行われるまで時間がかかった。25日の会見で、J. L. アーリヤ州内務次官は、すでに軍がラーンチーからバーガルプルに急行したと語ったが[74]、ラジーヴ・ガンディー首相は26日の会見で、軍が駐屯するガヤからバーガルプルまでの移動に時間がかかったことを理由として挙げ、軍の到着が遅れたことを認めている[75]。

---

71) 前掲シャラン氏へのインタビュー（2004年8月20日）。
72) *HT*, 1989/10/25, p. 1, *IT*, 1989/11/15, p. 77.
73) *IT*, 1989/11/15, p. 77.
74) *HT*, 1989/10/26, p. 1.
75) *HT*, 1989/10/27, p. 1.

『PUDR報告』によると、バーガルプル市で軍の活動が本格化したのはようやく27日になってからで、それまでの3日間は暴動は野放しにされた[76]。
　第二の県警察長官の更迭は、迷走した。まずビハール州政府は、暴動の発生と拡大の責任を問い、県警察長官ディヴェディの更迭を決める。25日にビハール州警察長官チョードリーは、「バーガルプル県警察長官の更迭を至急行う必要がある」として、ディヴェディに対して、直ちに権限を新県警察長官アジット・ダッタに委譲してパトナーに帰任するよう命じた［Engineer 1990：306］。辞令を受けたダッタ新県警察長官は、25日から26日にかけての深夜12時にバーガルプルに着任する。着任して1時間後の26日深夜1時には早速仕事を開始し、一方のディヴェディは26日早朝に正式に県警察長官を更迭された[77]。
　ディヴェディと配下の警察は黙っていなかった。26日には、ラジーヴ・ガンディー首相がバーガルプルを急遽視察することになっていた。ラジーヴが空港に降り立つと、待ちかまえていたのは私服に着替えた警察の群れだった[78]。なかにはムスリムの格好をした者もおり、周到に市民を装っていた[79]。商工会議所のメンバーもいた［『PUDR報告』：14］。彼らは市民の請願を装ってディヴェディ更迭を撤回するよう要求し、「もし聞き入れられなければ、容赦しないぞ」とラジーヴを脅した[80]。セキュリティーも十分でなかったラジーヴは脅しに屈し、ディヴェディ更迭の撤回を約束する。同行していたS. N. シンハ州首相は更迭撤回を26日夕刻に指示し、暴動の拡大を招いた警察の責任は不問に付されることとなった。
　パトナー空港をバーガルプルに向けて15時頃出発したラジーヴは、視察を

---

76) 『PUDR報告』p. 13, FL, 1989/11/11-24, p. 25.
77) 『委員長報告』p. 94参照。Engineer［1990］によるとディヴェディは26日の午後1時30分に新本部長に権限を委譲したとしている。
78) この点は数多くの報告書、報道、インタビューが触れている。『PUDR報告』p. 14, Engineer［1990：306］, FL, 1989/11/11-24, pp. 25-26など。ブータ・シン（Buta Singh）内相はラジーヴが群衆に取り囲まれて要求を突きつけられたことを否定したが（HT, 1989/10/28, p. 24）、これが唯一の例外である。なお、『委員長報告』はこの出来事について一切触れていない。
79) パールパッティ地区（バーガルプル市で最初に虐殺が起こった地区）に現在も居住するオラ氏へのインタビュー（2004年9月17日）。
80) 前掲アリ教授へのインタビュー（2004年8月22日）。バーガルプル警察組合（Bhagalpur Police Association）が、もし更迭が行われるなら反乱を起こすぞ、と脅した、とする報道もある。FL, 1989/11/11-24, p. 26.

終えて18時15分に戻ってきた。当時ビハールの地方紙『ジャン・シャクティ』紙の記者としてパトナー空港に詰めていたアリ・アンワール氏によると、ラジーヴはヘリコプターから降りると、会見を開かずにそのままデリーに帰ろうとした[81]。大きな暴動の視察にやってきたのだから会見を開く責務がある、とメディアが強く要求すると、ラジーヴはしぶしぶ会見を受け入れ、バーガルプルは全く問題がないことを強調し、県警察長官の更迭も撤回したことを明らかにした。ラジーヴに同行し、アリ・アンワール氏と懇意にしていた州議会議員は、「バーガルプルはとても危険な状態で、県警察長官の更迭を撤回するなんて『ヒマラヤのような大きな誤り』」だ」と教えてくれた。

会見の模様を伝える『ヒンドゥスタン・タイムズ』紙には県警察長官更迭撤回に関する記事は見られないが、ラジーヴが現地当局の対応に問題があったと認めたことを報じている[82]。一方で、ラーム・レンガ行進を禁止すれば、対立が激化し、それを統制する警察力が不足しているという理由で、行進は禁止しない方針についても言明している。同行したブータ・シン内相、前ビハール州警察長官で内務省特別次官のJ. N. クレーシーがビハールに引き続き滞在して、暴動の鎮圧にあたることになった。

農村部への拡大
（1） 拡大の要因

軍が続々とバーガルプル市に到着し、暴徒に対し発砲を辞さない厳しい態度で臨んだため、バーガルプル市では27日から事態は急速に鎮静化していった。逆に農村部では、ラジーヴ訪問の後に虐殺が拡大した。主に三つの要因が作用していたと考えられる。

第一に、噂が生き続けたことである[83]。暴動発生当時、「大勢のヒンドゥー学生がムスリム大家に殺害された」という噂が流されたことは前述したが、バーガルプル大学の不手際によって、噂が信憑性を帯びることとなった。暴動が

---

81) 前掲アリ・アンワール氏へのインタビュー（2004年8月15日）。
82) *HT*, 1989/10/27, p. 1.
83) 暴動の拡大に噂が果たした重要性については、ほとんどの報告書、報道が強調している。もっとも極端なのは『委員長報告』で、暴動の主要な原因を噂に帰している。『委員長報告』pp. 39-42,『PUCL報告』pp. 9-10, Dogra［1990：145］, Engineer［1990：306］参照のこと。

発生した10月24日は定期試験の最中であったが、大学は試験延期を直ちに発表しなかったため、学生がバーガルプルから避難することができず結果的に多くの学生が暴動に巻き込まれることになった。何人かの学生は犠牲になり[84]、難を逃れた多くの学生も外出禁止令などで足止めを余儀なくされ、情報の乏しい農村において噂の信憑性を高めた［『委員長報告』：39-42］。26日には40-50人のヒンドゥー女子学生が女子寮から連れ去られたという噂が新たに流され、これを打ち消す試みは何らなされなかった[85]。

　第二に、軍の統制が農村に及ぶまで時間がかかった。後に詳しく検討するチャンデリ（Chanderi）村の事例のように軍の人員が不足した場合もあれば、ムスリムの全世帯が襲撃されたタモニ（Tamoni）村のように正しい情報が伝わらなかった事例もある。タモニで虐殺が行われていたとき、軍は全く違う方向のプレニ（Pureni）で虐殺が行われていると教えられ、タモニの虐殺を阻止することができなかった[86]。情報の操作が意図的に行われた事例もある。バーガルプルに到着した軍はビハール警察による犯罪と当局の隠蔽工作を暴き、痛烈な批判を始めたが[87]、立腹したビハール警察と県当局は軍に協力しない態度を取った[88]。警察・県当局と軍の連携の欠如、というよりむしろ敵対関係は、暴動が翌年3月まで散発的に続く重要な要因となった。

　最後に、ムスリムがもっとも重要な原因として挙げるのが、ラジーヴ首相によるディヴェディ県警察長官更迭の撤回である。ムスリム嫌いとして知られ、暴動の鎮圧には意を払わずムスリムの逮捕に躍起になっていたディヴェディの更迭が撤回されたことは、ディヴェディの方針が中央政府首相によって認められたことを意味した。この決定は、これまで暴動に耽ってきたヒンドゥー暴徒、

---

84) 犠牲者の数は11名（『PUCL報告』p. 9）から2名（『ハサン―シンハ報告』：Engineer［1995：1731］）まで幅があるが、いずれにせよ噂の言う数千人の規模でないことは明らかである。

85) 『PUDR報告』p. 13.『ハサン―シンハ報告』も同様の点を指摘している。Engineer［1995：1731］参照。

86) 前掲アリ教授へのインタビュー（2004年8月22日）。

87) 『フロント・ライン』誌は、国境警備隊員の次のような言葉を伝えている。「私は全インドを回ってきたが、ビハール警察のような、腐敗し、サディスティックで、使えない警察を見たことがない。ビハールを訪れるのは今回が初めてだが、ここでは全てのことが間違っている」。FL, 1989/11/11-24, p. 26.

88) Bharti［1989c：2644］参照。軍にはマスコミに話さないよう政治的な圧力がかけられ、さらに武器の押収と略奪された物品の捜索も止めるよう圧力がかかった。

これを黙認し時には加担した警察を鼓舞する効果を持ったと考えられる[89]。実際に、これから検討するバーガルプル暴動で最も大きな犠牲者を生んだロガイン（Logain）虐殺とチャンデリ（Chanderi）虐殺は、ラジーヴ訪問後に引き起こされ、警察の密接な関与によって可能になったものであった。代表的な二つの虐殺事件における警察・県当局の役割はどのようなものだっただろうか。次に検討してみよう。

（2）ロガイン虐殺

　ロガイン村は、バーガルプル市より20kmほど南に下った所に位置している。バーガルプル市から距離的にはさほど離れていないが、ビハールの常として道路事情の悪さが実際以上の距離感を生じさせる。ロガインの一帯は、前述したバーガルプルの宗教指導者であるアマン・バブーの広大な農地があることで知られ、ムスリムが約30世帯、ヒンドゥーが約150世帯居住していた。ヒンドゥーは上層後進カーストであるクルミ、コエリを主として、上位カーストのラージプート、上層後進カーストのヤーダヴ、下層後進カーストのクムハール、指定カーストのドゥサド、チャマールなども居住していた[90]。バーガルプル暴動の中で最多の犠牲者を出した虐殺は、ラジーヴ首相がバーガルプルを訪問した翌日の27日に起こった。

　生存者によれば、襲撃は突然だった。ラーム・レンガ行進は近くのコトワリ（Kotwari）村で行われロガイン村では行われなかったが、村のヒンドゥーは、「ラーム・レンガ行進が来ても、何も起こらないから心配するな」と言っていたので信頼していた。24日にバーガルプルで暴動が起こった際も、サミール氏は、村のヒンドゥーが「他の村でヒンドゥーがムスリムに襲われたが、あなた達は安全だ」と保証してくれたので、村にとどまることにした。ナジーム氏も、「ムスリムがヒンドゥーを殺した」、「ヒンドゥーがムスリムを殺した」という噂は聞いたが、村のヒンドゥーは自分に対しては何も言わなかったので、

---

[89] 『PUDR報告』p. 14, Engineer［1990：306］,前掲アンワール氏へのインタビュー（2004年8月15日）など参照のこと。

[90] 以下の記述は、『PUDR報告』pp. 59-60, ロガイン虐殺の生き残りであるサミール氏（2004年9月9日）、カートゥン氏／ナジーム氏（2004年9月20日）へのインタビュー。

ここでは何も起こらないだろうと思っていた[91]。

しかし、現実には襲撃の準備が整えられつつあった。近くのダーン・クンド村のヒンドゥー寺院には大きな拡声器が備え付けられて、民族奉仕団（RSS）の人間が「バブラ（ムスリムが多数を占める近隣の村）からムスリムがやって来て寺を壊したぞ」とがなり立てていた[92]。ロガイン村のヒンドゥーは、ムスリムに悟られぬよう会合を開き、襲撃の段取りを話し合っていた。カートゥン氏は、「村のヒンドゥーが会合を開いていたのは知っていたが、まさか彼らが自分達を襲うとは思わなかった」と振り返った。こうして27日がやってきた。

27日の早朝、南の方から大群衆が集まってきて、ムスリムの家に突然火を放ち始めた[93]。サミール氏は火を見て畑に逃げ出し、ナジーム氏も本能の赴くまま畑に逃げ出した。ナジーム氏の母ジレビ・カートゥン氏と妻、2人の息子は村のムスリムが所有する一番堅固な建物に逃げ込んだが、暴徒は建物を取り囲んだ。建物には七つの戸があったが、暴徒はその全てを蹴破って乱入してきた。ジレビ・カートゥン氏は何とか隙を見て逃げ出したが、逃げ切れなかった者は虐殺された。畑で捕まった者も合わせて全部で114名が虐殺された。

襲ったのは、「心配しなくていい」と言っていた張本人達だった。政治的には会議派の支持者もいたが、ほとんどがBJPの支持者だった。現在は皆BJPの支持者となっている。村長の息子も暴動で主要な役割を果たした。村人と一緒に安全を保証していたジャグディシュプル（Jagdishpur）署のラーム・チャンドラ・シン副警部補は、暴徒に銃器を提供したのみならず、暴徒を率いて襲撃を指揮し、さらには事件後の死体処理も指示した。死体はいったんムスリム集落傍らの池に投げ込まれたが引き揚げられ、井戸に投げ捨てられる。上から土を投げ入れ蓋をしたが腐臭が酷く、再び引き揚げられて畑に埋められた。上にはカリフラワーやニンニクが植えられ、一部は出荷された。事件が明るみに

---

91) 『PUDR報告』p.59も、ロガイン村在住のヒンドゥー教徒マンダル氏とラーム・チャンドラ・シン副警部補が、何も起こらないことを保証した、と指摘している。

92) 『PUDR報告』p.60は、10月28日にダンクル（Dhankul）村のヒンドゥー寺院が、拡声器を通じて、「バリヤ（Baliya）村とバブラ（Babura）村のムスリムがバグワチャック（Bhagwachak）のヒンドゥーを襲撃し、寺院を壊した。ヒンドゥーは報復の準備をしろ」と呼びかけ、ヒンドゥーを煽動したと報告している。おそらく、同じ現象を指しているものと思われる。

93) 『ハサン―シンハ報告』によれば襲撃は9時間続いた。Engineer [1995 : 1731] 参照。

なったのは、村人からの密告により捜査を開始した警察が死体を掘り出した12月8日であった。下院選挙で会議派が敗北した後、ジャガナート・ミシュラ会議派州政権が新たに成立し、ディヴェディ県警察長官、ジャ県長官が正式に更迭された直後のことである。

　事件後、生き残った65名のムスリムは、ジレビ・カートゥン氏の家族を唯一の例外としてロガインを立ち去ってしまった。サミール氏は、市価の四分の一で農地を村のヒンドゥーに投げ売って、ムスリム団体が暴動後建設したムスリム・コロニーに移住した。多くのムスリムが同様に農地を格安で処分し、暴動の首謀者達が買い叩いた。村のヒンドゥーは暴動前にはせいぜい3エーカーしか所有していなかったが、暴動後は5-6エーカー所有する地主になった。こうしてムスリムを追い出して農地を手に入れるという目的は、達せられた。

　警察が暴動を主導し、隠蔽工作まで行った点につき、サミール氏のインタビューに同席したあるムスリムは、次のように述べている。

　　　ラジーヴ・ガンディーがやってきてから、全ての虐殺が起こった。ロガイン、チャンデリみなそうだった。ラジーヴがディヴェディ県警察長官の更迭を撤回したことにより、警察は、何をしてもよいというシグナルが送られた、と考えた。実際ディヴェディは全ての警察署に、「何をしてもよい」と命令を下した。

　現実にディヴェディ県警察長官が「何をしてもよい」という命令を下したかどうかはともかく、ムスリムの認識において、警察の蛮行とラジーヴ訪問が直接結びつけられている点は注目に値する。ロガイン虐殺に関与したとして多くの報告書・報道に登場するジャグディシュプル署のシン警部補が逮捕されなかった事実は[94]、ムスリムのラジーヴ会議派政権に対する信頼を大きく損なうことになった。次に、同じく警察の責任が厳しく問われたチャンデリ虐殺について検討してみよう。

---

94) *IT*, 1990/3/15, p. 63.

（3） チャンデリ虐殺

ロガインの次に大きな犠牲者を出したのが、チャンデリ（Chanderi）村の事件である[95]。チャンデリはサボール警察署から2km以内、最初の衝突が起こったファテプルからも3km以内とほど近く、バーガルプルの郊外に位置する村である。人口比ではヤーダヴが多数を占め約250家族が居住し、これに対してムスリムは約45家族が居住する少数派であった。ムスリムは少数派ではあったが、政府職員として働く者が多く、概してヤーダヴよりは裕福だった。27日の虐殺が行われるまで、チャンデリにおいてヒンドゥーとムスリムが暴力的に衝突したことは決してなかったが、ラーム・レンガ行進の開始と共に緊張は次第に高まっていった。

チャンデリにおけるRSSの活動は、インディラ暗殺後の1985、86年あたりから始まった。バーガルプルやサボールからRSSの人間がやってきて、村人も参加して行進を行う光景が見られるようになった。1989年にラーム・レンガ行進が企画として打ち出されると、10月に入る頃にはレンガ行進を組織するための会合が村の様々な場所で開かれるようになり、「ムスリムは、中世に我々ヒンドゥーに対して悪事を働いた。いまこそ報復の時だ」という不穏なスピーチがしばしば聞かれるようになった。彼らはヒンドゥーの家庭からレンガを収集して回り、その間ムスリムは緊張した。

ごく近くのファテプルで22日に衝突が起こり、さらに24日のタタルプル事件が伝わると、村のムスリムの間に恐怖が広がった。T. N. B. カレッジの寮で多くのヒンドゥー学生がムスリムに殺された、といった類の噂が大量に流され、当時11歳だったファクルッディン氏は、父親に「ここ（チャンデリ）ではムスリムが少数派だから、（ムスリムが多数を占める近隣の）ラージプル（Rajpur）に避難しろ」と言われて、母親と弟と共に26日にラージプルに避難した。

危機感を感じ取ったムスリムがいる一方で、噂は聞きつつも何も起こらないと思ったムスリムもいる。シャハナワーズ氏は、噂は聞いたものの、これまで

---

95) マリカ・ベガム氏（2004年8月20日）、セラジュッディン氏（2004年9月17日）、シャハナワーズ氏（2004年9月17日）、ファクルッディン氏（2004年9月17日）、前掲オラ氏（2004年9月17日）へのインタビュー、『PUDR報告』から構成した。

チャンデリではヒンドゥーとムスリムが暴力的に衝突したことは一度たりともなかったため、ここでは何も起こらないだろうと思い込んでいたと言う。実際、彼は避難しなかった。『PUDR報告書』によれば、多くのムスリムが避難する一方で、ヒンドゥーに残るように言われて村にとどまったムスリムも大勢いた〔『PUDR報告』：64〕。そして、彼らが襲われることとなった。

　事件が起こったのは27日の金曜礼拝（Namaaz）が終わった後だった。チャンデリには新しいモスクが暴動の約半年前に建立されて、まだ外壁が半分しか完成していない状態で日々の祈りが行われていた。村のムスリムが礼拝のあと家路につくと、ラーティーや先鋭な武器を手にしたヒンドゥーが行く手を遮った。

　「なぜそのイマーム（宗教指導者）がこの村に来ているのか？」と彼らは問うた。「チャンデリにはイマームがいないので、ラージプルから呼んでいるのだ」と答えると、再び「なぜ呼んだのか？」と繰り返した。そこで、「今日は呼んだが、次からは呼ばない」と譲歩したが、ヒンドゥーは納得せず、「なぜモスクを建てたのか」、「なぜ１日５回もお祈りをするのか」と因縁をつけ始めた。モスクを建てて半年間ずっと祈りは続けており、その間何も言われなかったのに、突然のことだった。そのうち彼らは「バジラン（ハヌマーン）万歳！」、「ヒンドゥスターン（インド）に住みたければ、バンデー・マータラムを歌え」などとスローガンを叫びはじめ、そのうち「殺せ！　殺せ！」と叫びながらムスリムをラーティーで殴り始めた。そのころにはヒンドゥー暴徒は膨れあがり、１万人ほどにもなっていた。

　村のムスリムは、ムスリムの中で一番堅固なミナット・ミアの家に逃げ込み、立てこもった。ヒンドゥーは家を取り囲む一方で、他のムスリムの家を略奪し、火を放ち始めた。だいたい15時か16時頃だった。警察はヒンドゥー暴徒と共にやって来たが、暴徒を制止するどころか、逆に、「放火しろ」などと指示を出していた。夕方になって７人のムスリムが逃げ出したが、一人は転倒したところをヒンドゥーに捕まって殺されてしまった。

　夜の20時か21時頃になって、ようやく国境警備隊がやってきた。国境警備隊は暴徒を威嚇し、ヒンドゥー暴徒は四方八方に逃げていった。負傷者が２名いたため、２人に親族８名が付き添って、国境警備隊員と共に病院に向か

第5節　バーガルプル暴動——195

った。国境警備隊は配備されたばかりで数が不足しており、他所の暴動鎮圧に向かわざるを得なかったため、避難しているムスリムを110名と確認した上でサボール署のチョードリー警部に引き渡した。

　翌朝になって警察が、「ここは危ないからラージプルに連れて行く」と家から出るように促した。ムスリム達は抵抗したが、「出てこないと、今まで起こらなかったことが起こるぞ」と脅すので、ムスリムはミナット・ミアの家を出ることに決め、整列してラージプルに向かった。P. ヤーダヴの店の前にさしかかったとき、突然、村のヒンドゥーがムスリムに襲いかかった。皆は必死に逃げたが、捕まった65名が殺害され、道ばたの池に投げ込まれた。マリカ・ベガム氏は池に飛び込んだが、足だけはみ出してしまい、右足首から先を切断されてしまった。彼女はその場で気を失った。その他4、5名が池に飛び込んで暴徒が去るのを待った。警察は、虐殺をただじっと見守っていた。

　10時頃、国境警備隊がチャンデリに戻ってきた。池のそばを通りかかったとき、ナジブッディン氏が叫び声を上げて助けを求め、マリカ・ベガム氏も「助けて！　助けて！」と叫び、ようやく救出された。国境警備隊が池から引き揚げた死体は、前日の晩に警察に預けたムスリム達だった。

　虐殺の実行者は、村の人間だった。村で緊張が高まりつつあったときに、先鋭な武器を持って下着姿で夜回りしていた村長も首謀者の一人だった。RSS、BJPの支持者もおり、首謀者達はラーム・レンガ行進の主要な組織者と重なった。マリカ・ベガム氏の証言によって、バーガルプル暴動では珍しく虐殺の首謀者が裁かれたが、それでも終身刑判決を受けた16名のうち11名が釈放され、現在刑に服しているのは5名を残すのみとなった。実行犯はヤーダヴが多かったが、背後にはクルミやコエリのヒンドゥー・ナショナリストの教唆があった[96]。

　事件後、タタ（TATA）財閥の慈善団体であるタタ救済委員会がムスリムのために50戸の住宅を建設したが、村に戻ってきたムスリムは6家族だけだっ

---

[96]　終身刑に服している5名（内、ヤーダヴ・カーストは4名）は獄中から、「おまえ達（クルミ、コエリ）が唆して虐殺を行わせたのだから、ここから出せ。出さないと今度はおまえ達を殺すぞ」と脅し、彼らに保釈金を調達させたという。服役者の家族についても、クルミとコエリが面倒を見ている。

た。残りは、例えばファクルッディン氏が隣のラージプルに、マリカ・ベガム氏がバーガルプル市に引っ越したように、安全な場所に移住し、農地も破格の値段で処分せざるを得なかった。買い受けたのは主に村のヤーダヴで、彼らの狙い通り暴動前より裕福になることができた。

さて、警察の役割である。虐殺に至る一連の過程において、警察はヒンドゥー暴徒と連携していた、とムスリムが考える証拠は十分にあった。最初にヒンドゥー暴徒がムスリムを取り囲んだときに何もせず、逆に放火を唆していたこと、ミナット・ミアの家からムスリムを誘い出そうとして「これまで起こらなかったことが起こるぞ」と脅したこと、虐殺の目撃者でありながら、ただ眺めていたこと、暴徒が立ち去ったあとも、救出しようとはしなかったこと、などである。虐殺に直接荷担したという証言もある[97]。

村のムスリムは、こうした警察の蛮行について、ロガインのムスリムと同様に責任をラジーヴ会議派に帰する。シャハナワーズ氏は、ラジーヴがディヴェディ県警察長官の更迭を撤回した後、ディヴェディは全警察署に「ヒンドゥーのやりたいようにやらせろ」と指示を出した、と指摘した。オラ氏も、更迭の撤回は全く誤った判断であり、ラジーヴ首相は正常な感覚を持つべきだったと強く批判する。チャンデリ虐殺の被害者にも、ロガイン虐殺の被害者と同様の、ラジーヴ会議派政権に対する強い反撥を認めることができる。

会議派と亜流宗教動員戦略

農村部に拡大した暴動は、規模や過程は異なるものの、ほとんどの場合がロガインやチャンデリのようにヒンドゥーがムスリムを襲撃する形で散発的に続いていった。『PUDR報告書』によれば、暴動の波は少なくとも三つあり、第一がラーム・レンガ行進に関連して起こった10月下旬の暴動、第二が、VHPがアヨーディヤでラーム寺院の定礎式を終えた日であり、かつヒンドゥーの重要な祭りであるディワリが祝われた11月10日に起こった暴動、第三が、会議派が1989年下院選挙に敗北後、新たに成立したジャガナート・ミシュラ州政権がディヴェディ県警察長官とジャ県長官を正式に更迭した12月上旬に起こ

---

97) 前掲オラ氏へのインタビュー（2004年9月17日）。

った暴動、である［『PUDR報告』：1］。状況が落ち着いたのは、1990年2月に行われた州議会選挙で会議派が敗北し、ラルーを首班とするジャナター・ダル政権が誕生してからだった。

なぜ、ムスリム達は、ラジーヴ会議派にこれほどまでに強く反撥したのだろうか。会議派政権が暴動を阻止し鎮圧できなかったことが大きな原因であることに疑いはない。問題は、抑止できなかった理由をムスリムがどのように認識したか、そして、その認識がどこから生まれたか、という点にある。

まず、暴動はなぜ始まったのだろうか。暴動を実行した主体が、RSS、VHP、BJPに属するヒンドゥー・ナショナリストである点について、ムスリムの見解が一致していることはこれまで示してきたとおりである。ヒンドゥー・ナショナリストに対する怒りは当然のこととして、同時に矛先は、会議派の大物政治家であるB. J. アーザードに向けられた。ムスリム高校から爆弾が投げ込まれたのは、暴動を起こすためにアーザードがアンサーリー・ギャングに20万ルピーを払って依頼したからだ、という認識がムスリムの間で広く流通していた。

「仕組まれた暴動」について、検討してみよう。A元教授によれば、行進に爆弾を投げ込む時間は14時と決められており、その後の襲撃も段取りの決められていたものだった。最初に襲撃されたパールバッティの当日の様子を振り返ると、次のようになる。

> 彼らは予め時間を決めていたと思う。自分が大学に行った後、家の前に大勢の人が集まり始めたため、妻は何かが起こると感じ学校に子供を迎えに行った。子供を引き取って、実父の家に向かおうとリクシャーで移動していたところ、ヒンドゥーの群衆が「行くな」と道を遮った。「実家に行くから道を空けてください」。「いや、だめだ」。押し問答の末、群衆の中の一人が「行かせてやれ」と言い、ようやく解放された。
> 道中、大学教員宿舎の建物に鐘が吊り下げられ、激しく鳴らされているのを目撃した。ちょうど14時だった。それが合図だったのだと思う。爆弾が投げ込まれ、暴動が始まったのと時を同じくしていた。

計画された暴動は、何を狙っていたのか。「（暴動の）原因はただ一つ、バグ

ワット・ジャ・アーザードだ」とA元教授は言う。アーザードは、長年バーガルプルから選出されてきた実績を持っていたが、影響力に陰りが見えていた。国中がインディラの弔い選挙に染まった1984年下院選挙では、会議派候補にかつてない追い風が吹いたにもかかわらず、ロック・ダル候補にわずか3万票差まで迫られた。1988年には州首相に就任して会議派政権を立て直そうとしたが、地元選出のS. C. ジャ議長を中心とした倒閣運動に常に悩まされ、不名誉な形での退陣を余儀なくされていた。1984年下院選挙と異なり、会議派不利が伝えられていた1989年下院選挙の勝利は見通しがつかなかった。「ヒンドゥーとムスリムを対立させることにより、ヒンドゥー票を簡単に自分に引き寄せられると考え」アンサーリーにカネを渡して暴動の引き金を引いた[98]。

　A元教授の見解はバーガルプルの市民に広く共有されていたようである。暴動の後には、アーザードを罵倒する漫画や落書きが街中にあふれた[99]。暴動が起こってから大学教員宿舎にやってきた際には、ヒンドゥーの教授や講師から「なぜここに来たのか。あなたはアンサーリーにカネを渡して暴動の引き金を引き、パールバッティのムスリムを殺した。何でここにいるんだ。今度は私たちを殺そうというのか」と痛罵された[100]。『インディア・トゥデイ』誌によると、ヒンドゥーは、アーザードがムスリム・ギャングを代弁したと考え、ムスリムはアーザードと近いカメシュワール・ヤーダヴとマハデーヴ・シンが暴動を煽動したと考えた。アーザードは「スケープゴートにされた」と非難を振り払うのに必死だったが[101]、次章で検討するように1989年下院選挙はジャナター・ダル候補に43万票差の大差をつけられて敗北した。得票数は危うかった1984年下院選挙の約半分にまで落ち込み、最終的に政界引退を余儀なくされることとなった。

　それでは、なぜ、アーザードは自身の当選を確保するために、暴動を引き起こして「ヒンドゥー票」を確保しようとしたのか。やはり、バラモンの会議派政治家として地主動員戦略の機能不全に直面していたことが大きな理由であろ

98）A元教授へのインタビュー（2004年9月13日）。
99）*IT*, 1989/12/15, p. 171.
100）A元教授へのインタビュー（2004年9月13日）。
101）*IT*, 1989/12/15, p. 171.

う。1984年下院選挙ですら当選が危ぶまれたのであるから、1989年下院選挙においてこれまで頼ってきた自身の「地主の票」が集まる保証はない。それならば、ヒンドゥー・アイデンティティを軸にして票を集め直せばよいではないか。「ヒンドゥー票」はカースト票と異なり、上位カースト地主が支配する農村の社会経済秩序を壊す必要がない。同時に、アヨーディヤ開門に象徴されるようにヒンドゥー・ナショナリストに対して譲歩を重ね、「ヒンドゥー票」の獲得を狙ってきたラジーヴ政権の方針とも合致する。このように考え、亜流宗教動員戦略の採用に踏み切ったと推測できる。

　それでは、「ヒンドゥー票」をどのように集めればよいか。動員を行っているのはBJPであり、自分ではない。それならばムスリム・ギャングにラーム・レンガ行進を妨害させて暴動を引き起こし、ヒンドゥーとムスリムが対立する構図を作り上げたところに、自分が調停者として登場すればよい。あわよくば、両コミュニティーから集票することができ、当選は固いものとなる。このようなシナリオを作って、アンサーリー・ギャングにカネを渡したと考えられる[102]。会議派が傾倒していた亜流宗教動員戦略を、より直接的な形で実践する試みだった[103]。

　暴動は起こった。ヒンドゥーとムスリムが対決する構図も生まれた。しかし、暴動は予想をはるかに上回る規模で拡大していった。アリ教授は、「アーザードは、暴動をコントロールできると考えていたが、明確な見通しを持っていたわけではない」と指摘したが[104]、爆弾を投げた張本人のアンサーリーが「こんなことになるなんて思わなかった」と言ったことからも、事態が想定外だっ

---

102) この点に関し、前掲アリ教授は、「彼らは問題を起こして後で救援物資を送って支持を得ようとするマッチ・ポンプだった」と述べた（2004年8月22日インタビュー）。
103) 加えて、自分を不名誉な形で辞任に追い込んだ会議派執行部に対する復讐という面も存在しただろう。シャキール氏は、「アーザードとジャガナート・ミシュラは、S. N. シンハを州首相の地位から引きずり下ろすために、ムスリムの支持を奪うために、BJPと共謀して暴動を起こした。証拠に、1989年下院選挙で大敗した後、アーザードはBJPに鞍替えした」と指摘したが、アーザードが不名誉な形で州首相を解任させられた腹いせに暴動を起こした、という理解は多くのムスリムに共有されている。前に検討した権力闘争の過程を考慮すると、説得力を持つ話である。自分が当選できる上に、敵に対して復讐できるのであれば、これに勝る方策はない。アーザードは一石二鳥を狙った可能性が高い。前掲シャキール氏（2004年9月13日、24日）、前掲アリ・アンワール氏（2004年8月15日）へのインタビュー。
104) 前掲アリ教授インタビュー（2004年8月22日）。

たことは窺える。拡大の一途を辿る暴動に効果的に対処できるのは、警察・軍などの強制力をおいて他にない。そしてこれらを指揮するのは政府である。非難の矛先は会議派政権に向けられることとなった。

ロガイン村近くのバルハーリー（Barhari）村のムスリムは、「ラジーヴが暴動を起こせと命じた」と憤激しながら語ったが[105]、にわかには信じがたい話をムスリムが信じる理由は、ラジーヴ首相の指示の中に確かに存在した。まず第一に、これまでも繰り返し検討してきたディヴェディ県警察長官の更迭撤回である。空港で脅迫された際に、自らの護衛に暗殺された母インディラのことが頭をよぎった可能性はあるが、それにしても暴動を鎮圧するどころか座視し時には荷担したバーガルプル警察の行動を不問に付した決定は、ヒンドゥー・ナショナリズムの実践に違いない。ムスリムにとっては、ラーム・レンガ行進のルート選定に際し、「行進を認めないのであれば、バーガルプルをメーラット（カルバラ）にしてやる」と恫喝したディヴェディ県警察長官、暴徒が虐殺を行っている際に「ムスリムは死に値する」と答え救出しなかったバーガルプル警察と会議派は等しい存在となった。

第二に、暴動を引き起こす直接の原因となったラーム・レンガ行進を禁止しない、と決定したことである。もともと、ラジーヴが訪問するまでは、ラーム・レンガ行進の禁止は州政府の取り得る選択肢の一つとして検討されていた。S. N. シンハ州政権はバーガルプル暴動が発生した翌日25日には、ラーム・レンガ行進が緊張の原因であるという認識に基づき、宗教対立の危険性の高い地域に限って全ての宗教行進を禁止する検討に入っていた。ところが翌26日に視察に訪れたラジーヴ首相が、州政府の検討をよそに行進を禁止しないと決定してしまう[106]。警察力が十分でないため、行進を禁止した際に予期される衝突を抑え込めないという理由からであった。

暴動鎮圧の指揮をラジーヴから任されたブータ・シン内相も、バーガルプル県庁・県警の対応に問題があったことは認めたものの、宗教行進の禁止につい

---

105) バルハーリー村在住のアクバル氏らへのグループ・インタビュー（2004年9月20日）。『インディア・トゥデイ』誌も、ムスリムの中央政府職員が「首相がバーガルプルを10月26日に訪問した時、彼は秩序を2日で回復すると約束した。その後に起こったことは、われわれの怒りを煮えたぎらせた」と怒っている様子を伝えている。IT, 1989/11/30, p. 74参照。
106) HT, 1989/10/26, p. 1, 1989/10/27, p. 1.

ては「禁止すれば衝突に至る」として再度否定した[107]。しかし、上述のように暴動は、ラジーヴ首相、ブータ・シン内相の訪問後に農村部に拡大し、一向に収まる気配を見せなかった。次章で改めて検討するが、10月29日付報道では犠牲者が108名に達したことが伝えられ、ついに100名を突破した。11月2日付報道では犠牲者は更に増えて165名に達し、翌3日付では190名と200名に迫った。

　S. N. シンハ州政権は、11月3日の閣議でようやく全ての宗教行進を禁止する決定を下した。同時に宗教暴動に関し特別法廷を設置して迅速な審理を行うこととし、暴動発生地域には罰金を科すことも決めた[108]。ラジーヴ首相がラーム・レンガ行進の禁止を明確に否定してから、わずか1週間後の方針転換であった。

　行進を禁止するのであれば、なぜ最初から行わなかったのか、という疑問が沸き起こるのは当然だろう。BJP副総裁のシカンデール・バクト（Sikander Bhakht）は、ビハール州政府の決定に関し、「平和なラーム・レンガ行進をビハール州政府が禁止したことは、ラーム神とラーム寺院、アヨーディヤに対する冒瀆である」と翌4日に早速非難したが[109]、これこそ会議派が恐れていた反応だった。宗教暴動は抑え込む必要があるが、「ヒンドゥー票」は失いたくない。時機を逸したラーム・レンガ行進の禁止決定は、かえって会議派によるヒンドゥー・ナショナリストへの譲歩、すなわち亜流宗教動員戦略の実践を浮き彫りにすることとなった。だからこそ、ムスリムの反撥もいっそう激しいものになったと考えられる。

　1989年下院議員選挙は単に会議派が敗北した選挙ではなく、会議派―野党システムから競合的多党制へと政党システムが変化する分水嶺となった選挙である。ムスリムは、地主動員モデルから後進カーストが離脱したことにより成立した「端の連合」モデルの重要な一角を形成していたが、亜流宗教動員戦略を採用した会議派が引き起こした大暴動によって、会議派への反撥を強めた。

---

107)　*HT*, 1989/10/28, p. 1参照。しかし同じ記事（"Bihar plan for 'sensitive' areas"）で、UNI電を引用する形で、ブータ・シン内相が、「一触即発」の状況に鑑み、一切の宗教行進の禁止を州政府に要請した、と報道している。
108)　*HT*, 1989/11/4, p. 1.
109)　*HT*, 1989/11/5, p. 12.

宗教的少数派とは言え10％を超える人口を有するムスリムは、完全小選挙区制のインドにおいて大きな票田である。ムスリムが離反すれば、会議派にとって大きな打撃となることは必定だった。

　市民の生命・財産が危険にさらされる暴動という状況は、政権党の存在意義が試される極限状態の一つであると言える。暴動がいかに発生し、いかに終わったか、一連の過程に政権党、野党がどのように関与したか。暴動の始まり方、そして「暴動への対処法」は、暴動の規模が大きくなるほど、その後の政治状況に大きな影響を与える。独立以来、最悪規模の暴動と当時呼ばれたバーガルプル暴動は、1989年下院選挙、そしてその後の政治状況にどのような影響を与えただろうか。

第6章　分水嶺としての1989年下院選挙

第1節　暴動の衝撃

　1989年下院選挙は、バーガルプル暴動という大宗教暴動と選挙運動が同時に進行する、独立後の政治史において稀有な選挙であった。独立後の1951年から2009年下院選挙まで15回の下院選挙が行われてきたが、これほどの規模の暴動と選挙運動が重なり合ったのは唯一である。加えて1989年下院選挙を契機として、会議派は現在に至るまで単独で過半数を獲得していない。会議派が政党システムの中軸としての地位から滑り落ちた契機となった選挙であった。政治変動の分水嶺となった選挙結果は、次の通りである（表1-1）。

　会議派は197議席（得票率39.5％）の獲得に留まった。1984年下院選挙と比較して得票率で8.6ポイント、議席で218議席を落とし、議席の半数以上を失い敗北した。一方、結成からわずか1年のジャナター・ダルは、143議席（同17.8％）と大躍進し、国民戦線もアーンドラ・プラデーシュ州の地方政党であるテルグ・デーサム党（Telugu Desam Party）の2議席を合わせて145議席を獲得した。BJPも1984年の2議席（同7.4％）から85議席（同11.4％）と大躍進を遂げた。左翼諸党は、CPIが12議席（同2.6％）、CPMが33議席（同6.6％）を獲得し、いずれも1984年選挙より勢力を伸ばした。

　宗教暴動との関連で検討すると、1989年1月から下院選挙までに宗教暴動が起こった8州（アーンドラ・プラデーシュ、ビハール、グジャラート、カルナータカ、マディヤ・プラデーシュ、マハーラーシュトラ、ラージャスターン、ウッタル・プラデーシュ）における選挙結果は以下の通りである（表6-1）[1]。

　8州で会議派は169議席を落としており、単純計算すれば全減少数の77.5％を暴動州で落としたことになる。1989年1月から9月までに336名の犠牲者

表6-1 暴動州の選挙結果（1984-89年下院選挙）

州	会議派			ジャナター・ダル			BJP			CPI + CPM		
	1984	1989	89-84	1984	1989	89-84	1984	1989	89-84	1984	1989	89-84
アーンドラ・プラデーシュ	6	39	+33	1	0	-1	1	0	-1	2	0	-2
ビハール	48	4	-44	2	32	+30	0	8	+8	2	5	+3
グジャラート	24	3	-21	1	11	+10	1	12	+11	0	0	0
カルナータカ	24	27	+3	4	1	-3	0	0	0	0	0	0
マディヤ・プラデーシュ	40	8	-32	0	4	+4	0	27	+27	0	0	0
マハーラーシュトラ	43	28	-15	1	5	+4	0	10	+10	0	1	+1
ラージャスターン	25	0	-25	0	11	+11	0	13	+13	0	1	+1
ウッタル・プラデーシュ	83	15	-68	2	54	+52	0	8	+8	0	3	+3
合　計	293	124	-169	11	118	+107	2	78	+76	4	10	+6

(出典) 選挙管理員会資料より筆者作成。
(注)「1984」は1984年下院選挙における議席数、「1989」は1989年下院選挙における議席数、「89-84」は1989年選挙の議席数から1984年選挙の議席数を引算した値を示している。
(略号) BJP：インド人民党（Bharatiya Janata Party）、CPI：インド共産党（Communist Party of India）、CPM：インド共産党（マルクス主義）（Communist Party ofof India（Marxist））。

を出した7州に限定すると、202議席を落としており全下落数の92.7％を占めることになる。他方ジャナター・ダルは、8州で107議席上積みしており、増加議席の83％をこれらの州で占め、BJPは92.8％、両共産党は35.3％占めることとなった。会議派議席の減少、非会議派主要政党議席の増加は、これら8州の選挙結果でかなりの程度説明できることがわかる。

　重要なことは、テルグ・デーサム党政権下のアーンドラ・プラデーシュ州と大統領直轄統治下にあったカルナータカ州を除き、これら6州がいずれも会議派政権州だったという事実である。カルナータカ州は1989年4月から大統領直轄統治に移行したため、中央政権が会議派政権であることから事実上の会議派政権と考えてよい。選挙戦において野党指導者は、宗教暴動が会議派政権

---

1)『インディア・トゥデイ』誌によれば、1989年1月から9月にかけて、上述8州のうち、アーンドラ・プラデーシュを除く7州において、336名が犠牲になった（IT, 1989/10/31, p. 27）。Jaffrelot [1998：79] によれば、ラーム・レンガ行進を原因とする宗教暴動は、上述8州のうちマハーラーシュトラ州を除く7州で発生した。

州のみで起こっていることを繰り返し強調したが[2]、宗教暴動が選挙にどのような影響を与えたのか、確かに検討する意義はある。

それでは、BJPによるアヨーディヤ動員を核とした宗教動員戦略と会議派の亜流宗教動員戦略が引き起こした暴動、とりわけ「暴動への対処法」は、1989年下院選挙にどのような影響を及ぼしただろうか。

第2節　争点としての宗教暴動

野党連合の形成

1984年下院選挙の大敗以来、野党勢力は数々の困難を乗り越え、政党連合形成に尽力した[3]。選挙前年の1988年8月6日には、ジャナター党、ローク・ダル (B)、会議派 (S)、ジャン・モルチャ、テルグ・デーサム党、ドラヴィダ進歩連盟 (DMK)、アッサム人民会議 (AGP) の7党から構成される政党連合である国民戦線の結成にようやく漕ぎつけた。結成の主導権は、アーンドラ・プラデーシュ州首相ラーム・ラオが握り、自身は議長に就任する一方で、会議派を離党した有力指導者であるV. P. シンは代表に任命された[4]。

さらに、同年10月11日には、ジャナター党、ローク・ダル (B)、会議派 (S)、ジャン・モルチャが合併してV. P. シンを党首とする新党ジャナター・ダル (Janata Dal) が結党された [Jaffrelot 2003：335, Fickett, Jr. 1993：82-84]。新党ジャナター・ダルは、政治遍歴・イデオロギーを軸として分類すると、次の四つの勢力から構成されていた。第一に、V. P. シン首相に代表されるラジーヴ会議派からの離党組（ジャン・モルチャ）、第二に、社会主義政党出身者から構成される社会主義者組（ジャナター党、ローク・ダル (B)）、第三に、デヴィ・ラール (Devi Lal) 副首相に代表されるチャラン・シンの「農民政治」を継承したローク・ダル組（ローク・ダル (B)）、最後に、チャンドラ・シェカー

---

2) 例えば、*HT*, 1989/11/7, p. 1, *Indian Express* (New Delhi)（以下、*IE* と表記）, 1989/11/7, p. 7 など参照。会議派指導者が同様の点を指摘したものとして、*HT*, 1989/11/4, p. 24を参照。アーンドラ・プラデーシュ州の暴動に関し、Jaffrelot [1998：79] は、さほどの規模ではなかったとしている。

3) 野党連合の形成とこれが抱えていた問題点については、中溝 [2008：252-266] で詳細に検討した。

4) 訳語はアジア経済研究所『アジア動向年報　1988年』563頁を参照した。

ル (Chandra Shekar) に代表される会議派左派の出身で、非常事態宣言期にインディラ会議派と袂を分かったジャナター党組 (ジャナター党、会議派 (S)) である。このように寄せ集めとしての性格を強く持っており、ジャナター・ダルは結成はされたものの、内部の主導権争いは依然として続いていた。

政党間交渉についても、問題を抱えていた。予定される選挙を前に、ジャナター・ダルとBJPは議席調整交渉を開始したが、双方に反撥を抱えたままだった。VHPが推進してきたアヨーディヤ動員は、1989年11月9日に予定されるラーム寺院建設の定礎式へ向けて着々と段階を踏まえて進み、ヒンドゥー・ムスリム間の緊張は否応なしに高まっていた。前章で検討したように9月に入ると暴動が次々と発生し、BJPとジャナター・ダルはアヨーディヤ問題を巡って深刻な論争を繰り返していた[5]。

論争の背景に、国民統合の理念をめぐるイデオロギー上の対立があったことは確かであるが、同時に、選挙に勝利するためにムスリム票が欠かせない、という実際的な理由があったことは否めない。ムスリムは少数派ではあるけれども、98選挙区で有権者の20％以上を占めると推定され、かつ下院選の勝敗を決すると考えられていた北部ヒンディー語圏に人口が比較的集中していた。全下院議席の約25.6％ (139議席) を占める大票田のウッタル・プラデーシュ州とビハール州では、ムスリム有権者が20％を超えると推定される選挙区は34選挙区にのぼり、両州の下院選挙区の約24.5％を占めていた[6]。ジャナター・ダル幹事ラシッド・マスード (Rashid Masood) は、ムスリム票が選挙結果に影響を及ぼす選挙区は少なくとも70は存在すると指摘し、BJPと協力関係を結ぶことでムスリム票が離反し、会議派に流れることを懸念した。会議派が、ウルドゥー語をウッタル・プラデーシュ州の第二公用語とするなど、ムスリム票の取り戻しに懸命の努力を行っていたからである[7]。

BJPとの選挙協力交渉をめぐっては、実際に分裂も起こっていた。合併前の

---

5) 詳細については、中溝 [2008 : 269-270] を参照のこと。
6) *IT*, 1989/10/31, p. 37.
7) *HT Magazine Sunday*, 1989/10/29, pp. 1-2参照。ウルドゥー語第二公用語化が、ムスリムの支持を会議派に取り戻そうとする試みであることは明らかだが、*HT Sunday Magazine*, 1989/10/22は、ムスリムに対する影響は不明な一方で、ヒンドゥー、とりわけ法案に反対し、選挙でムスリム票を獲得する目的だ、と考えているヒンドゥーの支持は離れたことは明らかだ、としている。

ジャナター党所属国会議員で、全インド・バブリー・マスジッド連絡協議会の指導者として活発に活動していたサイード・シャハブッディン（Syed Shahabuddin）は、ジャナター・ダルがBJPと選挙協力を行うことに抗議して正義党（Insaaf Party）を立ち上げていた。V. P. シンが、ジャナター・ダル国会議員団委員会の委員にならないかと和解を持ちかけた時にも、BJPとの選挙協力を非難して拒否した[8]。このように、選挙日程が発表されるまでは、BJPと選挙協力を結ぶことに対するかなり強い抵抗を認めることができた。

不意を突く選挙日程発表と混乱する会議派

遅くとも1990年初頭には行わなければならない総選挙のために、1989年10月半ばまでには首相執務室に3種類、4,000名からなる候補者リストが送られてきた[9]。これらの精査には少なくとも1ヵ月は要し、選挙戦の目玉として提出されたパンチャーヤット改革法案の行方も不明確だったことから、選挙日程の発表は11月になるだろうという見方が大勢だった。ところがラジーヴは、憶測より1ヵ月ほど早い10月17日に、選挙日程（11月22日、24日の2日間、後に26日を追加）を唐突に発表する[10]。野党はもちろんのこと会議派自身も不意を突かれた格好になったが[11]、ボフォース疑惑の更なる深化を避け[12]、野党の混乱を突き、会議派党内でも主導権を掌握したいラジーヴの思惑があった。決定を知らされた閣僚の一人が、「突然の決定で、党は選挙準備を行えるのですか」と問うたとき、ラジーヴは「広報、移動手段、その他選挙運動に必要な準備は万端だ」と応じた[13]。

ところが、現実はラジーヴの思惑を裏切る形で進行する。野党の動きについては項を改めて検討するが、自ら指導する会議派党内も思い通りにはならなか

---

8) *IT*, 1989/10/31, pp. 50-52.
9) *IT*, 1989/11/15, pp. 13-14によると、首相直属担当官として調査を行ったビハール州選出上院議員アフルワリア（S. S. Ahluwalia）のリスト、内務省諜報機関IB（Information Bureau）のリスト、州首相が州政府直属の諜報機関を使って作成したリスト、の3種類が届けられた。
10) *HT*, 1989/10/18, p. 1.
11) 当時外相を務め、後に首相になるラオ（P. V. Narasimha Rao）は、選挙は1990年の1月か2月に予定されていたことから「青天の霹靂」ではなかったが、「出し抜け（out of the blue）」であったことは確かだった、と回想している。Rao, P. V. Narasimha [2006：45-46] 参照。
12) この点はV. P. シンも指摘している。*HT*, 1989/10/18, p. 1.
13) *IT*, 1989/11/15, pp. 12-19.

った。まず第一に、候補者選定について、ラジーヴは、現職については過去5年間の活動を考慮し、更に党務に従事する全インド会議派委員会幹事や州会議派委員長は公認しないという独自の基準を立てていたが、州の会議派ボスから強い反撥を受けこれらの基準は吹き飛んでしまった。少なくとも現職の30％は公認しないと決めていたにもかかわらず、結局、現職の80％を公認せざるを得なかった。党幹部は、「首相は、事実上決定権を持っていなかった」と皮肉ったが[14]、ビハール州においても、1984年下院選挙で当選した48名の内、死去した1名を除く40名が公認されており、85％が公認された計算となる。

　第二に、政策論争の基礎となる綱領の発表も大幅に遅れた。野党連合である国民戦線が、選挙日程発表から3日後の10月20日には選挙綱領を発表したのに対し[15]、会議派の綱領発表は11月6日と2週間以上ずれ込んだ[16]。各州で選挙の陣頭指揮を執る州首相に与えた影響は深刻であり、野党の攻撃を前に、反撃の土台となる選挙綱領が与えられないまま日が過ぎていった[17]。

　最後に、ラジーヴが準備万端と胸を張った選挙キャンペーンの準備も、実際には悲惨な状態だった。州首相は、ラジーヴ首相が自分の州をいつ訪れるのか知らされないまま、時として真夜中に翌朝ラジーヴが訪問することを告知された。当然のことながら、集会のための動員もままならず、ウッタル・プラデーシュ州、ビハール州、グジャラート州では40以上の集会がキャンセルされる事態を招いた[18]。

　会議派党組織が事実上崩壊している状況下で[19]、ラジーヴが独断に近い形で唐突に選挙日程を発表したことは、会議派党内に以上のような混乱を招いた。それでは、会議派と対決する野党の状況はどうだっただろうか。

---

14) *IT*, 1989/11/15, p. 18.
15) *HT*, 1989/10/21, p. 1.
16) 準備不足は、会見の場で配布された部数がわずかしかなかったことに象徴されている。駆けつけた約200名の報道陣に到底行き渡ることはなく、「なぜか」との問いに与えられた回答は、「コピー機が壊れた」であった。*HT*, 1989/11/7, p. 1.
17) *IT*, 1989/11/30, pp. 10-13.
18) *IT*, 1989/11/30, pp. 10-13.
19) 崩壊してゆく会議派組織を立て直そうとしたラジーヴの試みについて、Kohli [1992：339-352] を参照。

選挙協力と宗教暴動

　ラジーヴの唐突な選挙日程発表は、野党の足並みの乱れを突くことが重要な目的だった。BJPと選挙協力を結ぶことについて根強い抵抗が存在するのであるから、期限を短く区切れば交渉は決裂する可能性がある。実際、選挙日程が発表された直後は、ジャナター・ダルの足並みも乱れていた[20]。野党が対立を解消できなければ、確かにラジーヴが狙うとおり、会議派には逆風を跳ね返せる可能性があった。

　野党指導者も、この点は十分に認識していた[21]。ジャナター・ダルの内紛については、それぞれの指導者は選挙までは棚上げにすることで了解する。BJPとの議席調整については難しい問題となったが、最終的には推進派が反対派を圧倒し[22]、約400議席で会議派連合との直接対決が実現することとなった[23]。ジャナター・ダルは、それまで否定的な要因と見られていた様々な政党の集合体という性格を逆に生かして、巧みな役割分担を行っていった。野党指導者の中では抜群の人気を誇り、党の顔として選挙キャンペーンを展開したV. P. シンは、VHPに対し11月9日に予定されている定礎式の中止を声高に求める[24]。オリッサ州首相パトナイク（Patnaik）、元カルナータカ州首相ヘグデ（Hegde）、グジュラール（Gujral）は左翼諸党との交渉を担当する一方で、BJPとの交渉はデヴィ・ラールが担った[25]。選挙戦における攻撃の対象をラジーヴに絞りボフォース疑惑に代表される腐敗の問題を前面に打ち出す一方[26]、BJPとの議席調整交渉は静かに進められた。

　BJPの側でも、今回の選挙で再び敗北すれば議会勢力として力を失うことを

---

20) 例えば、ラージャスターン州ではジャナター・ダル代表がBJPとの協力に否定的な態度を示す一方、ハリヤーナー州ではデヴィ・ラールがBJPとの協力関係に太鼓判を押している。*HT*, 1989/10/18, p. 12参照。
21) *IT*, 1989/11/15, pp. 20-26参照。
22) *IT*, 1989/11/15, p. 21は、「一旦選挙日程が発表されると、全ての立派な決意（BJPに対して厳しい態度で臨むことを指す）は現実政治の要請の前に圧倒されてしまった」としている。
23) *HT*, 1989/11/6, p. 1参照。
24) *HT*, 1989/10/18, p. 1.
25) *HT Magazine Sunday*, 1989/10/29, pp. 1-2.
26) *IT*, 1989/9/30, pp. 38-39は、ジャナター・ダルが攻撃の対象をラジーヴに絞った理由について、ジャナター・ダルの内紛とアヨーディヤ問題に対する一貫しない態度を、有権者の目から隠すという目的があった、と指摘している。

認識していた。ジャナター・ダルに妥協的な態度を取ることに不満なBJPの活動家が、ヴァージペーイーに対しアヨーディヤ問題で強硬な態度を貫くべきだと迫った際に、ヴァージペーイーは次のように応じた。「われわれは2回やった。最初は1952年選挙で2議席、そして1984年選挙で2議席。今回もそれほど2議席が欲しいなら、共に頑張ろうじゃないか」[27]。

ただし、本来、選挙協力は議席調整に限られた話ではない。野党共闘という時には、例えば選挙キャンペーンを共に行うことも選択肢の一つに入る。しかし、ジャナター・ダルは、議席調整交渉が大詰めを迎える11月2日には、BJPとの協力関係は議席調整のみで、キャンペーンは共に行わないことを言明している[28]。なぜだろうか。選挙戦に入っていよいよ本格化した宗教暴動が選挙戦に与えた影響を、議席調整交渉を超えてより広く検討することとしたい。

宗教暴動と選挙戦

まず宗教暴動の拡がりから検討してみよう。表6-2は、選挙日程が発表された10月17日から投票日を挟んだ12月末までの2ヵ月半の間に発生した宗教暴動を、『ヒンドゥスタン・タイムズ』紙の報道に従いまとめたものである。死者が出た暴動に限って取り上げたが、それでも選挙キャンペーンの終了時まで、ほぼ連日と言ってよいくらい宗教暴動の発生が報告されていることがわかる。

選挙日程が発表された10月17日以降ほとんどの暴動はビハール州で起こっているが、10月24日に発生したバーガルプル暴動は、暴動の全容はこの時点ではまだ明らかになっていないとは言え、他の暴動と比較して犠牲者の数が既に一桁違っていることがわかる。さらに時期的な観点からは、バーガルプル暴動の被害報道が11月初旬に一旦収まった後、11月9日の定礎式以降、再び暴動が頻発したことがわかる。バーガルプル暴動とラーム寺院定礎式という二つの大きな事件が選挙戦に及ぼした影響について考察してみよう。

バーガルプル暴動の第一報が25日付で犠牲者3名と報じられ、翌26日付で

---

27) ただし、他の文献を参照する限りBJPはアヨーディヤ問題に対する態度を変えておらず、強硬派が何を具体的に求めたのか、記事からは明らかではない。*IT*, 1989/11/15, p. 21.
28) *HT*, 1989/11/3, p. 1.

表6-2　1989年下院選挙前後の暴動

日　時	場　所	犠牲者数（累計）	状　況
10月13日（18日付）	Indore (MP)	20名以上	行進をめぐる衝突
10月22日	Godhra (Gujarat)	2名	宗教行進に投石。グジャラートでは9月より15件目
10月23日	Sitamarhi (Bihar)	11名	不明
	Darbhanga (Bihar)	1名	行進への投石
	Gaya (Bihar)	1名	不明
10月24日	Bhagalpur (Bihar)	3名	行進への爆弾・警察への投石
	Sitamarhi (Bihar)	18名	不明
10月25日	Bhagalpur (Bihar)	19名	
	Munger (Bihar)	4名	Bhagalpur-Jamalpurを走行中の列車から4名が殺害
	Sitamarhi (Bihar)	18名	ラーム・レンガ行進
10月26日	Bhagalpur (Bihar)	27名	
	Munger (Bihar)	7名	
10月27日	Bhagalpur (Bihar)	90名	
10月28日	Bhagalpur (Bihar)	108名	
10月30日	Bhagalpur (Bihar)	145名	
10月31日	Bhagalpur (Bihar)	152名	
11月1日	Bhagalpur (Bihar)	165名	
11月2日	Bhagalpur (Bihar)	190名	
11月3日	Bhagalpur (Bihar)	200名	
11月7日	Sasaram (Bihar)	6名	ラーム・レンガ行進へ爆弾
11月10日	Munger (Bihar)	2名（新犠牲者）	宗教暴動被害者の避難所を襲撃した暴徒に警官が発砲
11月11日	Bhagalpur (Bihar)	5名（新犠牲者）	放火による死亡
	Munger (Bihar)	11名	6名（衝突）、5名（警察発砲）
	Varanasi (UP)	1名	定礎式抗議行進と警察衝突
11月12日	Varanasi (UP)	4名（新犠牲者）	
	Bhagalpur (Bihar)	213名	
11月13日	Varanasi (UP)	10名	定礎式抗議行進と衝突
	Munger (Bihar)	1名（新犠牲者）	MLCの護衛が発砲
	Bhagalpur (Bihar)	1名（新犠牲者）	
11月14日	Bhagalpur (Bihar)	218名	
	Munger (Bihar)	1名（新犠牲者）	暴徒に襲われた副警視の妻が死亡
11月15日	Bhagalpur (Bihar)	11名（新犠牲者）	警察が暴徒に発砲
11月16日	Bhagalpur (Bihar)	223名	
	Sitamarhi (Bihar)	18名	
	Munger (Bihar)	11名	
	Sasaram (Bihar)	8名	
	Darbhanga (Bihar)	1名	
	Varanasi (UP)	14名	
11月17日	Bhagalpur (Bihar)	1名（新犠牲者）	爆弾が爆発
11月30日	Jaipur (Rajastan)	4名	BJP祝勝行進（詳細は不明）
12月4日	Bhagalpur (Bihar)	19名（新犠牲者）	暴動と無関係（警察発表）
12月8日	Bhagalpur (Bihar)	70名（新犠牲者）	頭蓋骨発見
12月17日	Bhagalpur (Bihar)	396名	Logain村で110頭蓋骨発見

(出典)　*The Hindustan Times*（New Delhi）各日版より筆者作成。

(注)　最初のIndore暴動については、選挙日程発表以前に起こった暴動であるが、報じられているのが発表後（18日付）であるため、記載した。犠牲者数は基本的に累計で表示した。記事に累計表示がなく、新たな犠牲者のみ報じられている場合は「（新犠牲者）」と括弧書きで記入している。同一暴動について犠牲者の数が食い違う場合は、多い方の犠牲者数を記入した。「状況」については、記事に書かれてある通りに記入した。たとえばバーガルプル暴動では、ラーム・レンガ行進に対する爆弾攻撃が引き金となったが、記事には「行進」としてか触れられていないので、あえて「行進」としている。「――」は襲撃の起こった状況について特に触れられていない場合である。

(略号)　MP：マディヤ・プラデーシュ（Madhya Pradesh）、UP：ウッタル・プラデーシュ（Uttar Pradesh）、MLC：ビハール州上院議員（Member of Legisrative Council）。

19名と跳ね上がると、それまで、ボフォース疑獄とパンジャーブ問題に代表される国民統合が争点として強調されていた選挙戦に変化が生じる[29]。最初に反応したのは、左翼諸党とジャナター・ダルだった。まず共産党は、暴動が起こった当日24日に、ビハール州政府に対し、暴動の続発を懸念してラーム・レンガ行進の禁止を要請する[30]。次にV. P. シンは、暴動の責任は会議派に帰することを明確にする一方で、VHP、BJPを名指しで批判することは避けた[31]。

アヨーディヤ動員と密接な関係を有するBJPは、自らの責任を認めるはずもなく、暴動の責任を全て会議派に帰している[32]。27名の犠牲が報じられた10月27日に発出した声明において、会議派はコミュニティーを分極化し、選挙においてコミュナル・カードを行使するために国中で暴動を引き起こしている、と非難した上で、バーガルプル暴動に関しては、党が得た情報によると会議派の代理人が引き起こした上にビハール州政府の無策が加わった結果生じた厄災である、とした。他の野党がラーム寺院の定礎式の中止を要請したのとは異なり、BJPは代わりにビハール州政権の即時解任を求めている。

このように暴動発生の責任を野党から一斉に追及された会議派だったが、反論もそこそこに政権党として暴動の鎮圧に追われることとなった。暴動発生後の政府の対応については第5章で詳述したので繰り返さない。ラジーヴ政権の対応として、暴動発生・拡大に責任のあるビハール州政府の解任と大統領直轄統治については明確に否定し、さらに選挙の延期についても否定したこと、一番の問題となっている宗教行進の禁止についても「禁止すれば衝突に至る」として否定したことだけ確認しておきたい。

しかし、表6-2から明らかなように、暴動は一向に収まらなかった。10月29日付報道では犠牲者が108名に達したことが伝えられ、ついに100名を突破した。状況の困難さは、選挙実施をめぐる政府の動きに的確に看取することができる。まず10月30日に、バーガルプル選挙区の選挙実施責任者を兼ねるバーガルプル県長官アルン・ジャは、バーガルプル下院選挙区で選挙を実施する

---

29) バーガルプル暴動発生までの選挙戦の詳細については、中溝［2008：276-277］を参照のこと。
30) *HT*, 1989/10/25, p. 1.
31) *HT*, 1989/10/26, p. 1.
32) *HT*, 1989/10/28, p. 12.

ことは不可能であると選挙管理委員会に訴えた[33]。選挙管理委員会は、ビハール州政府の要請を受けて「法と秩序の問題」を考慮し、ビハール州における選挙を当初の11月24日1回から24日と26日の2回に分けて行うことを11月1日に決め、バーガルプルを26日に割り振る[34]。しかし11月2日付報道では犠牲者は更に増えて165名に達していた。翌3日付では更に増えて190名と200名に迫り、バーガルプル選挙区のみならず、近隣のバンカ（Banka）、ゴッダ（Godda）、カガリア（Khagaria）選挙区でも選挙実施が危ぶまれる事態となった。ビハール州の選挙管理委員会も、実施は難しいだろうとの見解だった[35]。

最終的な決定は、11月3日に行われたビハール州政府閣議で下された。問題となった4選挙区での選挙は予定通り行うことを決めると同時に、すでに検討したとおり全ての宗教行進を禁止することとした。更に宗教暴動に関し特別法廷を設置して迅速な審理を行うこととし、暴動発生地域には罰金を課すことも決めた[36]。BJP副総裁のシカンデール・バクトが「ラーム神とラーム寺院、アヨーディヤに対する冒瀆である」と翌日に非難したことは前述したが[37]、会議派による亜流宗教動員戦略の採用を突いていた。会議派の戦略をより明確な形で示したものが、同日3日に開始されたラジーヴの選挙キャンペーンであった。

宗教アイデンティティの争点化

選挙キャンペーンの始点が象徴的な意味を持つことは言うまでもない。どこで、何を訴えるか、政治家の思惑が凝縮されているのが、第一声であろう。ラジーヴ首相は選挙キャンペーンの始点に、アヨーディヤからわずか8kmしか離れていないファイザバード（Faizabad）を選んだ。そして演説を、ラーム神への賞賛から始めた。「皆さん、私は、この清浄の地、このラーム神の地、この聖なる地にやってきました。私は、選挙キャンペーンをここから始めることに決めました」[Brass 1993：119]。

---

33) *HT*, 1989/10/31, p. 7.
34) *HT*, 1989/11/2, p. 24.
35) *HT*, 1989/11/3, p. 1.
36) *HT*, 1989/11/4, p. 1.
37) *HT*, 1989/11/5, p. 12.

選挙キャンペーンの第一声を事実上アヨーディヤで上げ、しかもラーム神を讃えたことは、ヒンドゥー教徒の宗教感情を利用しようとする試みに他ならず、亜流宗教動員戦略の実践を示している。会議派は、宗教暴動の責任を全て野党に押しつけたが、この無責任さは当の会議派内部からさえ批判を呼んだ。同日にはビハール州議会会議派院内副総務のナレンドラ・シン（Narendra Singh）が、会議派は宗教暴動を引き起こすことによってマイノリティの間に恐怖感を引き起こし、会議派に投票せざるを得なくしようとしていると指摘した上で、「自分は会議派の活動家がVHPと密接な関係にある確かな情報をつかんでいる。宗教暴動が起こっているのが、会議派支配州だけであるのは、偶然だろうか？　偶然だとしても、マイノリティの生命と財産を守れなかったことは明らかだ」と批判した[38]。ビハール州会議派委員長のジャガナート・ミシュラ（Jagannath Mishra）も、シンハ州首相が、宗教暴動や州公務員のストなどの重要な問題に関する党の助言を無視したと批判した[39]。

　ラジーヴが「ヒンドゥー票」の取り込みを狙ってアヨーディヤに向かったのとは対照的に、V. P. シンは犠牲者が200名を突破したと報じられたバーガルプルを目指した。まず11月5日に、あと4日と迫っている定礎式に関する声明を発表する。「和解の精神の下、私は11月9日にアヨーディヤに赴き、アヨーディヤの住民と共に、最後の瞬間まで友好的な解決を目指す」。その上で宗教暴動で何百人も犠牲になったことに触れながら、全ての関係者に対し、危機を加速させることなく、会議派の罠、すなわちアヨーディヤ問題を生かし続け、選挙時に宗教感情を利用しようとする罠に陥ることのないよう訴えた。ただし、声明においてはBJPに関する言及は慎重に避けられていた[40]。

　翌6日には、R. S. ダース（Ram Sunder Das）ビハール州ジャナター・ダル代表らと共にバーガルプルに向かった[41]。V. P. シンは、バーガルプル訪問を選挙とは切り離し、そのため来訪の告知も、大きな集会も、演説も行わなかった。コミュナリズムの問題は選挙の争点以上の問題で、政権獲得より重要な問

38）　*HT*, 1989/11/4, p. 24.
39）　*HT*, 1989/11/5, p. 12.
40）　*HI*, 1989/11/6, p. 1.
41）　*IE*, 1989/11/7, p. 7.

題だから、という理由であった。

　デリーから早朝バーガルプルに到着したV. P. シンは、まず、6日までに判明した被害の中で最大の犠牲者を生み出したチャンデリ村に赴き、チャンデリ虐殺の生存者で入院しているマリカ・バノから襲撃について話を聞いた[42]。V. P. シンは、バーガルプルからパトナーへ向かう車中で、「生きている人が警察に引き渡され、翌日死体となって見つかれば、これは残虐行為だ。チャンデリ虐殺ほど、政府の失態を明らかにするものが他にあるだろうか。バーガルプルで起こったことには、二つの説明しかない。第一が、会議派が暴動を引き起こしたこと、第二が、会議派が暴動を鎮圧できなかったこと。どちらにしても、権力を担う資格はない。会議派が、非人間的に宗教感情をもてあそんでいることは、会議派自身に跳ね返ってくるだろう」と会議派政府の対応を厳しく批判した。

　V. P. シン自身が、公式の選挙キャンペーンの開始は自身が立候補しているウッタル・プラデーシュ州ファテプル（Fatehpur）において翌7日から行うと言明し、かつバーガルプル訪問を控えめな訪問としたにもかかわらず[43]、バーガルプル訪問はかなりの注目を集めたようである。『インディア・トゥデイ』誌は、「V. P. シンは、重要なことに、選挙キャンペーンをバーガルプルから始めた」とバーガルプル訪問を選挙キャンペーンの始点と位置づけており[44]、他の選挙分析も同様の位置づけを与えている［Sisson 1990：119, Brass 1993：120, Graf 1992：220-221］。確かにセキュラリズムの擁護を訴えるためにバーガルプルほどの適地はなく、ラジーヴがよりによってアヨーディヤを選択した後では、なおさら両者の違いが際立ったと言えよう。暴動の主たる犠牲者であるムスリムに心からの同情を示すことから選挙戦を始めたことは、ムスリムの心情に訴える力を持ったと思われる。

　両党首が第一声を発し、選挙戦は本格的に始動した。V. P. シンがバーガル

---

42)　マリカ・ベガムの誤りだと思われる。
43)　『ヒンドゥスタン・タイムズ』紙は、「これからバーガルプルに向かう」こと（HT, 1989/11/7, p. 15）と、「バーガルプルから戻ってきた」ことは報じていても、バーガルプル訪問自体は記事にしていない。『ヒンドゥー紙』も、バーガルプルを訪問したという事実しか報じていない。HI, 1989/11/7, p. 9.
44)　IT, 1989/11/30, p. 12.

プルを訪れた11月6日にはようやく会議派が選挙綱領を発表し[45]、与野党の政策がほぼ出そろった。同時に9日の定礎式を目前に、アヨーディヤには全国各地から続々とお清めを施されたラーム・レンガが到着し、緊張が高まっていく。6日には、ビハール州ササラーム（Sasaram）でラーム・レンガ行進に爆弾が投げ込まれたことが原因で暴動が発生し[46]、翌7日には6名の犠牲者が出た[47]。ラジーヴはビハール州政府に対して、非常に厳しい態度で宗教暴動に臨むことを指示した、と明らかにするが[48]、かえってラーム・レンガ行進禁止を実施できないビハール州会議派政権の非力を露呈する格好となった。

これまで、バーガルプル暴動という大暴動が選挙戦の最中に発生したことが、選挙の争点形成、それをめぐる各党指導者の行動にどのような影響を及ぼしたか、という観点から検討を行ってきた。間近に迫った定礎式が選挙戦の帰趨を左右する第二の事件となったことは疑いがないが、定礎式が選挙に及ぼした影響を検討する前に、定礎式以前の段階で、宗教暴動が有権者にどのような影響を及ぼしたか、ビハール州を中心とした選挙区報告を参照したい。

各紙の選挙区報告に共通している点は、バーガルプル暴動の発生・拡大により、ムスリムは会議派に対して怒っているものの、態度を明確にしているわけではなく、かつジャナター・ダルに対する支持も最終的に決めているわけではない、というムスリム有権者の動向である[49]。11月9日に予定されている定礎式が、更なる暴動を招くのではないかという懸念は多くのムスリムに共有されており、例えばV. P. シンの選挙区近郊のムスリムは、バーガルプル暴動より酷いことが起こるのではないかと恐れていた。アヨーディヤ問題について、ムスリムは、アヨーディヤにヒンドゥー寺院を建設することに異存はないことを繰り返し述べた上で、しかし、バブリー・マスジッドを壊した跡地に建てなければならないのだろうか、と問うている[50]。

---

45) *HT*, 1989/11/7, p.1.
46) *HT*, 1989/11/7, p.20.
47) *HT*, 1989/11/8, p.1.
48) *HT*, 1989/11/8, p.1.
49) *TI*, 1989/11/7, p. 10, *IE*, 1989/11/6, p. 1, *IE*, 1989/11/6, p. 1, *IT*, 1989/12/15, pp. 78-81, *HT*, 1989/11/8, p. 1, *IE*, 1989/11/7, p. 7, *HT*, 1989/11/8, p. 10, *HT*, 1989/11/9, p. 7, *IE*, 1989/11/7, p. 4を参照した。

定礎式が更なる暴動を招くのではないか、という懸念こそ、V. P. シン、左翼諸党が一貫して取り上げてきた問題であった[51]。V. P. シンは、BJPが繰り返し制止するにもかかわらず、9日にアヨーディヤに赴くことを重ねて表明するが、ムスリムの懸念を十分に意識した発言だったと言えよう。同時に、会議派がアヨーディヤ問題に対し曖昧な態度を取り沈黙を守っているのは、政治的日和見主義の典型、と批判することも忘れていない[52]。

定礎式自体はVHPがアラハバード高裁の命令に違反して係争地で行うことを表明していたため、中央、ウッタル・プラデーシュ州の両会議派政権は、確かに中止という選択肢をいまだに握っていた[53]。この点にこそ、相次ぐ宗教暴動の発生・拡大にもかかわらずムスリムが支持政党を公に明確にはしない、すなわち会議派支持の含みを持たせる意義もあった。しかし現実に定礎式は行われ、ムスリムの会議派離れを決定的にしたと評価されている［Brass 1993a：118］。具体的にどのような政治決定が行われたのか、次に検討したい。

ラーム寺院定礎式

ラーム寺院の建設については、ラジーヴ政権はアヨーディヤにおけるいかなる不法行為も認めないと保証し、司法の判断に従うことを明言していた。アヨーディヤに関する訴訟を受理したアラハバード高裁は、1989年8月14日に現状維持を仮決定するが、VHPはこれに強く反撥し仮決定に従わない意向を明らかにした[54]。そのため会議派政権は、最初の譲歩として、ブータ・シン（Buta Singh）内相、ウッタル・プラデーシュ州首相ティワリ（Tiwari）とVHP指導者の会談を9月27日に行い、高裁決定を遵守することを条件に定礎式の実施を認めた［Jaffrelot 1996：399］。VHP指導者も、このときは条件を呑み、アラハバード高裁の8月14日決定を遵守する旨の誓約書に署名を行った。

ところが11月2日に、バジラン・ダルのメンバーが、係争地である586番地にサフラン色の旗を立ててしまう。旗が定礎式予定地を指していることは明

---

50) *TI*, 1989/11/7, p. 10.
51) *IE*, 1989/11/6, p. 1.
52) *IE*, 1989/11/6, p. 1.
53) *IT*, 1989/12/15, pp. 78-81, *HT*, 1989/11/8, p. 1.
54) *IT*, 1989/12/15, pp. 78-81.

らかで、係争地である以上、高裁決定に明確に反する行為であった。4日に州政府とVHP幹部との話し合いがもたれるが、州政府は係争地における定礎式は認めないと主張し、VHPは予定地での実施を譲らず、会談は決裂に終わった。そこで州政府は6日に再び高裁に586番地が係争地であるか否か決定を求める[55]。高裁は定礎式開始2日前の7日に決定を下し、586番地は係争地であることを確認した[56]。

ここで、中央・州の会議派政権は窮地に立たされることになった。アヨーディヤ問題の基本方針として、司法判断に従うことを明確にしている以上、高裁決定には従わなければならない。しかし、全国各地から16万7,063個のレンガと共にVHPやバジラン・ダル、その他サング・パリワールのメンバーが集結しており、定礎式の場所を変更すれば流血の惨事は免れない状況だった[57]。7日の高裁決定が出た当日、VHPのアショク・シンガル (Ashok Singhal) 幹事長は、予定に変更のないことを再度主張し、政府が9日の定礎式を禁止すれば、何千と集まった聖職者と信者による抗議運動を行うと圧力をかけた[58]。

これを受けて、ブータ・シン内相はウッタル・プラデーシュ州政府に高裁決定を注意深く検証することを求め、州次官シャルマは州検事長のバトナガールに検討を依頼する。バトナガールが出した結論は、586番地には係争地と非係争地の二つの土地があり、定礎式の予定地は非係争地に属する、というものであった。

バトナガールの解釈が牽強付会であることは、他ならぬ州政府が、高裁決定の前日6日に「予定地は係争地である」と明言していたことからも明らかだった。ブータ・シン内相、ティワリ州首相は、8日にVHP指導者の最後の説得に臨み定礎式を延期するよう要請するが失敗に終わり [Jaffrelot 1996:399]、政府はバトナガールの解釈に従い、予定地は係争地には当たらないことを宣言した[59]。

---

55) *HI*, 1989/11/7, p. 1.
56) *HT*, 1989/11/8, p. 1.
57) レンガの個数については、*HT*, 1989/11/8, p. 20参照。県庁担当官からの報告である。*IT*, 1989/12/15, p. 80参照。
58) *HI*, 1989/11/8, p. 1.
59) *IT*, 1989/12/15, pp. 80–81, *HI*, 1989/11/9, p. 1.

こうして、定礎式が予定通り11月9日朝10時から開始された[60]。予定では27時間35分間祈禱が行われ、10日13時35分に礎石が置かれる予定だった。厳重な警備の下で、定礎式が予定通り9日から始まり、翌10日13時35分に礎石が予定通り置かれ終了した。定礎式に際しては、ムスリムへの敵対的態度で知られ、1987年メーラット暴動の際にマリアナ村虐殺を実行したとされる州武装警察（Provincial Armed Constabulary）がバジラン・ダルを助け、定礎式終了後にはバジラン・ダルのメンバーと肩をたたき合いながら小躍りする姿が目撃されている。ウッタル・プラデーシュ州政府高官・警察幹部も、微笑みながら群衆に手を振っていた[61]。

　以上が定礎式の概要である。定礎式が開始された9日、しかもアヨーディヤに限れば、懸念されていた暴動、バブリー・マスジッドの破壊は定礎式を通して起こらず、各党指導者がとりあえず安堵する結果となった[62]。各党の反応を検討してみよう。

　まず、定礎式の中止を一貫して求め、9日にはアヨーディヤに赴くことを言明していたV. P. シンであるが、結局アヨーディヤには向かわず、隣のファイザバードで集会を開き演説するにとどまった。記者会見において、「会議派政権は火遊びをしている」と非難し、「ラーム寺院建設計画を認めたのか、認めないのか立場をはっきりさせるべきだ」と迫った。左翼諸党がファイザバードで行った集会には参加しなかった[63]。

　左翼諸党は、同日9日にファイザバードのアヴァド大学で、7,000人を集めた集会を開催した。集会にはCPIのラオ（C. Rajeswara Rao）書記長やCPMのスルジート（Harkishan Singh Surjeet）ら代表的な指導者が参加し、ヒンドゥー・ナショナリストによって引き起こされたコミュナリズムの脅威と戦う決意を表明した[64]。

60）　*HT*, 1989/11/10, p. 1.
61）　PACの一般的な性格については、Brass［2003：329］参照。メーラット暴動のマリアナ村虐殺については、*IT*, 1987/6/15, pp. 10-16参照。定礎式に際しては、定礎式が始まる前からすでに、靴を脱いで革製品を外し、自らが警備する係争地の内部から祈りを捧げるPACの姿が目撃されている。*HT*, 1989/11/8, p. 1参照。定礎式当日の様子については、*HT*, 1989/11/10, p. 1, *HT*, 1989/11/11, p. 1参照。
62）　*HT*, 1989/11/10, p. 1.
63）　*HT*, 1989/11/10, p. 22, *HI*, 1989/11/10, p. 1参照。

これら定礎式に否定的な政党に対し、BJPは定礎式が滞りなく進行したことを祝福した。BJPの全インド幹事マトゥール（Jagdish Mathur）は、「定礎式に関連して問題が起こるという予想が、全くの幻想であることが証明された」と自党の正当性を改めて主張した[65]。

　ラジーヴ首相は、遊説先のマハーラーシュトラ州ナーグプルで定礎式第1日目が平穏裡に過ぎたことを聞き、「これは会議派の手柄だ」と自賛した。「高裁判決が存在したことは確かであるが、会議派政権が取った対策によりアヨーディヤの熱気を鎮めることができた。明日まで状況を見る必要があるが、会議派政府こそがマイノリティと弱者の利益を守れることを証明した」と述べた[66]。

　それではムスリム団体の反応はどうだったか。定礎式が始まった9日に明確に抗議したのは、バブリー・マスジッド連絡協議会の指導者であるサイード・シャハブッディンである。シャハブッディンは、「定礎式は、法の支配とセキュラリズムというわれわれの憲法の二つの柱に対する致命的な打撃である」と非難した[67]。もう一つのムスリム団体であるバブリー・マスジッド行動委員会は、宗教指導者の会議であるウレマー会議の結果を待って決めるということで、具体的な対応を示さなかった[68]。

　定礎式2日目に当たる10日には、バブリー・マスジッド行動委員会の方針は固まっていた。ファイザバードで午前中に開いた記者会見において、モハメッド・アザーム・カーン（Mohamed Azan Khan）代表は、ウッタル・プラデーシュ州政府、アヨーディヤ当局、バブリー・マスジッド―ラーム生誕地寺院の財産管理者に対して、法廷侮辱罪で提訴することを発表した。同時に、バブリー・マスジッド行動委員会のメンバーに対し、会議派政府を下院選挙で打倒するために活動することを求め、ラジーヴ政権の「偉大なインド人民」を貶める試みは、あまりにも露骨すぎて覆い隠すことができない、と非難した。委員会は、「コミュナルな中央政府」を打倒するために、デリーのジャマー・マスジッドの宗教指導者シャヒー・イマームであるブカーリの支持を得たことを示唆

64）　*HT*, 1989/11/10, p. 22.
65）　*HT*, 1989/11/10, p. 1.
66）　*HT*, 1989/11/10, p. 1.
67）　*HT*, 1989/11/10, p. 1.
68）　*HT*, 1989/11/10, p. 22.

した[69]。

翌11日に記者会見を開いたブカーリは、より踏み込んでジャナター・ダル支持を鮮明にする[70]。記者会見に臨んだ息子のサイード・アフメッド・ブカーリ（Syed Ahmed Bukhari）は、ここ2ヵ月間何人もの会議派の指導者と面会したが満足のいく回答を得ることはできなかった、と振り返った上で、「過去5年間の会議派政権は、腐敗、非効率、全くの失策に彩られており、様々なコミュニティーの間で流血、蛮行、対決が起こった。『21世紀へ向けて前進』などとスローガンを唱えながら、政治目的のために国を野蛮時代に押し戻してしまった」と非難した。BJPについては、「かつてのBJSの時代よりコミュナルになり、反マイノリティ姿勢を強めている。加えて『ヒンドゥー国家』の実現を訴えており、BJPを支持することは全く考えられない」とこれも拒否した。これに対して、9月4日から11月4日にかけて行われたV. P. シンとの会談では、いくつかの根本的な問題について合意することができたと述べ、V. P. シンのアヨーディヤ問題に対する態度も公正なものであると評価した。その結果、「全ての声明、保証、政策を考慮した結果、ジャナター・ダルが会議派と比べてよりよい選択肢であると考えた」ゆえに、人々に対しジャナター・ダルに投票するよう呼びかけ、会議派とBJPしか候補者がいない選挙区では、左翼諸党に投票するか、他のセキュラリズムを信奉する候補に投票するよう呼びかけを行った。

暴動の第二波とムスリム有権者

ラジーヴが「会議派の手柄」を誇った翌日に、「手柄」は脆くも崩壊する。ビハール州ムンゲール県で、暴動被害者の避難所を襲おうとした暴徒2名が警察に射殺され[71]、更に死者こそ出なかったものの、ウッタル・プラデーシュ州のスルタンプル、アリーガル、ファイザバードで、定礎式に抗議する運動が関係した暴動が起こった[72]。

---

69) *HT*, 1989/11/11, p. 1.
70) *HT*, 1989/11/12, p. 1.
71) *HT*, 1989/11/11, p. 24.
72) 報道から詳細は明らかではないが、「反社会的分子」が放火や発砲を行い怪我人が出た。ファイザバードでは、定礎式に抗議した600名が逮捕された。*HT*, 1989/11/11, p. 1参照。

11日には暴動は更に拡大する。暴動が鎮静化したと思われていたバーガルプルで、再び暴動が発生し5名が犠牲となった。『PUDR報告』の指摘する、定礎式を契機とした暴動の第二波の始まりである［『PUDR報告』：1］。同時に隣のムンゲール県では過去4日間に11名が犠牲になっていたことが報じられた。ビハールのみならず、ウッタル・プラデーシュ州でもヴァーラーナスィーで、定礎式に抗議する行進と警察が衝突して1名が犠牲になった[73]。ヴァーラーナスィー暴動はこの後も拡大し、投票日までの犠牲者累計は16名に上った。バーガルプルは224名、ムンゲールは11名と報じられている（表6-2参照）。
　野党は当然のことながら、会議派を強く非難した。まずV. P. シンは12日に、「会議派は、同胞同士を宗教をめぐって争わせている。これは会議派政権州でのみ起こっていることで、同胞同士の流血を止めたいのであれば、ラジーヴを政権から叩き出そう」と集会で呼びかけた[74]。更に、V. P. シンは、BJPと選挙キャンペーンを共にすることも拒否する[75]。定礎式とそれに引き続いて起こっている暴動により、ムスリムがジャナター・ダル支持で着実に固まりつつあることを感じ取った上での決定だったと思われる。
　会議派は、一転して守勢に立たされることとなった。ラジーヴは11月12日の遊説において、会議派は、野党が会議派政権州で宗教暴動を引き起こしていると攻撃し、とりわけBJPを槍玉に挙げた[76]。ブータ・シン内相も12日のテレビ出演で、会議派政権が宗教間の融和を保つためにいかに努力しているか、宗教的な伝統に干渉することなく、同時にマイノリティの利益を損なわないよう細心の注意を払ってきたことを強調した[77]。
　しかし、いくら会議派がセキュラリズムの守護者を自任しても、定礎式と暴動の第二波は、ムスリムの会議派離れを少なくともビハール州とウッタル・プラデーシュ州では決定的にしたようである。両州から寄せられた選挙区報告を検討すると、ジャナター・ダルがBJPと協力関係にあることから、ジャナター・ダルに投票することに対する迷いは依然として解消されていないことを指

---

73)　*HT*, 1989/11/12, p. 1.
74)　*HT*, 1989/11/13, p. 14.
75)　*HT*, 1989/11/14, p. 1.
76)　*HT*, 1989/11/13, p. 1.
77)　*HT*, 1989/11/13, p. 24.

摘しつつも、これらの事件により会議派からムスリムが離れたことは、ほぼ一致して認めている[78]。定礎式以前のムスリムの回答が、会議派支持に含みを持たせた曖昧な性格を持っていたのに対し、定礎式後の回答からは、ジャナター・ダル支持を必ずしも明確にしているわけではないが、会議派に対する曖昧な態度は消えている。ラジーヴが18日にパトナーで開かれた集会で、暴動が一向に収まらないバーガルプル県について軍の管理下に置くことを決定したと述べたが[79]、ビハール州会議派政権の無能をまさに認めたことになった。ムスリムが、自身の生命・財産を守ってくれない会議派を見捨てたとしても、全く不思議ではない。

　この点は、当の会議派指導部も認めた。会議派ビハール州委員長であったミシュラは、会議派の敗北が明らかになった11月28日に、会議派の敗因について、第一に定礎式の失敗、すなわち、定礎式を行ったことでムスリムの支持を失い、ラーム寺院の建設を許可しなかったためにヒンドゥーの支持を失ったこと、第二に、バーガルプル暴動を鎮圧することができなかったために、とりわけムスリムの支持を失ったこと、の二点が会議派の敗北につながったと分析した。シンハ州首相も、定礎式に関してVHPと合意を締結したことが悲惨な結果につながったとした上で、ムスリム票は少なくとも30選挙区で勝敗を左右する力を持っており、もし彼らが会議派に敵対的でなければ、40議席は確保することができただろう、と悔やんだ[80]。

　ラジーヴ・ガンディーも同様の見解を示している。彼は、もし9日の定礎式が延期されていれば選挙のコミュナル化は避けることができただろう、と指摘した上で、会議派の敗北の理由は、コミュナルな波があり、会議派はこれに対処することができなかったからだ、準備ができていなかった、と認めた[81]。

---

78) *HT*, 1989/11/12, p. 1, *HT*, 1989/11/13, p. 1, *HT*, 1989/11/13, p. 9, *HT*, 1989/11/14, p. 10, *HT Sunday Magazine*, 1989/11/19, *HT*, 1989/11/20, p. 7, *HT*, 1989/11/20, p. 11, *HT*, 1989/11/21, p. 7, *HT*, 1989/11/22, p. 1. マディヤ・プラデーシュ州の報告として *HT*, 1989/11/24, p. 10参照のこと。

79) このほかにも以下の施策を強調した。第一に、バーガルプル暴動に対する捜査をなるべく早期に終結させるようビハール州政府に指示、第二に、犠牲者の家族には犠牲者一人につき10万ルピーの見舞金を支給、第三に、救援・自立援助活動を早急に行う、最後に州首相に対し、政府の失策と責任のある役人を処分するように指示した。*HT*, 1989/11/19, p. 1参照。

80) *HT*, 1989/11/29, p. 1.

81) *HT*, 1989/11/30, p. 1.

これら会議派指導部の判断は、暴動から15年が経過した2005年3月においても会議派ビハール州委員長ラーム・ジャタン・シンハ（Ram Jatan Sinha）によって確認されており、会議派の認識としては固まったものだと言える。シンハは、「バーガルプル暴動こそが、ビハールのみならず北インドのムスリムが会議派から離れる原因となった」と強調し、ムスリムの離反が会議派衰退の一因であることに首肯した[82]。

1989年下院選挙において、会議派が惨敗したことは冒頭で述べた。これまで選挙戦を主に検討してきたが、選挙戦の最中に起こった宗教暴動とラーム寺院の定礎式という事件が選挙戦にいかなる影響を与えたか、有権者と政党の関係をどのように組み替えてきたか、という点に重点を置いて検討を行ってきた。これらの分析が、選挙データを用いた分析によってどの程度裏付けることができるか、次に検討したい。

第3節　暴動と投票行動

暴動の影響

最初に暴動が起こった選挙区と起こらなかった選挙区で、各党の獲得議席、得票率にどのような違いが生まれたか、確認しておきたい。

表6-3は、チリヤンカンダ［Chiriyankandath 1992：68, Table 2］の分類に従って、暴動が起こった選挙区（当該選挙区）、暴動が起こった選挙区に隣接する選挙区（隣接選挙区）、暴動が起こらなかった選挙区（非暴動選挙区）における各党の選挙結果を比較したデータである。当該選挙区と隣接選挙区において会議派は1議席も獲得しておらず、かつ非暴動選挙区と比較して得票率も低いことが確認できる。宗教暴動が会議派にとって不利に働いた可能性を示している。

それでは次に暴動によって最も深刻な影響を受けたムスリムの投票行動について検証してみよう。

---

82) 2005年2月当時委員長であったラーム・ジャタン・シンハ氏（Mr. Ram Jatan Sinha）へのインタビュー（2005年3月6日、9日）。

表6-3 暴動が起こった選挙区における選挙結果（1989年下院選挙：ビハール州）

選挙区	ムスリム比	BJP	JD＋	INC	その他
当該選挙区 (7)	15.0	2 (25.9)	5 (52.9)	0 (27.2)	0
勝率（立候補選挙区）		66.7 (3)	71.4 (7)	0 (7)	—
隣接選挙区 (22)	12.4	3 (28.7)	17 (55.8)	0 (26.9)	2
勝率（立候補選挙区）		33.3 (9)	89.5 (19)	0 (22)	
暴動選挙区合計 (29)／平均	13.0	5 (28.0)	22 (55.0)	0 (26.9)	2
勝率（立候補選挙区）		41.6 (12)	84.6 (26)	0 (29)	
非暴動選挙区合計 (25)／平均	16.0	3 (28.4)	17 (47.9)	4 (29.5)	1
勝率（立候補選挙区）		25 (12)	73.9 (23)	16 (25)	
ビハール州合計 (54)／平均	14.4	8 (28.2)	39 (51.7)	4 (28.1)	3
勝率（立候補選挙区）		33.3 (24)	79.6 (49)	7.4 (54)	

（出典）選挙管理委員会資料より筆者作成。
（注）「当該選挙区」とは暴動が発生した選挙区を指し、「隣接選挙区」とは「当該選挙区」に地理的に隣接している選挙区を指す。「暴動選挙区」とは「当該選挙区」と「隣接選挙区」を合計したものであり、「非暴動選挙区」とは、「暴動選挙区」以外の選挙区を指す。選挙区欄の括弧内は選挙区数。各政党欄の数字は、上段が獲得議席数と得票率、下段が勝率と候補を立てた選挙区数を記載している。「その他」については獲得議席数のみ表記している。
（略号）BJP：インド人民党（Bharatiya Janata Party）、JD＋：ジャナター・ダル（Janata Dal）＋インド共産党（Communist Party of India）＋インド共産党（マルキスト：Communist Party of India (Marxist)）＋ジャールカンド解放戦線（ソレン派）（Jharkhand Mukti Morcha (soren)）、INC：インド国民会議派（Indian National Congress）。

バーガルプル選挙区

　まず最初に、ムスリム票の動向から検討を行いたい。会議派が宗教動員戦略に傾斜しつつも、亜流宗教動員戦略で留まったのは、ムスリム票の離反を恐れたからであった。ジャナター・ダルがBJPと選挙協力を行うに際し、党内で最も議論の対象となったのもムスリム票の動向であった。それでは、実際に、ムスリムはどう動いたか、そして選挙結果にどのような影響を与えたか。まず、ラーム・レンガ行進が生み出した最大の暴動となったバーガルプル暴動の本拠地であるバーガルプル選挙区から検討してみよう。

　表6-4はバーガルプル下院選挙区の選挙結果である。1984年選挙と比較して、現職のアーザードが得票率を23.9ポイント落とし16.7％しか獲得できなかったのに対し、州議会議員出身の新人でジャナター・ダル候補のチュンチュン・プラサード・ヤーダヴ（Chunchun Prasad Yadav）が得票率81.5％と圧倒的な強さを見せた。これは、バーガルプル暴動が選挙結果に及ぼした影響が決定的だ

第3節　暴動と投票行動——227

表6-4 バーガルプル下院選挙区選挙結果（1984-91年）

	1984年		1989年		1991年	
当選	B. J. アーザード (INC)	40.6	C. C. Pd. ヤーダヴ (JD)	81.5	C. C. Pd. ヤーダヴ (JD)	52.4
次点	J. マンダル (LKD)	35.2	B. J. アーザード (INC)	16.7	S. シン (IND)	24.4
三位	F. バーガルプーリー (IND)	19.7	V. N. シン (IND)	0.7	B. K. ミトラ (BJP)	20.5

(出典) 選挙管理委員会資料より筆者作成。
(注) 候補者名・所属政党・得票率の順に表記。
(略号) INC：インド国民会議派 (Indian National Congress)、LKD：ローク・ダル (Lok Dal)、JD：ジャナター・ダル (Janata Dal)、BJP：インド人民党 (Bharatiya Janata Party)、IND：無所属 (Independent)。

ったことを示している。

選挙報告によれば、定礎式前には、ジャナター・ダル候補がBJPとつながりを持っていたことから、ジャナター・ダル候補に対するムスリムの迷いが存在した[83]。しかし、現地調査による限りでは、ジャナター・ダル候補に対するムスリムの迷いはほとんど感じ取れなかった。暴動から15年経過しているという留保が必要であることは言うまでもないが、バーガルプルのイスラーム教指導者であるアマン・バブーも「1989年下院選挙は暴動の直後で投票権を行使できなかったムスリムが数多くいたが、投票できる者は会議派に反対するためにジャナター・ダルに投票した」と証言した[84]。実際に暴動で2番目に大きな被害を出したチャンデリ村のムスリムは「1989年下院選挙では、会議派を敗北させるための唯一の選択肢としてジャナター・ダルに投票した」と述べている[85]。他のムスリムも同様の回答であり、記事が指摘するような迷いが仮に存在したとしても、定礎式後に起こった「暴動の第二波」により、亜流宗教動員戦略を採用する会議派に暴動を終結させる能力・意志ともにないことが決定的に明らかになったため、他に選択肢のない状態でジャナター・ダル支持に固まったと解釈することが妥当だろう。1989年選挙において、チュンチュン・ヤーダヴとアーザードの二人は合計で98.2％の得票を獲得しており、有権者の得票をほぼ独占している。そしてバーガルプル選挙区で20％を占めるムスリム有権者がアーザードに投票した可能性が極めて低いことを考えると、残る選

---

[83] *IE*, 1989/11/7, p. 7.
[84] アマン・バブーへのインタビュー（2004年9月13日）。
[85] チャンデリ村民のセラジュッディン氏へのインタビュー（2004年9月17日）。

択肢はチュンチュン・ヤーダヴのみであった。

同時に、チュンチュン・ヤーダヴの勝利がムスリム票だけで説明できないことは81.5％という得票率からも明らかである。調査結果から、バーガルプル暴動の「暴動への対処法」に憤慨したムスリム、そしてヒンドゥーのかなりの部分が会議派から離反し、ジャナター・ダルを支持したと指摘できる。

ビハール州

それでは、ラーム・レンガ行進と宗教暴動がビハール州全体のムスリム票に与えた影響はどのようなものだっただろうか。『インディア・トゥデイ』誌の世論調査によると、会議派に対するムスリムの支持率は12ポイント下落しており[86]、同誌は下落についてバーガルプル暴動の影響を推測している。選挙区におけるムスリム人口比と会議派得票率の変化、ないし各党獲得議席数・得票率・勝率との比例関係を示すと、表6-5のようになる。

まず会議派から検討しよう。得票率の変化に関し、1984年選挙と1989年選挙を比較すると、ムスリム人口比30％以上の2選挙区を除いてムスリム人口比が上昇すると共に得票率の下落幅が大きくなることがわかる。次に、1989年選挙における人口比と得票率・勝率の比例関係を分析すると、「30％以上」の2選挙区を除き、反比例の関係にあることがわかる。「30％以上」の2選挙区は逸脱事例と考えられるため[87]、1989年下院選挙においては、ムスリムが会議派から離反し、かつ離反が会議派の敗北に影響を及ぼす傾向にあったことを、比例関係分析から看取することができた。

次に、ジャナター・ダル連合はどうだろうか。ムスリム人口比30％以上の2選挙区は逸脱事例と考えうることから、得票率・勝率共に人口比と比例関係に立つことがわかる。従って、ムスリムがジャナター・ダル連合を支持し、かつムスリムの支持がジャナター・ダル連合の勝利に貢献する傾向にあったと

---

86) ただし、具体的な数値については確かではない。同誌は「通常であれば『平均』より6.5ポイント高いのに、今回は『平均』より5.5ポイント低かった」ために「12ポイントの下落」としているが、当然のことながら「平均」がいつの時点のものか問題となる。仮にそれぞれの選挙の時点での平均得票率を「平均」とすると、1984年下院選挙でのムスリムの支持率は58.3％、1989年下院選挙では22.6％となり、35.7ポイントの下落となる。実際に1984年選挙におけるムスリムの会議派支持率は全国平均で63％だった。それぞれの世論調査につき、*IT*, 1984/12/31, pp. 26-29, *IT*, 1989/12/15, pp. 52-53.

表6-5 ムスリム人口比と各党得票率・勝率（1989年下院選挙：ビハール州）

選挙区内のムスリム比率	INC：89 - 84	INC	JD +	BJP
0-9％（13選挙区）	- 22.1	2（28.6/15.4）	8（43.6/61.5）	1（20.9/14.3）
10-19％（32選挙区）	- 24.5	1（28.2/3.1）	23（54.0/74.2）	7（32.4/46.7）
20-29％（7選挙区）	- 28.8	0（24.8/0）	7（59.2/100）	0（22.0/0）
30％-（2選挙区）	- 11.8	1（35.3/50.0）	1（40.1/50.0）	―
平均（54選挙区）	- 24.0	4（28.1）	39（51.7）	8（28.2）

（出典） 選挙管理委員会資料より筆者作成。
（注） 第1列目「INC：89 - 84」は、1989年下院選挙の会議派得票率から1984年下院選挙の会議派得票率を引算したもの。第2列目以降は各政党の獲得議席と得票率・勝率（括弧内）。勝率は立候補者数に占める当選者の比率。ジャナター・ダル連合（JD、CPI、CPM、JMM［soren］）は議席調整を行ったため一括して計算している。選挙協力が成立せず競合している場合（6議席）は、それぞれの得票率を加算している。BJPもジャナター・ダルと選挙協力を行っているが、項目を分けて計算している。平均値は候補を立てた選挙区での得票率平均値。各選挙区のムスリム比率はSingh, H. D［1998：60-88］に従った。
（略号） INC：インド国民会議派、JD +：ジャナター・ダル（JD）＋インド共産党（CPI）＋インド共産党（マルキスト：CPM）＋ジャールカンド解放戦線（ソレン派）（JMM）、BJP：インド人民党。

指摘できる。

　最後に、BJPに関しては、比例関係が存在するとは言えない。従って、比例関係分析からは、会議派のようにムスリムが離反する傾向にあったとも、ジャナター・ダル連合のようにムスリムが支持する傾向にあったとも言えないことがわかった。

　以上をまとめると、次のようになる。会議派に関しては、ムスリムが離反し、かつ会議派の敗北にムスリムの離反が影響を与えた傾向が存在することがわかった。他方、ジャナター・ダル連合に関しては、ムスリムが連合を支持し、かつ連合の勝利に貢献した傾向が存在することが示された。BJPについては、比

87） 2選挙区は、キシャンガンジ選挙区とカティハール選挙区である。キシャンガンジ選挙区は、JD所属のムスリム有力指導者サイード・シャハブッディンが、書類の不備により立候補を無効とされる波乱が起こった。JD陣営が混乱するなか、会議派はムスリムの著名なジャーナリストM. K. アクバルを擁立し、BJPが立候補を見送ったことからヒンドゥー教徒からも支持を得ることに成功する。その結果、会議派が勝利した。サイード・シャハブッディンが立候補していれば勝利した可能性は高く、現に1991年下院選挙において彼がJD候補として勝利している。カティハール選挙区は、会議派候補が、会議派ビハール州委員長を務めた重鎮タリク・アンワールであった。JD候補に敗北したものの高得票率を獲得できたのは、党より個人の資質によるところが大きい。実際、タリク・アンワールは1999年下院選挙より会議派を離脱し小党である民族主義会議派（Nationalist Congress Party）候補として戦うが、高得票率を獲得し続けている。以上の理由により、逸脱事例と考えられる。より詳細には、中溝［2008：300-302］で検討した。HT, 1989/11/1, p. 1, 11/9, p. 7, 11/11, p. 12, IT, 1989/11/15, p. 21、選挙管理委員会資料参照のこと。

例関係分析からはムスリムの支持動向は不明であることがわかった。

　1989年下院選挙について、近藤［1999, 2009a］の分析によれば、会議派の敗北に重要な影響を及ぼしたのは、物価の上昇であり、宗教暴動ではなかった。確かに、『インディア・トゥデイ』誌の出口調査によれば、全国レベルにおいて「重要な争点」の第1位が「物価」（37％）、第2位が「腐敗」（33％）であり、「コミュナリズム」は21％で第3位となっている[88]。物価の問題は汚職の問題と関連づけられて選挙戦の重要な争点とされ、会議派の敗北に影響を及ぼしたことは確かであろう。しかし、同時に、宗教暴動の影響が認められないとする計量分析の結果も、にわかには承諾しがたい。これまで検証してきた暴動の多様な側面は、暴動の件数という変数だけでは測りきれないからである［近藤 2009：74］。

　「暴動への対処法」のみによってムスリム、そしてヒンドゥー教徒が会議派から離反した理由を説明できるわけではない。とはいえ、会議派支持基盤の変化、そして暴動選挙区における会議派の敗北、比例関係分析を併せて考慮すると、少なくともビハール州においては、「暴動への対処法」が、「端の連合」の重要な一角であるムスリムの離反を招いた効果は大きかったと考えられる。

　大暴動が起こって、会議派が敗北した。あとを襲ったのは、カースト動員戦略と階級動員戦略を組み合わせた国民戦線であった。首相の座は、チャンドラ・シェカール、デヴィ・ラール、V. P. シンの間で争われたが、最終的にV. P. シンが権力闘争に勝利し、12月2日に国民戦線内閣が正式に発足した[89]。

　ビハール州においては、下院選挙の3ヵ月後に行われた1990年州議会選挙においても、ジャナター・ダル連合が勝利した[90]。会議派支配の崩壊は、ジャ

---

[88] IT, 1989/12/15, pp. 64–73を参照。調査は1989年11月22日・27日の両日に出口調査として行われた。サンプル数は7万7,107名。質問では最も重要な争点を二つ挙げるよう求め、「わからない」と回答した者を集計から除外している。コミュナリズムとは日本では宗派主義と訳され、インドの文脈においては主にヒンドゥー・ムスリム対立のことを指す。なお、ムスリムの回答者の間では、「コミュナリズム」が36％で第1位となり、物価（33％）を上回っている。

[89] IT, 1989/12/15, pp. 10–16, HT, 1989/12/3, p. 1.

ナター・ダル政権下で不可逆的に進行することになる。

---

90) V. P. シン国民戦線政権の成立から1990年州議会選挙に至る政治過程と、1990年州議会選挙の分析は、中溝 [2008：308-343] において詳細に検討した。

第 7 章　競合的多党制の成立

第 1 節　後進カーストによる奪権

州首相の選定過程

　1990年ビハール州議会選挙は、いずれの政党も過半数を獲得できない結果に終わった。連立政権成立の見込みが大きかったことは選挙期間中から予測されていたが[1]、71議席に終わった会議派がジャールカンド解放戦線と連立を組む可能性は消え、122議席を獲得して最大多数党となったジャナター・ダルを中心とした連立政権が構想されることとなった。

　問題となったのは、州首相の選定である。社会主義者として 2 度にわたって州首相を務めたカルプーリ・タークル（Karpoori Thakur）が1987年に死去して後、タークルに匹敵する影響力を持つ指導者が不在となる状況が続いていた[2]。タークルの後継として野党代表の地位を継いだのは、JP運動の学生指導者として活躍したラルー・プラサード・ヤーダヴ（Laloo Prasad Yadav）であった。

　ラルーは1977年下院選挙で初当選を果たしたが1980年下院選挙で落選、その後1980年・1985年州議会選挙で 2 期連続当選した後、1989年下院選挙で当選し下院議員に返り咲いた。ラルーは41歳とまだ若く経験不足と見られていた上に[3]、今回の州議会選挙における公認候補決定にあたり、犯罪と関わりの

---

1)　*HT*, 1990/2/6, p. 8, *HT*, 1990/2/26, p. 12参照。
2)　*HT*, 1990/2/5, p. 9は、野党にジャガナート・ミシュラに匹敵する指導者が存在しないことが会議派に有利に働くと信じる会議派党員の声を紹介している。他にカルプーリ・タークル亡き後、彼のカリスマに匹敵する指導者がいないことを指摘した報道として、*IT*, 1990/2/28, pp. 62-63参照。
3)　*IT*, 1990/3/30, p. 41参照。

ある「曰く付き」の候補者の選定に関わったとされ、V. P. シン首相から敬遠されていた[4]。

V. P. シン首相が代わりに推したのが、州ジャナター・ダル代表ラーム・スンダル・ダース（Ram Sundar Das）であった。指定カースト出身のダースは社会主義者として長年にわたり活躍し、カルプーリ・タークル政権崩壊後の1979年には州首相も務め、清廉さで知られた。州首相選定は、ラルー、ダースに加え、チャンドラ・シェカール派に属する州国会議員団長ラグナート・ジャ（Raghunath Jha）が加わる三つ巴の展開となった[5]。

投票結果はラルーが58票、ダースが54票、ジャが13票を獲得し、ラルーが僅差で州首相の座を射止めた[6]。中央政府首相による介入にもかかわらずラルーが勝利した背景には、ジャナター・ダル当選者122名の内、過半数を超える68名をラルーが当選させたことがある[7]。当時の報道では、州首相選出過程を中央政界の代理戦争と見る見方が多かったが[8]、確かにそのような側面は否定できないにせよ[9]、中央政治とは異なる次元で州政治独特のダイナミズムが働いていたと考える方が的確である。会議派政権時代の州首相ポストは最終的にインディラ首相、ラジーヴ首相の決定事項であり、中央レベルで初の非会議派政権となったジャナター党政権の場合も、タークル州首相は党内選挙という形は取ったものの、第3章で検討したように事実上は中央レベルでの談合によって決められた。ところが、中央レベルで2度目の非会議派政権となった国民戦線政権の場合は、中央の強力な介入があったにもかかわらず、党内選挙がV. P. シン首相の意向をひっくり返してしまった。ラルーは、自らの選出過程を、

---

4) *FL*, 1990/2/17-3/2, p. 9, *FL*, 1990/3/17-30, p. 127, Bharti［1990c：595］によれば、ジャナター・ダルは、殺人、強盗、強姦容疑などで起訴されている容疑者を少なくとも18名、会議派から党籍変更した犯罪歴のある者を少なくとも33名、汚職の嫌疑がかけられている元官僚などを含む疑わしい経歴を持つ者を70名近く候補者として擁立した。ラルーは、「最高裁で判決が確定するまでは犯罪者ではない」とこの決定を擁護した。

5) 経緯については、他の注に触れてある報道以外に次のものを参照した。*HI*, 1990/3/6, p. 9, *HT*, 1990/3/7, p. 1, *HI*, 1990/3/8, p. 1参照。

6) *Sunday*, 1990/4/1-7, p. 21参照。*HI*, 1990/3/10, p. 11によると、ラルーの得票は59票、ダースは56票、ジャは12票だった。

7) *IT*, 1990/3/31, pp. 40-41参照。

8) *IT*, 1990/3/31, pp. 40-41, *Sunday*, 1990/4/1-7, pp. 20-23, *HI*, 1990/3/18, p. 16参照。

9) *HT*, 1990/3/23, p. 1参照。

会議派とは異なり民主的だ、と強調したが、これは中央から自立した権力の存在を示唆する[10]。そもそも、公認候補決定過程において、V. P. シン首相が蚊帳の外に置かれたという事実自体［Bharti 1990c：596］、選挙以前からビハール州に基盤を置く独自の権力が作用していたことを示している。

それでは、中央から自立したビハール独自の権力とは何か。他ならぬ後進カースト、とりわけヤーダヴによる主導権の掌握である。ビハール州のジャナター・ダルはヤーダヴが支配的だったことから、1989年下院選挙時にはすでに「ヤーダヴ党」と称されていたが［Bharti 1989d：2700］、1990年州議会選挙においてもヤーダヴを中心とする後進カースト出身者を大量に擁立し[11]、実際に彼らが当選を果たした。この動きの中心にいたのが、ヤーダヴの指導者として台頭したラルーだった[12]。

州首相に選出されたラルーは、1990年3月10日に就任式を迎えた。就任式は、州知事公邸で行う慣例を破って、1974年に反会議派運動であるJP運動を率いたジャヤ・プラカーシュ・ナラーヤンの像の前で行われた[13]。式典後、ラルーはJPの自宅を訪れ彼の像に献花し、さらにカルプーリ・タークルの自宅を訪れ献花した。会議派政治との訣別を込めると同時に、後進カーストの指導者としての決意表明であった。

後進カーストの奪権

後進カーストによる奪権は、これまで検討してきた州首相選定過程に加えて、与党ジャナター・ダル議員のカースト構成、ビハール州議会のカースト構成、ラルー政権閣僚のカースト構成を検討することにより明確になる。最初に与党ジャナター・ダル議員のカースト構成を、他党と比較しつつ検討しよう。表7-1は、各党議員のカースト構成を示したものである。

まず、与党ジャナター・ダルに着目してみよう。目を惹くのは後進カースト出身議員の多さであり、ジャナター・ダルの約45％が後進カースト出身議員

---

10) *Sunday*, 1990/4/1-7, p. 22, *IT*, 1990/3/31, p. 41参照。
11) *FL*, 1990/2/17-3/2, pp. 9-10によれば、公認候補の35％から40％がヤーダヴに割り当てられた。ヤーダヴの割合が多いことに関し*IT*, 1990/3/31, pp. 40-41参照。
12) *HI*, 1990/3/7, p. 7参照。
13) *HT*, 1990/3/11, p. 1, *HI*, 1990/3/11, p. 1参照。

表7-1　1990年ビハール州議会選挙における各党当選議員のカースト構成

カースト	INC	JD	BJP	CPI	CPM	JMM	その他	合計
上位カースト	41	30	9	9	2	0	14	105
後進カースト	10	55	13	8	2	6	23	117
指定カースト	7	23	9	6		1	2	48
指定部族	8	2	6		1	10	2	29
ムスリム	5	11				2	2	20
その他			2		1		1	4
合　計	71	121	39	23	6	19	44	323

(出典)　Srikant [1995：25-26]．
(注)　「その他」は、ベンガリー（Bengali）とパンジャビー（Punjabi）を指す。
(略称)　INC：インド国民会議派、JD：ジャナター・ダル、BJP：インド人民党、CPI：インド共産党、CPM：インド共産党（マルクス主義）、JMM：ジャールカンド解放戦線、SC：指定カースト、ST：指定部族。

で占められた計算となる。なかでもヤーダヴ出身議員は36名と全体の3割弱を占め、単独で上位カースト合計の30名を上回った [Srikant 1995：25-26]。これに対し、上位カースト議員は全体の約25％を占めるに過ぎない。州首相選挙におけるラルーの勝利は、「中間カーストと社会的弱者層の台頭」と見られたが[14]、ジャナター・ダル内部における後進カーストの台頭、とりわけヤーダヴ・カーストの躍進という事実を背景としていた。

　他方、敗れた会議派は、ジャナター・ダルとは対照的に上位カーストの党としての性格を色濃く残している。上位カースト出身議員は41名となり、議員数で他党を引き離しているのに加え、党内の約58％を占めている。後進カースト出身議員は10名に過ぎず、党内での比率は約14％に過ぎない。1990年州議会選挙では、会議派としては史上最高となる105名の後進カースト候補を擁立したにもかかわらず、後進カーストの支持を得ることができなかったことを窺わせる [Bharti 1990c：596]。

　次に、党派を超えた州議会全体として検討しても、1990年州議会選挙がビハール政治史上分水嶺となった選挙であることがわかる（表7-2）。後進カースト出身議員の合計は117名に上り、上位カースト出身議員合計の105名を独立以来初めて上回った。数の上での逆転は、後進カーストが主導権を奪ったこと

---

14)　*HT*, 1990/3/8, p. 1参照。

表7-2 ビハール州議会におけるカースト構成比（上位・後進カースト比較）

カースト	1967	1969	1972	1977	1980	1985	1990	1995	2000	2005
上位カースト	133	122	136	124	120	118	105	56	56	68
後進カースト	82	93	77	92	96	89	117	160	121	112
議会定数	318	318	318	324	324	324	324	324	324	243

（出典） 2000年州議会選挙まではSrikant［2005：37］、2005年（2月）州議会選挙については、Asian Development Research Institute（Patna）作成の資料を参照し筆者作成。

（注） 上段の数字は、州議会選挙が行われた年を示す。2005年州議会選挙は2月と10月の2回行われたが、資料においては2月に行われた選挙の数値を表示している。2000年州議会選挙以降、ジャールカンド州が分離したため、定数は243名に減少した。

を示唆する。次の1995年州議会選挙では、上位カーストと後進カースト議員の差は104名にまで拡大し、以後データ入手可能な2005年2月選挙まで、後進カースト出身議員が上位カースト出身議員を大幅に上回る傾向は続いている。会議派政権下で長年存在した参加と代表の格差は、ラルー政権下で大幅に縮小したと言える。

個別のカーストに着目すれば、ヤーダヴの過剰代表が新たな格差として出現した。シュリカントによれば、1990年州議会においてヤーダヴ・カーストは63名と最大多数を構成した［Srikant 2005：37］。ヤーダヴ・カーストが最大多数を構成する傾向は、1980年州議会選挙から続いているが、1985年州議会においては第2位のラージプートとの差がわずかに1名だったのが、1990年州議会選挙においては22名に拡大したことが注目に値する。

後進カーストによる奪権は、閣内大臣のカースト構成比からも確認することができる（表2-9）。ラルー政権では、1977年に成立したタークル政権以来初めて後進カーストの比率が上位カーストの比率を上回った。ジャナター・ダルが1997年に分裂したことによって成立した民族ジャナター・ダル（RJD）政権では、上層後進カーストの比率が50％を上回り、かつての会議派支配における上位カーストと同等の地位を占めることとなった。

このように1990年から2005年まで15年間存続したラルー政権は、後進カーストによる上位カーストからの奪権を象徴する政権であった。発足当初は、ジャナター・ダルが多数を獲得していなかったことに加えて、すでに検討した激しい権力闘争から短命であると予想されていた［Bharti 1990e：1373-74］。しかし、実際には独立後最長となる長期政権を樹立することに成功する。長期政権

を樹立する上で鍵となったのは、マンダル委員会報告の実施に伴う動員と暴動、これと密接に関連して起こったアヨーディヤ動員と宗教暴動であった。

第2節　公務員職留保問題とカースト暴動

首相と副首相の権力闘争

　中央政界では、ジャナター・ダルに内在していた亀裂が次第に表面化してきた。ジャナター・ダルが寄せ集めとしての性格を強く持っていたことは前章で述べたが、集票戦略の観点からは、社会主義政党のカースト動員戦略と、農民政治の階級動員戦略が主流だった。二つの集票戦略の間に距離はあり、実際に V. P. シン首相はこの点を突くことになる。同時に、すでに述べたように、二つの集票戦略の主要な対象がほぼ後進カーストであることでは共通しており、双方とも掲げる政策に大きな異存はなかったことから、他の集票戦略との関係のように鋭い緊張関係に立つわけではなかった。従って、ジャナター・ダル内部の亀裂は、集票戦略・イデオロギーの対立と言うよりは、権力そのものをめぐる争いとしての側面が強かった。

　ジャナター・ダルの亀裂は、1989年下院選挙に勝利した直後から次第に表面化してきた。首相選定をめぐっては三者が競ったが、デヴィ・ラールがチャンドラ・シェカールを棚上げする形で最終的に V. P. シン支持に回り、禍根を残した[15]。ビハール州首相選定過程でも、三者の権力闘争は影を落としていた。

　対立が決定的となったのは、デヴィ・ラール副首相の息子チョーターラーの処遇をめぐる問題であった。1989年下院選挙後、副首相に昇格したデヴィ・ラールの後継としてハリヤーナー州首相に就任したチョーターラーは、1990年2月に行われた州議会補欠選挙で大規模な選挙違反事件を起こし問題となっていた。いったんは州首相を辞任するが、デヴィ・ラールの強い後押しで7月に再び州首相に就任し、この決定に抗議したアルン・ネルー（Arun

---

15) チャンドラ・シェカールは、V. P. シンの首相就任が決まった後、「今に見ていろ」とつぶやき、「私は決定を支持する。しかし留保付きだ。私は何も知らされていなかったからね」と短く述べた。後に国民戦線の総会が招集された際にも、チャンドラ・シェカールは不快感もあらわに支持者と共に退席した。以上の経緯につき、*IT*, 1989/12/15, p. 14 参照。

Nehru)やアリフ・モハンマッド・カーン（Alif Mohanmad Khan）ら旧ジャン・モルチャ勢力は閣僚を辞任した。結果的にチョーターラーは在任わずか5日間で再び州首相辞任に追い込まれ、怒ったデヴィ・ラールが怪文書やインタビューでV. P. シン首相をはじめとする閣僚を攻撃し、最終的には1990年8月1日にV. P. シン首相が閣内不一致を理由としてデヴィ・ラール副首相を解任する顛末となった[16]。デヴィ・ラールは、翌2日に、1週間後の8月9日に大規模な農民集会をデリーで開催することを発表し、V. P. シン首相との対決姿勢を鮮明にした[17]。

「農民の代表」を自任するデヴィ・ラールの支持基盤は農村にあった。1989年下院選挙でも、農民は国家のあらゆる領域において、すなわち議会の代表から大使館に至るまで、正当な地位を与えられるべきである、と説いて回った。国民戦線政権が、農民に対して行った政策を示す統計資料を常に持参し、1990年度予算の50％を農業部門に割り振った手柄を農民に訴えていた。実際にデヴィ・ラールは北インドで農民の支持を集め、とりわけ出身州であるハリヤーナーとウッタル・プラデーシュ州西部では、AJGAR（アヒール［Ahir］、ジャート［Jat］、グジャール［Gujjar］、ラージプート［Rajput］）と呼ばれる支持基盤を構築することに成功していた[18]。解任後の記者会見において彼が何よりも強調したのは、「自分は都市エリートのよく練られた陰謀の犠牲者」であり、それは「自分が農民を代表している」故に起こったことであった[19]。8月9日に予定された大集会は、かつて1979年にチャラン・シンが行って首相の地位を手に入れたように、烽火を上げることを意味していた。

それでは、どうすればよいか。V. P. シン首相が目をつけたのが、選挙公約でありながら実施が先延ばしになっていたマンダル委員会報告である。マンダル委員会報告が留保の対象としている後進カーストの多くは、農村部に居住している。実施を決定すれば、デヴィ・ラールから「農民の代表」という看板を奪うことが可能になり、デヴィ・ラールの支持基盤であるAJGARも切り崩す

---

16) *HT*, 1990/8/2, p. 1参照。
17) *HT*, 1990/8/3, p. 1参照。
18) *FL*, 1990/9/1-14, pp. 24-25参照。「アヒール」はヤーダヴ・カーストの別称。
19) *HT*, 1990/8/3, p. 1参照。

ことができる。AJGARの中で、留保の対象となっているのはアヒールとグジャールだけだったために、マンダル委員会報告を実施すればAJGARに亀裂が生じることは確実と考えられたためである[20]。換言すれば、カースト動員戦略によって階級動員戦略を換骨奪胎する試みであった。

V. P. シン首相は、デヴィ・ラールの農民集会の2日前に当たる8月7日に、マンダル委員会報告の実施を宣言した。国民戦線を構成する他党、協力関係にあるBJP、両共産党に事前の相談はなかったが、公約に盛り込まれている以上、どの党も表だって批判はできなかった。マンダル委員会報告を無視し続けた会議派でさえ、後進カーストの離反を恐れて賛意を表明した。ジャナター・ダルの有力政治家は、決定を「V. P. シンの快挙」と評した[21]。

もちろん、不満がないわけではなかった。マンダル委員会報告以外にも、重要政策に関する合意形成が事前に図られないことがしばしばあり、V. P. シン首相の政権運営スタイルについて、閣僚からも不満の声が上がっていた。しかし、マンダル委員会報告の件が引き金となり、国民戦線国会議員団から、「政策決定のプロセスから完全に外されている」と批判が公に噴出し始めた[22]。

反留保運動の拡大

だが、もっとも激しく反撥したのは、国会議員ではなく学生だった。抗議運動は北インドを中心として全国に広まったが、牽引役となったのはビハールである。『ヒンドゥスタン・タイムズ』紙によれば、最初に抗議運動が起こったのはビハール州であり、実施決定の翌8日から始まった抗議運動は9日にはすでに暴動化し、州都パトナーでは留保制度反対派(以下、反留保派)によるバスなど公共交通機関に対する放火・交通妨害、授業妨害が行われた。留保制度を支持する(以下、留保派)ジャナター・ダル青年部(Yuva Janata Dal)との衝突も早くも起こっている[23]。ビハール州における運動に引き続き、デリーでもデリー大学生が主体となって反マンダル委員会フォーラムが程なく結成され

---

20) *FL*, 1990/9/1-14, pp. 24-25 参照。
21) *FL*, 1990/9/1-14, pp. 24-26 参照。
22) *FL*, 1990/9/1-14, p. 18 参照。
23) *HT*, 1990/8/10, p. 1 参照。

るが、幹部19名のうち17名はビハール州の上位カースト地主の子弟だった[24]。

このようにビハール州ないし出身者が先陣を切った反留保運動は、近隣のウッタル・プラデーシュ州、デリー、ラージャスターン州、ハリヤーナー州、パンジャーブ州、ヒマーチャル・プラデーシュ州、ジャムー・カシミール州など北インドを中心として拡大し、西ベンガル州、オリッサ州などの東部やグジャラート州やマハーラーシュトラ州などの西部、更にアーンドラ・プラデーシュ州やカルナータカ州などの南部にも拡がっていった。運動は道路封鎖やバンドなどの抗議活動にとどまらず、バスや駅、さらには政府施設への放火・破壊活動など暴動化することがしばしばであった。抗議運動ないし暴動は、後述のアヨーディヤ問題をめぐる対立からBJPが閣外協力を撤回しV. P. シン政権の崩壊が確実となった10月下旬までほぼ連日続けられることになる。

約3ヵ月に及んだ反留保運動の展開は、三つに時期区分することができる［押川 1994：27-38］。第一期が8月7日のマンダル委員会報告実施宣言から全党会議が失敗に終わる9月3日までの「発生期」、第二期が9月4日から最高裁が現状維持令を発令する10月1日までの「展開期」、第三期が10月2日以降の「分解・変質期」である。第一期に緩やかな形ではあるが運動としての体裁が整えられていった反留保運動は、9月3日の全党会議が失敗に終わり、政治的解決の可能性が事実上閉ざされると過激化する。第二期は運動が暴動を伴ってもっとも活発に展開された時期であり、留保問題に関連する犠牲者がもっとも多く出た時期である。同時に、政治的争点としての重要度も格段に上昇した。しかし、盛り上がりを見せた運動は、10月1日に最高裁が現状維持令を発令したことにより留保制度実施の先送りが決まると、急速に収束していく[25]。政治的争点としての重要性も、留保問題の争点化に対抗するためにBJPによって開始された山車行進、すなわちアヨーディヤ問題に取って代わられた。

さて、マンダル委員会報告に関連する運動・暴動で重要な点は、反留保派と

---

24) FL, 1990/9/15-28, pp. 31-32, IT, 1990/10/31, pp. 31-33, IT, 1990/10/31, pp. 22-30参照。
25) この点は、各期の死者数からも確認することができる。警察と反留保派の衝突によって生じた犠牲者数について、第一期は9名、第二期は31名、第三期7名となり、第二期が最も多い。この傾向は、警察以外の主体が行使する暴力を含めて計算しても、変わらない。反留保派と留保派の衝突による死者も、第一期は0名であったのが、警察の死者を除くと第二期は15名、第三期に5名であった。詳細については、中溝 [2008：356-359] を参照のこと。

留保派の間で暴力的な対立が起こったことであった。対立の契機となったのは、報道による限り反留保派による暴力の先制行使が多くを占めている[26]。宗教暴動については、どちらが先制したか常に争われるが、こと留保問題に関しては、ほとんどの場合に反留保派が先制したことに争いはないと言ってよい。反留保派と留保派の一連の暴力的対立を暴力の連鎖という観点から捉えるならば、反留保派によって行われた先制攻撃が報復の応酬を生み出したと理解でき、それゆえ反留保派による暴力行使こそ重要だと解釈することが可能である。しかし、反留保派の行動が過激化した背景には、既に述べた全党会議の失敗により政治的解決の道が閉ざされたこともさることながら、ジャナター・ダルによる留保派の積極的動員の試みが始まった事実がある。次に検討してみよう。

マデプラ暴動
（1） マンダル暴動

マンダル委員会報告の実施決定を「快挙だ」と支持したジャナター・ダルの政治家は、反留保運動・暴動の高まりに対して、当初は警察力を行使して押さえ込むことに専念していた。しかし、反留保運動がなかなか収束せず、かつ暴動も次第に激化していくと、反留保運動に対抗しマンダル委員会報告を支持する集会を組織するようになる。ジャナター・ダルとして組織した集会は8月26日にデリーのボート・クラブで行われた集会が初期のものとなるが、集会において、留保制度を強く支持するシャラド・ヤーダヴ（Sharad Yadav）繊維相と、留保問題の担当相であるラーム・ヴィラース・パスワン（Ram Vilas Paswan）社会福祉相が、「外に出て、反留保派に応分のお返しをしてやれ」と参加者に呼びかけたことが波紋を呼んだ[27]。以後、各地で主にジャナター・ダルが主導する形で留保派の動員が行われていく。

本書が焦点を当てるビハール州は、全国の中でもウッタル・プラデーシュ州と並んでもっとも激しく反留保運動が展開された州であり、かつ反留保派と留

---

26) *HT*, 1990/8/10, p. 1, *HT*, 1990/8/17, p. 1, *HT*, 1990/8/31, p. 10, *HT*, 1990/9/1, p. 1, *HT*, 1990/9/11, p. 1, *HT*, 1990/9/12, p. 1.
27) 当日の集会の模様を報じた*HT*, 1990/8/27, p. 5には該当発言は報じられていないが、翌28日付の*HT*, 1990/8/28, p. 3において「問題発言」として取り上げられたと報じられている。

保派の暴力的対立が起こった州であった［中溝 2008：361, 表6-5］。反留保派による運動と暴動が全国に先駆けて起こったのはビハール州であり、反留保派と留保派の暴力的対立も全国に先駆けて起こった。首都デリーにおいて大規模な反留保運動を展開した学生の多くはビハール州出身者であり、また、反対に留保制度を強硬に支持したのもビハール州選出の政治家であった。担当相のパスワンはビハール州出身であり、また州首相選出時にはデヴィ・ラール副首相派と目されていたラルーも、留保問題に関してはV. P. シン首相を固く支持した。

　ビハール州において、反留保派と留保派の暴力的対立がもっとも顕著に見られたのは、全国的には反留保派の活動が衰退期に入る第三期だった。契機は、マンダル委員会報告の実施を「歴史的な決断」と評価し、留保制度は社会正義の実現のために是非とも必要であるとするラルーが企画したマンダル委員会報告支持集会（融和集会）であった[28]。

（２）　融和集会とマデプラ暴動
　デヴィ・ラール派、チャンドラ・シェカール派によるV. P. シン下ろしが強まるなかにあって、ラルーはV. P. シン首相を強く支持していた。最高裁による現状維持令が発令された後の10月8日には、V. P. シン首相をパトナーに招いて、20万人を動員したマンダル委員会報告支持集会（融和集会）を開催する。融和集会の名前とは裏腹に、参加者の口調は激しかった。集会のあとに行われたデモ行進は平和裡に行われたが、叫ばれたスローガンは「バラモンは、国から出て行け！」と過激だった[29]。
　この集会は、反留保派と留保派、すなわち、上位カーストと後進カーストの暴力的な直接対決を招いた点で画期となったとされる[30]。対立自体は実施決定の直後から始まっており、死者が出た事件も起きた。しかし、これらの事件がカースト間の大規模な紛争に発展しなかったのに対し、融和集会後の対立は、規模・程度のいずれにおいても第二期までを上回ることとなった。対立の中心地の一つとなったマデプラ県で起こったマデプラ暴動を取り上げてみよう。

28）　*FL*, 1990/9/1-14, p. 30参照。
29）　*IT*, 1990/10/31, p. 43, *FL*, 1990/10/27-11/9, pp. 24-26参照。
30）　*HT*, 1990/10/16, p. 1参照。

始まりは融和集会だった。集会に参加するために、マデプラ県のシンゲシュワール選挙区選出の州議会議員パプー・ヤーダヴ（Papu Yadav）は、参加者を引き連れてマデプラ県からパトナーに向かっていた。マデプラ県は、「ローマは教皇（Pope）、マデプラはヤーダヴ（Gope）」と呼ばれるほど、ヤーダヴの人口比が高い県として知られている。マンダル委員会委員長B. P. マンダルの出身地であり、留保制度の実施を主張してきた社会主義者が根強い支持基盤を誇る土地柄だった。ロヒアは、「マデプラは社会主義者の中心地である」として毎年訪問するほどであった[31]。

　そのマデプラから、パプーはバスを連ねてパトナーに向かった。参加人数については60人からバス60台まで幅があるが、マデプラ在住のジャーナリストによると、バス10台ほどだったという。いずれにせよ、パプー一行が、ブミハールが多く居住するベグサライ、モカマに差し掛かったときに事件は起こる[32]。

　パトナー県モカマからラッキーサライ（Lakhisarai）県バラーヒヤ一帯は、マンダル委員会報告実施が宣言されてから、反留保運動が活発に展開された緊張度の高い地域だった[33]。「融和集会」の開催が発表されると、ブミハールを中心とした上位カーストは「人民戒厳令」を敷いて、道路や鉄道など交通を封鎖し、集会への参加を妨害しようとした。そこに、パプー・ヤーダヴ一行がやってきた。

　パプー・ヤーダヴは、所謂グンダー政治家である[34]。マデプラ県の出身でありながら、より豊かな隣のプルニア県を地盤として活動していたが、州議会議長暗殺計画に関連して逮捕され、1990年州議会選挙に獄中から無所属候補と

---

31) 前掲シャヤマル・キショール・ヤーダヴ元教授（Prof. Shyamal Kishor Yadav, B. N. Mandal University：2004年2月5日）に対するインタビュー。

32) マデプラ暴動については、ジャーナリストのプラディープ・ジャ氏（correspondent, Denik Jagran, 2004年3月26日）、同じくジャーナリストのアジャイ・クマール・ヴァルマ氏（Denik Jagran, 2004年3月17日）、マニーシュ・サヘイ・ヴァルマ氏（Hindustan, 2004年3月17日）、前掲サッチダナンド・ヤーダヴ教授（2004年2月4日）、前掲シャヤマル・キショール・ヤーダヴ元教授、マデプラ県識字委員会委員長ゴヴィンド・プラサード・ヤーダヴ氏（Mr. Govind Prasad Yadav、2004年2月3日）、IT, 1990/11/15, pp. 61-63、FL, 1990/10/27-11/9, pp. 24-27 から主に構成している。なお、匿名にした方が良いと判断した場合は、匿名にしている。匿名対象者の証言を複数回引用する場合は、「前掲」と記し、同一対象者からの証言であることを明記している。

33) FL, 1990/10/27-11/9, p. 26参照。

して立候補する。当選を果たしたパプーは、当選後はジャナター・ダルに加わり、ラルーの支持者として活発に活動していた。マンダル・ラリーへの参加もその一環であった。

　最初にどちらが手を出したか、見解は分かれている。『フロント・ライン』誌によれば、パプー・ヤーダヴ一行が最初に発砲して、警官を1人殺害し、その他数人が怪我をした。怒った群衆が、モカマでパプーの車を焼き討ちし、身の危険を感じたパプーはモカマ警察署に避難する。群衆が取り囲む中、パプーは身動きできず、ラルーの指示によって国境警備隊（Border Security Force）がパプーの救出に向かい、パプーはようやく脱出することができた、とする[35]。

　これに対して、『インディア・トゥデイ』誌はより慎重である。三つの証言を引用し、事件の難しさを明らかにしている。地元のヤーダヴ地主は、「パプー一行が、インヤール、ハルハール、マハデオ・チョーク、ビハット、ベグサライ、そしてブミハールの村であるセオナールで止められた、という噂が流れた後に衝突が起こった」と証言している。これに対し、別の村人は[36]、「セオナールの若者（ブミハール）が、人民戒厳令を実施しているときにパプー一行がやってきた。武装した一行はバス60台に分乗しており、ガソリンスタンドで停止した。彼らはブミハールを侮辱するスローガンを叫び、無差別に発砲を始めた」と証言している。さらに同じ村に住む別の村人は、「パプー一行は村を略奪しようとしたが、村民が彼の車に放火したので、パプーは警察に逃げた。もし村人を殺していれば、パプーは生きて帰れなかっただろう」と述べている[37]。

---

[34]　マデプラ在住ジャーナリストに対するインタビュー（2004年3月）。「グンダー（gunda）」とは、ならず者、ヤクザ者の意。McGregor (ed), *The Oxford Hindi-English Dictionary*, Delhi, Oxford University Press, 1997, p. 267によれば、「1. dissolute person, 2. lout, bully」の意になる。インドにおいて、「グンダー政治家」という場合には、裏世界とつながりがあるという含意だけではなく、自らが裏世界の主体として様々な犯罪行為に関与した過去があり、また現にしているという含意を持つ。筆者の印象では、日本の暴力団ほどの固い組織は持たない一方で、町のならず者よりは行動範囲が広い。例えば、パプー・ヤーダヴと並ぶグンダー政治家で後に検討するアナンド・モハンは、ビハール中を駆け回っている。

[35]　*FL*, 1990/10/27-11/9, p. 26参照。

[36]　カーストについて言及はないが、おそらく上位カーストだと思われる。

[37]　*IT*, 1990/11/15, pp. 62-63参照。

これら三つの証言から明らかなことは、第一に、「融和集会」の開催前に上位カーストであるブミハールが交通を妨害していた。第二に、パプー一行が止められたか、止まるかして、ブミハールと衝突した。第三に、パプーの車は焼かれた。最後に、発砲もされたが、村人は死んでいない、ということになる。マデプラ在住のジャーナリスト（バラモン出身）は、「ブミハールが、パプー一行を阻止しようとして投石を行うなどして妨害し、殴り合いになった」と解説してくれた[38]。どちらが先に手を出したか、確定することは非常に困難だが、パプー一行がブミハールに殴られ、ひどい目に遭わされたという「事実」がマデプラに持ち帰られることになった。

　這々の体でモカマを脱出したパプー一行は、「融和集会」に参加してスローガンを叫び、マデプラに帰ってきた。一行は、ババン（Babhan）に報復しようと[39]、カレッジ（T. P. College）の運動場に集まって対応を協議した。集会には、ヤーダヴのインテリも何人か招かれていた。「誰を最初に襲うか？」。ヤーダヴの医者の代理人が提案した。「あのバラモンの医者を襲ったらどうだろう？」。

　バラモンの医者は、隣のサハルサ県の出身ではあったが、無料医療サービスを提供するなど近隣の村人から絶大な人気を誇っていた。そのため、古くから営業しているヤーダヴの医者は患者の減少に直面していた。ライバルをマデプラから追い出すには、またとない好機である。こうして、最初のターゲットが決まった。暴徒はバラモンの診療所に向かったが、診療所の助手がヤーダヴだったため、暴徒を説き伏せて診療所を守ることができた。行方を失った暴徒は商店街へと流れ込んで行く[40]。

　警察は暴動が始まったとの知らせを受け、現場に急行した。巡査は暴徒を牽制するため車中から発砲するが、道が悪いため狙いが定まらない。たまたま運悪く流れ弾の一つが子供の大腿部を直撃して、重傷を負わせる事態になった。

　発砲事件の報を受けたラルーは、直ちに県警長官に電話したという。「子供に発砲するなんて、全くの不正義だ！　お前は家に閉じこもっていろ！」。ラ

---

38) 前掲ジャーナリストのジャ氏に対するインタビュー（2004年3月26日）。
39) ババン（Babhan）は、モカマではブミハールのことだが、マデプラではバラモンのことを指す。
40) 『フロント・ライン』誌によれば、最初に攻撃されたのは検察官であるアマレンドラ・クマール・ミシュラ氏とその家族であった。FL, 1990/10/27-11/9, p. 27参照。

ルーの指示に関する真偽はともかく、県警長官は、暴徒が反警察・反県警長官のスローガンを叫んでいたこともあり、暴徒に対して何ら対策を取らなかった。対策を講じなかったのは、県長官も同じである。県の治安維持に直接の責任を負う幹部官僚が事態を静観しているうちに、夜になった[41]。

　略奪の多くは夜、行われた。昼から始まった襲撃は商店街が次々とシャッターを下ろしたことにより、住宅地へと移っていく。ターゲットは、上位カースト、主にバラモン、ブミハールであった。狙われたのは、すでに危険を察して逃げ出し誰もいなくなった家、加えて先ほどの医者のように、ヤーダヴとライバル関係にある家だった。高名なバラモン弁護士も、ヤーダヴ弁護士の示唆により襲撃の対象となった。被害は大体50軒ほどで、夜明けと同時に沈静化していった。『フロント・ライン』誌によれば、被害総額は少なくとも600万ルピーに上った[42]。

　二日目も多少の動きはあったが、夕刻になって県警副長官の指揮で警察が暴徒を制圧し、暴動は収まった。物理的な被害自体は2日間で収束したが、後遺症は深刻だった。暴動自体はマデプラ市内に限られたが、暴動のニュースが伝えられるとカースト間緊張がマデプラ県全体に広がった。三日目にパトナーから税務大臣がやって来て、被害の状況をヘリコプターで視察したが、同行した県警長官が乗降時に怪我をしてしまった。その怪我も、「ヤーダヴがバラモンの県警長官を殴って怪我を負わせた」という噂として流布した。『フロント・ライン』誌はこの出来事を、暴動の事実をもみ消すためにヤーダヴが県警長官を県長官の車の前に突き飛ばして、轢かれた県警長官が両足を骨折した事件として報じている[43]。県警長官の怪我の責任の所在がはっきりしなくても、ヤーダヴを中心とする後進カーストの一群がバラモンを中心とする上位カーストを襲ったことについて争いはない。襲撃後は、「今日はこの家がやられる」、「明日はこの家がやられる」という噂が町中に広がり、上位カーストの間で一種のパニックのような状態が15-20日くらい続いた[44]。パニックが収まっても、事

---

41) 県長官が何ら対策を取らなかったという点においては、『フロント・ライン』誌も報じている。*FL*, 1990/10/27-11/9, p. 27参照。
42) *FL*, 1990/10/27-11/9, p. 27参照。
43) *FL*, 1990/10/27-11/9, p. 27参照。

件がマデプラに残した後遺症は深刻だった。

「マデプラ暴動が起こるまでマデプラは本当に静かな、平和な町だった」と地元のジャーナリストは言う。それが、「暴動を機に一変してしまった」。バラモンとヤーダヴが友人として食事をし歓談するという、それまでごく普通に見られた光景は見られなくなった。相互の不信が高まり、お互い口を利かない状態が 1 年以上続いた。ヤーダヴ知識人が暴動を唆したという認識は、ヤーダヴ知識人の信用を低下させ、これまで紛争の仲介役として果たして来た役割を奪った。代わりに新たな仲介者として登場したのがパプー・ヤーダヴで、暴力の脅しを伴う仲介は一種の恐怖政治のような状態を生んだという。

マデプラの事例は、メディアの注目を集めた事例であるが、ビハールの他の地域でもこのような上位カーストと後進カーストの暴力的対決は激化した。「融和集会」から 1 週間後の10月15日までは、北・中央ビハールを網羅する各県において反留保派と留保派のカースト間対立の暴力化が報じられている。具体的には、反留保派の「人民戒厳令」に反撥した留保派が特急列車を占拠した事例、これに対して反留保派が駅を襲撃した事例、パトナー——ガヤ間を走る列車をヤーダヴが襲撃して、カーストを誰何した後にブミハール・カーストの乗客に暴力を働いた事例、上位カースト所有のバスが攻撃の対象となった事例、などが報告されている[45]。

ラルー政権は、暴力的対立の激しかったパトナー——バラーヒヤ一帯の地域に罰金を課すことを決定したが効果はなく、国境警備隊を配置し、各地に「和平委員会」を作って対処を試みても成果を上げることは難しかった[46]。カースト間対立の報告は、『ヒンドゥスタン・タイムズ』紙によれば10月15日を最後として目立たなくなるが、これはラルー政権による上述の方策が結果的に功を奏したのか、それとも次に検討する宗教アイデンティティの争点化が功を奏したのか、判断は難しい。しかし、少なくとも指摘できることは、マデプラ県の事例に顕著なように、カースト間の緊張関係が表面化しなかったにせよ、続いた

---

[44] アルジュン・プラサード・シン博士（マデプラで開業する医学博士。後に検討するように、1991年選挙に際しパプー一味から襲撃される）に対するインタビュー（2004年5月9日）。
[45] *IT*, 1990/11/15, p. 61, *IT*, 1990/10/31, p. 43, *FL*, 1990/10/27-11/9, p. 26参照。
[46] *IT*, 1990/11/15, p. 63参照。

ことである。このような社会の緊張関係は、約半年後に行われる1991年下院選挙の投票行動に大きな影響を及ぼしたと考えられる。この点は後に検証することとして、次に留保問題よりもはるかに多くの犠牲者を生み出した宗教暴動について検討してみよう。

第3節 吹き荒れる宗教暴動

BJPの山車行進

「ヒンドゥー票」の構築を目指すBJPにとって、カースト動員戦略の象徴的な政策であるマンダル委員会報告を実施し、ヒンドゥー社会の亀裂を深刻化させるV. P. シン政権は、脅威だった。イデオロギー・集票戦略上の問題に加えて、政権基盤が大きく揺らぐなかでの唐突の実施発表は、V. P. シン首相が選挙を睨んでいる証左だと彼らは考えた[Brass 1993b：256]。1989年下院選挙で過去最高の議席数を獲得し更なる飛躍を目指すBJPにとって、カースト・アイデンティティの争点化は看過できない事態であった。

それでは、どうすればよいか。BJP党首アードヴァーニーは、VHPが設定したラーム寺院建設開始の期限である10月30日を目指して、山車行進（Rath Yatra）を開始することを決定する。BJP内部では山車行進を行うことの政治的効果について疑問視する声もあったが、RSSが押し切る形で決定が行われた。ムスリムによって破壊されたとされ、独立後復興されたヒンドゥー寺院が存在するグジャラート州ソームナート（Somnath）を起点として行進を行うことが、9月12日に発表された[47]。

この決定は、BJPにとって一線を越えるものであった。これまでBJPは、アヨーディヤ運動と密接に関わりつつも、公には直接の関係を否定していた。1989年下院選挙分析において検討したラーム・レンガ行進も、露骨な選挙対策でありながら、支持はするものの、あくまでもVHPのプログラムであり直接の関係はない、という態度を崩さなかった。それが今回は、アードヴァーニー党首自身が山車に乗ってラーム寺院の建設を訴え、アヨーディヤを目指す、

---

47) *FL*, 1990/10/27-11/9, p. 9, Bharti [1991a：91], *HT*, 1990/9/13, p. 1参照。

という政党の公的活動としての行進であり、責任を逃れることは不可能となった。

山車行進と宗教暴動

山車行進の開始が発表されると、山車行進に関連する暴動が多発するようになる［中溝 2008：368-369, 表6-6］。1990年8月から11月にかけての4ヵ月間に起こった宗教暴動を、『ヒンドゥスタン・タイムズ』紙の報道を基に検討すると、次の四つに時期区分することができる。

第一期は、山車行進に直接関連しているわけではないが、グジャラート州バローダ暴動のように計画性が認められ[48]、後の暴動のリハーサルとしての性格を持つと推定される暴動が起こった準備期であり、9月11日までの期間である。第二期は、山車行進の計画が発表された9月12日からアードヴァーニーがビハールで逮捕される前日10月22日までの期間であり、山車行進に直接関連した暴動が増え始める発生期である。第三期はアードヴァーニーが逮捕された10月23日からV. P. シン政権が崩壊する11月7日までの期間であり、アードヴァーニー逮捕、サング・パリワールの活動家であるカール・セヴァ（Kar Sevak：奉仕者の意）のバブリー・マスジット突入事件を引き金として大規模な暴動が各地で発生する拡大期である。第四期は11月8日以降であり、V. P. シン政権の崩壊と共に暴動が次第に終息に向かう終息期である。留保問題と同様に、暴動による死者数を基準に検討してみると、第一期は17名、第二期は127名、第三期は397名、第四期は18名が犠牲となっており、第三期にもっとも激しく暴動が起こったことがわかる[49]。

このように、暴動の拡大を伴いながら、アードヴァーニーの山車行進はグジャラート州から南下してマハーラーシュトラ州、アーンドラ・プラデーシュ州を周り、次に北上してマディヤ・プラデーシュ州、ラージャスターン州、ハリヤーナー州を通過して10月14日にデリーに到着した[50]。デリーにおいては、

---

48) *HT*, 1990/9/6, p. 1参照。
49) ここに上げた死者数は中溝［2008：368-369, 表6-6］の各州ごとの「調整」欄を除外した数字となっている。「調整」欄の意味については付記2「宗教暴動（1990年9-11月）における死者数の確定について」を参照のこと。もっとも調整欄の51名をいずれの期に割り振っても、全体の趨勢に変化はない。

アヨーディヤ問題の政治解決へ向けて交渉が繰り返された。V. P. シン政権は係争地の現状維持を命じた高裁判決を遵守することをサング・パリワールに求めたが、サング・パリワールは係争地も含めた土地をラーム生誕地解放献身委員会に引き渡すことを強く要求し、譲らなかった。サング・パリワールとの交渉と同時に、全印バブリー・マスジッド行動委員会（AIBMAC）やムスリムの宗教指導者とも交渉が行われた。

　10月17日には、全党会議を開催して政治解決の道を探ったが、BJPと会議派に拒否される。V. P. シン首相は、アードヴァーニーと個別に会談して山車行進の中止を申し入れたが、アードヴァーニーはこれを拒否し説得は失敗した。直後に開催されたBJP全国執行委員会は、もし行進が中止させられ、アヨーディヤにおけるラーム寺院の建立が許可されないのであれば、V. P. シン政権に対する支持を撤回すると明確に宣言した[51]。

　交渉は決裂し、アードヴァーニーは山車行進の第二ラウンドを開始するためビハール州ダーンバードに夜行列車で向かった。当日10月19日の晩、V. P. シン政権はアヨーディヤ問題解決のための三つの方針を発表する。第一が、バブリー・マスジッドと周辺の係争地を大統領令によって接収する。第二が、非係争地についてはラーム生誕地解放献身委員会に譲渡する。最後に、紛争解決を最高裁に委ね早期決着を図る、の三点である。この解決案は、V. P. シン政権が一方的に発表したものであったために、VHPも全印バブリー・マスジッド行動委員会も受け入れず、V. P. シン政権は21日夜に大統領令を撤回することを余儀なくされた[52]。

　解決へ向けた決め手がなく情勢が緊迫する一方で、セキュラリズムの庇護者を自任するジャナター・ダルの指導者達は、アードヴァーニー逮捕の機会を窺っていた。ウッタル・プラデーシュ州首相ムラヤム・シン・ヤーダヴは、アードヴァーニーが列車でウッタル・プラデーシュに入った際、万全の準備を整えて逮捕の許可を求めたが、V. P. シン首相は、交渉の余地がまだ残されているという判断から応じなかった。列車はアードヴァーニーを乗せてウッタル・プ

---

50) *HT*, 1990/10/15, p. 1 参照。
51) *FL*, 1990/10/27-11/9, p. 10 参照。
52) *HT*, 1990/10/20, p. 1, *HT*, 1990/10/22, p. 1, *FL*, 1990/10/27-11/9, p. 10 参照。

ラデーシュ州を通過し、ビハール州へと入っていく[53]。

ビハールではラルーが待っていた。ラルーは、列車をウッタル・プラデーシュとビハールの州境で停止させ、アードヴァーニーをヘリコプターでパトナーに移送してデリーに帰るよう説得するという計画を持っていたが、V. P. シン首相はこれにも許可を与えなかった。アードヴァーニーは、予定通りダンバードに到着し、山車行進を再開する。行進は、部族民居住地域、ビハール中央部を進み、州都パトナーを目指した[54]。

ダンバードからパトナーに向かう途中で、山車行進は熱烈な歓迎を受けたという。留保政策という「不正義」にあれほど強く反撥していた反留保派は、アードヴァーニーがやってくると反留保の抗議運動に代わって今度は反ムスリムのスローガンを叫び始めた [Bharti 1991a : 91]。山車行進は、かつて宗教暴動を経験したことのある危険な都市、例えば、ラーンチー、ハザリバーグ、ビハールシャリフを通過して10月22日にパトナーに到着した。

パトナーの集会も、これまでにない盛り上がりを見せたと報じられている。『フロント・ライン』誌によれば、10月8日に行われた「融和集会」より多くの群衆がアードヴァーニーを迎え、「ラーム万歳！」の歓声が響き渡った。アードヴァーニーは、「ヒンドゥー教徒が多数を占めるインドにおいて、ラーム神生誕の地に寺院を建てるために運動が必要なこと自体、衝撃的だ」と演説し聴衆を沸かせた[55]。

ラルーは、逮捕の機会を窺っていた。V. P. シン首相は、最後の試みとして10月22日にBJP所属の州首相も交えた6人の州首相からなる分科会を設立してアヨーディヤ問題の解決を図る一方で[56]、同日夜のテレビ演説において、憲法を護り法の支配を維持するためには、いかなる犠牲も払う用意があることを言明する。「もし政権を守るか、国を守るかという選択肢に直面するのであれば、国を守ることを選ぶ」と断言し[57]、アードヴァーニー逮捕を示唆した。ムラヤム州首相は、もっと直截に、ラルーに対しアードヴァーニーを逮捕するこ

---

53) *FL*, 1990/10/27-11/9, pp. 13-14参照。
54) *FL*, 1990/11/10-23, p. 112参照。
55) *FL*, 1990/11/10-23, pp. 112-113参照。
56) *HT*, 1990/10/23, p. 1参照。
57) *HT*, 1990/10/23, p. 1参照。

とを要求した[58]。彼は、「法と秩序の維持はウッタル・プラデーシュ州政府のみの責任ではなく」、従って「ビハール州政府は今夜にでも法的措置を取って山車行進を停止させるべきだ」と主張した。協力関係にある左翼諸党も、山車行進を停止させるべきとの要求で一致する。「宗教暴動を防ぐために、政府に残された唯一の手段」であるからだった[59]。

　ラルー政権は翌23日の早朝、サマスティプル県でアードヴァーニーの逮捕に踏み切る[60]。逮捕後の記者会見においてラルーは、「この『ラームの化身』を自称する輩を逮捕したことによって、私は国を虐殺から救った。アードヴァーニーは、ラームの名前を政治的に利用しただけだ。アードヴァーニーが宗教的な活動を始めたのは、マンダル委員会報告の実施が人々の多大な支持を受ける一方で、BJPが支持を失いつつあるのを見たからだ」とアードヴァーニーを非難した[61]。

　アードヴァーニーは逮捕状を示されると、国民戦線政権からの支持を撤回する手紙をすぐに認め、BJPの国民戦線政権からの離脱を表明した。コルカタに滞在していたBJP国会議員団長のヴァージペーイーも急遽デリーに戻り、緊急幹部会を開催した後、大統領に正式に支持撤回の意向を伝えた。BJPはV. P. シン首相の辞任もしくは解散を要求したものの、V. P. シン首相はこれを拒否し、11月7日までに下院で信任投票を行う運びとなった[62]。

アヨーディヤの衝突と暴動

　BJPはV. P. シン政権から支持を撤回すると同時に、アードヴァーニー逮捕に抗議するためのバーラット・バンド（Bharat Band：全インド・ストライキの意）を翌24日に行うよう全国に呼びかけた[63]。そしてこのバンドが引き金となって北インドを中心として西・南・東インドにおいて暴動の嵐が吹き荒れることとなった。加えて、山車行進の中止にもかかわらず、VHPは10月30日か

---

58) *HT*, 1990/10/23, p. 10参照。
59) *HT*, 1990/10/23, p. 10参照。
60) *HT*, 1990/10/24, p. 18, *FL*, 1990/10/27-11/9, p. 5, *FL*, 1990/11/10-23, pp. 113-114参照。
61) *FL*, 1991/4/13-26, p. 20参照。
62) *HT*, 1990/10/24, p. 1, *HT*, 1990/10/25, p. 1参照。
63) *HT*, 1990/10/24, p. 1参照。

らラーム寺院を建設する計画を強行する。ウッタル・プラデーシュ州ムラヤム政権は、サング・パリワール活動家を大量に逮捕して事態に備えたものの[64]、10月30日にカール・セヴァがアヨーディヤのバブリー・マスジットに強行突入することを防ぐことはできなかった。この際、カール・セヴァはバブリー・マスジットの一部を破壊しドームの上にもよじ登ったが、全面破壊までは至らなかった。警察との衝突により11名の活動家が射殺されている[65]。更に11月2日にも再度突入を試み、18名の活動家が警官に射殺された[66]。これらアヨーディヤにおけるカール・セヴァと警察・軍との衝突は、第三期における暴動の第二波を引き起こし、アードヴァーニー逮捕時と同様に広範な地域に渡って大きな犠牲を生み出した。10月23日から11月7日までの16日間で、実に397名が命を落としている。

　この時期の宗教暴動の特徴は、殺され方にある。表7-3からわかるように、マンダル暴動の犠牲者では、警察との衝突による場合が全体の6割強を占めていたのに対し［中溝 2008：356-358, 表6-4］、宗教暴動における犠牲者は、警察との衝突による死者は全体の約16％に過ぎず、残りの84％弱は「両宗派間の衝突」と「不明」によるものである。

　「不明」については表7-3の注でも触れているように、「両宗派間の衝突」とほぼ同一視して良いと考えられることから、社会集団間の殺し合いが多くを占めていることがわかる。この傾向は、第三期においても同様であり、第三期で犠牲となった397名中、警察が行使する暴力によって犠牲となった者は16.9％に過ぎない。残りの83％強は宗派間の衝突による殺害であり、社会集団間の殺し合いが多数を占めていることがわかる。

　どちらのコミュニティーがより多く犠牲になったのか、という点は、報道からは必ずしも明らかではない。しかし、ムスリムが暴動の主体となった場合は、例えば11月14日から16日にかけて起こったデリー暴動のように、直接的ではないにせよそれとわかる書き方で報じられている[67]。従って、報道からはムス

---

64) *HT*, 1990/10/30, p. 1参照。
65) *HT*, 1990/10/31, p. 1参照。
66) *HT*, 1990/11/3, p. 1参照。
67) *HT*, 1990/11/15, p. 1, *HT*, 1990/11/16, p. 19, *HT*, 1990/11/17, p. 5など参照。

表7-3 宗教暴動殺害態様構成（1990年8-11月）

州	警察による発砲	両宗派間の衝突	不明	合計
アーンドラ・プラデーシュ	5	16	20	41
ビハール	0	3	15	18
デリー	0	10 (1)	0	10
グジャラート	26	26	40	92
ケララ			1	1
カルナータカ	15	7	100	122
マハーラーシュトラ	1	1	0	2
マディヤ・プラデーシュ	0	10	8	18
ラージャスターン	13	11 (2)	31	55
ウッタル・プラデーシュ	36	32 (1)	130	198
西ベンガル	4	12	5	21
調整			32	
合計	100	128 (4)	382	610 (4)

（出典）　The Hindustan Times (New Delhi) 各日版より筆者作成。
（注1）　「警察による発砲」、「両宗派間の衝突」は、殺害の要因を指す。「不明」については、記事中に死因が明記されていなかった死者を指す。単に「殺害された」と記述されている場合が典型であるが、全体の死者数のうち一部しか死因が明らかにされていない場合にも、残りの死者を「不明」に割り振っている。例えば、アードヴァーニー逮捕の翌日10月24日に行われた「バーラット・バンド（Bharat Band）」に関連して起こった暴動の死者について、『ヒンドゥスタン・タイムズ』紙はラージャスターン州で30名殺害されたとしているが、内訳について明らかにしているのは19名に過ぎない（"Army out in 3 Rajasthan towns Bandh violence toll 40；curfew in many cities", The Hindustan Times (New Delhi), 1990/10/25, p. 1）。このような場合、殺害の態様が報じられていない11名については、「不明」に割り振った。ただし、「不明」ではあるものの、宗教暴動を扱った記事における死者であり、「両宗派間の衝突」と同様に考えてほぼ問題ないと思われる。少なくとも、死因が警察による発砲でないことは確かである。
（注2）　死者数の括弧内は警官の犠牲者を指す。「両宗派間の衝突」の項目に入れたのは、両宗派間の衝突を鎮圧する最中に殉職した事例と、いずれかのコミュニティーが暴力行使の主体になった事例があるため、まとめて「両宗派間の衝突」の項目に組み入れた。

リムの方がより多く犠牲になったことが推測される。山車行進に伴う暴動を研究したジャフルローは、反ムスリム暴動であったと指摘し [Jaffrelot 1998：83]、同じく暴動の中心地であったウッタル・プラデーシュ州を研究したハサンも、犠牲者のほとんどはムスリムだったと指摘している [Hasan 1998：105]。報道と照合すれば、犠牲者の多くはムスリムだったと結論づけて問題はないだろう。

ラルー政権の暴動への対処

　それではビハール州における暴動はどのような展開を辿っただろうか。ビハール州がマンダル暴動の中心地であったことは既に検討したが、宗教暴動に関しては犠牲が18名と少ないことが目を惹く。アードヴァーニーが逮捕された

のがまさにビハール州であり、これまで宗教暴動が多発してきた歴史を考えると、多くの犠牲者が生まれてもおかしくない。しかし、宗教暴動による死者が生じた11州のうち、犠牲者数ではマディヤ・プラデーシュ州と並ぶ7番目に過ぎない。これは、暴動に連なる動きがもともと少なかったからだろうか。それとも、暴動につながりかねない動きはあったのだが、ラルー政権が押さえ込むことに成功したからだろうか。

　事態の経緯を観察すると、後者であったと解釈できる。例えば、ビハール州ではアヨーディヤの衝突をヒンディー語紙が煽りに煽った。『ナヴ・バーラット・タイムズ（*Navbharat Times*）』のパトナー版、『アージ（*Aaj*）』のパトナー版とラーンチー版は、「何十万人ものカール・セヴァが、警察のラーティーと銃撃をくぐり抜け、バブリー・マスジットをほとんど破壊した」、「ラーム寺院の建設が始まった」、「アショク・シンガルVHP幹事長が警察により頭部を銃撃された」など事実無根の報道を行った。さらに『アージ』（版元不明）は、「警察の発砲により、何百人ものカール・セヴァが負傷した」と報じた。これらの「誤報」により『ナヴ・バーラット・タイムズ』は売り上げを2倍、『アージ』（パトナー版）は3倍、『アージ』（ラーンチー版）は2倍に伸ばしたが、これらの暴動は、宗教暴動をラーンチー、ダンバード、パトナー、ギリド、ジャムシェドプルで誘発する事態となった[68]。

　マンダル暴動への対処と比較して、宗教暴動に対するラルー政権の対応は迅速だった。ラルーは暴動が起こった地に急行して暴動の拡大を阻止すると共に、『ナヴ・バーラット・タイムズ』と『アージ』の報道姿勢を批判し、「アヨーディヤのラーム像（Ram mandap）を警察が破壊した」と虚偽の報道をした容疑で『アージ』のラーンチー版編集長を逮捕した。これら迅速な措置により、暴動の拡大を最小限にとどめることができたと指摘できる[69]。

　宗教暴動に対する断固とした措置自体は、山車行進が始まってから採用されたものではなく、就任直後から一貫して取られてきたものだった。ラルーは、宗教暴動に対処するために、全てのコミュニティーから構成されるセキュラー部隊を創設することを就任早々言明し[70]、実際に就任直後に続発した宗教暴動

---

68)　*IT*, 1990/11/30, p. 62, Bharti［1991a：91-92］参照。
69)　*FL*, 1990/11/10-23, pp. 26-27, *IT*, 1990/11/30, p. 62, Bharti［1991a：91］参照。

に対して断固とした態度で臨んだ。なかでも際立っていたのは、暴動への対処の早さと関係官僚に対する容赦ない処分である。

例えば、1979年に暴動が発生し、カルプーリ・タークル政権崩壊の引き金を引いた因縁のあるジャムシェドプルでの衝突については、当日デリーに滞在していたためすぐには訪問できなかったが、軍を当日の内に派遣している。軍の派遣が遅れて暴動が止めどなく拡大したバーガルプル暴動とは対照的である。

関係官僚についても、暴動が起こった郡の官僚はもちろんのこと、県長官、県警長官も容赦なく更迭している[71]。暴動発生・拡大の責任を県長官・県警長官に負わせ、失敗すると更迭することを方針として明確に打ち出したと言えるが、この点も、バーガルプル暴動において、県警長官・県長官をなかなか更迭できなかった会議派政権とは大きく異なる点である。

宗教行進への対処も、会議派とは異なっていた。ラーム生誕を祝うラーム・ナヴミ（Ram Navmi）祭が行われた際には、宗教対立が予想される地区における宗教行進を禁止する。1979年のジャムシェドプル暴動がラーム・ナヴミ祭を契機として起こったことからもわかるように、ビハールではラーム・ナヴミ祭は別名「暴動ナヴミ」（Danga Navmi）として知られるほど宗教間の緊張・暴力を伴う祭りだった。しかし、ラルー政権が行進を禁止したことによって暴動を未然に防ぐことができ、ラーム・レンガ行進を禁止することに最後まで消極的だった会議派政権との違いを際立たせることとなった［Bharti 1990e：1373］。

このような宗教暴動に対する断固とした姿勢の一つの頂点が、アードヴァーニー逮捕であった。それに引き続く暴動も、検討したように極力押さえ込むことに成功する。バーガルプル暴動に対する会議派政権の対処とは実に対照的であり、会議派から離反したムスリム票をジャナター・ダルに繋ぎ止めることに貢献したと指摘できる。この点は、1991年下院選挙分析であらためて検討することとしたい。

---

70) *HT*, 1990/3/16, p. 6参照。
71) ナワダ暴動に関し、『ヒンドゥスタン・タイムズ』紙社説、*HT*, 1990/3/17, p. 13はこの迅速な処分を評価している。

第 4 節　暴動と 1991 年下院選挙

ビハールにおけるジャナター・ダルの勝利

　1990 年 8 月 7 日にマンダル委員会報告の実施を宣言した V. P. シン政権は、3 ヵ月後の 11 月 7 日に信任投票を迎えることとなった。3 ヵ月間は、マンダル暴動に始まり宗教暴動に終わる暴動の季節だった。8 月から 11 月末までの死者は、双方合わせて 686 名に上る。そしてこの流血の最中に、V. P. シン政権は崩壊することとなった。後を襲ったのは、会議派の支持を受けてジャナター・ダルを割ったチャンドラ・シェカールであったが、会議派との協力関係を維持できず、政権は崩壊する。下院選挙が 1991 年 5 月に行われることとなった[72]。

　1991 年下院選挙は、全国レベルにおけるジャナター・ダルの退潮とは裏腹に、ビハールでラルーが大勝した選挙であった。全国レベルでは、1989 年下院選挙と比較して、会議派が得票率を 3.1 ポイント落としたものの 47 議席を上積みし、BJP も得票率を 8.7 ポイント増加させ 35 議席伸ばした。これに対し、ジャナター・ダルは得票率を 6.1 ポイント落とし、議席も 84 議席失った（表 7-4）。

　全国的な傾向に反し、ビハール州ではラルー指導下のジャナター・ダルが踏みとどまる。得票率は 3.5 ポイント下落するものの、議席は 1 議席減に留まり、ジャナター・ダル全体の過半数をビハール選出議員が占めた。全国政治においてラルーが存在感を示す契機となった選挙であった[73]。議席数・得票率が減少したのは、ラルーが連合相手である両共産党、ジャールカンド解放戦線（JMM）、マルキスト・コーディネーション（Marxist Co-ordination）と完全な形で議席調整を行った結果、1989 年下院選挙よりも 2 選挙区少ない 36 選挙区に候補を立てたことが影響した。ジャナター・ダル連合総計としては 46 議席、得票率 48.2 ％を獲得しており、1989 年選挙と比較して 7 議席上積みしている[74]。

---

72)　詳細については、中溝［2008：378-379］で検討した。
73)　*FL*, 1991/7/6-19, p. 113 参照。

表7-4 1989年・1991年下院選挙(全国／ビハール州)

	会議派			ジャナター・ダル			インド人民党（BJP）		
	1989	1991	91-89	1989	1991	91-89	1989	1991	91-89
全国									
議席	197	244	+47	143	59	-84	85	120	+35
得票率	39.5	36.4	-3.1	17.8	11.7	-6.1	11.4	20.1	+8.7
ビハール									
議席	4	1	-3	32	31	-1	8	5	-3
得票率	28.1	23.7	-4.4	37.7	34.1	-3.6	11.7	16.0	+4.3

（出典）選挙管理委員会資料より筆者作成。
（注）「91-89」は91年選挙の値から89年選挙の値を引算した値を示す。

　会議派は、選挙キャンペーン中にラジーヴ・ガンディーが暗殺されたことから、1984年の弔い選挙のような同情票を期待したが、1989年下院選挙より更に減らしてわずかに1議席にとどまり、得票率も4.4ポイント失った。BJPも、得票率こそ4.2ポイント増やしたものの、議席については全国的な躍進とは対照的に3議席失った。

　それでは、全国レベルの趨勢とは逆転した選挙結果、すなわち、ジャナター・ダルの勝利、BJPの伸び悩み、会議派の敗北に、マンダル委員会報告の実施とこれに伴うマンダル暴動、アヨーディヤ問題と宗教暴動という争点は、どのように影響を与えただろうか。

留保制度と暴動の影響

　まずマンダル委員会報告の影響から検討したい。ビハールがマンダル暴動の中心地の一つであったことは既に触れたが、『フロント・ライン』誌は「全国を見渡してマンダル委員会報告が他の全ての争点を飲み込んでしまった州が唯一あるとすれば、それはビハールである」と報じている[75]。ラルー政権はセキュラリズムの擁護、貧困層の救済と並んで社会正義の実現、すなわち上位カースト支配の打破を前面に押し出して選挙戦を展開した[76]。

　ラルーの主張は明確だった。遊説において「何世紀にもわたって続いてきた

---

74) FL, 1991/5/25-6/7, Bharti [1991c: 1895] 参照。1989年下院選挙におけるジャナター・ダル連合からBJPの獲得議席8議席を引算すると39議席となり、従って7議席増加したと計算した。
75) FL, 1991/5/11-24, p. 34参照。

バラモンの支配を突き崩し、今、この瞬間に権力を握ろう」とメッセージを伝え、遊説で使っている公用ヘリコプターを指して、「見ろ、このヘリコプターはジャガナート・ミシュラ（前首相：バラモン出身）が買ったが、乗っているのは俺だ」と演説をぶち、聴衆の笑いを誘った[77]。

　バラモンをはじめとする上位カーストの排撃を主張したことは、当然のことながら上位カーストの離反を招いた。『フロント・ライン』誌は、1989年下院選挙、1990年州議会選挙でブミハールやラージプートはジャナター・ダルを支持したが、マンダル委員会報告実施宣言の後、ジャナター・ダルから離反したと報じている。あるラージプートは、「V. P. シンはラージプート出身だが、彼を支持しないのか？」と聞かれて、「マンダル委員会報告で、我々の支持は打ち切りだ」と答えている[78]。

　しかし、後進カーストがジャナター・ダルを強く支持しているかといえば、そうも言い切れなかった。『フロント・ライン』誌は、ヤーダヴと同じ上層後進カーストに属するクルミとコエリの多数の人々の間に、ジャナター・ダルに対する不満があることを報じている。ラルーが自らの出身カーストであるヤーダヴを偏重していると彼らが考えていることが主な理由であった。他方で「偏重されている」ヤーダヴは、ほとんどがジャナター・ダルを支持している、とされている[79]。実際に、ジャナター・ダルの公認候補のうち、25％はヤーダヴで占められていた［Bharti 1991c：1896］。

　それでは、このように報道で示されているカースト集団の政党支持傾向は、個別の選挙区調査、選挙データ、標本調査を用いて裏付けることができるだろうか。とりわけ、マンダル暴動がもたらした影響はどのようなものだっただろうか。ビハール州各地で起こったマンダル暴動のなかでも、注目を集めた暴動

---

76) Bharti［1991c：1896］は、第三点に関して、ジャナター・ダルの「社会正義」には、最貧困層であり社会の底辺に位置するダリットの農業労働者に対する農地改革や最低労働賃金の保障などが含まれていない、としている。確かに、第一点や第二点に比べれば強調されていないのは確かだと思われるが、後述のように全く無視されているわけではない。椰子酒作りを伝統的職業とする指定カーストのパーシー（Pasi）に対し、ラルー政権が椰子酒に対する酒税を免税したことについて、大橋［2001：142］参照。

77) *IT*, 1991/7/15, p. 40参照。

78) *FL*, 1991/4/13-28, p. 19, *FL*, 1991/5/25-6/7, p. 38, Bharti［1991c：1896］参照のこと。

79) *FL*, 1991/4/13-26, p. 21参照。

の一つであるマデプラ暴動が発生したマデプラ下院選挙区の検討から始めよう。

(1) マデプラ下院選挙区

マデプラ下院選挙区における1991年下院選挙は、荒れた選挙だった。まず本選挙の際に無所属候補が1名殺害されたために、選挙が半年延期される。1991年11月に行われた選挙においては、投票所の占拠をめぐってラージプートとヤーダヴが銃撃戦を行い、ヤーダヴが負傷した。報復として、パプー・ヤーダヴの一味は、選挙後にラージプート地主を襲撃し、選挙を巡って再びカースト間対立が暴力化した。

ジャナター・ダル候補として立候補したのは、マンダル委員会報告の実施を先頭に立って推進したシャラド・ヤーダヴ元繊維相であった。シャラド・ヤーダヴは、本選で自らの選挙区であるウッタル・プラデーシュ州ブダウン (Budaun) 選挙区でBJP候補に敗北し、ラルーに招かれてマデプラから立候補した経緯があった。

シャラドと対決したのは、1990年州議会選挙で近隣のマヒシ (Mahishi) 州議会選挙区からジャナター・ダル候補として当選していたアナンド・モハンである。アナンド・モハンは、グンダー政治家として知られ、ラージプート出身であることから同じくラージプートのチャンドラ・シェカール前首相と良好な関係を保っていた[80]。モハンはV. P. シン政権の崩壊と同時に、反ラルー派の急先鋒としてラルー政権打倒へ向けて積極的に動き、1991年下院選挙では、チャンドラ・シェカールが結成したジャナター党候補として、「ラルーの胸を突き刺そう」と訴えた[81]。選挙結果は以下の通りである（表7-5）。

選挙はシャラド・ヤーダヴが66.4％を獲得し圧勝する。アナンド・モハンは23.1％を獲得し2位に食い込んだ。両者を合計した得票率は89.5％に達し、マデプラ下院選挙区の票は両者に分極化したと言ってよい。分極化自体は、マデ

---

[80] アナンド・モハンの結婚式には、当時首相となっていたチャンドラ・シェカール、ラージャスターン州首相を務めていたバイロン・シン・シェカワット (Bairon Singh Shekawat) もやって来たという。前述ジャーナリストのA. K. ヴァルマ、M. S. ヴァルマ氏に対するインタビュー (2004年3月17日)。*FL*, 1992/1/17, pp. 35-37も、アナンド・モハンとチャンドラ・シェカールの良好な関係を指摘している。

[81] 前掲ジャーナリストのジャ氏に対するインタビュー（2004年3月26日）。

表7-5 マデプラ下院選挙結果（1984-91年）

	1984		1989		1991	
当選	M. P. ヤーダヴ (INC)	54.4	R. K. Y. ラヴィ (JD)	68.1	S. ヤーダヴ (JD)	66.4
次点	R. P. ヤーダヴ (LKD)	40.7	M. プラサード (INC)	23.9	A. モハン (JP)	23.1
三位	K. ジャ (IND)	1.0	R. P. ヤーダヴ (IND)	6.7	R. P. ヤーダヴ (INC)	8.3

（出典） 選挙管理委員会より筆者作成。
（注） 候補者名・所属政党・得票率を表記。
（略号） INC：インド国民会議派 (Indian National Congress)、LKD：ローク・ダル (Lok Dal)、JD：ジャナター・ダル (Janata Dal)、JP：ジャナター党 (Janata Party)、IND：無所属 (Independent)。

プラ選挙区においては珍しいことではなく、1984年・1989年下院選挙とも、1位・2位候補で90％以上の票を集めている。1991年下院選挙が注目に値するのは、小政党ジャナター党の候補に過ぎず、かつ暴力の専門家として知られる上位カーストの候補が、2位に食い込んだことであった。

マデプラ下院選挙区とほぼ重なるマデプラ県は、マンダル暴動の検討でも触れたように後進カーストの多い県として知られ、「その他後進諸階級」の比率はビハール州最高の66.19％に達する[82]。そのため、過去の選挙においては、各党とも後進カースト、とりわけヤーダヴの候補者を擁立し票を競った。1984年・1989年両下院選挙とも上位2位はヤーダヴ出身候補が占め、少なくとも1971年下院選挙からは一貫してヤーダヴ出身候補が占めている[83]。ところが1991年下院選挙においては、「曰く付き」の上位カースト候補が2位に飛び込んだ。マデプラ下院選挙区において、チャンドラ・シェカール派が過去に勢力を築いた証拠は少なくとも選挙結果による限りは存在せず、従ってチャンドラ・シェカールの固い支持者がアナンド・モハンの躍進を支えたとは考えにくい。すなわち、アナンド・モハンに対する支持は、党ではなく個人に対する支持であった可能性が高い。それでは、なぜ彼が20％を超す票を集めたのか。

主要な要因は、彼がラルー批判の急先鋒であり、反ヤーダヴ勢力の指導者としての可能性を秘めていたことに求められる[84]。アナンド・モハンは、同じくグンダー政治家として知られるパプー・ヤーダヴと、殺し合いを含む対決を繰

---

82) ビハール州選挙管理委員会資料参照のこと。
83) 1967年下院選挙については、第2位のK. K. マンダル (K. K. Mandal) のカースト帰属が不明であったため記述しなかったが、おそらくヤーダヴだと思われる。そうであれば、マデプラ下院選挙区が新たに誕生した1967年下院選挙から一貫して上位2位をヤーダヴ・カーストが占めたこととなる。

り返すことによって勢力を拡大してきた。経緯を簡単に説明しよう。

両者は、政治家として公職を得る前の1980年代後半から、マデプラ県・プルニア県・サハルサ県から主に構成されるコシ（Kosi）地域一帯でカースト間の感情的対立を煽る活動を開始した。カースト間の緊張を緩和する活動を続けてきたサッチダナンド・ヤーダヴ教授によると、契機となった事件は、農地を巡って、あるヤーダヴがラージプートを殺害した事件であった[85]。政治的野心旺盛なアナンド・モハンは、当初2家族の問題であった殺人事件を、カースト感情を煽るために利用する。まず彼は、逮捕されて拘置所の中に留置されていた当のヤーダヴを殺害した。次に隣のプルニア県でヤーダヴの犯罪者として知られていたアルジュン・ヤーダヴも殺害した[86]。アルジュン・ヤーダヴの右腕だったパプー・ヤーダヴは復讐を誓い、両グループは様々に衝突し、緊張が次第に高まっていった。

このようなカースト感情の高まりの中で、2人のグンダーは1990年州議会選挙で当選を果たす。このタイミングで、マンダル委員会報告が実施された。マデプラ暴動が引き起こした緊張は、暴動が起こらなかった農村部にも広がり、サッチダナンド・ヤーダヴ教授によれば、例えば、ラージプートの収穫物がヤーダヴによって略奪されたり、ヤーダヴの牛をラージプートが略奪する事件が起こった。他にも村のマーケットでラージプートとヤーダヴが激しい口論を行うなど、小さなでき事が積み重なっていった。

教授は、識字率向上委員会の活動と並行して、カースト間緊張を緩和するための活動をマンダル暴動後の1991年初頭から開始した。最初はなかなか成果を上げることはできなかったものの、1992年頃からようやく成果を上げるこ

---

84) 前掲ジャーナリストのジャ氏は、1991年下院選挙において、アナンド・モハンが反ヤーダヴのリーダーとして票を集めた、と指摘した（2004年3月26日インタビュー）。同様に、アナンド・モハンをロビン・フッドとはおよそ言えないにせよ、ラージプートの代表と見なされるようになった点について、FL, 1992/1/17, pp. 35-37参照。1991年選挙の投票日にラージプートがヤーダヴに発砲したカパシア（Kapacia）村において、アナンド・モハンに投票したラージプートは、「若かったし、何かやってくれるのではないかと期待した」故に投票したと述べた。マハナンド・シン氏（カパシア村のラージプート地主）に対するインタビュー（2004年4月26日）。
85) 前掲サッチダナンド・ヤーダヴ教授に対するインタビュー（2004年2月4日）。
86) この点に関して、アルジュンを殺害したのはアナンド・モハンではなく、他の犯罪者だという指摘も存在する。マデプラ在住ジャーナリストに対するインタビュー（2004年3月）。

とができるようになったと回想する[87]。この点はマンダル暴動の検討で紹介した、バラモンとヤーダヴの友人が口を利かない状態が1年以上続いたという指摘と符合する。マンダル委員会報告の実施と引き続く暴動により上位カーストと後進カーストというアイデンティティ集団が形成され[88]、両者の緊張状態が続くなかで行われたのが、1991年下院選挙であった。

1991年下院選挙が、緊張を孕む選挙であったことは、投票所占拠をめぐるラージプートとヤーダヴの銃撃戦に代表される衝突から窺える。ヤーダヴが優位に立つ村ではヤーダヴがシャラド・ヤーダヴ票を確保するために投票所を占拠し、ラージプートが優位に立つ村ではラージプートがアナンド・モハンのために投票所を占拠したという[89]。

銃撃戦は、主にラージプートが優位を占める村で起こった[90]。そのうちの一つであり、マデプラ市からさほど離れていないカパシア（Kapacia）村は、ラージプートが村で最大のコミュニティーである一方、ヤーダヴも居住している。1991年下院選挙においては、ラージプートはアナンド・モハン支持、ヤーダヴはシャラド・ヤーダヴ支持で固まっており、ラージプートはアナンド・モハン票を確保しようと投票所を占拠した。これに対抗してヤーダヴが占拠を破ろうとしたため、ラージプートが発砲し、3、4名のヤーダヴが怪我をする事件となった。報復としてパプー一味が選挙後にラージプート地主を襲撃し、牛を奪い、木を切り取るなどの略奪を行った[91]。

他の事件も起こった。同じくラージプートが優位に立つパストパル村の近くで起こった事件であるが、パプーの支持者でありパプーのために会合を開いたとされるガネーシュ・ヤーダヴを、アナンド・モハンが誘拐した[92]。自らの勢

---

87) 前掲サッチダナンド・ヤーダヴ教授に対するインタビュー（2004年2月4日）。
88) 前掲サッチダナンド・ヤーダヴ教授に対するインタビュー（2004年2月4日）。
89) 前掲ジャーナリストのP. ジャ氏に対するインタビュー（2004年3月26日）。
90) カパシア村以外には、パストパル（pastpal）村、ダボリ（Dhaboli）村、ビシュンプル（Bishunpur）村など。いずれもラージプートが優位に立つ村である。前述ジャーナリストのP. ジャ氏に対するインタビュー（2004年3月26日）。
91) 前掲マハナンド・シン氏（カパシア村のラージプート地主）に対するインタビュー（2004年4月26日）。
92) 事件の経緯については、シンハ元教授（ダボリ村のラージプート地主でラーンチ大学元教授：2004年4月25日インタビュー）、前掲アルジュン・プラサード・シン博士（ラージプート地主で医学博士：2004年5月9日インタビュー）に対するインタビューから構成した。

力を誇示する狙いがあったという。ガネーシュの家族は、一帯のラージプート大地主であるシンハ教授に仲裁を依頼し、これを受けたシンハ教授は、アナンド・モハンにガネーシュを解放するよう強く要求する。しかし、アナンド・モハンは拒否したため、教授は帰宅した。同時に警察もガネーシュの捜索活動を展開しており、警察の動きを察知したアナンド・モハンはガネーシュを放置して逃亡する。車の中に放置されたガネーシュは、警察によって無事保護された。

しかし、ガネーシュの家族はこれを知らなかった。ガネーシュが殺害されたと思いこんだ家族、そしてガネーシュを尊敬していた支持者、よそ者のグンダーは、選挙後に、教授の農作業小屋、穀倉を襲撃し、略奪した。穀物・種子に加えてポンプ、トラクターなどの農耕機具、土地台帳や地代の領収書まで持って行かれた。同じくラージプート地主であり医学博士のアルジュン・プラサード・シン氏の所有地も襲撃され、椰子の木150本とシシャモの木350本が伐採された[93]。

このように、1991年下院選挙は荒れた選挙であった。選挙を契機としたこれらの暴力の検討を通じて明らかになったことは、ラージプートはアナンド・モハンを支持し、ヤーダヴはシャラド・ヤーダヴを支持するというカースト集団と政党・候補者の関係が、選挙前から予め決まっていた可能性が高いということである。ヤーダヴがアナンド・モハンに票を投じることは考えにくいからこそ、ラージプートは投票所を占拠し、逆に、ラージプートがシャラド・ヤーダヴを支持することが考えにくいからこそ、ヤーダヴは投票所を占拠したと推測できる。そうであれば、なぜそのような固定的な関係が成立したのか。

マンダル委員会報告の実施とこれに伴う暴動が、重要な役割を果たしたと考えられる。マンダル暴動が、上位カーストと後進カースト、とりわけラージプートを中心とする非ヤーダヴとヤーダヴの対立という構図を作り出したことは、マデプラ在住のジャーナリスト、知識人が認める点である[94]。対立の契機となる暴動を実行したのは、他ならぬグンダー政治家パプー・ヤーダヴであった。パプーはラルー支持者として活動していたことから、暴動の標的となった上位

---

[93] *FL*, 1992/1/17, p. 35は、非公式情報として、カースト間対立により100名殺害されたことを伝えているが、現地調査による限り殺人を伴う確かな情報を得ることはできなかった。

カーストの反撥がラルーに対する反撥と結びつくのは自然だと言える。ただし、これだけでは、跳ねっ返りのグンダー政治家が引き起こした暴動として片付けられる可能性も存在した。例えば、ラルーが、宗教暴動に対する態度と同様に、自ら現場に駆けつけ断固として鎮圧すれば、後に検討するシーターマリー暴動のように例外的な事件として扱われる可能性も大きかったと考えられる。ところが、実際はそうではなかった。

マンダル暴動におけるラルー政権の曖昧な対処はすでに検討したとおりだが、曖昧な対応は、1991年選挙後の暴力でも繰り返された[95]。略奪の被害にあったアルジュン・プラサード・シン氏は、警察の対応に関し次のように述べた。

> 警察は静観していた。（自分の所有地が存在する）パストパルには、県警長官、県警副長官、県長官補佐を始め150名の警官が派遣されたが、ただ静観しているだけだった。
> なぜなら、警察はラルーを恐れたからである。ラルーから何もするなという指示が来たかどうか確定することは難しいが、警察の心理として、ラルー政府はヤーダヴの政府だから、ヤーダヴを制止するとラルーの不興を買うのではないかと恐れたことがあった[96]。

2004年に85歳を迎えたアルジュン・プラサード・シン氏自身は、カースト間の緊張はアナンド・モハンとパプー・ヤーダヴによってもたらされた例外的な現象であり、そもそもカースト間の緊張関係などはなかったのだと一貫して主張した。1942年のクイット・インディアに医学生として参加し、ジャヤ・プラカーシュ・ナラーヤン（JP）がハザリバーグ刑務所から脱獄した際に自宅

---

94) 前掲ジャーナリストA. K. ヴァルマ氏、M. S. ヴァルマ氏（2004年3月17日）、P. ジャ氏（2004年3月26日）、サッチダナンド・ヤーダヴ教授（2004年2月4日）に対するインタビュー。FL, 1992/1/17, pp. 35-37 も、カースト間緊張の高まりの原因を、反留保運動に求めている。マンダル暴動に言及しているわけではないが、文脈からマンダル暴動のことも念頭に置いていると思われる。

95) FL, 1992/1/17, p. 35 は、「カースト間対立の時は、ビハール州警察・政府は一般的に弱いと言えるが、この時は無気力な傍観者に留まっていた」と報告している。

96) 前掲アルジュン・プラサード・シン博士に対するインタビュー（2004年5月9日）。

に匿った経験を持つ彼は、独立運動を戦った矜恃もあったと思われるが、教育を受けた人びとはカースト感情に振り回されることなどはなかったと強調した。そのような彼の観察においても、警察の行動とラルー政権の性格は直接結びつけられている。

1991年選挙の投票日にラージプートとヤーダヴの間で銃撃戦が起こったカパシア村のラージプート地主になると、もっと直截になる。ヤーダヴの負傷者が出たことに対する報復として、ラージプートが襲撃された件に関し、次のように述べた。

> （ラージプートが襲撃された際には）ビハール警察がいたが、何もしなかった。道路を挟んで向かい側の学校に陣取って動かなかった。（ラルー政権は）ヤーダヴの政府なので、警察は黙認し、ラージプートを助けなかった。……ラルーは支持しない。カースト主義を招いた張本人だからである。ラージプートに安全を保証しなかった[97]。

ここでは、ヤーダヴによる襲撃とラルー政権の成立が結びつけられている。この事件の後、ラルー政権はパプー・ヤーダヴを逮捕するが、逮捕状が出てから1週間以上経過した後のことであった。選挙に敗れたアナンド・モハンは、「多数派（後進カースト：原文註）の猛襲から少数派（上位カースト：原文註）を守るために私は準備をしている。……ラルー勢力を殲滅してやる」と声明を発出する[98]。表現の過激さが目を惹くものの、カパシア村のラージプート地主の認識と照らし合わせると、パプー・ヤーダヴというグンダー政治家の行動とラルー政権の態度を同一視する点では共通していることに気づく。

このように、ラルー政権による「暴動への対処法」、すなわち暴動をなかなか収束させない、という処理の仕方が、上位カースト、ここではラージプート・カーストの投票行動に大きな影響を与えたことは想像に難くない。しかも、ジャナター・ダル候補は、よりによってマンダル委員会報告の実施を先頭に立って要求したシャラド・ヤーダヴであった[99]。この結果、反ラルー票は、アナ

---

97) 前掲M. シン氏（カパシア村のラージプート地主）に対するインタビュー（2004年4月26日）。
98) *FL*, 1992/1/17, p. 37参照。

ンド・モハンに結集したと考えることができる。このようにしてマデプラ下院選挙区の有権者は分極化し、過去20年間において初めて上位カーストの候補が2位に食い込むことを可能にしたと考えられる。

　それでは、他にマンダル暴動が起こった選挙区では、どのような傾向を見出すことができるだろうか。

（2）　暴動の影響——ビハール州レベル

　マンダル暴動が与えた影響を、州レベルで検討することとしたい。暴動が起こった選挙区と暴動が起こらなかった選挙区の各党得票率を比較してみよう（表7-6）。

　まず社会構成から検討すると、マンダル暴動による死者が生じた「死者が出た選挙区」においては、上位カースト及び「その他後進諸階級」の比率が、それぞれ「負傷者が出た選挙区」及び「暴動が起こらなかった選挙区」を上回っていることがわかる。暴動が殺人に至るほど激化した選挙区においては、対立する両社会集団とも他と比較して高い人口比を保持していたことを最初に確認しておきたい。

　その上で平均得票率について検討すると、会議派、ジャナター・ダルとも「死者が出た選挙区」で最も高くなっていることがわかった。とりわけ会議派に至ってはビハール平均の倍近い40.0％を記録し、ジャナター・ダルも州平均より約2ポイントの上昇に留まるとはいえ最高値の49.4％を獲得している。他方、BJPは5.5％で最低を記録している。

　マンダル委員会報告を実施したのがジャナター・ダルである一方、公務員職留保制度の実現に一貫して冷淡であり、反留保派の運動を指導したのが会議派、BJPであったこと、加えてマデプラ下院選挙区における投票行動を参考にすると、「死者が出た選挙区」においては、留保派がジャナター・ダルに集まり、反留保派が会議派に結集するという分極化が生じた可能性が高い。1991年下

---

99)　マデプラ州議会選挙区からジャナター党、ローク・ダル、ジャナター・ダル所属の州議会議員として3期務めたラーダ・カント・ヤーダヴ氏（Mr. Radha Kant Yadav）は、カースト間対立の激化を懸念して、マンダル委員会報告を強く支持するシャラド・ヤーダヴの立候補に反対したという。しかし、シャラド・ヤーダヴは立候補し、「案の定」カースト間対立は激化した（2004年3月21日インタビュー）。

表7-6 ビハール州におけるマンダル暴動と1991年下院選挙各党得票率

選挙区	上位カースト	「その他後進諸階級」	会議派	ジャナター・ダル	インド人民党（BJP）
死者が出た選挙区（6）	13.2	51.2	40.0	49.4	5.5
負傷者が出た選挙区（30）	10.4	48.0	22.2	48.6	18.0
暴動が起こった選挙区平均（36）	10.9	48.6	25.3	48.6	15.8
暴動が起こらなかった選挙区（16）	7.8	45.2	19.4	43.8	23.4
ビハール州平均（52）	9.9	47.5	23.4	47.4	18.2

（出典）選挙管理委員会資料、ビハール州選挙管理委員会資料、Singh, H. D.［1998：60-88］、Bhatt, S. C.［2000］、The Hindustan Times（New Delhi）各日版より筆者作成。
（注1）まず選挙区に関して、「死者が出た選挙区」とは暴動によって死者が出た選挙区を指す。「負傷者が出た選挙区」とは、暴動が起こったものの死者は出ず、負傷者のみが出た選挙区を指す。これら二つを合わせて「暴動が起こった選挙区」とする。選挙区欄の括弧内は選挙区数を指す。1991年下院選挙においては、プルニア選挙区（「負傷者が出た選挙区」）とパトナー選挙区（「死者が出た選挙区」）で選挙が行われなかったためこの二つを除外し、全52選挙区で選挙が行われた。
（注2）「上位カースト」、「その他後進諸階級」欄の数値は人口比（％表示）、各政党欄の数値は、候補者を立てた選挙区における得票率平均値（％表示）を示す。

院選挙において会議派は1議席しか獲得できなかったが、勝利したベグサライ選挙区は反留保派と留保派の激しい対立が見られ、3名の犠牲者が出た選挙区であった。

「負傷者が出た選挙区」は、マンダル暴動は起こったものの死者までは出なかった選挙区を指す。マデプラ下院選挙区はこのカテゴリーに該当する。「死者が出た選挙区」ほどではないにせよ、会議派、ジャナター・ダル双方とも「暴動が起こらなかった選挙区」を上回る得票率を記録している。BJPも得票率を18.0％に伸ばしており、非ジャナター・ダル票は会議派とBJPに二分されている。二分されている点については、「暴動が起こらなかった選挙区」、そしてビハール州平均についても同様の傾向を指摘できる。

このように、暴動の程度と各党得票率の関係を検討する限りにおいては、マンダル暴動が激化するほど、留保派はジャナター・ダルに結集し、反留保派は会議派に結集した可能性が高いことがわかった。

それでは暴動の如何にかかわらず、マンダル委員会報告の実施は、受益者となる「その他後進諸階級」、そして受益者から排除される上位カーストの投票行動にどのような影響を与えただろうか。次に検討してみよう。

表7-7 「OBC」人口比と各党得票率（1989・91年下院選挙：ビハール州）

比率	会議派		ジャナター・ダル		インド人民党	
	89LS	91LS	89LS	91LS	89LS	91LS
20-39％	27.91	19.08	29.2	25.8	29.25	33.34
40-49％	27.66	23.7	43.39	49.71	27.41	17.76
50-59％	28.56	25.49	60.36	51.42	31.59	12.62
60％-	26.8	20.05	67.09	62.12	2.28	3.2
平均	28.12	23.44	50.58	46.32	28.2	18.21

（出典）選挙管理委員会各選挙資料、ビハール州選挙管理委員会資料より筆者作成。
（注1）「比率」は選挙区内における「その他後進諸階級」の比率を指す。「89LS」の項目は1989年下院選挙において、各党が候補者を立てた選挙区における得票率平均値（％表示）、「91LS」の項目は1991年下院選挙において、各党が候補者を立てた選挙区における得票率平均値（％表示）を示す。「その他後進諸階級」比率はビハール州選挙管理委員会資料に基づいている。ジャナター・ダルは1989年下院選挙・1991年下院選挙とも他党と議席調整を行ったが、1989年選挙ではBJPと行う一方で1991年選挙では行わないなど連合の組み替えが生じたため、ここではジャナター・ダル単独の得票率を示している。
（注2）それぞれのカテゴリーに属す選挙区数は、「20-39％」が下院13選挙区、州議会100選挙区、「40-49％」が下院13選挙区、州議会44選挙区、「50-59％」が下院26選挙区、州議会166選挙区、「60％-」が下院2選挙区、州議会14選挙区である。
（略）OBC：「その他後進諸階級（Other Backward Classes）」。

（3）「その他後進諸階級」の支持動向

　最初にマンダル委員会報告の受益者となる「その他後進諸階級（OBC）」の政党支持動向を、選挙区の人口比と各党得票率の比例関係により検証したい（表7-7）。まず、マンダル委員会報告の実施を宣言したジャナター・ダルだが、「その他後進諸階級」の人口比率の上昇とジャナター・ダルの得票率の上昇は比例関係に立つことがわかる。1989年下院選挙と同様に、「その他後進諸階級」はジャナター・ダルを支持する傾向にあったと指摘できるだろう。

　会議派は、「50-59％」までは比例関係に立つが、「60％以上」では落ち込んでいる。「60％以上」の2選挙区（サハルサ選挙区・マデプラ選挙区）を逸脱事例とする根拠も見あたらないので、比例関係の存在を指摘することは難しい。BJPについては、明確に反比例の関係に立っている。このことは、「その他後進諸階級」がBJPを支持する傾向になかったことを示している。

　このように、「その他後進諸階級」の人口比と各党得票率の比例関係からは、「その他後進諸階級」がマンダル委員会報告の実施を宣言したジャナター・ダルを支持する傾向にあったことが確認され、実施に消極的ないし否定的であった会議派、BJPを支持したという証拠を見出すことができなかった。むしろ

表7-8 上位カースト人口比と各党得票率（1989・91年下院選挙：ビハール州）

比率	会議派		ジャナター・ダル		インド人民党	
	89LS	91LS	89LS	91LS	89LS	91LS
0-9％	27.35	21.16	43.25	37.7	35.29	27.86
10-14％	31.6	28.12	55.48	53.7	15.24	13.08
15-19％	25.94	25.81	62.35	56.94	28.34	8.26
20％-	27.02	15.79	40.15	44.86	29.47	13.84
平均	28.12	23.44	50.58	47.41	28.2	18.21

(出典) 選挙管理委員会各選挙資料、Singh, H. D. [1998：60-88] より筆者作成。
(注1) 「比率」は選挙区内における上位カーストの比率を指す。「89LS」の項目は1989年下院選挙において、各党が候補者を立てた選挙区における得票率平均値（％表示）、「91LS」の項目は1991年下院選挙において、各党が候補者を立てた選挙区における得票率平均値（％表示）を示す。上位カースト比率はSingh, H. D. [1998] に基づいて計算した。各選挙区ごとに存在はするが数値が明示されていないカーストについては一律0％としたため、合計で全人口の10.04％となり、1931年センサスの値13.0％より低くなっている。しかし、ビハール州選挙管理委員会の定義する「一般（上位カースト）」よりは実体を正確に反映していると思われるので、採用した。なお、ジャナター・ダルは1989年下院選挙、1991年下院選挙とも議席調整（1989年選挙はCPI、CPM、BJP、91年選挙はCPI、CPM、JMM）を行ったが、表においてはジャナター・ダル単独の得票率を表記している。
(注2) それぞれのカテゴリーに属する選挙区数は、「0-9％」が下院22選挙区、州議会132選挙区、「10-14％」が下院14選挙区、州議会84選挙区、「15-19％」が下院11選挙区、州議会66選挙区、「20％-」が下院7選挙区、州議会42選挙区である。

BJPの場合は、離反する傾向にあったと指摘できる。

（4）上位カーストと各党

それではマンダル委員会報告の受益対象から外れ、実施にもっとも強く反撥した上位カースト人口比と各政党の得票率の比例関係はどのようなものだろうか（表7-8）。

表7-8を参照する限り、上位カースト比率の上昇と得票率が比例関係に立つ政党は存在しない。従って、上位カースト人口比と得票率の比例関係からは、上位カースト票がいずれかの党に収斂したのではなく、逆に割れたと推測できる。

（5）標本調査

1991年下院選挙に関しては、後進カーストのみであるが標本調査が存在する。上述の検討結果は標本調査によっても裏付けることができるだろうか（表7-9）。

表7-9　カースト集団の政党支持率（1991年下院選挙：ビハール州）

カースト	会議派	インド人民党	ジャナター・ダル連合
上位カースト	―	―	―
ヤーダヴ	8.2	4.1	87.8
クルミ・コエリ	28.0	40.0	28.0
他の後進カースト	31.6	26.3	31.6
下層後進カースト	28.6	20.2	36.9
後進カースト合計	―	―	―

（出典）　Kumar [1999：2477, Table 9]．
（注1）　調査は、発展途上社会研究センター（CSDS）の1996年全国選挙調査〔National Election Survey〕、1998年全国選挙調査〔National Election Survey〕として行われた。1991年下院選挙に関する調査がいずれの調査で行われたかについては言及されていない。1996年・1998年調査はパネル調査として行われ、ビハール州54下院選挙区から11下院選挙区、各下院選挙区から2州議会選挙区、合計で22州議会選挙区が抽出された。各州議会選挙区からは2投票所、合計で44投票所が抽出された。調査は対面調査方式で行われ、標本数は、1996年調査が880名、1998年調査が833名である。1998年調査においては、新たな有権者も付け加えられた。Kumar [1999：2480, Notes 2]、Nigam and Yadav [1999：2391-2392] 参照のこと。
（注2）　「―」はデータ不在。「ヤーダヴ（Yadav）」、「クルミ（Kurmi）」、「コエリ（Koeri）」は上層後進カースト（upper-backward caste）に分類されている。「他の後進カースト」については明記されていないが、バニア（Bania）を指すものと考えられる。
（注3）　数値は支持率を示す。例えば、会議派を支持したヤーダヴは、ヤーダヴ全体の8.2％を占めた。
（注4）　ジャナター・ダル連合に関し特に言及されていないが、現実にはジャナター・ダル（Janata Dal）、インド共産党（CPI）、インド共産党（マルキスト）（CPM）、ジャールカンド解放戦線（Jharkhand Mukti Morcha）、マルキスト・コーディネーション（Marxist Co-ordination）が連合を組んだ。

　まず、ビハール州における最大のカースト集団であるヤーダヴであるが、87.8％と実に9割近くがジャナター・ダル連合を支持していることがわかる。他の上層後進カーストであるクルミとコエリについては、逆にジャナター・ダル連合に対する支持は28％にとどまり、会議派に対する支持と同率になっている。彼らが最も支持したのはBJPであり、40.0％となっている。「他の後進カースト」は、会議派とジャナター・ダル連合に対する支持が31.6％と最も高く、BJP支持は26.3％にとどまっている。下層後進カーストについても、ヤーダヴほどの高い支持ではないが、最も多くの36.9％がジャナター・ダルを支持し、次に会議派が28.6％、最後にBJPが20.2％と続いている。割れているといった方が的確であろう。
　クルミ・コエリのみジャナター・ダル連合を最も支持する全体の傾向と反することになるが、両カーストが「その他後進諸階級」の中で占める人口比が

15％であることを考慮すると、総体としてみれば、標本調査においてもマンダル委員会報告の受益者である「その他後進諸階級」がジャナター・ダルを支持したと言えるだろう。

（6）　マンダル委員会報告・暴動と1991年下院選挙

以上、マンダル委員会報告の実施と、これに伴うマンダル暴動が1991年下院選挙に及ぼした影響について考察してきた。マンダル暴動の一つであるマデプラ暴動が起こったマデプラ下院選挙区においては、暴動、とりわけ「暴動への対処法」を契機として上位カーストと後進カーストの対立、とりわけラージプートとヤーダヴの対立が顕在化し、分極化した選挙結果に大きく反映されたと考えられる。

マデプラ下院選挙区を超えてビハール州全体で暴動が起こった選挙区と暴動が起こらなかった選挙区の各党得票率を比較すると、暴動の程度が激しくなるほど、会議派とジャナター・ダルに票が収斂することがわかった。マデプラ下院選挙区の分析から類推して、留保派がジャナター・ダルに集まり、反留保派が会議派に集まった結果であると考えることができる。この点は、選挙区人口比と各党得票率の比例関係と標本調査を検討することによっても、次のように確認できた。

マンダル委員会報告の受益者である「その他後進諸階級」は、ジャナター・ダルを支持する傾向にあることがわかった。とりわけヤーダヴがジャナター・ダルを支持する傾向にあった。上位カーストについては、票が分散した可能性がある。この点は、負傷者が出た選挙区と非暴動選挙区において、非ジャナター・ダル票が会議派とBJPにほぼ分割されていることからも推測できる。

さて、それでは冒頭の選挙報道に立ち戻ろう。選挙報道が指摘するように、後進カースト、とりわけヤーダヴは確かにジャナター・ダルを支持していた。同じ上層後進カーストに属するクルミとコエリはヤーダヴ支配に対する不満を漏らしているが、標本調査によれば、確かにこれらカーストの支持を最も多く集めたのはジャナター・ダルではなくBJPであった。マンダル委員会報告の実施に強く反撥した上位カーストの政党支持は分散したといえ、ジャナター・ダルに投じた証拠は見出せなかった。このように検討すると、選挙報道による

カースト集団の支持動向は、現地調査、比例関係分析、標本調査からもほぼ支えることができた。

それでは、宗教暴動はどのような影響をもたらしただろうか。次に検討しよう。

宗教暴動の影響

「会議派時代のバーガルプル暴動を忘れない」とムスリムが口を揃えるように、1,000人以上の犠牲者を出したバーガルプル暴動の記憶が生々しいビハールにおいては、アードヴァーニーの山車行進を断固として止め、その後に起こった宗教暴動の拡大を阻止したラルーは賞賛の対象だった。加えて、マンダル委員会報告はムスリムにも後進諸階級を認定し、留保の恩恵をヒンドゥーに限定していなかった[100]。ムスリムのジャナター・ダルに対する支持は固かったと推測できるが、標本調査の結果を示したものが上の表7-10である。

注記したように「上層ムスリム」と「下層ムスリム」それぞれの比率が明記されていないためムスリム全体の動向を把握することは難しい。まずジャナター・ダルに関しては「上層ムスリム」の6割以上、「下層ムスリム」の5割弱が支持していることがわかる。これに次ぐのが会議派であり、「上層ムスリム」、「下層ムスリム」とも30％台の支持を与えている。BJPについてはデータ不在とされているが、全体から引算すると「上層ムスリム」は多くても5.6％、「下層ムスリム」も多くても13.1％が支持しているに過ぎない。

会議派が意外と支持を集めているのが目を惹くが、まず1989年下院選挙の標本調査データがないために比較が難しいことを前提とした上で、例えばラジーヴのバーガルプル訪問に見られるような信頼回復策が功を奏したと言えるのか、それとも、下野したことにより暴動の責任を直接問われる事態を回避できたからか、あるいはラジーヴ暗殺への同情票が高まったのか検討する必要がある。ただし、データの入手に限界があるため、いずれの要因が作用したのか決めるのは難しい。

---

100) *FL*, 1991/4/13-26, p. 21, *FL*, 1991/5/11-24, p. 34, *FL*, 1991/5/25-6/7, p. 38, Bharti [1991c : 1896] 参照のこと。

表7-10　ビハールにおけるムスリムの支持動向（1991年下院選挙）

コミュニティー	会議派	インド人民党	ジャナター・ダル連合
上層ムスリム	33.3	—	61.1
下層ムスリム	39.1	—	47.8

（出典）Kumar［1999：2477, Table 9］.
（注1）調査の詳細については、表6-14の注1を参照のこと。
（注2）「—」はデータ不在。「上層ムスリム」と「下層ムスリム」の区分については何ら言及されていない。
（注3）「ジャナター・ダル連合」に関し本文中には特段の言及はないが、現実にはジャナター・ダル（Janata Dal）、インド共産党（CPI）、インド共産党（マルキスト）（CPM）、ジャールカンド解放戦線（Jharkhand Mukti Morcha）、マルキスト・コーディネーション（Marxist Co-ordination）が連合を組んだ。

マンダル暴動と宗教暴動

　これまでの検討結果を最後にまとめておきたい。まず、マンダル委員会報告とこれに関連するマンダル暴動の影響であるが、マンダル委員会報告の受益者となる「その他後進諸階級」がジャナター・ダルを支持する傾向にあったことがわかった。これに対し、マンダル委員会報告に強く反撥した上位カーストについては、票が分散したと考えられる。ただし、マンダル暴動に関しては、暴動の程度が激しくなるほど有権者が分極化したと考えられ、マデプラ下院選挙区の事例を類推適用すると、反留保派が会議派を支持し、留保派がジャナター・ダルを支持する傾向にあったと解釈することができる。

　マンダル委員会報告の実施に伴い宗教動員モデルが破綻する危機に直面したBJPは、これまでの体裁を投げ打ってアヨーディヤ動員に直接乗り出した。アヨーディヤ動員とこれに伴う宗教暴動も、有権者の投票行動に影響を与えたと考えられる。まず、マンダル暴動とは対照的に、ラルー政権は迅速な対処により宗教暴動を封じ込めることに成功した。このことは、1989年下院選挙において会議派から離反し、ジャナター・ダルを支持したムスリムをつなぎ止める効果を持ったと考えられる。

　1991年下院選挙の結果として、会議派は過半数を獲得できなかったものの1989年下院選挙より議席を上積みし、再び中央で政権を担うこととなった。V.P. シン国民戦線政権を崩壊に追い込んだカースト・宗教アイデンティティの争点化、すなわち公務員職留保問題、アヨーディヤ問題は、会議派政権下において新たな展開を迎える。ラルー政権はこれらの機会を逃さず、積極的に活用

していくことにより支持基盤を固めてゆく。

第5節　ラルー政権による支持基盤の構築

留保問題の新たな展開

(1)　マンダル委員会報告の実施

　1990年10月に現状維持命令を出して以降、マンダル委員会報告に関する審理を行ってきた最高裁は、1992年11月16日に判決を出す。四つの重要な留保を付したものの、原則としてマンダル委員会報告を合憲とする内容であった。この判決によって、後進カーストに対する中央政府公務員職留保制度は、現実のものとなった［中溝　2008：406］。

　最高裁判決を受けて再び反留保運動が開始されたが、1990年と比較して全く勢いに欠けていた[101]。運動が勢いに欠けた重要な要因の一つとして、政党の態度の変化をあげることができる。1990年運動の際には、会議派、BJPは公にはマンダル委員会報告に賛成しつつも、裏では反留保運動を盛り上げるために組織的な支援を行っていた。しかし、今回は会議派もBJPも、反留保運動に組織的な支援を行わなかった。会議派は、判決に対し歓迎の意向を示したが、1991年9月25日に政令で行った上位カースト貧困層に対する留保政策が違憲と判断されたため、判決直後に行った執行委員会で、ラオ首相に憲法改正の発議を委ねる決定を行った。BJPは、緊迫するアヨーディヤ問題に関心を取られてか、判決にはほとんど関心を示さなかった。傘下の学生組織である全インド学生会議（ABVP）は、判決を歓迎する旨発表し、暴力行為を自重するように呼びかけた[102]。

　盛り上がらない運動を尻目に、ラオ会議派政権は実施へ向けて着々と手続きを踏んでいった。最終的にラオ政権は、1993年9月9日にマンダル委員会報告を実施に移す決定を行い、後進カーストに対する公務員職留保制度は独立以来ようやく陽の目を見ることになった[103]。

---

[101]　詳細については、中溝［2008：406-407］で検討した。
[102]　*IT*, 1992/12/15, p. 52, *FL*, 1992/12/18, p. 20, *FL*, 1992/12/18, p. 22参照。
[103]　詳細については、中溝［2008：406-408］を参照のこと。

表7-11 ビハール州政府公務員制度の改変（カルプーリ方式とラルー方式）

カースト	カルプーリ方式	ラルー方式	「L − K」
後進諸階級	8	10	+2
最後進諸階級	12	14	+2
指定カースト	14	14	±0
指定部族	10	10	±0
女 性	3	2(SC/STの女性限定)	−1
経済的後進諸階級	3	0	−3

（出典）「カルプーリ方式」についてはJaffrelot [2003：316]，「ラルー方式」については，*Sunday*, 1993/3/7-13, pp. 61-62から筆者作成。
（注）　数値は％表示。「L − K」は，「ラルー方式」の値から「カルプーリ方式」の値を引算した値を示す。
（略号）　SC：Scheduled Caste（指定カースト）、ST：Scheduled Tribe（指定部族）。

（2）　ラルー方式の策定

ラルーにとって合憲判決自体は歓迎すべきものであったが、後進カースト富裕層が留保の対象から外されたことは、これらの層がラルーの主要な支持基盤であるヤーダヴと重なる可能性が大きかったために、深刻な問題となった。ラルーは「富裕層」が正式に認定される前に留保枠の穴埋めを急ぎ、判決が出されると同時に大学の総長を招集して、早急に留保枠を補填するよう要請した[104]。

1993年2月17日には、全国に先駆けて最高裁判決を州公務員制度に適用し、カルプーリ・タークル政権時代に策定された留保制度を改変した（表7-11）。

カルプーリ方式では経済的後進諸階級に対して3％、女性に対して3％の留保枠が設定され、これらが上位カーストに適用されることによって、上位カーストの反撥を和らげる効果を持っていた。しかし、ラルー方式では、違憲との判断からこれらの留保を撤廃した。撤廃により、留保制度から上位カーストを完全に排除し、後進カースト・指定カースト・指定部族のみを留保の対象とした。

改変は、最高裁判決によって指示された後進カースト「富裕層」の認定作業以前に行われたため、ジャガナート・ミシュラ前州首相など会議派指導部は「最高裁の精査を待つべきだ」と批判したが、ラルーは受け入れなかった[105]。

---

104)　*IT*, 1992/12/15, p. 52参照。
105)　*Sunday*, 1993/3/7-13, pp. 61-62参照。

こうして、自らの権限の及ぶ範囲で後進カーストに有利な制度を整えていった。

このように、政権党としての権力を存分に活用し、留保制度を改変することによって、ラルーは後進カーストの支持基盤を固めていった。それでは、これら公務員職留保制度の実施が、有権者の大多数が生活する農村にどのような影響をもたらし、ラルー政権が支持を獲得することにつながったのか、具体的に検討してみよう。

（3） 公務員職留保制度と農村社会

マンダル委員会報告の実施宣言は、なぜあれほど大規模な反対運動・暴動、そして反留保派と留保派の暴力的対立を生み出したのか。雇用吸収能力という観点からは、公務員職それ自体は、さほど魅力のある職種ではない。膨大なインドの労働人口に比して、公務員職が提供するポストはわずかだからである。加えて識字率の低いインドにおいては、とりわけ農村部には公務員職とは縁もゆかりもない人々が多数居住している。しかし、ラルーが公務員職留保制度の実現に熱心に取り組んだことからわかるように、公務員職留保問題は農村社会を変える力を持っていた。

最初に経済的側面に関して検討したい。鍵となるのは、インドのような低開発国において、とりわけ経済成長・経済生活にとって国家の果たす役割が相対的に大きいという事実である。この点は多くの論者が指摘しており［Frankel 2005, Kohli 1992, Chhibber 1999, Chandra 2004］、近年ではチャンドラがパトロネージ・デモクラシー（Patronage-Democracy）という概念を用いてインドの事例を説明しようと試みている[106]。

それでは、国家とは何か。農村に着目すると、農民にとって一番身近に接する国家機構とは、まず郡に設置されている郡開発庁（Block Development Office）であり、税務署、警察署である。その上に位置するのが県庁（District Magistrate Office）であり、日常的に接する国家機構はまず県庁レベルまでと

---

[106] Chandra［2004：6-7］参照。彼女の定義に従えば、パトロネージ・デモクラシーとは、「国家が職やサービスへのアクセスを独占し、かつ選挙で選ばれた政治家が、国家が任命権を持つ職やサービスを割り振る法の実施に決定権を持っている民主主義」を指し、インドはこの一例となる。インドがこの定義に合致するか否かは争いのある点だと思うが、国家が職やサービスにとって重要な役割を果たしていることは事実だろう。

言ってよい。そこで郡開発庁や県庁に誰が座っているか、彼らが誰から命令を受けるか、ということが、役所に出かけた際に重要な問題となる。あるヤーダヴの村人によると、ラルー政権の成立は役所の対応に劇的な変化をもたらした。

　会議派時代、役人は上位カーストばかりで、われわれが陳情に行くと、「出て行け」と追い出したものだ。われわれを全くバカにしていた。ところがラルーが政権を取ると、彼らの態度が変わった。ラルー政権になってから、役人に躊躇しないで話せるようになり、県長官にも直接会えるようになった。役人が陳情を解決しないときは、「なぜしないのか」と言えるようになった。会議派時代にはおよそ考えられなかったことである。彼らもわれわれがラルーの支持者ということで、椅子を勧めるようになった[107]。

　当然のことながら、役所の対応の変化には、陳情案件や対応する役人の個性の違いなど、他の要素も考慮に入れなければならない。しかし、ここにおいては、少なくとも村人の認識の上では、政府の交代と役所の対応の変化が直接結びつけられていることが注目に値する。
　政治権力の構成の変化が役所の対応の変化を生む、と考えられるのであれば、役所に座っている人の変化も同様に重要な意味を持つだろう。公務員職留保制度の導入によって「上位カーストばかり」の役所が変わり、「われわれの仲間」が役所の椅子に座り始めるようになると、後進カーストの村人は「われわれの政府」が実現したという実感を強めると考えられる。次に検討する、自らのカースト出身者が社会的地位の高い職業に就いているという尊厳の感覚もさることながら、緑の革命の導入に伴う新品種種子の供与や農業ローンの貸与などの経済的な便益も、上位カースト官僚よりも「われわれの仲間」の方が話を聞いてくれそうである[108]。
　公務員職留保問題が、公務員試験と直接縁のない人にとっても大きな関心事

---

107) シュリ・ニワス・シン氏（ヤーダヴ農民）へのインタビュー（2003年9月17日：ビハール州ボージュプル県ベラウール村）。
108) あるヤーダヴ知識人は、「私はこういう汚い問題には触れたくないが」と断りを入れた上で、上位カースト役人が上位カーストに便宜を図ったことは事実であり、後進カースト役人が後進カーストに便益を図ることもある程度はあるだろう、と述べた（2004年2月前掲インタビュー）。

となった理由の一つは、ここにある。経済生活に国家が大きな影響を及ぼすのであれば、議会であれ官僚機構であれ、誰が権力を握るかということは当然大きな関心事となる。公務員職留保問題が、単なる就職問題以上の広がりを持ち、後進カースト動員の梃子として機能したことはこの文脈で理解できる。

次に社会的側面に関して検討したい。重要なのは、尊厳の意識である。ラルーによると、上位カーストの態度は次のようなものだった[109]。

> 上位カーストの心の中には、封建的心性（feudalism）がある。彼らは、自分たちはえらい人間だ、と思っている。これは間違っている。彼らは、「おまえは後進カーストだ、指定カーストだ、ムスリムだ」と言って、後進カーストの耳をつかんで殴っていた。……人々は、私が上位カーストに反対して叩いていると誤解しているが、そうではない。私は、彼らの封建的心性を変えたいだけである。

そして後進カースト・指定カーストに尊厳の意識を与えることに、ラルーは実際成功した。シャヤマル・キショール・ヤーダヴ元教授は、ラルー政権は開発には失敗したと留保を付した上で、次のように述べている[110]。

> 大衆が尊厳を取り戻すことについて、ラルーは成功した。例えば、会議派時代には、大学教育の場は、教師・学生など皆、上位カーストにより独占されていた。そして、後進カースト、指定カースト、指定部族は自分の姓を名乗ることができなかった。上位カーストの教師から志気を挫かれるからである。しかし、ラルー政権になって、ヤーダヴやパスワン（指定カーストであるドゥサド［Dusad］の姓：筆者註）など、堂々と姓を名乗ることができるようになった。
> 　いまは、人々は自分のコミュニティーに誇りを持っている。この変化はラルーが政権を握ってから、起こったものである。B. P. マンダルも州首相になったが、大衆レベルで変化を引き起こすことに成功したのは、ラルーである。それ

---

109) 前掲ラルー・インタビュー（2004年3月12日）。
110) 前掲シャヤマル・キショール・ヤーダヴ元教授に対するインタビュー（2004年2月5日）。

ゆえ、ビハールは低開発のままだが、人々はラルーを支持している。

この点を、上位カーストの大地主に問うと、次のようになる。

> ラルーが全ての人に尊厳を与えたなんて、全くの嘘だ。考えてみろ。例えば大学で、先生と生徒がいる。ある日突然、生徒が「自分が先生だ」と言い始めたらどうなるか。ラルーは、ダリットに尊厳を与えたと言っているが、作ったのは混乱だけである。ダリットと他のコミュニティーの間に混乱を作り出した。そしてこの混乱によってこそ、彼は権力を固めたのである。
> (「混乱」というのは、具体的にどういうことですか？：筆者質問) 混乱というのは、上位カーストは後進カーストより優れていると考え、後進カーストは上位カーストから独立していると考えていることだ。つまり自分のことを「小さなカースト」(後進カースト・指定カーストのことを指す：筆者註)だと思わない。それゆえ、後進カーストが上位カーストの言うことを聞かない。このような緊張が、ラルーが政権を取ってから作り出された[111]。

ラルーが、後進カースト・指定カーストなどの低カーストに尊厳を与えることに成功したことは、上位カースト大地主の苛立ちからも看取することができる。後進カーストのみならず、指定カーストもラルーを当初支持したことについては、指定カーストを主要な支持基盤とするインド共産党（マルクス・レーニン主義）解放派の幹部も認めた[112]。それでは、なぜこのような尊厳の意識を後進カーストを中心とする低カーストが獲得することに成功しただろうか。

鍵となるのが、公務員職留保制度の実現であった。上位カーストによる社会的支配は、農地所有に代表される経済力と並んで政治権力によって支えられて

---

[111] ビハール州サハルサ県ダボリ村在住のラージプート大地主に対するグループ・インタビュー（2004年4月25日）。「ダリット」とは、「虐げられた人」を意味し、通常は指定カーストを指して用いられるが、インタビューにおいては後進カースト全体を含めた低カーストを指す意味で用いられていた。

[112] インド共産党（マルクス—レーニン主義）解放派幹部プラディープ・ジャ氏（Mr. Pradeep Jha, Central Working Class Department）は、「われわれも、このラルー現象で支持基盤を持っていかれたが、彼の嘘がわかると貧困層はわれわれのところに戻ってきた」と述べた（2002年10月24日インタビュー）。同様の点を指摘した研究として、Gupta [2001 : 2744] 参照。

いた。第4章で検討したように、後進カーストは緑の革命の機会を捉えて経済力を上昇させつつあった。さらに、政治的にも後進カーストが台頭して立法府の寡占が崩れ、加えて公務員職留保制度の導入により行政府の寡占までもが崩れれば、農村社会における上位カースト地主の社会的権力が大きく揺らぐことになる。ラルーがマンダル委員会報告を熱烈に支持したのも、そして上位カーストが暴動を起こして強く反撥したのも、この点を明確に認識していたからこそであった。そして、上位カーストの懸念通り、ラルー政権の下で農村の社会関係は大きく変わることになった。あるヤーダヴ農民の証言を次に引用しよう[113]。

　　会議派時代には、上位カースト地主は貧しい人に酷く当たっていた。例えば、自分の所で働くように言って賃金を払わない。そこで抵抗すると殴る。地主の前で座ることも許されなかった。それが、ラルーがやって来て全てが変わった。ラルーがやって来て、みんな幸せになった。会議派時代は上位カーストが警察を使って冤罪をでっち上げて嫌がらせをし、後進カーストの中に優秀な子供がいると、役人にならないように勉強の邪魔をした。今は警察はラルーが握っているから、貧しい人に嫌がらせをすることはできない。

　この証言からは、ラルー政権支持者の発言であることを割り引いても、農村社会の変化を的確に把握することができる。「会議派時代は上位カースト地主の前で座ることが許されなかったが、ラルー政権になって座ることができるようになった」という椅子問題は、この村に限らず他の村でも多くの後進カースト、とりわけヤーダヴ農民が語る話であり、社会的変化の象徴的な役割を担っている[114]。「勉強の邪魔」からは、役人の持つ影響力の大きさ、すなわち公務員職留保問題が農村社会に持つ影響の大きさを推測することができ、「冤罪」からは政治権力を掌握する重要性を村人が認識していることが窺える。

113）　ビハール州ボージュプル県ベラウール村におけるヤーダヴ・カースト農民に対するインタビュー（2003年2月5日）。
114）　例えば、ボージュプル県から400kmほど離れたマデプラ県でも同様の話を聞くことができた。ビハール州マデプラ県ムルホ村におけるヌヌラール・ヤーダヴ氏（ヤーダヴ農民）に対するインタビュー（2004年4月14日）。

このように、政治権力の構成の変化、すなわち立法府の構成に変化に引き続く行政府の構成の変化は、農村社会を大きく変えることになった。社会の変化は政党と社会の関係も組み替える。「言うことを聞かなくなった」後進カースト農民は、ラルー政権を支持するようになり、「混乱を作り出した」と立腹する上位カースト地主は、反ラルー勢力に結集するようになった。この点は、あらためて検討することとしたい。
　それでは次にラルー政権のもう一つの重要な支持基盤であるムスリム票を固める過程について、検討してみよう。

シーターマリー暴動
　サング・パリワールは、国民戦線政権が崩壊し会議派が権力を奪還してもなお、アヨーディヤ運動を過熱させていた。VHPはアヨーディヤにおけるラーム寺院の建設開始日を1992年12月6日と設定し、宗教間緊張が再び高まりつつあった。その最中に起こったのが、1992年10月に発生したシーターマリー暴動であった。1990年から2005年まで足かけ15年に及んだラルー政権下において、約50名という最悪の犠牲者を生み出したことから、セキュラリズムの擁護を社会正義の実現とともに掲げたラルー政権にとって最大の試練であったと言える。ラルー政権は、暴動にどのように対処したか。「暴動への対処法」を会議派政権と比較することにより、ラルー政権がムスリムの支持を固めていく過程を解き明かしたい。

（1）　ラジョパティの衝突
　暴動は、ラーム王子の妻であるシーター妃が誕生したと言い伝えられ、これまでも宗教暴動を経験したことのあるシーターマリー（Sitamarhi）で起こった。1992年10月2日はヒンドゥーの重要な祭りであるドゥルガー・プージャーの6日目にあたったが、この日はリンゴを木からもぎ取って、女神ドゥルガーに捧げる儀式が行われる日であった。ラジョパティ（Rajopatti）の住人は、毎年ラジョパティ寺の近くにあるリンゴの木からリンゴをもぎ取っていたが、この年はリンゴの木が切り倒されていたため、ヴィシュワ・カルマ寺のリンゴの木からリンゴを持ってくる案が出された。ただ、ヴィシュワ・カルマ寺に行く

ためには、ラジョパティ・マスジットの前を通過しなければならない。年寄りが起こりうる事態の可能性について検討しているときに、若者グループの一つは、武器を振り回しながらヴィシュワ・カルマ寺に向かってしまった。ラジョパティ・マスジットにさしかかったときに、ムスリムの若者が彼らを制止し、お互い石を投げ合う衝突に発展してしまう[115]。

そこに県警察長官が通りがかった。警察一行は小競り合いを見つけて、両者を引き離した。ヴィシュワ・カルマ寺に行けなかったヒンドゥーの若者は、結局近くのリンゴの木からリンゴを取って、儀式を執り行った。暴動の危険性を察知した県長官と県警察長官は、当日2日の夜にラジョパティ寺に向かい人々に解散を命じたが従わなかったため、棍棒で人々を追い払い14名のヒンドゥーを逮捕した。ムスリムも3名逮捕された。

翌日にラジョパティ選挙区選出でジャナター・ダル所属の州議会議員シャヒード・アリー・カーン（Shahid Ali Khan）がヒンドゥー寺院とモスクの両方を訪れ、両コミュニティーの指導者を自宅に招き、昨日のような衝突を繰り返さない合意をまとめ上げた。これで一件落着となるはずであったが、ヒンドゥーの側には、警察に棍棒で殴られたことに対する不満がくすぶり、逮捕者もヒンドゥーの方が多かったことから、不公平な取り扱いを受けたという認識が広まった。「ムスリムからも多くの者が逮捕されたが、政治的圧力によって釈放された」という噂も流布された。

（2） ドゥルガー・プージャーのフィナーレ

警察がムスリムに甘く、ヒンドゥーに不当に厳しいという認識は、シーターマリーのドゥルガー・プージャーの組織者達の態度を硬化させた。そして祭りの最後となる10月6日がやって来る。この日はドゥルガーの像を川に投げ入れる儀式が行われる日で、川に行くまでに許可されたルートで行進が行われることになっていた。次の事件は、ここで起こった。

例年であれば、ドゥルガーの像は、シーターマリー市場とメーソール・チ

---

[115] People's Union For Civil Liberties, *Sitamarhi Riots : The Truth*, Patna, November 1992（以下『シーターマリー暴動PUCL報告』）p.3参照。以下の事件の経緯は、特に言及しない限り『シーターマリー暴動PUCL報告』に従っている。

ョーク（Mehsaul Chowk）（交差点）を結ぶ途中にある橋からラカーンデイ（Lakhandei）川に投げられるのが慣例であった。ところが、6日の夕方に続々と集まってきた行進は、メーソール・チョークに集結したあと橋に向かわず、2日に衝突が起こったラジョパティに行くと主張して譲らなかった。もちろん、無許可のルートであり、過去にも通過したことのないルートであった。

メーソール・チョークに配属されていた警官や県庁の役人は、ルートの変更を許さなかった。警察とヒンドゥー教徒のにらみ合いは続き、次第に緊張が高まっていく。これに加えて、ムスリム多住地域であるメーソールからもムスリムが集まり始め、否応なしに緊張は高まっていった。

衝突はここから始まるが、宗教暴動の常として、実際に起こったことを確定することは非常に難しい。『シーターマリー暴動PUCL報告』も、この点に関しては複数の証言を揚げて慎重に検証している。それぞれの証言を検討すると、少なくとも次のことがわかった[116]。第一に、警察が棍棒を振り回したこと、第二に、どちらが先に仕掛けたかわからないが、ヒンドゥーとムスリムの間で衝突が起こったこと、第三に、誰によって壊されたかわからないが、ドゥルガーの像が壊されたこと、最後に、政府の対応は遅れたが、最後に警察が発砲したこと、である。6日の晩は小競り合いで収まったが、暴動は7日の朝が明けてから始まる。

（3）暴動の始まりと収束

朝が明けると、シーターマリーの街の人々は、壊されたドゥルガーの像を警察が川に投げ入れている現場に遭遇した。壊されたドゥルガーの像は、なぜか1体だけ残されており、「ムスリムが我々の女神に何をしたか」を示すためにシーターマリーの街中を引き回された。怒りを刺激されたヒンドゥーの一群は、マスジッド、ムスリム所有の商店・家屋の焼き討ちを始める。焼き討ちの過程で2、3人のムスリムが殺され、暴動は拡大していった。

会議派所属の元州議会議員であるカーリル・アンサーリー（Khalil Ansari）によれば、7日の朝、牛乳屋が街からやってきて、こう叫んだ[117]。「たくさん

---

116) 詳細については、中溝［2008：417］で検討した。

のヒンドゥーが殺された。ヒンドゥーの死体が、トラック一杯に積まれているのを見た。死者はまだまだいる。ラカーンデイ川は鮮血で赤く染まっている。県警長官は、ムスリムを殺すために 4 時間は何をしてもいいと宣言した！」。11 時頃、ヒンドゥーの大群衆が村にやってきた。しかし、自分の村ではヒンドゥーもムスリムも、彼らに対して断固として対峙したため、彼らは去っていった。

　群衆は大きなスピーカーをもって「県警長官が、ムスリムを殺すために 4 時間くれた！」と喧伝しながら、12 時頃には次の村であるイズラヒアに到着した。ここでも村のヒンドゥーがムスリムを守ったために、多くの者が難を逃れたが、田んぼに逃げた三人の女性が群衆に見つかり殺された。こういった光景が、各所で繰り返された。

　暴動を聞きつけたラルーは直ちにシーターマリーに駆け、外出禁止令を命じる。ラジーヴのように儀礼的に現場を視察するのではなく、自らが陣頭指揮を執り、鎮圧に真剣に取り組まない警官を殴りつけた［Wilkinson 2004：202］。こうした断固とした対応により、暴動はいったん収束した。

　しかし、翌朝、暴動は再び勃発する。夜が明けた 8 日に、ミル・チョーク（Mill Chowk）の仕立屋であったアジームは、ヒンドゥーの行進が通り過ぎたあと、店先に置いてあった仕事道具のミシンが壊されているのを発見する。怒ったアジームは、交差点に出かけていき、ヒンドゥーに対する罵詈雑言を思いつく限り叫び続けた。ヒンドゥーやムスリムの隣人も、挑発的な行動をやめさせるために、「ミシン代を弁償するから挑発をやめろ」と彼の説得を試みたが、一向にやめなかった。ついに、彼の挑発に乗ったヒンドゥーの一群が現われ、ムスリムに対する略奪・殺害を始めた。

　アジーム自身は警察に保護されたため難を逃れたものの、一群はイムリ・バザール、リガ・ゲートへと移動していった。ヒンドゥーの多くはムスリムをかくまったため、犠牲者の数はさほど増えなかったが、5 名が殺害された。同様の光景がマジハウラーなど各所で繰り広げられた。昼から始まった暴動は、

---

117)　『シーターマリー暴動PUCL報告』p. 9. 報告書には明記されていないが、「牛乳屋」との記述から、これはヤーダヴを指すと考える。後述のようにシーターマリー暴動はヤーダヴが攻撃の主体となった暴動であった。

夜に鎮圧されるまで続いた。

　暴動は、ラルーが徹底して鎮圧したためにここで終わる。暴動の主体となったヤーダヴを鎮めるために、土地のヤーダヴの指導者に「おまえ達はヤーダヴの政府が必要か？　必要なら、暴動をやめろ！」と命じた[118]。同じくヤーダヴが暴動の主体であったマンダル暴動への曖昧な対処とは、対照的である。結局、暴動は2日間で収束し、犠牲者は約50名であった。『シーターマリー暴動PUCL報告』は暴動の拡大を防ぐために、政府はもっと有効な手だてを取れたはずだと、とりわけ県庁、警察を厳しく批判しているが、同時にムスリムがラルーに感謝している様子も伝えている。『インディア・トゥデイ』誌は、暴動によって家が焼かれ、兄弟が殺されたムスリムの回想を次のように紹介している。「夜中に家が燃えさかっている時でも、ラルーは場を離れなかった。燃えさかる家の前に立ちつくし、遺体に手を置いてくれた」[119]。

　こうして、「ラルーのおかげで暴動が早く終結し、命が助かった」という認識が、ムスリムの間に広がったと言える。暴動後の救援物資も、ラルーの指示によって速やかに犠牲者の元に届けられ、役所の対応も満足のいくものだった。

（4）暴動への対処法——バーガルプル暴動との相違

　以上がシーターマリー暴動の概要である。2005年まで続いたラルー政権下で最大の犠牲者を出した暴動であるが、先に検討したバーガルプル暴動と比較すると、政府と暴徒との関わりにおいていくつか興味深い対照を見いだすことができる。

　第一に、ヒンドゥーの政府に対する認識である。バーガルプル暴動の際は、「県警長官はヒンドゥー寄りである」と、ヒンドゥーにも、ムスリムにも認識され、ヒンドゥーが起こす暴動について、「政府は暗黙に認めている」という了解があった。暴動が発生して警察が最初に行ったことはムスリムに対する発砲であり、宗教指導者を含むムスリムの一斉検挙であった。対照的にヒンドゥーの逮捕者はいなかった。特にラジーヴ・ガンディー首相が訪問して県警長官の更迭を撤回したことは、「首相がムスリムの殺害を許可した」という認識を

---

[118]　エンジニア博士（Dr. Asgar Ali Engineer）へのインタビュー（2004年9月2日）。
[119]　*IT*, 1995/4/30, p. 32参照。

広め、暴動のさらなる拡大を招いた。

　これに対して、シーターマリー暴動ではヒンドゥーとムスリムの立場が逆転している。10月2日にラジョパティで起こった衝突で逮捕されたのはヒンドゥー教徒の方が多く、このことがヒンドゥーの間に「政府はムスリム寄りだ」という認識を生み、暴動の原因になったことは『PUCL報告』も指摘している。10月6日の衝突についても、最初に問題となったのはヒンドゥーと警察の対峙であって、ヒンドゥーとムスリムという宗教コミュニティー同士の対立ではない。このように「政府がムスリム寄りだ」という認識は、ヒンドゥー逮捕者が多かったという事実に加えて、アードヴァーニー逮捕に象徴されるラルー政権の宗教政策が大きく影響していると考えられる。

　第二に、政治家の役割である。バーガルプル暴動では、地元選出の国会議員であるバグワット・ジャ・アーザードの暴動への関与が広く信じられており、かつ、前述のようにラジーヴ・ガンディーの訪問は、暴動を阻止するどころか、さらなる拡大を招いた。1,000人を超す未曾有の犠牲の責任は、会議派にあると考えられた。

　これに対して、シーターマリー暴動では、『PUCL報告』によれば政治家の関与は認められない。地元選出の州議会議員でジャナター・ダル所属のカーンは、10月2日に起こったラジョパティの衝突後、両コミュニティーの融和を図ろうと努力し、10月6日のドゥルガー・プージャーの行進の際も、ラジョパティ寺からメーソール・チョークまで付き添って衝突を防ごうとした。ドゥルガ・プージャーに関しても様々な多くの寄進をしており、ヒンドゥーからも彼がムスリム寄りだったという批判は出ていない［『シーターマリー暴動PUCL報告』:20-21］。他の政治家についても、同様である。

　しかし、何よりも異なるのは、トップの役割であろう。ラジーヴ・ガンディーが警察の脅しに屈し、県警長官の更迭を撤回したのに対し、ラルーは警官を殴りつけ、陣頭指揮を執った。このようにして暴動の拡大を最小限に押さえ込んだ。両者に対するムスリムの認識に、その違いがよく現われている。バーガルプル暴動の後、ムスリムは、ラジーヴ・会議派を見限ったのに対し、ラルーについては「命を救ってくれた」と感謝している。ラルーが政権掌握以降、宗教暴動を止めるために断固とした態度を取り続けてきた実績があるからである

が、シーターマリー暴動に関する彼の対処は、さらに評価を高めたと言える。

シーターマリー暴動の2ヵ月後に起こったアヨーディヤ暴動でも、全国に暴動が拡大するなかで、ビハールではラルーが暴動を押さえ込むことに成功したことにより、ムスリムのラルーに対する評価は確固としたものになった。これは、ラルーがアヨーディヤ暴動直後の1993年1月に開催した「宗教融和・社会正義・国民再生」集会の成功で確認することができる。ラルーがBJPを厳しく糾弾した集会は成功に終わり、「セキュラリズムの擁護者」としての評価を高めていった[120]。

以上、1991年下院選挙以降の展開を、マンダル委員会報告と宗教暴動の二点に着目して検討してきた。1990年州議会選挙では過半数を獲得することができず、少数派政権として出発したラルー政権が権力基盤を固めたのが1995年州議会選挙である。与党ジャナター・ダルは単独で過半数を獲得し、2005年まで続くラルー政権の基盤を作った選挙となった。それでは、上述の公務員職留保問題を巡る政策と宗教暴動への対処は、1995年選挙にどのような影響を生み出しただろうか。

第6節　後進カースト支配の成立

ジャナター・ダルの勝利

1990年州議会選挙で第一党の地位を確保しつつも過半数には至らなかったジャナター・ダルが、単独で過半数を確保することに成功したのが1995年州議会選挙であった。ジャナター・ダルは前回より45議席上積みして167議席を獲得し、単独で過半数（162議席）を上回った。連立相手の両共産党も32議席を獲得し、同じく連立相手のJMM（M）3議席、マルキスト・コーディネーションの2議席を合計すると204議席となり、野党を圧倒した。成立当初は短命政権と予想されたラルー政権が、2005年まで存続する基盤を築いた節目となった選挙だったと評価できる（表2-7）。

---

[120] *IT*, 1993/2/15, pp. 20-21参照。

対する会議派は42議席減らして29議席に転落した。会議派にとっても、1995年選挙は政治勢力としての会議派への期待が潰える契機となった選挙であった。以後、現在に至るまで会議派は議席を減らし続けている。BJPは2議席ではあるが議席を伸ばした。後述するサマタ党は初の選挙で7議席と惨敗に終わるが、この失敗を糧にBJPと協力関係を結ぶ方向に転じる。その結果、1997年のジャナター・ダル分裂によって生まれたジャナター・ダル反ラルー派を加えて、2005年10-11月の州議会選挙でラルー政権を打倒することに成功した。このように、現在の勢力配置の原型が作られたのが1995年州議会選挙であった。

サマタ党の結成

ラルー政権は、公務員職留保問題を梃子に後進カーストの動員を図る一方で、自らの出身カーストであるヤーダヴを次第に優遇するようになった。これに対して反撥を強めていったのが、同じ上層後進カーストに属し、ヤーダヴと長年にわたりライバル関係にあったクルミ・カーストである。クルミの不満は新党サマタ（Samata：「平等」の意）党の結成に連なり、1995年州議会選挙において「ヤーダヴ支配」の是非を争点とすることに貢献した。そのため、最初にサマタ党結党の経緯を振り返っておきたい。

クルミのヤーダヴに対する不満が最初に大きな政治運動として現われたのが、クルミ出身の学生が結成したパテール学生連盟であった。パテール学生連盟は、ラルー政権が留保枠からクルミを排除しようと試みているという懸念に基づいて、1993年12月16日にデモ行進を行う。「州首相（ラルー：筆者註）は我々の背中を刺した」、「クルミはマンダル委員会報告の実施を先頭に立って要求したのに、ラルー政権はクルミから留保制度の恩恵を奪おうとしている」とラルー政権を強く非難した。その上で1994年2月に大規模な集会を開催することとし、クルミ出身の代表的指導者でありジャナター・ダル所属の国会議員であるニティーシュ・クマール（Nitish Kumar：現州首相）に対し、ラルーへ反旗を翻すことを要求した[121]。

---

121) *FL*, 1994/1/28, pp. 42-43.

2004年にマデプラ県でサマタ党マデプラ県支部長を務めていたパテール氏によれば、ニティーシュは最後まで集会への参加をためらっていたという。ただし、「早朝4時に何十万ものクルミが集会を目指して集まってくるのを目撃して、集会への参加を決断した」[122]。躊躇した理由は、集会に参加すればラルーと袂を分かつ可能性が高いと判断したためと考えられるが、報道によっては、ニティーシュが集会を積極的に組織したとしているものもある。いずれにせよ1994年2月13日に行われたクルミ啓発大集会（Kurmi Chetana Maha Rally）に彼は参加した[123]。

　集会は、各党のクルミ指導者、数十万のクルミ大衆が参加し、大成功に終わった。演説者は口々に、ラルー政権下におけるクルミの冷遇を非難し、ある無所属議員が「後進カーストの団結を生んだのはひとえにラルーのおかげだ」と演説すると、怒ったクルミの若者が演壇によじ登って演説をやめさせる場面もみられた。「ラルーはクルミに陰謀を働いた」と叫ばれるなかで、ニティーシュは「この集会は、デリーとパトナーの権力者に対する警告だ」と演説した。そして、予期されたとおりラルーから遠ざけられていった[124]。

　このようなラルー政権に対するクルミ・カーストの不満を背景に、サマタ党が結成される。ニティーシュは1994年6月に行われたヴァイシャリ下院補欠選挙における敗北を契機にラルー批判を強め[125]、1994年10月19日にはパトナーで「ビハールを救え」大集会を組織し、サマタ党の結党を宣言した。集会では、ラルー政権下における、暴動、殺人、強姦、誘拐など「法と秩序」の問題、汚職問題、低迷する経済などが取り上げられ、「ヤーダヴによる支配」が糾弾された。ラルーもサマタ党への対抗として、同月31日に50万人を集めて「貧乏人集会」を開催し、貧者の味方であることを強調した。「カースト主義者」のレッテルを振り払おうとする試みであったが、選挙の焦点が「ヤーダヴ支

---

122) ナンド・キショール・パテール氏に対するインタビュー（2004年3月25日）。
123) *FL*, 1994/4/22, p. 41参照。
124) *FL*, 1994/4/22, pp. 40-42, *IT*, 1994/3/15, p. 15参照。
125) ニティーシュは、「ジャナター・ダルは、後進カーストと指定カースト、指定部族、進歩的な上位カーストの連合によって政権を獲得したのに、ラルーがムスリム・ヤーダヴ連合を偏重した結果、非ヤーダヴ後進カーストは将来に不安を抱くようになった。とりわけクルミが離れたために敗北した」とラルーを批判した。*FL*, 1994/7/1, pp. 30-33, *IT*, 1994/6/30, p. 17参照のこと。

配」であることに変わりはなかった[126]。

各社会集団の投票行動

　1995年州議会選挙については、標本調査が存在する（表7-12）。まず後進カーストに関して、ヤーダヴ、クルミなどのカーストごとに記載されていないため、各カーストの投票行動を把握することはできないが、大まかな傾向は判明する。調査によると50％近くがジャナター・ダルを支持している。会議派、BJPは13.7％で同率であり、サマタ党は12.5％が支持している。サマタ党の得票率が平均で7.3％であることを考えると、後進カーストの支持を得たと言えるだろう。

　次に上位カーストであるが、会議派が40％近くを集めて各党の中で首位に立っている。ムスリムに関しては、60％近くがジャナター・ダルを支持している。会議派については、ジャナター・ダルに次ぐ23.4％のムスリムが支持している。1991年下院選挙の結果と比較すると、10ポイント程度下落していると考えられ、支持が戻ったとは言えない。BJP、サマタ党についてはいずれも3.1％、4.4％と低率であった。

　以上、1995年選挙における各社会集団の投票行動を検討してきた。検討の結果、ラルー政権は、後進カーストとムスリムの支持を固めることに成功したことがわかった。成功の要因は、これまで検討してきたように、後進カーストに対する公務員職留保問題を梃子に後進カーストの動員を図り、州公務員制度も後進カーストに有利に改変したこと、同時に宗教暴動を徹底的に鎮圧したことに求めることができる。

　このように後進カーストとムスリムの支持に支えられて、ラルー政権は1995年選挙に勝利した。その結果、成立した議会は、後進カースト、とりわけヤーダヴによる権力掌握を、1990年州議会以上に顕示する議会となった。

後進カーストが牛耳る議会

　1995年州議会は、後進カーストによる奪権を象徴した1990年州議会以上に、

---

　126)　*IT*, 1994/11/15, p. 14, *FL*, 1994/12/2, pp. 25-26, *FL*, 1994/12/2, pp. 26-28参照。

表7-12 カースト・宗教集団の政党支持率（1995年ビハール州議会選挙）

	INC	BJP	JD連合	JMM	SAP	その他
カースト						
上位カースト	39.1	16.5	20.9	2.6	12.2	8.7
後進カースト	13.7	13.7	49.8	3.0	12.5	7.4
指定カースト	23.0	5.3	48.7	2.7	9.7	10.6
指定部族	7.1	19.0	21.4	50.0	—	2.4
宗　教						
ヒンドゥー	23.4	17.5	36.7	2.3	11.4	8.6
ムスリム	21.9	3.1	57.3	4.2	4.4	9.4
クリスチャン	11.5	—	7.7	76.9	—	3.8

（出典）　Singh, V. B.［1995：101, Table 4, 5, 6］
（注1）　調査は発展途上社会研究センター（CSDS：Centre for the Study of Developing Societies）の調査として、選挙期間中の1995年3月5日から15日の間と最終投票日3月25日の2週間前（3月11日）から1週間前（3月18日）にかけて行われた。324選挙区の内16選挙区が抽出され、更に各選挙区につき三つの投票所が抽出された（合計48投票所）。対象者は無作為抽出によって1536名が選ばれ、対面調査方式により817名から回答を得ることができた。回答者の内、45％は女性であり、87％は農村部居住の有権者である。
（注2）　数値は各党に対する支持率（％表示）を示す。例えば、上位カーストで会議派を支持した比率は、上位カースト全体の39.1％であった。
（略号）　INC：インド国民会議派（Indian National Congress）、BJP：インド人民党（Bharatiya Janata Party）、JD：ジャナター・ダル（Janata Dal）、JMM：ジャールカンド解放戦線（Jharkhand Mukti Morcha）、SAP：サマタ党（Samata Party）。

　後進カースト、とりわけヤーダヴによる権力の掌握を示した議会であった。表7-13は、各党議員の社会集団構成を示したものである[127]。
　まず政権党となったジャナター・ダルから検討してみよう。目を惹くのが後進カーストの多さであり、全議員の56.9％を占めている。なかでも多いのがヤーダヴであり、63名とジャナター・ダル全議員の38％を占め最多数となった。州議会に選出されたヤーダヴ議員は全体で86名存在したが、そのうち73％をジャナター・ダル所属議員が占め、「ヤーダヴの党」としての性格を確認することができる。
　ラルー政権のもう一つの重要な支持基盤であるムスリム出身議員は13名とさほど多くない。全ムスリム議員のうち56.5％をジャナター・ダル所属議員が占めることから、ムスリムはジャナター・ダルによって最も多く代表されていることは事実であるが、ヤーダヴ議員と比較すると数の少なさが目立つ。ラル

127）　原表［Choudhary and Srikant 2001：325］は、より詳しくカースト別の議員数を表示している。以下における個別カーストの数字は、原表に基づいている。

表7-13　1995年州議会選挙における各党議員と社会集団

	INC	BJP	JD	SAP	JMM	その他	合計
上位カースト	8	12	22	1	0	13	56
後進カースト	9	19	95	5	3	28	159
指定カースト	2	4	32	1	1	8	48
指定部族	5	4	1	0	13	5	28
ムスリム	5	0	13	0	2	3	23
その他	0	2	4	0	0	4	10
合　計	29	41	167	7	19	61	324

(出典)　Choudhary and Srikant [2001：325] より筆者作成。
(注)　ジャールカンド解放戦線 (JMM) は実際にはJMM、JMM (S)、JMM (M) に分かれて戦ったが、本表では合計して表記した。
(略号)　INC：インド国民会議派 (Indian National Congress)、BJP：インド人民党 (Bharatiya Janata Party)、JD：ジャナター・ダル (Janata Dal)、SAP：サマタ党 (Samata Party)、JMM：ジャールカンド解放戦線 (Jharkhand Mukti Morcha)。

一政権に対するムスリムの不満の一つはここから生まれる[128]。

　上位カーストに関しては22名と数は少ないが、立候補者が28名と絞られていたことを考えると、8割近い高率で勝利している。なかでもラージプート出身議員が14名を占め、与党ジャナター・ダル所属の上位カースト議員のなかでは存在感を示している。

　これに対して返り咲きを狙った会議派においても、後進カースト出身議員が上位カースト出身議員を上回っている。政治勢力としての存続が危ぶまれる惨敗に終わったなかで、ブミハール、ヤーダヴ、指定部族、ムスリムが各々5名で並んだ。かつて上位カーストの牙城であった会議派においてすら、数の上では上位カーストの優位が崩れたことになり、後進カーストの奪権を象徴的に見ることができる。

　後進カースト優位の状況は、BJPも変わらない。前述のように上位カーストとバニアの党と言われてきたが、バニア出身議員が9名で最多となった。後進カースト合計は19名で、上位カーストの12名を上回り、少なくとも数の上では後進カーストが主導権を握っている。ここにも後進カーストの優位を確認することができる。

　サマタ党は「クルミの党」として出発したが、初の選挙で振るわなかったも

---

[128]　ビハール州バーガルプル県在住のムスリム社会活動家ザヒッド氏 (Mr. Md. Zahid) に対するインタビュー (2004年8月23日)。

のの、クルミ出身議員が全体の43％を占め「クルミの党」としての性格を明確にしている。上位カーストの当選者は1名に過ぎなかった。

このように、権力の中枢はヤーダヴを中心とする後進カーストが占め、かつて上位カーストが主導権を握っていた会議派やBJPにおいてすらも、少なくとも数の上では後進カーストが優位に立つようになった。第二次ラルー政権では、第一次ラルー政権と比較して上位カースト閣僚の比率が30％から13％に下落し、後進カースト閣僚比率が42％から52％に上昇した（表2-9）。後進カーストによる権力掌握は明らかである。

次に議会全体のカースト構成を検討してみよう。長年続いた上位カーストの優位が1990年州議会選挙で覆ったことについては、すでに検討した（表7-2参照）。1995年州議会選挙においては、後進カースト出身議員が160名と議会定数のほぼ半数に達し、上位カースト出身議員を104名上回って、後進カーストによる権力掌握が確実なものとなったことがわかる。会議派政権時代に存在した参加と代表の格差は、後進カーストに関してはほぼ解消され、上位カーストに関してもほぼ人口比と等しい比率にまで低下してきた。

「ヤーダヴの支配」について言えば、1995年選挙は最も多くのヤーダヴ議員を生み出した選挙であり、「ヤーダヴの支配」を象徴する議会が成立した。人口比（11％）と議会における占有比（26.5％）との関係では、2.4倍代表されている計算となり、政権党であるジャナター・ダルにおける占有比（37.7％）との関係では3.4倍代表されていることになる。会議派時代における上位カーストの過剰代表に代わり、ヤーダヴの過剰代表が新たに出現したと言える。ヤーダヴが議会の中で最多数を占める状況は会議派政権時代の1980年州議会選挙から始まったが、2005年2月州議会選挙に至るまで覆っていない。その意味で、1995年選挙は、ヤーダヴを中心とする後進カーストの支配が確立した選挙としての意味を持っていたと評価できる。

それでは、ヤーダヴを中心とする後進カーストによる権力の確立は、競合的多党制の成立にどのように関わっただろうか。農村における投票行動の変化を手がかりとして、考えてみたい。これまで対象としてきたムルホ村の事例に関し、1990年以後の動きについて検討してみよう。

第 7 節　ムルホ村における下克上

　ラルー政権が成立した1990年州議会選挙は、マンダル家の跡取りであるM. K. マンダルが、会議派候補として再び出馬した選挙でもあった。M. K. マンダルは1980年選挙と同様に次点ではあったが、社会主義者であり、ジャナター・ダルの公認を獲得したラーダ・カント・ヤーダヴに再び大差を付けられた（表7-14）。

　お膝元のムルホ村でも、標本調査によれば彼が得た得票率は27.6％に過ぎない（表7-15）。1980年選挙時には、いくら不人気とは言え64.5％が彼を支持していたことを考えると、マンダル家の影響力の衰退は顕著である。

　M. K. マンダル（会議派）に投じた 8 名のうち、7 名が指定カーストであるムサハールに属していた。ムサハールの多くが農業労働者であることから、ムルホ・パンチャーヤットの中で社会・経済的に最も弱い立場にいるムサハールに対しては、依然として地主動員戦略が機能していたと解釈することも可能だろう。ただし、大地主としてのマンダル家から恩恵を受けているが故にマンダル家の候補であるM. K. マンダルを支持した、と明確に述べたのは、マンダル家本家からほど近いムサハール集落に住むパンチャーヤット議員 1 名のみである[129]。他のムサハールはM. K. マンダル個人には好印象を持っていなかったことから、1980年選挙と同様にM. K. マンダルという候補者に投票したというよりは、「指定カーストを助けてくれる政党」としての会議派に投票したと解釈する方が妥当だろう[130]。その他のカーストはほとんどがジャナター・ダルに投票しており、マンダル家の影響力の低下を確認することができる。

　ムルホ・パンチャーヤットで、次にマンダル家の政治力が直接試されたのは、

---

[129] マデプラ県ムルホ・パンチャーヤット議員（ward no. 8）ティラン・リシデーヴ氏に対するインタビュー（2004年 5 月 8 日）。

[130] 指定カーストではないが、下層後進カーストに属する回答者は、1990年選挙でいったんは会議派を支持したと回答した後、再度「M. K. マンダルが立候補したが」と問い直すと、「彼には入れなかった。ジャナター・ダルに入れた」とあわてて撤回した。M. K. マンダルの不人気ぶりを確認することができる。

表7-14 マデプラ州議会選挙区結果（1990年州議会選挙）

	候補者	政党	得票	得票率
当選	R. K. ヤーダヴ	JD	68,905	51.40
次点	M. K. マンダル	INC	25,584	19.08
三位	S. P. ヤーダヴ	IND	18,672	13.93

(出典) 選挙管理委員会資料より筆者作成。
(略号) JD：ジャナター・ダル（Janata Dal）、INC：インド国民会議派（Indian National Congress）、IND：無所属（Independent）。

表7-15 ムルホ・パンチャーヤット投票行動（1990年州議会選挙）

カースト	INC	JD	CPM	その他	合計
ヤーダヴ	1	12	1	0	14
その他後進	0	2	0	0	2
指定カースト	7	1	0	1	9
ムスリム	0	4	0	0	4
合計	8	19	1	1	29

(出典) 現地調査（2004年2-5月、2005年2月）より筆者作成。
(注) 聞き取りを行った52名のうち、回答を得られた29名の投票行動を記している。数値は人数を示す。1990年選挙に関し回答が得られた指定カーストはムサハールのみだった。「その他」に該当する政党はジャナター党であった。
(略号) 「その他後進」：ヤーダヴ以外の後進カースト、INC：インド国民会議派（Indian National Congress）、JD：ジャナター・ダル（Janata Dal）、CPM：インド共産党（マルクス主義）（Communist Party of India（Marxist））。

2001年に行われたパンチャーヤット選挙であった。ムルホ・パンチャーヤットの村長（ムキア）は、マンダル家出身のスバーシュ・チャンドラ・ヤーダヴ氏（Mr. Subash Chandra Yadav）が1950年代のパンチャーヤット制度施行以来務めてきた[131]。第3章の検討において、マンダル家の政治力が減退し、とりわけヤーダヴ・カーストの投票行動が人から党に変わりつつあると述べたが、1978年に行われたパンチャーヤット選挙においては、マンダル家のスバーシュ氏が再選を果たしている。政治力の衰退は村レベルにはまだ及んでいなかった。

ところが、ラルー政権下で行われた2001年選挙において、スバーシュ氏は落選してしまう。1978年選挙から23年ぶりに行われた2001年選挙は、現職のスバーシュ氏の他17名が出馬する激戦となった[132]。選挙結果は表7-16の通り

---

131) スバーシュ氏に対するインタビュー（2004年5月1日）。

表7-16 ムルホ・パンチャーヤット村長選挙結果（2001年）

順位	候補者	票数	得票率
1	R. K. ヤーダヴ	448	14.2
2	S. C. ヤーダヴ	446	14.1
3	R. クマール	409	13.0
4	H. ヤーダヴ	355	11.2
その他合計		1500	47.5
合計		3158	100

（出典）　選挙管理委員会資料より筆者作成。

である。

　接戦を制したのは、パラリア出身のラージ・キショール・ヤーダヴ氏（Mr. Raj Kishor Yadav）である。長年にわたりムルホを支配してきたスバーシュ・チャンドラ・ヤーダヴ氏は、わずか 2 票差で敗北を喫した。敗北もさることながら目を惹くのは得票率の低さである。有効政党数になぞらえて得票率 2 ％以上に関し計算すると有力候補は10.8人となり、図抜けた候補が不在であることがわかる。1978年選挙結果が不明であるため比較は困難だが、いくら合併が行われたとは言え、マンダル家の政治的影響力の低下は顕著だろう。

　新しく村長となったラージ・キショール・ヤーダヴ氏は、父が30エーカーを所有する農家に生まれた。マンダル家ほどではないにせよ、一般的なカテゴリーでは「地主・富農」階級に分類される家庭である［Frankel 1990b：522］。本人は父の死後相続した農地に買い足して、現在は10エーカーを所有している。村長になる前は、貧困層向けの配給店を政府の許可を取得して経営しており、他にも協同組合銀行の議長を1982年より務めているということであった[133]。いわば、十分な農地を元手に、政府と良好な関係を築くことによって社会・経済的に上昇してきた新興エリートと分類することができる。そのような新興エリートが、大地主である伝統的エリートを敗ったのが2001年選挙だ

132）　パンチャーヤット改正法によりパンチャーヤットの最低人口は5,000人とされたため、1991年統計で人口4,756人のムルホ・パンチャーヤットと人口1,919人のパラリア・パンチャーヤットは合併することとなり、新たにムルホ・パンチャーヤットとして再構成された。2001年統計によると、合併後のムルホ・パンチャーヤットの人口は8,956名であり、2001年選挙は新ムルホ・パンチャーヤットを単位として行われた。

133）　ムルホ・パンチャーヤット元村長ラージ・キショール・ヤーダヴ氏に対するインタビュー（2004年 5 月14日）。

表7-17　2004年下院選挙ムルホ・パンチャーヤット選挙結果

候補者	146	147	148	149	150	合計
L. プラサード	629(65.7)	478(74.7)	362(70.3)	643(67.4)	237(84.9)	2349(70.2)
S. ヤーダヴ	244(25.5)	88(13.8)	105(20.4)	175(18.3)	36(12.9)	648(19.4)
その他合計	85	74	48	136	6	349
合　計	958(66.6)	640(58.0)	515(80.6)	954(60.0)	279(65.0)	3346(64.3)

(出典)　選挙管理委員会資料より筆者作成。
(注)　最上行の番号は投票所番号。ムルホ・パンチャーヤットには146番から150番まで五つの投票所があり、146番が旧バラリア・パンチャーヤットに属する以外は旧ムルホ・パンチャーヤットに属している。得票数の括弧内は各投票所の票数に占める割合を示す。候補者得票合計の括弧内は有効投票総数における比率を示している。最下行の合計は各投票所における有効投票数を示し、括弧内は投票率を表示している。

った。ラージ・キショール・ヤーダヴ元村長によれば、スバーシュ元村長は、自分のみならず、パンチャーヤット議員選挙でも自分の意中の候補を当選させることもできず、影響力の減退は明らかであるということだった。

　次にマンダル家の政治力が試されたのが、2004年下院選挙・2005年2月州議会選挙である。2004年下院選挙は、事実上の州首相であるラルーRJD（民族ジャナター・ダル）党首とジャナター・ダル（統一派）の大物であるシャラド・ヤーダヴがマデプラ下院選挙区で対決した選挙である。2004年下院選挙は因縁の対決として注目を集めた選挙であった[134]。

　マンダル家は、M. K. マンダルがジャナター・ダル（統一派）に所属していたこともあり、シャラド・ヤーダヴを支援していた。しかし、ムルホ・パンチャーヤット住民の多数はラルーを支持した。2004年の選挙結果を参照してみよう（表7-17）。

　マンダル家がシャラド・ヤーダヴを支援したにもかかわらず、ムルホ・パンチャーヤットの有効投票数の7割以上は対立候補であるラルーに投じられて

---

134)　ラルーとシャラドは共にヤーダヴ・カーストに属し、もともとの関係は良好であった。すでに検討したように1990年州議会選挙後の州首相選定過程において、V. P. シン国民戦線政権の繊維相であったシャラドはラルーを強く後押しし、ラルーが州首相に無事就任できた経緯があった。1991年下院本選挙でシャラドが落選した際には、ラルーがマデプラを選挙区として提供し、以後シャラドはマデプラを選挙区とするようになる。ところがラルーの飼葉疑獄が発覚した1997年に両者は袂を分かち、ジャナター・ダルの分裂に至る。党を割ったラルーが新たに結党したのが、民族ジャナター・ダル（RJD）である。1998年下院選挙でラルーはマデプラから立候補してシャラドを敗り、1999年下院選挙では逆にシャラドがラルーを敗った。

表7-18 マデプラ州議会選挙区結果(2005年2月州議会選挙)

	候補者	政党	得票	得票率
当選	M. K. マンダル	JD (U)	30,293	34.28
次点	C. ヤーダヴ	IND	19,583	22.16
三位	S. ヤーダヴ	RJD	17,262	19.53
四位	A. K. マンダル	IND	6,356	7.19

(出典) 選挙管理委員会資料より筆者作成。
(略号) JD (U):ジャナター・ダル(統一派)(Janata Dal (united))、RJD:民族ジャナター・ダル (Rashtrya Janata Dal)、IND:無所属(Independent)。

いる。シャラドは第2位に付けているとは言え、得票は2割に満たず、ラルーに大差を付けられている。マンダル家がムルホ・パンチャーヤットの有権者に十分な影響力を行使できなかったことは明らかだろう。

影響力の低下は、M. K. マンダルが3度目に出馬した2005年2月州議会選挙の結果からも看取できる。M. K. マンダルはジャナター・ダル(統一派)から出馬し、念願の初当選を果たすが(表7-18)、お膝元のムルホ・パンチャーヤットの支持を得ることはできなかった。

マンダル家からはM. K. マンダルと小児科医であるアルン・クマール・マンダル(Arun Kumar Mandal)が出馬の意向を示し、マンダル家の家族会議によって政党の公認をもらえた者が選挙に出ることが決められた。M. K. マンダルはジャナター・ダル(統一派)の公認を得ることができ、A. K. マンダルはいずれの政党からも公認を得られなかったことから、「マンダル家の公認候補」となることはできなかったが、無所属候補として出馬する[135]。マンダル家は決定を無視したA. K. マンダルに憤慨し、M. K. マンダル支持で固まった。ムルホ・パンチャーヤットにおける選挙結果は表7-19の通りである。

ムルホ・パンチャーヤット全体の得票率から検討すると、「マンダル家の公認候補」であるM. K. マンダルの得票率は19.4%にすぎず、2004年下院選挙におけるシャラド・ヤーダヴの得票率と同様に20%に達していない。投票所毎の差異を見ると、30%に迫ったのは、M. K. マンダルの自宅があるムルホ投票所(147番)と、ムルホ投票所に比較的近いカタルバ投票所(149番)のみである。旧ムルホ・パンチャーヤット内であっても、M. K. マンダルの自宅から離

---

135) ムルホ村民ムンガ・ラール・ヤーダヴ氏へのインタビュー(2005年2月15日)。

表7-19 2005年2月州議会選挙結果（ムルホ・パンチャーヤット）

候補者	146	147	148	149	150	合計
A. K. マンダル（IND）	225(35.2)	294(51.0)	170(49.3)	251(37.5)	135(60.8)	1075(43.8)
M. K. マンダル（JDU）	72(11.3)	169(29.3)	27(7.8)	189(28.2)	18(8.1)	475(19.4)
S. ヤーダヴ（RJD）	109(17.0)	30(5.2)	42(12.2)	114(17.0)	21(9.5)	316(12.9)
その他	234	83	106	116	48	587
合　　計	640(44.5)	576(52.1)	345(54.0)	670(42.1)	222(51.7)	2453(47.2)

(出典)　選挙管理委員会資料より筆者作成。
(注)　候補者の括弧内は所属政党。最上行の番号は投票所番号。得票数の括弧内は各投票所の票数に占める割合を示す。候補者得票合計の括弧内は有効投票総数における比率を示している。最下行の合計は各投票所における有効投票数を示し、括弧内は投票率を表示している。
(略号)　IND：無所属（Independent）、JDU：ジャナター・ダル（統一派）（Janata Dal United））、RJD：民族ジャナター・ダル（Rashtrya Janata Dal）、BSP：大衆社会党（Bahujan Samaj Party）、SAP：サマタ党（Samata Party）、SP：社会党（Samajwadi Party）、LJP：ローク・ジャン・シャクティ党（Lok Jan Shakti Party）。

れているナラヤンパティ投票所（148番）とビータ投票所（150番）は10％に達していない[136]。マンダル家の影響力の限界を看取することができる。

　他方ムルホ・パンチャーヤットで首位に立ったのは「マンダル家の非公認候補」であるA. K. マンダルである。2004年下院選挙におけるラルーの得票率7割には及ばないが、43.8％の得票率を確保し、いずれの投票所でも首位となった。マデプラ州議会選挙区においては、M. K. マンダルが3度目の悲願を果たして当選し、A. K. マンダルは第4位となり落選したが、ムルホ・パンチャーヤットではA. K. マンダルがM. K. マンダルの2倍以上の票を得て圧勝した。

　それでは、なぜA. K. マンダルが首位に立ったのだろうか。いくら「マンダル家の非公認候補」とは言え、マンダル家の出身者が最多得票を得ている以上、マンダル家の影響力は衰えていないと解釈することも可能だろう。しかし、パネル調査によるとそのように結論づけることは尚早に思われる（表7-20）。

　まず、M. K. マンダルの得票から分析したい。調査対象とした52名のうち、M. K. マンダルに投票すると回答した者は14名であり、そのうち8名は2004年下院選挙においてもM. K. マンダルの推すシャラド・ヤーダヴに投票しており一貫している。残りの6名は2004年下院選挙でシャラド・ヤーダヴに敵対していたラルーに投票したと回答した者である。A. K. マンダルに投票すると

---

136)　地図2-1参照。150番ビータ投票所は地図上ではマンダル家から近距離に描かれているが、実際にはかなりの距離がある。

表7-20 ムルホ・パンチャーヤットの投票行動（2004・05年2月選挙）

	05RJD	05JDU	05Arun	05他	05不明	04合計
バラモン	0	0	1	0	0	1
ヤーダヴ						
04RJD	3	3	5	2	7	20
04JDU	0	6	0	0	1	7
04不明	0	0	0	0	1	1
ヤーダヴ計	3	9	5	2	9	28
ムスリム						
04RJD	0	0	1	0	2	3
04JDU	0	0	1	0	0	1
ムスリム計	0	0	2	0	2	4
その他後進						
04RJD	1	0	0	0	1	2
04JDU	0	1	0	0	0	1
その他後進計	1	1	0	0	1	3
指定カースト						
04RJD	0	3	1	1	4	9
04JDU	0	1	3	1	1	6
04他	0	0	0	0	1	1
指定カースト計	0	4	4	2	6	16
05合計	4	14	12	4	18	52

（出典）現地調査より筆者作成。
（注1）調査は2004年2-5月（下院選挙）、2005年2月（州議会選挙）の2回行った。調査方法はパネル調査で、標本数は52名である。調査対象者の選定は、ムルホ・パンチャーヤットのパンチャーヤット議員（ward member）選挙区（13選挙区）に従い、それぞれの選挙区のパンチャーヤット議員、最大多数集団から1名、少数派集団から1名を抽出することを原則とした。これに加えて、村人からの情報に基づき、政治的に影響力を持つ者、政治活動を行っている者を選定した。
（注2）表中の「04RJD」、「05RJD」はそれぞれ2004・05年選挙においてRJDに投票したと回答した人数を指す。例えば、ヤーダヴ項目の「04RJD」と「05RJD」が重なり合う3名は、2004年下院選挙でRJD候補に入れ、2005年2月の州議会選挙でも再びRJD候補に入れたヤーダヴ・カーストの人数を指す。「05Arun」は、2005年2月選挙でArun Kumar Mandalに投票したことを示す。「04他」・「05他」はいずれもRJD、JD（U）、A. K. マンダル以外の候補に入れた場合を示す。「04不明」・「05不明」は回答を留保・拒否した場合や不在だった場合を示す。「その他後進」は、ヤーダヴ以外の後進カーストを示す。
（略号）RJD：民族ジャナター・ダル（Rashtrya Janata Dal）、JD（U）：ジャナター・ダル（統一派）（Janata Dal (united)）。

回答した者は12名に上ったが、そのうち7名は2004年下院選挙でラルーに投票した者であり、シャラド・ヤーダヴに投票した者は5名にすぎない。両者を合計すると、26名のうち、2004年下院選挙でラルーに投票した者は13名となり半数を占める。13名のうち6名は、判明する限りラルーが所属する政党（1989年下院選挙から1996年下院選挙まではジャナター・ダル、1998年選挙以降は民族ジャナター・ダル）に継続して投票してきたラルーの固い支持者であり、2005年2月選挙に限り民族ジャナター・ダル候補に投票しなかった有権者である。固い支持者6名のうち5名はA. K. マンダルに投票している。

　なぜ過去15年間にわたってラルーを支持し続けてきた有権者が、今回に限りラルーを見限ったのか。調査からは、第一に、マデプラを見捨てたラルーへの失望、第二に、RJD候補の不評が理由として挙げられる。ラルーは2004年下院選挙において、マデプラ選挙区と自らの出身地であるチャプラ選挙区から立候補し、両方で当選したためチャプラを選択した。「ラルーを選んだ選挙区」として多大な開発資金の流入を期待したマデプラ有権者の失望は大きく、怒りにすら転じていた。加えて第二に、大衆劇場のオーナーであり政治経験の全くない人物がRJDの公認を得たことにより、多くのラルー支持者は離反していた[137]。標本調査においても2004年下院選挙でラルーを支持した者が34名に上ったのに対し、2005年2月州議会選挙ではRJD支持者がわずか4名に落ち込んでいる。回答拒否・留保者が18名存在することを差し引いても、大きな下落である。実際の選挙結果でもRJD候補が得た得票率は12.9％に過ぎない。2004年下院選挙との格差は歴然としていた。

　このように検討すると、マンダル家の候補であるA. K. マンダル、M. K. マンダルに票が集まったのは、RJD支持者によるRJD批判票がかなりの部分を占めていた可能性が高く、必ずしもマンダル家による地主動員戦略が機能した結果であるとは言えないことがわかる。マンダル家が依然として大地主である以上、マンダル家に対する配慮は当然存在するが、ラージ・キショール元村長が指摘したように、仮に皆が認める人物にRJDの公認が与えられていれば票

---

[137]　前掲ラージ・キショール・ヤーダヴ元村長に対するインタビュー（2005年2月28日）。元村長以外にも、多くの回答者が同様の点を指摘していた。

を集めた可能性は高い。そうであれば、マンダル家の影響力が低下した状態に変わりはなかったと言える。仮定の話であるのでこれ以上突き詰めることは難しいが、標本調査でマンダル家が集めた26票のうち半数が前年の選挙でラルーを支持していることを考慮すると、RJD支持者のRJD批判票の大きさを推測することができる。そして、推測が正しいとすれば、ここで投票行動の基準とされているのはA. K. マンダルという人ではなく、RJDという党であることになる。

　以上、ラルー政権期における4つの選挙を検討してきた。検討の結果、会議派―野党システム期から始まったマンダル家の政治的影響力の衰退は、ラルー政権期においても歯止めがかからない状態が続いていることがわかった。象徴的なのは村政治の支配であり、マンダル家は一貫して保持していた村長ポストですら、新興エリートに奪われることとなった。村長ポストのみならず、パンチャーヤット議員選挙でマンダル家の推す候補を当選させられなかったことは、影響力のいっそうの衰退を物語っている。
　さて、このようなマンダル家の政治的影響力の衰退は、後進カーストによる政治権力の確立という政治的変化とどのように関係しているだろうか。マンダル家はヤーダヴの出身ではあるが、大地主としての階級的性格から、上位カーストと同等であると村人から見られてきたことは前述した。ラルーもマンダル家について、「封建的」であり、「自分たちのことを『大人物だ』と考えている」と示唆した[138]。筆者自身の観察も含めて、マンダル家を上位カースト地主と同様に考えて問題はないと思われる。
　ムルホ村の事例で明らかになったのは、地主動員戦略の機能不全は甚だしく、代わりにカースト動員戦略が最も効力を発揮していることである。マンダル家の政治的影響力の衰退は決定的に進行し、村人の大多数はマンダル家の言うことを聞かない状況であった。同時に、村民の投票行動の基準は、人から党へと

---

138) 前掲ラルー・インタビュー（2004年3月12日）。マンダル家の話題が出たときに、「ヤーダヴの中にも豊かなヤーダヴがいて、彼らは封建的だ。彼らは自分が貧しい家庭の出身であることを知っているから、自分（ラルー）を尊重せずにシャラド・ヤーダヴを支持している。彼らは彼ら自身について『大人物だ』と考えている」と述べた。

変化した。2004年下院選挙において、なぜラルーを支持するのかという問いに、あるヤーダヴ農民は、「ジャーティー（カースト）だ」と断言した[139]。カーストが投票行動の基準となることについては他の多くの村人も言及しており[140]、かつ元村長によればカーストが投票行動の基準として重要になったのは、1990年にマンダル委員会報告の実施が決定されて以降のことであるという[141]。

ここで言うカーストとは候補者が帰属するカーストのことではない。対立候補であるシャラド・ヤーダヴもラルーと同じヤーダヴ・カーストに属するため、両者のカースト属性に違いはないからである。異なるのは、所属する政党である。RJDはヤーダヴ・カーストを代表する政党であり、ジャナター・ダル（統一派）はヤーダヴ支配に反対する政党であると考えられている。カーストと政党は等値される関係にあり、それゆえ「カーストが最も大事」ということと「ラルー支持」が結びつくことになる。裏返せばカーストと政党が等値されるが故に、反ヤーダヴ感情はジャナター・ダル（統一派）支持と直接結びつくことになった。

このように、ラルー政権期のムルホ村においては、投票行動の基準としてカーストの重要性が上昇し、同時に投票の対象が人から党へと変化した。人から党への変化は、大地主であるマンダル家の影響力をも決定的に削ぐこととなり、旧来の地主動員戦略は、機能不全に陥ってしまった。

代わりにムルホ村で効果を発揮したのがカースト動員戦略である。マンダル委員会報告を巡る動員がカースト動員戦略の有効性を高めて後進カーストによる権力の確立を可能にし、権力の確立が、カースト動員戦略の有効性をさらに高めることとなった。ラルー政権の成立により、旧来の上位カースト地主に集票を依頼する地主動員モデルは、働かなくなったと言えるだろう。

上位カーストの反撃は、ビハール史上最も残虐と言われるランヴィール・セーナーが1995年州議会選挙の直前に結成され、ラルーが権力基盤を確立した

---

139) 前掲ヌヌラール・ヤーダヴ氏（ムルホ村ヤーダヴ農民）に対するインタビュー（2004年4月14日）。
140) 例えば、マデプラ県ムルホ・パンチャーヤット議員（ward no. 2）クリシュナ・デヴィ氏に対するインタビュー（2004年4月5日）など。
141) 前掲ムルホ元村長ラージ・キショール・ヤーダヴ氏に対するインタビュー（2004年5月14日）。

1995年以降に活動を活発化させたことにも示されている。ランヴィール・セーナーの結成過程と結成の理由は別稿に譲るが［中溝 2010］、ラルー政権下で引き起こされた政治・社会変動に対する上位カーストの反応を極端な形で提示したと分析できる。

第 8 節　競合的多党制の出現

各社会集団の投票行動
（１）　上位カースト
　カースト動員戦略に基づくカースト間亀裂の深まりは、政党政治の変容にどのような影響を及ぼしただろうか。1995年以降の選挙に関し、最初に上位カーストの支持政党の変遷を標本調査に基づいて検討してみよう（表7-21, 7-22, 7-23参照）。
　上位カーストによる会議派からの離反は、1996年選挙以降明確に看取することができる。1996年下院選挙における会議派の支持率はわずかに10.1％にすぎない。下院選挙と州議会選挙という違いを考慮に入れても、1995年州議会選挙との落差は歴然としている。1998年下院選挙では会議派に対する支持は更に落ち込み、8.7％となった。1999年下院選挙、2000年州議会選挙では上位カースト全体としての正確な数値は不明ながら、10％前後という大まかな傾向に変化はないと言える。
　上位カーストの会議派からの離反と裏腹に、BJP連合に対する支持は急速に上昇した。1995年州議会選挙においてわずか16.5％に過ぎなかった支持率が、1996年下院選挙においては59.5％に跳ね上がり、1998年下院選挙では77.6％、1999年下院選挙では、正確な数値は不明ながら85％を上回ったことは確実である[142]。2000年州議会選挙ではやや低下するものの、上位カーストはBJP連合に収斂していく傾向があると指摘できる。

---

[142]　2009年に発表された調査結果によれば、上位カーストによるJD（U）、BJP連合への支持率は、1999年下院選挙で71％、2000年州議会選挙で49％となっている。同じCSDSのデータ・ユニットを用いていると考えられるため、結果に違いが生じるのは説明を要するが、何も説明は行われていない。Kumar and Ranjan［2009：143, Table 7］参照のこと。

表7-21 ビハールにおける各社会集団の支持動向（下院選挙：1996-98年）

社会集団	会議派		BJP +		JD +		RJD
	1996	1998	1996	1998	1996	1998	1998
上位カースト	10.1	8.7	59.5	77.6	29.1	11.6	＊
ヤーダヴ	1.6	7.9	16.1	18.4	80.6	7.9	65.8
クルミ＋コエリ	5.3	24.0	73.7	56.0	17.5	＊	18.0
他の後進カースト	2.4	＊	40.5	23.1	50.0	7.7	23.1
下層後進カースト	10.7	8.0	42.0	57.3	35.5	21.3	12.0
後進カースト合計	9.9	7.9	36.2	42.5	50.3	17.3	28.0
指定カースト	19.0	13.7	24.8	24.5	31.4	28.4	23.5
上層ムスリム	16.7	15.7	3.3	5.9	80.0	17.6	58.8
下層ムスリム	31.0	31.0	6.7	6.9	57.8	20.7	37.9
ムスリム合計	23.3	14.9	5.6	4.2	68.9	19.0	59.6

(出典) Kumar [1999：2477, Table 7, Table 8, Table 9, Table 10]．
(注1) 調査方式の詳細については、表7-9（注1）を参照のこと。
(注2) 「＊」はnegligible。「ヤーダヴ（Yadav）」、「クルミ（Kurmi）」、「コエリ（Koeri）」は上層後進カースト（upper-backward caste）に分類されている。「他の後進カースト」について原表には明記されていないが、バニア（Bania）を指すものと考えられる。
(注3) 「上層ムスリム」、「下層ムスリム」の分類方法については、原表に言及されていない。
(注4) 原表には言及がないが、本文から引用すると次の通りとなる。
「BJP＋」：インド人民党（BJP）連合。1996年選挙、1998年選挙共に、サマタ党（Samata Party）と連合を組んだ。
「JD＋」：1996年選挙はジャナター・ダルとCPI、CPM、ジャールカンド解放戦線（ソレン派）と連合。1998年選挙はジャナター・ダルとCPI、CPMが連合を組む。
「RJD」：民族ジャナター・ダル（Rashtriya Janata Dal）。汚職事件への関与をめぐってラルーがジャナター・ダルを離党して1997年に結成した政党。

　このような投票行動の変化を、どのように解釈できるだろうか。これまで検討してきたように、ラルー政権に対する強い反撥が存在することは確かである。この点は、1998年下院選挙において、ラルー政権党であるRJDを支持した上位カースト有権者がほとんど存在しなかったことからも裏付けられる。問題は、ラルー政権を打倒するために、いずれの政党に望みをかければよいか、という点になる。

　選挙のレベルが異なるとはいえ、1995年州議会選挙と1996年下院選挙の断絶は大きい。1995年選挙が、ビハール州の政治史において、後進カーストによる奪権、すなわち上位カーストに対する下克上を確実なものとする効果を持ったことについては前述した。独立以来、上位カーストによる支配を実践してきた会議派はわずか29議席と惨敗し、政権をラルーから奪還するどころでは

表7-22 ビハール州における社会集団の政党支持率（1999-2004年下院選挙）

社会集団	RJD連合		BJP連合	
	1999	2004	1999	2004
ラージプート	8	—	92	—
その他の上位カースト	13	—	86	—
上位カースト合計	—	25	—	63
ヤーダヴ	79	77	20	16
クルミ＋コエリ	19	18	79	64
その他の後進カースト	27	38	55	36
指定カースト	49	42	43	28
ムスリム	79	79	19	9

(出典) CSDS Team [1999：36], Yadav, M [2004：5511, Table 3] より筆者作成。
(注1) 調査は、発展途上社会研究センター（CSDS）の1999年全国下院選挙調査、2004年全国下院選挙調査として行われた。調査は対面調査法式で行われ、ビハール州の標本数は、1999年調査については716名、2004年調査については1,191名である。CSDS [1999：36], Lokniti Team [2004：5373-5382] 参照。
(注2) 各欄の数値は、政党支持率を示す。例えば、1999年下院選挙においてRJD連合を支持したラージプートは、ラージプート全体の8％を占めた。
(注3) 「—」はデータ不在。
(注4) 政党連合については、下記の通り。
　　RJD連合：1999年はRJDと会議派が連合を組む。2004年はRJD、会議派、ローク・ジャン・シャクティ党（Lok Jan Shakti Party）、ナショナリスト会議派（Nationalist Congress Party）が連合を組む。
　　BJP連合：1999年、2004年ともインド人民党（BJP）とジャナター・ダル（統一派）が連合を組む。

なく、政治勢力として存亡の危機に立たされることとなった。会議派支配の復活という選択肢が絶たれた後に、上位カーストに残された選択肢は、反ラルー勢力として新たに出現したBJP連合のみであった。

　BJPが従う宗教動員モデルは、農村における既存の社会経済秩序、すなわち上位カーストによる支配を崩さないという点で、地主動員モデルと近似している。従って、上位カーストにとって、会議派からBJPへ支持を変更することは大きな抵抗を生むものではなかった。連合を組むサマタ党、後のジャナター・ダル（統一派）は、カースト動員モデルに従うため、BJPとは鋭い緊張関係に立つ可能性があり、実際にサマタ党は初の選挙となった1995年州議会選挙ではBJPとは連合を組まなかった。しかし1995年選挙の惨敗を受け、ラルー政権を打倒することを最優先課題として打ち出し、1996年下院選挙ではBJPと連合を組む方向に転じる。BJPも「ラルー政権打倒」を最優先課題に挙げ、

表7-23 ビハール州におけるカースト集団の政党支持率 (2000年州議会選挙)

	RJD	BJP+	会議派	その他
バラモン	3	55	33	9
ブミハール	12	68	5	16
ラージプート	19	56	11	15
カヤスタ	10	64	8	18
ヤーダヴ	80	9	2	9
クルミ	26	61	2	9
コエリ	23	55	9	14
「その他後進諸階級」	28	44	6	21
指定カースト	33	39	9	19
指定部族	6	13	38	43
ムスリム	61	8	7	24

(出典) Kumar [2000 : 29].
(注1) 調査は、発展途上社会研究センター (CSDS) によって行われた。ビハール州324選挙区の内15選挙区が無作為に抽出され、各選挙区から4投票所が抽出された。調査は投票後から開票日 (2000年2月25日) までの期間に対面調査方式で行われ、標本数は2,225名であった。
(注2) 数値は、政党支持率を示している。例えば、RJDを支持したバラモンは、バラモン全体の3%であった。
(注3) 「カヤスタ」欄は、原表では「Other Upper caste」となっているが、ビハール州の文脈ではカヤスタ・カーストに該当するため、「カヤスタ」と表記している。同様に「指定カースト」は原表では「ダリット」、「指定部族」は「アディバシ」となっているが、わかりやすくするために上記表のように表記した。
(略号) RJD:民族ジャナター・ダル (Rashtriya Janata Dal)、BJP+:インド人民党連合 (インド人民党 (BJP) +サマタ党 (Samata Party) +ジャナター・ダル (統一派) (Janata Dal (United)))。

宗教アイデンティティの主張を弱めてサマタ党との連合を優先した。この結果として反ラルー連合としてのBJP連合が形成され、上位カーストの支持を集めていった。

具体例を挙げよう。ランヴィール・セーナー発祥の地ベラウール村のパンチャーヤット議員プラモード・チョードリー氏 (ブミハール出身) は、1995年州議会選挙で会議派候補を支持したにもかかわらず、1996年下院選挙でBJP連合 (サマタ党) 候補を支持した。彼は理由として、「会議派は死んでしまった。特にビハールでは死んでしまった」と回答したが[143]、政治勢力としての会議派に見切りを付けた一例と言える。前述のように、他にもベラウール村のバラ

---

143) ボージュプル県ベラウール村パンチャーヤット議員 (ward no. 19) プラモード・チョードリー氏に対するインタビュー (2003年8月28日)。氏はブミハール地主であり、農業の他に建設業も営んでいた。同時にベラウール村サマタ党代表も務めていた。

モン、ブミハールといった上位カーストは、かつては会議派を支持していたが、現在はBJP連合を支持していると回答した有権者が多かった。理由として彼らが挙げたのは、1992年のアヨーディヤ事件、ラジーヴ・ガンディーの暗殺による会議派の指導力低下などであり、必ずしも1995年州議会選挙における会議派の惨敗に力点が置かれていたわけではない。しかし、ラルー政権に対する反撥は共通していた。同じくベラウール村パンチャーヤット議員アジャイ・クマール・チョードリー氏は、「ラルーと戦うためにBJP連合に投票している」と明言した[144]。

ランヴィール・セーナーを生んだベラウール村の事例であり、ラルー政権に対する反撥が先鋭な形で現われている極端な事例だと見なすことも可能だが、標本調査による限りBJP連合への上位カーストの結集は、ビハール州全体で起こった現象である。ベラウール村における上位カーストの認識は、上位カーストの投票行動の変化を説明する一つの具体例となりうる。

もっとも2004年下院選挙では、上位カーストのBJP連合に対する支持が減少する一方で、RJD連合に対する支持が伸びており、上位カーストの会議派に対する支持が多少戻ってきたと推測できる。ただし、2004年選挙においても上位カーストの過半数以上に当たる63％がBJP連合を支持していることは確かである[145]。少なくとも、1999年下院選挙までは、上位カーストが、反ラルー連合としてのBJP連合に収斂したことが標本データによって示されたと言える。

(2) 後進カースト

それではラルー政権の最大の受益者であり、ムスリムと共にラルー政権を支えたとされる後進カーストの投票行動はどうだろうか。後進カースト全体の傾向は1996年・1998年下院選挙のデータしか公表されていないが、後進カーストの支持が会議派から離れ、ラルー政権党（1996年選挙まではジャナター・ダル、

---

[144] ベラウール村パンチャーヤット議員（ward no. 13）アジャイ・クマール・チョードリー氏は、1989年下院選挙・1990年州議会選挙までは会議派に投票した。しかし、1991年下院選挙では、ジャナター党候補に入れ、1996年下院選挙ではBJP連合（サマタ党候補）に入れた。会議派から離反した理由はガンディー家がいなくなってしまったからであり、かつラルーと戦うためにBJP連合を支持していると述べた（2003年2月3日インタビュー）。

[145] 2009年に公表された調査結果では、上位カーストの65％がBJP連合を支持している。会議派に対する支持率は明らかではない [Kumar and Ranjan 2009：143, Table 7]。

1998年選挙以降は民族ジャナター・ダル）とBJP連合に二分されていく過程を見ることができる。

　会議派に対する支持率は1996年下院選挙の9.9％から1998年下院選挙の7.9％へと低下し、1999年下院選挙はRJDと会議派が連合を組んだため会議派単独への支持率を抽出することは困難であるが、会議派が単独で戦った2000年州議会選挙が一つの手がかりとなる（表7-23）。後進カースト全体の動向は明らかではないものの、最大の支持率がコエリの9％であり、低調な状態に変化はない。会議派からの離反は、揺るぎないと言える[146]。

　会議派から離反した後進カーストは、ラルー政権党と反ラルー連合であるBJP連合に二分されていった。1996年下院選挙においては、50.3％がラルー政権党を支持し、36.2％がBJP連合を支持している。1998年下院選挙は、ラルーが汚職問題をめぐってジャナター・ダルから離党しRJDを結成した直後の選挙であるため、後進カースト票がBJP連合、ジャナター・ダル連合、RJDに三分された。BJP連合が最も多い42.5％の支持を集め、RJDの28.0％、ジャナター・ダル連合の17.3％が続いた。RJDとジャナター・ダル連合の支持率を合計すると45.3％となり、両者はほぼ拮抗する。1999年下院選挙以降については、後進カースト全体の支持率が公表されていないため、全般的な傾向を把握することは難しい。

　後進カースト内部の動向については、特徴を三つ挙げることができる。第一に、ヤーダヴのラルー政権党に対する支持が固いことである。1991年下院選挙時の87.8％には及ばないが、1996年下院選挙では80.6％の支持を確保している。1998年下院選挙はジャナター・ダル分裂の影響によりRJDの支持率が65.8％に落ち込むが、1999年下院選挙では79％、2004年下院選挙では77％と再び8割近くに戻している。ラルーの支持基盤を指してMY連合（「ムスリム―ヤーダヴ」連合）と称されるが、固い支持基盤となったことは数字の上でも示されている。

---

[146] ラルーは会議派と本格的に連合を組んだ2004年下院選挙前のインタビューにおいてすら、「もし会議派の人間が自分（ラルー）と一緒に座っているのを見たら、自分の支持者は怒って自分から離れて行ってしまうだろう」と述べた。上位カーストのラルー政権に対する反撥の強さもさることながら、後進カーストの会議派に対する反撥も根強いことを窺わせる。前掲2004年3月12日インタビュー。

第二に、ヤーダヴと同じ上層後進カーストと分類され、ヤーダヴのライバルと目されるクルミ・コエリ両カーストが、反ラルー連合を形成していることである。両カーストの離反はすでに1991年下院選挙において始まっていたが、1996年下院選挙では、BJP・サマタ党連合に対する支持が73.7％に上昇した。1998年下院選挙では同連合に対する支持は56％に落ち込むものの、1999年下院選挙では再び79％と8割近くに戻している。2004年下院選挙では64％に落としており、上位カーストと同様の傾向を見出すことができるが、とはいえ過半数を大きく上回る64％は維持している。全体的な傾向としては反ラルー勢力としてのBJP連合に結集していると指摘できる。

　第三に、下層後進カーストについては、上層後進カーストのような分極化が見られるというよりは、割れていると言った方が的確だろう。1996年下院選挙ではBJP連合を42％と最も多く支持しているものの、ジャナター・ダル連合に対する支持も35.5％存在し、それほど大きな差が開いているわけではない。1998年下院選挙ではBJP連合に対する支持が57.3％に上り、反ラルー連合に結集するかと思われたが、1999年下院選挙では55％と支持をわずかに落とした。対するRJD連合は、1999年下院選挙で27％の支持を集めており、1998年下院選挙の12％よりは支持を倍以上に伸ばしている。下層後進カーストは、BJP連合を最も多く支持する傾向にあるものの、クルミ・コエリ両カーストほど明確な傾向は看取できなかった。2004年下院選挙においては、BJP連合に対する支持率が低下し、RJDが38％、BJP連合が36％とほぼ拮抗する結果となった。

　以上、後進カーストの投票行動を検討してきた。ラルー政権によるマンダル委員会報告を梃子とした後進カーストの動員は、比例関係分析からは、少なくとも1995年州議会選挙までは「その他後進諸階級」のラルー政権に対する支持を確保することに貢献してきたと考えられる。その上で、標本調査を利用してより細かく分析した結果、「その他後進諸階級」、すなわち後進カーストが一丸となってラルー政権党を支持したとはおよそ言えないことがわかった。上層後進カースト内部で、ヤーダヴ対クルミ・コエリという対立の構図ができあがり、ヤーダヴはラルー政権党、クルミ・コエリ両カーストはBJP連合を支持し、下層後進カースト票はBJP連合を最も多く支持しつつも、ラルー政権党

も一定程度支持し票が割れる現象が起こった、と指摘できる。

(3) ムスリム

　ムスリムの会議派に対する支持率は、1991年下院選挙に関しムスリム票全体の動向が不明であることから明確な差異を示すことはできないが（表7-10参照）、約3割強が依然として会議派を支持していたことは確かである。1996年下院選挙では会議派支持率が23.3％となり、1998年下院選挙では14.9％とさらに下落している。1999年下院選挙以降、会議派はRJDと連合を組むため会議派単独の支持率を明示することはできないが、RJDと連合を組まずに単独で戦った2000年州議会選挙において支持率は7％に過ぎない。ムスリムの離反傾向には歯止めがかかっていない状態にあると指摘できるだろう。

　それでは、会議派から離反したムスリムは、どのような投票行動を取ったか。ラルー政権の支持基盤が「ムスリム―ヤーダヴ」連合と称されたことは前述したが、標本調査からもラルー政権党に結集したことを示せる。1996年下院選挙において68.9％がラルー政権を支持し、1998年下院選挙は、ジャナター・ダルが分裂したためラルー政権党（RJD）に対する支持は59.6％にまで落ち込むが、分裂後のジャナター・ダルと合わせると78.6％の支持率となる。1999年下院選挙におけるRJD連合への支持率は79％に戻っており、2004年下院選挙も同率となった。ムスリムがラルー政権の安定的な支持基盤となったことが看取できる。

　他方、BJP連合に対する支持はわずかである。1996年下院選挙では5.6％に過ぎず、1998年下院選挙では更に4.2％に下落する。1999年下院選挙では19％と急激な上昇を見せるが、RJD連合に対する支持率は前述のように79％と安定していることから、反ラルー票がBJP連合に結集した結果と言えるだろう。2002年グジャラート暴動後に行われた2004年下院選挙では、再び9％に下落している。

　このように標本調査からは、会議派から離反したムスリムがラルー政権党に結集し、ラルー政権の固い支持基盤となったことを示すことができた。

競合的多党制の出現

　1996年下院選挙以降2004年下院選挙までの政党と社会集団の結びつきについて、これまで標本調査に依拠しながら検討を行ってきた。ビハール州において、ヤーダヴを中心とする後進カーストによる政治権力の確立が1995年州議会選挙で明確になったことは、上位カーストの投票行動に大きな影響を与えた。反ラルー連合の拠点としての会議派を見限り、BJP連合に新たに結集を始めたと指摘できる。

　他方、後進カーストは、権力を掌握したことは確かだが、「ヤーダヴによる支配」が顕著な傾向として現われた。ヤーダヴがラルー政権党を固く支持する一方で、ヤーダヴと同じく上層後進カーストに分類されるクルミやコエリは次第に離反を強めていく。ラルー政権発足から間もない1991年下院選挙においてすでに離反傾向は現われていたが、1995年州議会選挙直前にクルミが主導するサマタ党が結成されたことにより離反は一段と進行した。これにラルー政権の汚職疑惑（飼葉疑惑）を契機とするジャナター・ダルの分裂が加わり、後進カースト内部の反ラルー勢力が次第に明確な形を取ることとなった。サマタ党は、もう一つの有力な反ラルー勢力であるBJPと連合を組むことにより徐々に勢力を拡大し、ついには2005年11月の州議会選挙でラルー政権を打倒することに成功する。

　ヤーダヴ支配に対抗する反ラルー勢力の結集にもかかわらず、ムスリムは2004年下院選挙までは、宗教暴動を断固として防いだラルー政権に対する支持を継続したと言える。かつて「端の連合」の一角として会議派支配を支えたムスリムは、バーガルプル暴動の「暴動への対処法」から会議派を見限り、会議派に代わって生命と財産の安全を保証したラルー政権を支持した。ムスリムと同じく「端の連合」を構成していた指定カーストも会議派からは離反し、下院選挙レベルでは少なくとも1999年選挙までRJD連合とBJP連合に次第に支持を収斂させていく一方で、州議会選挙レベルでは有力政党以外にも支持を与えた。

　このように、会議派支配崩壊後、ヤーダヴとムスリムの大部分と下層後進カースト・指定カーストの一部がRJD連合を支持する一方で、上位カースト、上層後進カーストであるクルミ・コエリの大部分と下層後進カースト・指定カ

図7-1 ビハール州有効政党数（1951-2005年）

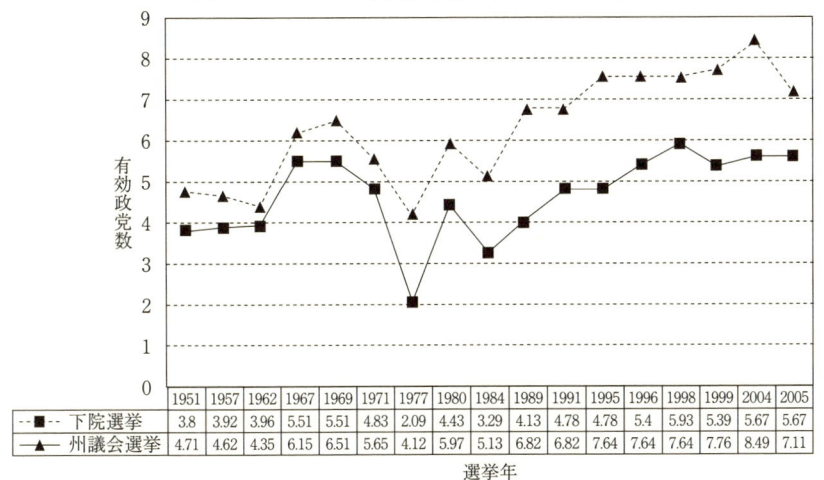

選挙年	1951	1957	1962	1967	1969	1971	1977	1980	1984	1989	1991	1995	1996	1998	1999	2004	2005
下院選挙	3.8	3.92	3.96	5.51	5.51	4.83	2.09	4.43	3.29	4.13	4.78	4.78	5.4	5.93	5.39	5.67	5.67
州議会選挙	4.71	4.62	4.35	6.15	6.51	5.65	4.12	5.97	5.13	6.82	6.82	7.64	7.64	7.64	7.76	8.49	7.11

（出典）選挙管理委員会資料に基づいて筆者作成。
（注）選挙年に関し、1971年下院選挙／1972年州議会選挙は「1971年」、1984年下院選挙／1985年州議会選挙は「1984年」、1989年下院選挙／1990年州議会選挙は「1989年」、1999年下院選挙／2000年州議会選挙は「1999年」、2004年下院選挙／2005年2月州議会選挙は「2004年」、2005年11月選挙は「2005年」に統合した。当該年に選挙が行われなかった場合、グラフ作成の便宜上、前回選挙の有効政党数を入力した。例えば、1969年に下院選挙は行われなかったが、1969年の軸には、前回1967年選挙の有効政党数である5.51を入力してグラフの継続性を保っている。

ーストの一部がBJP連合に結集した。このような特定の社会集団と特定政党の結びつきが、大政党との結びつきではなく政党連合との結びつきとして現われたことが肝心である。RJD連合は、詳細は表中の注に付したが、選挙ごとに連合相手は変化するものの、2党から5党までの政党連合で構成されている。BJP連合は、基本的にBJPとサマタ党（後にジャナター・ダル［統一派］）2党から構成されている。連合の主体となるこれら政党が一定の支持を受けることに加えて、政党連合に加わらないインド共産党（マルクス・レーニン主義）解放派など指定カーストを固い支持基盤とする有力政党も存在し、さらに政党連合になかなか踏み切れなかった会議派も存在する。こうしてビハール州においては、会議派支配が崩壊した1989年下院選挙・1990年州議会選挙を契機として有効政党数が上昇することになった（図7-1）。

　図7-1から、1989・90年以降、下院選挙、州議会選挙とも有効政党数が上昇

を続けていることがわかるだろう。下院選挙は1998年選挙をピークとして伸びが鈍るが、州議会選挙は2005年2月選挙まで一貫して上昇し続けている。こうして、ビハール州において会議派支配崩壊後、競合的多党制の時代が出現することとなった。それでは本書の議論を最後にまとめたい。

終　章　アイデンティティの政治と暴力

残された論点

　本書を締めくくるにあたり、最初の問いに立ち戻ろう。なぜ、会議派支配は崩壊したのか。会議派支配崩壊後に立ち現われたのが、カースト・宗教アイデンティティに訴えて支持を集める政党だったのはなぜか。なぜ、新しい政党システムが、新たな一党優位制の出現ではなく、競合的多党制として成立したのか。政治変動とカースト・宗教アイデンティティに基づく暴動が重なったのはなぜか。

　1990年代の政治変動を解き明かすために、これまでの研究は様々なアプローチを採用してきた。会議派の衰退を、会議派組織崩壊仮説によって説明したコーリー、社会的亀裂論を唱えたチッバー、アイデンティティ政党の台頭に関し、アイデンティティ政党が掲げた政策と動員を詳細に検討したジャフルローなど様々である。いずれも、政治変動の解明にとって重要な貢献を行ってきたものの、残された論点が五つあることがわかった。

　第一に、カースト・宗教両アイデンティティが、政治争点としての重要度を1980年代後半から1990年代前半という特定の時期に上げた理由である。カースト・宗教アイデンティティに関する政策と動員自体は独立以前に遡ることの出来る歴史の古い争点であることを考えると、この点は説明を要する。

　第二に、カースト・宗教アイデンティティの重要争点化・動員が、アイデンティティ政党の台頭と結びつき、しかも変化の速度が急激だった理由である。1989年下院選挙におけるBJP、ジャナター・ダルの台頭が急激な変化であったことと裏腹に会議派の衰退も急速だった。本書が検討対象としたビハール州においては、1990年から2000年にかけてのわずか10年間、3回の州議会選挙で、会議派の議席は196議席から23議席に転落してしまった。なぜ、これほど

急激な変化が起こったのか。

　第三に、会議派支配崩壊後の新たな政治権力の担い手に関してである。アイデンティティ政党と言っても、BJPとジャナター・ダルではイデオロギー・集票戦略は全く異なり、鋭い対立関係に立つことは、これまで検討してきたとおりである。会議派支配崩壊後の空白を、いずれのアイデンティティ政党が埋めるのかという点に関し、これまでの研究は十分な説明を行ってこなかった。

　第四に、カースト・アイデンティティの争点化と宗教アイデンティティの争点化の間に存在する密接な連関についてである。例えばビハール州においてラルー政権が権力基盤を固めることに成功したのは、マンダル委員会報告に基づく動員の成功とマンダル暴動への対処だけでは十分に説明できない。カースト・アイデンティティの争点化に先立つ宗教アイデンティティの争点化・動員が、バーガルプル暴動という大宗教暴動を引き起こしたことが重要な前提条件となった。すなわちバーガルプル暴動の鎮圧に会議派が失敗したことにより、ムスリムが会議派からジャナター・ダルに支持を変更したことが躍進の大きな要因であった。

　同様に、ビハール州においてBJPがなかなか支持を伸ばせなかった理由は、宗教アイデンティティの争点化ばかりに着目していても理解は難しい。ラルー政権が、マンダル委員会報告を梃子に動員を図り、マンダル暴動への曖昧な対処を行ったことによって生じたヒンドゥー社会の分裂を考慮して初めて、宗教動員戦略の不発を理解できる。このように、カースト・アイデンティティの争点化と宗教アイデンティティの争点化の間に存在する密接な連関を、これまでの研究は必ずしも十分に検討してこなかった。

　最後に、カースト・宗教アイデンティティに基づく暴動と政治変動の関係である。暴動研究はブラスやウィルキンソンのように暴動と政治の関係を重視する研究であっても、暴動の原因を探ることに重点が置かれた。近藤のように暴動から政治的変化を説明しようと試みる研究も近年現われたが、十分な分析が行われているとは言えない。

　本書は、これまでの研究が残してきたこれらの課題を、カースト・宗教両アイデンティティの相互作用を念頭に置きつつ、各党の集票戦略に焦点を当てて分析することにより解き明かそうと試みた。その際、暴動、とりわけ「暴動へ

の対処法」に着目して、分析を行った。「暴動への対処法」を説明変数として組み込むことにより、これまでの研究が積み残してきた課題を克服することができただろうか。順に検討してみよう。

　まず第一点であるが、この論点は、いまだかつてない規模で暴動が発生したことにより、かなりの程度説明できると思われる。暴動が社会、とりわけ犠牲者にもたらすアイデンティティ意識の先鋭化については第5章以降、説明してきた。1980年代後半から1990年代前半にかけて、宗教暴動は空前の規模で発生し、またマンダル委員会報告に関連する暴動・暴力的衝突も、同一時期に起こったカースト間対立としてはこれもかつてない広範な範囲で発生した。このような大規模な暴力が、アヨーディヤ問題、マンダル委員会報告の争点としての重要性を押し上げたと考えられる。

　第二の論点については、カースト・宗教アイデンティティの争点化・動員に伴って起こった大規模な暴力が、選挙と重なった事実に求めることができる。第5・6章で検討したように、1,000人以上の犠牲者を出したバーガルプル暴動は、政治変動の分水嶺となった1989年下院選挙と並行して起こった。このため、標的とされたムスリムの会議派に対する怒りはそのまま投票行動に反映され、ビハール州では会議派の大敗とジャナター・ダル連合の大勝に結びついた。

　マンダル暴動も、バーガルプル暴動ほどの影響力ではなかったものの、選挙に影響を与えた。1991年下院選挙はマンダル暴動が起こったほぼ半年後に行われ、ビハール州では暴動の犠牲者が出た選挙区において、有権者が会議派とジャナター・ダルの間に分極化した。マンダル暴動の中心地の一つであったマデプラ下院選挙区では、有権者はカーストを基準として分極化し、マンダル委員会報告を先頭に立って推進したシャラド・ヤーダヴは、後進カーストの支持を受けて大勝した。このように、カースト・宗教アイデンティティに基づく暴動が選挙と重なった事実から、アイデンティティ政党の急速な伸長と会議派の急激な衰退を、かなりの程度説明できると考えられる。

　第三点に関しては、ビハール州の文脈では、バーガルプル暴動という大宗教暴動が発生したにもかかわらず、なぜBJPが支持を集めずに、ジャナター・

ダルが権力を掌握したのかという問題を立てることができる。チリヤンカンダやブラスのように、宗教暴動の発生は宗教アイデンティティの先鋭化をもたらし、選挙結果はBJPに有利に働く、という仮説が存在するためである。

　この点は、第四・第五の論点を組み込んで議論を立てたい。ラルー政権によるマンダル委員会報告の実施を梃子とした大動員とマンダル暴動への曖昧な対処は、ヒンドゥー社会の中に上位カーストと後進カーストの亀裂を作り出す結果を生んだ。BJPは「一体となったヒンドゥー」の実現がますます遠ざかることを恐れて山車行進に乗り出すが、ラルーによって阻止されてしまう。アードヴァーニー逮捕を引き金とした暴動は全国規模で発生したが、逮捕されたビハールではラルーが宗教暴動を押さえ込むことに成功した。その結果としてムスリム票を繋ぎ止めることに成功し、ヤーダヴを中心とする後進カーストとムスリムの支持を固めることにより、1991年下院選挙における勝利を可能にした。裏腹に、BJPによる「ヒンドゥー票」構築の試みは失敗した。ラルー政権による「暴動への対処法」が、カースト・宗教両アイデンティティの対立関係を刺激し、ヒンドゥー・アイデンティティに対するカースト・アイデンティティの優位をもたらしたためである。既存研究の第三・第四・第五点目の論点も「暴動への対処法」を説明変数に組み込むことによって、かなりの程度説明が可能である。

　カースト・宗教両アイデンティティの相互作用に留意しつつ、「暴動への対処法」を説明変数として扱うことにより、これまでの研究が課題として残してきた論点は、より説得的に説明できる。それでは、冒頭に掲げた四つの課題に対し、どのように答えることができるだろうか。最後に検討してみよう。

会議派支配の崩壊

　なぜ会議派による一党優位支配は崩壊したのか。これまでの検討から、暴動、とりわけ「暴動への対処法」が決定的な役割を果たしたことが判明した。ただし留意しなければならないのは、「暴動への対処法」は一つの説明変数にすぎないことである。会議派支配の崩壊とアイデンティティ政党の台頭は裏腹の関係に立つとは言え、それぞれ独自のダイナミズムを持っていた。「暴動への対処法」は、この両者をつなぐ変数であった。簡潔に振り返ってみよう。

会議派の衰退は長い過程であった。独立運動期にまで遡ることができる地主動員戦略は、独立初期は効果的に機能し会議派システムを支えた。しかし、地主動員戦略が構造的に孕む参加と代表の格差という矛盾は、権力から疎外された後進カーストの不満を生み出した。社会主義政党がこの不満を掬い上げることに一定程度成功したことにより、後進カーストの支持は徐々に会議派から離反していく。変化が選挙結果として表われたのが未曾有の経済危機の最中に行われた1967年選挙であり、会議派システムは終焉を迎えることとなる。会議派衰退の第一段階である。

　第二段階は、後進カーストの会議派からの離反がより明確になり、会議派の支持基盤が「端の連合」に移行する過程である。1977年下院選挙における会議派の敗北は、後進カーストの政治的台頭がついに中央レベルにまで達したことを示し、独立以来初めて後進カースト出身の首相が誕生した。緑の革命の導入は、後進カースト農民の経済的地位を改善し、後進カーストの政治的台頭の基盤を作った。ビハール州においても、後進カーストの台頭は、長年の懸案であった後進カーストに対する公務員職留保制度の導入に結実した。

　そして最後が第三段階である。「端の連合」だけでは磐石の基盤を築くことができないと考えた会議派は、取り得る選択肢の中で最も経済的でかつ容易な亜流宗教動員戦略に力を込める。この結果、バーガルプル暴動という大宗教暴動を引き起こし、「端の連合」の重要な一角を占めるムスリムが離反した。このことが会議派支配の崩壊を導いた。ビハール州レベルでは、1995年州議会選挙によって会議派の政治勢力としての衰退が決定的になったため、「端の連合」を構成する他の社会集団、すなわち上位カースト、指定カースト・部族も離反し、ほとんど消滅に近い形となってしまった。

　このように、会議派支配の崩壊は、地主動員戦略が抱えた矛盾、緑の革命の進展による後進カーストの経済的地位の上昇、社会主義政党・農民政党によるカースト動員戦略の成功、これに伴う会議派の集票戦略の転換、すなわち亜流宗教動員戦略の採用を前提として起こった変化であった。「暴動への対処法」は、会議派支配崩壊を導く決定打としての役割を担ったと言えるが、「暴動への対処法」だけで会議派支配の崩壊を説明できるわけではない。この点は留意する必要がある。

アイデンティティ政党の台頭と暴動

次に、会議派支配崩壊後に台頭した政党が、なぜカースト・宗教アイデンティティを掲げる政党だったのか。これまでの検討を踏まえれば、この問題も会議派の集票戦略と密接に関連している。社会主義政党が、後進カーストに対する公務員職留保問題の実現を訴えて後進カーストの一定の支持を得ることに成功したのは、会議派が採用する地主動員戦略が上位カースト地主による支配という参加と代表の格差を抱えていたことによる。

BJPがアヨーディヤ動員を過熱させ、宗教アイデンティティを重要な政治争点として顕在化させることに成功したのは、パンジャーブ問題を契機として会議派が亜流宗教動員戦略を採用したからであった。BJPの過激化は、会議派の亜流宗教動員戦略の採用と成功、そしてBJP自身の1984年下院選挙における惨敗を考慮せずに理解することは難しい。宗教アイデンティティの争点化は、会議派の戦略転換と密接な関連を有していた。

もっとも、これらアイデンティティ政党の台頭に決定的な影響力を持ったのは、これまで検討したように、カースト・宗教アイデンティティに基づく暴動、とりわけ「暴動への対処法」であった。バーガルプル暴動という大宗教暴動が起こり、会議派が鎮圧に失敗してムスリムの離反を招き、「端の連合」の重要な一角が崩れたからこそ、ビハール州においてジャナター・ダルが奪権することに成功した。

会議派支配崩壊後の空白を埋めた国民戦線政権下で、カースト・宗教アイデンティティに基づくさらなる暴動が起こり、ビハール州ではラルー政権が宗教暴動を鎮圧したことによりムスリム票を固めることに成功した。最初にバーガルプル暴動が起こって会議派政権が倒れ、新しく成立した国民戦線政権が再び暴動を生み出す。その暴動が、ビハール州においてはジャナター・ダルの支持基盤を固めることに貢献した。このような一連の因果関係を見出すことができる。従って、暴動と政治変動は密接に関連しており、同時期に起こるのは理由があることになる。

競合的多党制の成立

最後に、それでは、なぜ新しい政党システムは新たな一党優位制の出現では

なく、競合的多党制として出現したのか。この点は、「暴動への対処法」に着目することによって、よりよく説明することができる。

　ビハール州においては、会議派政権による「暴動への対処法」が、会議派の敗北を導いた上に、ラルー政権による「暴動への対処法」が、BJPの宗教動員戦略も挫折に追い込んだ。生き残った集票モデルはカースト動員モデルのみとなり、ジャナター・ダルに対抗するためには、他党もカースト動員戦略を追求することを余儀なくされた。ジャナター・ダルから分裂し、ヤーダヴと同じ上層後進カーストに帰属するクルミ・カーストが主導権を握ったサマタ党が好例である。BJPは、1998年・1999年下院選挙において第一党の座を確保することに成功するが、これはカースト動員戦略を採用するサマタ党と徹底した選挙協力を組むことによって、初めて達成した成功であった。2005年11月州議会選挙において、BJP－ジャナター・ダル（統一派）連合は、ラルー政権を倒すことに成功したが、主導権はサマタ党の流れを引くジャナター・ダル（統一派）が握っている。その意味で、BJPが推進する宗教動員戦略が成功したとは言えず、カースト動員戦略が依然として優位に立っている。

　このことが競合的多党制の成立を説明する。各党が、特定のカーストを支持基盤とするカースト動員戦略を採用する以上、かつての会議派のように多様な社会集団を一つの党の中に包摂する包括政党が成立することは、困難となる。ビハール社会において最大のカースト集団を構成するヤーダヴですら、人口比では11％にすぎないことを考えると、特定カーストに支持基盤を求める政党の数は、必然的に増えることとなる。その結果、ビハール州における有効政党数は1990年以降増大し、競合的多党制が成立することとなった。

「暴動への対処法」の持つ意義

　カースト・宗教両アイデンティティの相互作用に留意しつつ、「暴動への対処法」に着目することにより、1990年代における政治変動の解明を試みてきた。その結果、これまでの研究が積み残してきた課題をかなりの程度説明することができ、1990年代の政治変動をよりよく把握することが可能になった。

　暴動、とりわけ「暴動への対処法」を政治変動の説明変数として捉える視点は、新しい試みである。暴動研究においても、政治変動研究においても、暴動

の政治的帰結を検討するという関心は乏しかった。アイデンティティ政治の研究において、暴動はアイデンティティの政治をもっとも先鋭な形で表象した最果ての地であり、暴動に至る動員・政治過程は熱心に研究されてきた。しかし、暴動がアイデンティティの政治にもたらした影響を分析する試みは、近年取り組みが始まったとはいえ、十分に展開されているとは言えない。

このことは、暴動の政治的帰結を検討する意義がない、ということを意味しない。本書の検討でも示したように、「暴動への対処法」を軸に検討することによって、1990年代に起こった政治変動を、少なくともビハール州レベルではよりよく説明することに貢献した。ビハール州が、ウッタル・プラデーシュ州に次ぐ下院議席を保持していたことを考慮に入れると、この結論が持つ意味は決して小さくない。

繰り返しになるが、「暴動への対処法」だけで全てを説明できると言っているわけではない。政治変動を理解するためには、カースト・宗教両アイデンティティの相互作用に留意しつつ、各政党の集票戦略に焦点を絞って分析することが必要であった。その意味で、「暴動への対処法」は説明変数の一つである。しかし同時に、それが有権者の投票行動に大きな影響を及ぼす変数であることは否定しがたい。

本書においては、ビハール州の事例を検討するにとどまったが、1990年代の政治変動においては、他の州でも暴動は頻発した。「暴動への対処法」を軸としてアイデンティティの政治を把握することで、競合的多党制の成立をどこまで解き明かすことができるか、検討する意義があることは確かである。

民主主義の可能性

それでは最後に、民主主義と暴力の共存について考えたい。政治変動の解明という論点に加えて、暴力を克服する民主主義の可能性を考える上でも本書の分析は意義を持つ。宗教暴動に至る政治過程は、自由で公正な選挙によって政治権力の担い手を選ぶという民主制の下で展開された政党間競合の動態であった。磐石であった会議派支配に社会主義政党が挑む過程で、会議派は宗教アイデンティティに頼り、宗教アイデンティティをめぐるBJPとの激しい政治的競合が宗教暴動に行き着いた。その意味で民主主義のダイナミズムは、宗教暴

動という陰惨な暴力を招いたと指摘できる。

　しかし、民主政治が宗教暴動という荒廃で終わったわけではない。バーガルプル暴動後のビハール州政治は、宗教暴動を断固として防ぎ、宗教的少数派を守る政治であった。セキュラリズムの擁護者としてのラルー政権の政策の背後には、権力基盤を固めるためにムスリム票が欠かせないという権力政治の要因があったことは否めない。それでもなお、宗教的少数派が自らの安全を保障してくれる政党に投票し、政党も彼らを守ることで選挙での支持を確保する、これも民主政治の一つの形である。ラルー政権は、在任中の15年間にわたり、一貫してセキュラリズムの擁護を唱え続け、1992年のアヨーディヤ暴動、2002年のグジャラート暴動の際もビハールでは宗教暴動は抑え込まれた。2005年11月にジャナター・ダル（統一派）とBJPの連立政権が成立したが、BJPが政権の一翼を担っているにもかかわらず、ニティーシュ・クマール政権では大きな宗教暴動は起こっていない。いわばセキュラリズムの擁護をめぐる政治的競合が起こっているのが現在のビハール州政治であり、少なくとも1990年以降は民主主義が宗教暴動を克服した事例と言える。

　暴力と民主主義の関係を考える上では、他州の事例も取り入れて比較分析を行うことが重要である。その際に解明すべきは、暴動に至る政治過程と同時に、政府による「暴動への対処法」とその政治的帰結である。例えば、2002年にバーガルプル暴動を上回る規模の宗教暴動が起こったグジャラート州では、州政府が積極的に暴動に関与したとされ、暴動後も2回の選挙で勝利し、2012年現在も政権の座に留まっている。ビハール州とは対照的な政治が展開されているが、なぜこのような違いが生じるのか。この問いを考えることは、暴力と民主主義の関係を解き明かす上で重要である[1]。その際に、「暴動への対処法」とその政治的帰結は分析の土台となる。

　このように「暴動への対処法」は、民主主義が暴力を克服する可能性を検証する上で、重要な手がかりを提供する。将来のインド政治研究において、「暴動への対処法」を軸に比較分析を展開することが意義を持つことは、確かである。

---

　1)　両州の暴動については、中溝［2011］において主に経済的側面から比較分析を行った。

付　記

1. ビハール州選挙管理委員会資料の扱いについて

1.1　各コミュニティーの概念

　ビハール州選挙管理委員会資料は、州人口を「BC」、「SC」、「ST」、「General」の四つのカテゴリーに分類している。「SC（Scheduled Castes）」、「ST（Scheduled Tribes）」については、1991年センサスの値と合致するため概念上の問題は生じないが、「BC」、「General」がどのコミュニティーを指すのかという点が問題となる。

　「BC」に関しては、マンダル委員会報告が対象とする「その他後進諸階級（Other Backward Classes: OBC）」を指すのか、それとも「後進カースト（Backward Caste）」を指すのか、資料からは明らかではない。ただし、第一に、宗教別のカテゴリーが定められていないこと、第二に、マンダル委員会報告が認定する「OBC」にはヒンドゥー教徒のみならず他宗教の「OBC」も含まれていること、を考えると、マンダル委員会報告が認定する「OBC」を指していると考えられる。

　ただし、マンダル委員会報告が認定する「OBC」を指すとしても、時期により対象とするコミュニティーが異なるため、作成年が問題となる。この点、資料には記載がないため確定には困難が伴うが、第一に「指定カースト・部族」の人口比が1991年センサスに基づいていることは資料に明記されており、かつ実際に数値が合致すること、第二に、1994年に新県として創設されたパクール（Pakur）県が記載されていること、から1994年以降に作成されたことは間違いないと思われる。この点を裏付けるものとして、Srikant［2005：175-178］は、同じビハール州選挙管理委員会資料を引用して1995年に調査が行われたと付記している。

　マンダル委員会報告が対象とするコミュニティーは、本論で検討したように1992年の最高裁判決を受けて1993年にラオ会議派政権によって定められた新基準によって変更された。新基準により、マンダル委員会報告が定めたリストに加えて、州政府のリストも考慮に入れることになり、両者の重複部分が対象コミュニティーとされた。ビハール州選挙管理委員会資料は、作成時期から新基準を基に作成されていると考えられる。

　この点は、人口比からも確認することができる。ビハール州においては、55の後

進カーストが「OBC」リストから外れることになり、社会的には後進カーストであるにもかかわらず、公務員職留保制度のもとでは「上位カースト」に分類されることとなった。従って、資料の「一般（General）」には、上位カースト、ムスリムを中心とする他宗教出身者の「上位カースト」に加えて、無視できない数の後進カーストが含まれることとなる。具体的な数値を挙げると、「一般」は30.06％、「OBC」が47.11％となり、1931年センサスを基にしたBlair［1980］の上位カースト13.0％、後進カースト51.3％の値とは異なる。とりわけ、「一般」は上位カーストの2.3倍となり、上述の点を反映した結果となっている。

このように「OBC」概念は不確定な性格を持っているが、マンダル委員会報告の受益者を構成するために、分析において採用した。

1.2 選挙区人口比の算出

選挙区ごとの人口比を割り出すために、以下のような計算を行った。まずビハール州選挙管理委員会資料には県（District）別の人口比しか表記されていない。2008年に新たに選挙区の区割りが設定されるまでは1976年に制定された区割り令に従っており、1976年当時の県区分に従って下院選挙区、州議会選挙区とも定められている。資料は1994年以降の県区分に従って表記されているため、1976年以降の行政単位の変更を考慮に入れて人口統計を一旦1976年当時の県単位に再構成し、その上で県の平均値に基づいて州議会選挙区、下院選挙区の人口比を計算した。そのため、データは個別の選挙区の人口構成比を正確に反映したものとはなっていない。しかし、入手できる最新のデータであることに鑑みて、採用した。

1.3 資料中の誤記について

資料中の明らかな誤記については、1991年センサス（Directorate of Census Operations, Bihar［1996］）、Bhatt［2000］を適宜参照しつつ修正を施した。最後に、同一の資料は、上述のSrikant［2005］以外にも、Louis［2002：72, Table 4.5］など他の研究者も使用していることを申し添えておく。

2. 宗教暴動（1990年9-11月）における死者数の確定について

死者数の確定にあたり、以下の原則を適用した。

1. 報道機関の数字を使用する。確実な死者数という観点からは、政府が発表する

公式発表数を用いるのが無難だと思われたが、実際に検討を行ってみて、報道機関が提示している数字が、警察発表によるものなのか、それとも独自調査によるものなのか、判別が難しい記事が多かった。警察情報と報道機関の情報が截然と区別されて記述されていれば問題はないが、「警察情報によると」と書かれていない場合でも前後の文脈から警察情報に基づいていると強く推測できる場合があり、このような場合における数字を公式発表数ではないと切り捨てることはかえって危険であると思われた。従って、報道機関が自ら信頼できる数字として取り上げているものを採用した。

例えば、1990年9月5日にグジャラート州バローダ県・アナンド県他で発生した宗教暴動において、警察はバローダ県で6名死亡、アナンド県で2名死亡としているが、『ヒンドゥスタン・タイムズ』紙は独自調査によりバローダ県で9名死亡、アナンド県で5名死亡とし、殺害の方法まで明らかにしている（"Army alerted in Baroda curfew in three cities", *The Hindustan Times* (New Delhi), 1990/9/6, p. 1）。この事例は、公式発表数と報道機関の数字を明確に区別できる事例であるが、具体的な記述から客観性が高いと判断でき、採用しても問題ないと思われた。客観性と同時に、読者に与える影響という点も考慮した。

ちなみに、記事中に公式発表数と明記されている数字の合計は365名であり、報道機関数より244名減少することになる。

同時に「非公式」、「未確認」と記載があり、かつ記事タイトルにも扱われていない数字に関しては、「最大限数」として扱った。さらに、同じ通信社電で同一記事であっても死者数が異なる場合があり、この場合は少ない方を表中に記載し、多い方を「最大限数」として扱った。例えば10月28日付記事 "Jhalda peaceful after violence", *The Hindustan Times* (New Delhi), 1990/10/28, p. 18においては、記事の前段で過去3日間における西ベンガル州フィルカーナ、ジャルダ、カトワ地区の犠牲者累計を15名としているが、後段においては21名としている。短い記事であり、事件の具体的記述においても両者に違いは見られないため、いずれが正しいのか判断が難しい。従って、このような場合は、15名を本数字として扱い、21名を「最大限数」として扱った。「最大限数」の合計は、706名であり、本数字より96名増加した。

このように検討すると、「公式数字」と確認できる365名から、最大限706名まで死者数には幅があることになるが、記事からもっとも信頼できる数字として610名を挙げることができる。

2． 同一記事において「当日死者数の合計」と「個別事例の合計」が食い違う場合には、「当日死者数の合計」が「個別事例の合計」を上回る場合は「当日死者数の合

計」を優先し、「個別事例の合計」が「当日死者数の合計」を上回る場合は、殺害状況が明記されている場合に限り「個別事例の合計」を優先した。

「当日死者数の合計」を優先する理由は、留保問題と異なり自殺を合計に組み入れている事例はほぼ見られず、従って個別事例として言及されていない死者も犠牲者と認定できると考えたためである。例えば、10月31日付の "20 killed elsewhere, curfew in many towns", *The Hindustan Times* (New Delhi), 1990/10/31, p. 1においては、「当日死者数の合計」が20名であるにもかかわらず、州ごとの「個別事例の合計」は16名に過ぎない。従って4名少ないことになるが、この場合は「調整」欄に4名を組み入れることによって「当日死者数の合計」20名として数えている（ちなみに、10月31日付記事は、アヨーディヤにおけるカール・セヴァの死者11名を別記事として扱っているため、合計31名となる）。

「個別事例の合計」が「当日死者数の合計」を上回る場合に、殺害の状況が明記されている「個別事例の合計」を優先する理由は、具体性から信憑性がより高いと考えたためである。例えば、11月1日付の "Fresh violence claims 37 lives Curfew in several cities", *The Hindustan Times* (New Delhi), 1990/11/1, p. 1は、「当日死者数合計」を37名としているが、各州の個別の事例を積み上げていくと、合計56名となった。殺害状況の記述が具体的であるため、こちらの方が信憑性が高いと判断し、56名の数値を採用した。

3．暴動が継続して発生した場合、死者数を累計で記載している場合がある。例えば、"Army alerted in Baroda Curfew in three cities", *The Hindustan Times* (New Delhi), 1990/9/6, p. 1では、9月4・5両日合計の死者数の記載しかない。この場合は5日の死者数（5名）を割り出すために、累計（16名）から4日の死者数（11名）を引算した。このため、必ずしも5日に死亡したわけではない可能性も生まれるが、日ごとの死者数を割り出すためには最善の方法であると考えられるためである。

4．累計を基に計算すると、日が改まるにつれて累計が変動する場合が生じる。この場合は、最新の情報を採用することを原則とした。ただし、最新の累計が以前の累計より減少する場合は、当日の死者数を極力正確に反映する意図から、当日欄においては引算せずに、州合計の最後における「調整」欄において引算した。例えば、マディヤ・プラデーシュ州インドール市の事例では、10月30日に暴動が発生して以来、着実に犠牲者が増え続け、単純に合計すると11月11日の時点で17名に達していた。ところが、11月13日付記事 "Many towns still tense", *The Hindustan Times* (New

Delhi), 1990/11/13, p. 7によると、10月30日から始まった暴動の犠牲者は合計14名とされている。従って、最新情報採用の原則からインドール市の死者数を最終的に14名とし、「調整」欄で3を引算した。このような方法を採った理由は、いずれの日の死者数が誤りであったか不明であることに加えて、読者に与える影響という観点から日ごとの報道における死者数を尊重したいと考えたためである。

5．宗教暴動の可能性が高い事件であっても、記事中に宗教との関連について触れられていなければ除外した。例えば、"Police open fire as 2 die in Ranch clashes", *The Hindustan Times* (New Delhi), 1990/10/28, p. 18は、ラルーが対応を協議し、更に中央政府の内務担当国務大臣とも連絡を取っていることから、宗教暴動の可能性が非常に高い事件であるが、「グループ間の衝突」としか説明されていないため除外した。このため、実際に起こった宗教暴動よりも犠牲者の数が少なくなっている可能性がある。もっとも、このラーンチーの暴動については、10月30日付記事 "Curfew in several UP towns: one lakh held", *The Hindustan Times* (New Delhi), 1990/10/30, p. 1において宗教暴動の関連記事として扱われており、死者累計4名と記載されているため、27日時点での2名の死者はこの累計4名に組み込まれている可能性が高い。しかし、28日の記事単独では宗教暴動と断定できないため、除外している。

　以上が、1990年9月から11月にかけて発生した宗教暴動の死者数を確定する際に用いた原則である。

引用文献

1. 政府刊行物・政府文書・法律

Backward Classes Commission. 1980, *Reservations For Backward Classes Mandal Commission Report of the Backward Classes Commission, 1980*, Delhi, Akalank Publications (本文中には『マンダル委員会報告』と表記する)

Census of India. 2001, *Rural-Urban distribution of population-India and states/Union territories: 2001* URL http://www.censusindia.net/results/rudist.html (2007年9月21日アクセス)

Directorate of Census Operations, Bihar. 1996, *Primary Census Abstract Scheduled Caste and Scheduled Tribes*, Patna

Majumdar, P. K. and R. P. Kataria. 2004, *The Constitution of India*, New Delhi, Orient Publishing Company

Election Commission of India, *Statistical Report of General Elections to Lok Sabha* (各選挙版、本文中には『選挙管理委員会資料』と表記する)

Election Commission of India, *Statistical Report of General Elections to the Legislative Assembly of Bihar* (各選挙版、本文中には『選挙管理委員会資料』と表記する)

Government of India, Ministry of Finance. 2004, *Economic Survey 2004-2005*, Statistical Tables URL http://indiabudget.nic.in/es2004-05/tables.htm (2010年8月12日アクセス)

Jain, Akalank Kumar (ed.). 2007, *High Level Committee Report on Social, Economic and Educational Status of the Muslim Community of India*, November 2006, Delhi, Akalank Publication

Lacey, W. G. 1987 (First edition 1932), *Census of India, 1931, vol. VII, Bihar and Orissa, part II-Tables*, New Delhi, Usha Publications

Registrar General & Census Commissioner. 1996, *Census of India 1991 Religion (Table C-9)*

Registrar General of India. 1998, *Bihar State District Profile 1991*, New Delhi.

Singh, K. S. 1998a, "Introduction", in *India's Communities A-G* (People of India National Series Volume Ⅳ), New Delhi, Anthropological Survey of India (Oxford University Press)

―. 1998b, *India's Communities H-M* (People of India National Series Vol. Ⅴ), New Delhi, Anthropological Survey of India (Oxford University Press)

―. 1998c, *India's Communities N-Z* (People of India National Series Vol. Ⅵ), New Delhi, Anthropological Survey of India (Oxford University Press)

2．データセット

Varshney, Ashutosh and Steven Wilkinson. 2006, Varshney-Wilkinson Dataset on Hindu-Muslim Violence in India, 1950-1995, Version 2, Inter-University Consortium for Political and Social Research 4342 URL http://www.icpsr.umich.edu/icpsrweb/ICPSR/studies/04342/version/1（2009年3月21日アクセス）

Indiastat（URL http://www.indiastat.com/default.aspx）

①Statewise production/yield/area of rice（各年版）
URL http://www.indiastat.com/table/agriculture/2/rice/17194/（productionとareaについては2011年10月3日アクセス、yieldについては2011年5月19日アクセス）

②Statewise production/yield/area of wheat（各年版）
URL http://www.indiastat.com/table/agriculture/2/wheat/17195/（productionとareaについては2011年10月3日アクセス、yieldについては2011年5月19日アクセス）

3．事　典

『南アジアを知る事典』（平凡社、1992年）

4．日本語文献

井上恭子、1998「インドにおける地方行政──パンチャーヤット制度の展開」『アジア経済』XXXIX-11（1998.11）、2-30頁

─── 、2000「1990年代インドの政治──多党化時代の政権構造」『アジア経済』XLI-10・11（2000.10・11）、37-65頁

絵所秀紀、1994『開発と援助──南アジア・構造調整・貧困』同文舘

─── 、2008『離陸したインド経済──開発の軌跡と展望』ミネルヴァ書房

大内穂、1971「インド政府内務省報告（一九六九年一二月）にみるインドの農業問題」松井透編『インド土地制度史研究』東京大学出版会、295-366頁

大橋正明、2001『「不可触民」と教育──インド・ガンディー主義の農地改革とブイヤーンの人びと』明石書店

押川文子、1985「出稼ぎ型労働異動と村の変化──インド・ビハール州の一事例」『アジア経済』XXVI-1（1985.1）、49-71頁

─── 、1994「反留保アジテーションとインド社会──1990年の事例を中心に」『アジア経済』XXXV-4（1994.4）、25-49頁

ガーンディー、M. K, 2001『真の独立への道（ヒンド・スワラージ）』田中敏雄訳、岩波書店（Gandhi, Mohandas Karamchand. 1987, *Hind svaraj*, Amdavad, Navajivan Prakashan Mandir）

小嶋常喜、2008「植民地期インドにおける『農民』の登場──ビハール州キサーン・サバーの系譜」『南アジア研究』第20号、118-139頁

近藤則夫、1998a「インドにおける総合農村開発事業の展開（Ⅰ）——総合的地域開発計画から貧困緩和事業へ」『アジア経済』XXXIX-6（1998.6）、2-22頁

———、1998b「インドにおける総合農村開発事業の展開（Ⅱ）——総合的地域開発計画から貧困緩和事業へ」『アジア経済』XXXIX-7（1998.7）、22-52頁

———、1999「インドにおける連邦下院議員選挙と物価——都市部選挙区における分析の試み」文部省科学研究費・特定領域研究（A）「南アジア世界の構造変動とネット・ワーク」総括班編『南アジアの構造変動——ミクロの視点から』プリントワールドタンネ、5-32頁

———、2004「インドにおける第14次連邦下院選挙と新政権の成立」『アジア経済』XLV-10（2004.10）、71-86頁

———、2009a「インド：連邦下院選挙におけるインド国民会議派——経済変動と宗派間亀裂の影響」間寧編『アジア開発途上諸国の投票行動——亀裂と経済』アジア経済研究所、41-108頁

———、2009b「インドにおけるヒンドゥー・ナショナリズムの展開——州政治とコミュナル暴動」近藤則夫編『インド民主主義体制のゆくえ——挑戦と変容』アジア経済研究所、267-316頁

佐藤宏、2006「第4章　インド国民会議派」広瀬崇子・南埜猛・井上恭子編著『インド民主主義の変容』明石書店、71-80頁

サラスワティー、スワーミー・サハジャーナンド、2002『農民組合の思い出　インド農民との出会い』桑島昭訳、嵯峨野書院（Saraswati, Swami Sahajanand（出版年不詳）, *Kisan Sabha ke Sansmaran,* New Literature）

サルカール、スミット、1993『新しいインド近代史Ⅰ・Ⅱ——下からの歴史の試み』長崎暢子・臼田雅之・中里成章・粟屋利江訳、研文出版（Sarkar, Sumit. 1983, *Mordern India 1885-1947,* New Delhi, Macmillan India）

竹中千春、1999「政党再編とインド政治」『国際問題』第469号、34-48頁

———、2001「暴動の政治過程——1992-93ボンベイ暴動」日本比較政治学会編『民族共存の条件＜日本比較政治学会年報第3号＞』早稲田大学出版部、49-78頁

———、2005「グローバリゼーションと民主主義の間——インド政治の現在」『国際問題』第542号、7-23頁

チャンドラ、ビパン、2001『近代インドの歴史』粟屋利江訳、山川出版社（Chandra, Bipan. 1990, *Mordern India: A History Textbook for Class 12* (Revised Edition), New Delhi, National Council of Educational Reseach and Training）

内藤雅雄、1998「第3章　インドの民主主義とヒンドゥー原理主義」古賀正則・内藤雅雄・中村平治編『現代インドの展望』岩波書店、49-73頁

中里成章、1987「ザミンダールの地所経営機構と在地社会——一九世紀末二十世紀初頭のダッカ地方の事例を中心に」『東洋文化研究所紀要』（東京大学東洋文化研究所）、第百三

冊、163-217頁
―――、1989「ベンガルにおける土地所有権の展開」『歴史と地理』第402号2月、1-14頁
中溝和弥、2008「暴力の配当――インド・ビハール州における政治変動とアイデンティティの政治」東京大学大学院法学政治学研究科博士号取得論文
―――、2010「地主と虐殺――インド・ビハール州における私兵集団の結成と政治変動」『アジア・アフリカ地域研究』2009年第9-2号、180-222頁
―――、2011「暴動と経済――インドにおける民主主義と『暴力の政治』」『国際政治』第165号、30-43頁
中溝和弥・湊一樹、2011『インド・ビハール州における2010年州議会選挙――開発とアイデンティティ』アジア経済研究所機動研究成果報告書（ウェブ出版）
　　URL http://www.ide.go.jp/Japanese/Publish/Download/Kidou/2010 301.html
長崎暢子、1981『インド大反乱　一八五七年』中央公論社
―――、1994「政教分離主義と基層文化・ヒンドゥーイズム」蓮實重彥・山内昌之編『いま、なぜ民族か』東京大学出版会、81-97頁
―――、1996『ガンディー――反近代の実験』岩波書店
広瀬崇子、1991「インド国民会議派の組織と機能――一党優位体制の崩壊」『アジア研究』第37巻第3号、61-87頁
―――、2006「第三章　第14回連邦下院選挙の位置づけ」広瀬崇子・南埜猛・井上恭子編著『インド民主主義の変容』明石書店、57-68頁
藤井毅、2003『歴史の中のカースト――近代インドの自画像』岩波書店
藤田幸一、2002「インド農業論――技術・政策・構造変化」絵所秀紀編『現代南アジア②経済自由化のゆくえ』東京大学出版会、97-119頁
藤原帰一、1998「冷戦の終わり方――合意による平和から力の平和へ」東京大学社会科学研究所編『20世紀システム』第6巻、東京大学出版会、273-308頁
柳澤悠、1991『南インド社会経済史研究』東京大学出版会
―――、2008「現代インドの経済成長と農村社会の変容」『千葉大学　経済研究』第23巻第3号、283-314頁

5．外国語二次文献

Bhalla, G. S. and Gurmail Singh. 1997, "Recent Developments in Indian Agriculture A State Level Analysis", *Economic and Political Weekly*（以下 *EPW*）, March 29, pp. A2-A18
Bharti, Indu. 1989a, "The Bihar Crisis", *EPW*, February 11, pp. 284-286
―――. 1989b, "Bihar Crisis: Making of a CM", *EPW*, April 8, pp. 715-716
―――. 1989c, "Bhagalpur Riot and Bihar Government", *EPW*, December 2, pp. 2643-2644
―――. 1989d, "Rearranged Political Mosaic", *EPW*, December 9, pp. 2699-2701
―――. 1990a, "Politics of Anti-reservation Stir", *EPW*, February 10, pp. 309-310

———. 1990b, "Bihar Elections: Violence Inevitable", *EPW*, March 3, p. 429

———. 1990c, "Bihar Ballot: Expected Outcome", *EPW*, March 24, pp. 595-597

———. 1990d, "Dalits Gain New Izzat", *EPW*, May 5-12, pp. 980-981

———. 1990e, "Bihar: New Government, New Hope", *EPW*, June 30, pp. 1373-1374

———. 1991a, "Survival against Heavy Odds", *EPW*, January 19, pp. 91-93

———. 1991b, "Centre against Bihar", *EPW*, March 30, p. 822

———. 1991c, "Lok Sabha Elections: Message from Bihar", *EPW*, August 17, pp. 1895-1897

Bhatt, S. C. 2000, *The Encyclopaedic District Gazetters of India*, Eastern Zone (vol. 8), New Delhi, Gyan Publishing House

Blair, Harry Wallace. 1969, *Caste, Politics and Democracy in Bihar State, India: The Elections of 1967*, unpublished Ph. D, Duke University

———. 1979, *Voting, Caste, Community, Society -Explorations in Aggregate Data Analysis in India and Bangladesh*, New Delhi, Young Asia Publication

———. 1980, "Rising Kulaks and Backward Classes in Bihar-Social Change in the Late 1970's", *EPW*, January 12, pp. 64-74

———. 1990, "Electoral Support and Party Institutionalisation in Bihar: Congress and the Opposition, 1977-85", in Sisson, Richard and Ramashray Roy (ed.), *Diversity and Dominance in Indian Politics, volume 1: Changing Bases of Congress Support*, New Delhi, Sage Publications, pp. 123-167

———. 1993, "Local Support Bases and the Ninth General Election in Bihar and Maharashtra", in Gould, Harold A. and Sumit Ganguly (ed.), *India Votes-Alliance Politics and Minority Governments in the Ninth and Tenth General Elections*, Boulder, Westview Press, pp. 50-80

Brass, Paul R. 1980a, "The Politicization of the Peasantry in a North Indian State: Part 1", *The Journal of Peasant Studies*, vol. 7, no. 4, pp. 395-426

———. 1980b, "The Politicization of the Peasantry in a North Indian State: Part 2", *The Journal of Peasant Studies*, vol. 8, no. 1, pp. 3-36

———. 1986, "The Political Uses of Crisis: The Bihar Famine of 1966-1967", *The Journal of Asian Studies*, vol. 45, no. 2, pp. 245-267

———. 1991, "The Punjab Crisis and the Unity of India", in Kohli, Atul (ed.), *India's Democracy An Analysis of Changing State-Society Relations*, New Delhi, Orient Longman

———. 1993a, "Caste, Class, and Community in the Ninth General Elections for the Lok Sabha in Uttar Pradesh", in Gould, Harold A. and Sumit Ganguly (ed.), *India Votes-Alliance Politics and Minority Governments in the Ninth and Tenth General Elections*, Boulder, Westview Press, pp. 108-137

―――. 1993b, "The Rise of the BJP and the Future of Party Politics in Uttar Pradesh", in Gould, Harold A. and Sumit Ganguly (ed.), *India Votes-Alliance Politics and Minority Governments in the Ninth and Tenth General Elections*, Boulder, Westview Press, pp. 255-292

―――. 1994, *The Politics of India since Independence(second edition)*, New Delhi, Foundation Books

―――. 2003, *The Production of Hindu-Muslim Violence in Contemporary India*, New Delhi, Oxford University Press

Butler, David., Ashok Lahiri and Prannoy Roy. 1995, *India Decides-Elections 1952-1995*, New Delhi, Books & Things

Chandra, Kanchan. 2000, "The transformation of Ethnic Politics in India: The Decline of Congress and the Rise of the Bahujan Samaj Party in Hoshiarpur", *The Journal of Asian Studies* 59, no. 1, pp. 26-61

―――. 2004, *Why Ethnic Parties Succeed-patronage and ethnic head counts in India*, Cambridge, Cambridge University Press (South Asian edition)

Choudhary, P. K. and Srikant. 2001, *Bihar mem samajik pari-vartan ke kuch a-yam (1912-1990)* (in Hindi, trans. *Some Aspect of Social Change in Bihar*), Patna, Vani Prakashan

Chhibber, Pradeep K. 1999, *Democracy without Associations-Transformation of the party system and social cleavages in India*, New Delhi, Vistaar Publications

Chhibber, Pradeep and Ken Kollman. 1998, "Party Aggregation and the Number of Parties in India and the United States", *The American Political Science Review*, vol. 92, no. 2, pp. 329-342

Chhibber, Pradeep K. and John R. Petrocik. 1989, "The Puzzle of Indian Politics: Social Cleavages and the Indian Party System", *British Journal of Political Science*, 19, pp. 191-210

Chiriyankandath, James. 1992, "Tricolour and Saffron: Congress and the Neo-Hindu Challenge", in Mitra, Subrata K. and James Chiriyankandath (ed.), *Electoral Politics in India*, New Delhi, Segment Books, pp. 55-79

CSDS team. 1999, "Sharp polarization in Bihar", *Frontline*, Nov. 27-Dec. 10. 1999, pp. 36-38

Das, Arvind N. 1983, *Agrarian Unrest and Socio-Economic Change in Bihar, 1900-1980*, New Delhi, Manohar Publications

Dogra, Bharat. 1990, "Bhagalpur: Communal Violence Spreads to Villages", *EPW*, January 20, p. 145

Dyson, Tim and Arup Maharatna. 1992, "Bihar Famine, 1966-67 and Maharashtra Drought, 1970-73: The Demographic Consequences", *EPW*, June 27, pp. 1325-1332

Engineer, Asghar Ali. 1990, "Grim Tragedy of Bhagalpur Riots-Role of Police-Criminal

Nexus", *EPW*, February 10, pp. 305-307

――――. 1992, "Sitamarhi on Fire", *EPW*, November 14, pp. 2462-2464

――――. 1995, "Bhagalpur Riot Inquiry Commission Report", *EPW*, July 15, pp. 1729-1731

Fickett, Jr., Lewis P. 1993, "The Janata Dal in the Ninth Indian General Election of 1989 and Its Future Prospects", in Gould, Harold A. and Sumit Ganguly (ed.), *India Votes-Alliance Politics and Minority Governments in the Ninth and Tenth General Elections*, Boulder, Westview Press

Frankel, Francine R. 1971, *India's Green Revolution : Economic Gains and Political Costs*, New Jersey, Princeton University Press

――――. 1990a, "Caste, Land and Dominance in Bihar-Breakdown of the Brahmanical Social Order", in Frankel, Francine R. and M. S. A. Rao (ed.), *Dominance and State Power in Modern India-Decline of a social order*, vol. I , Delhi, Oxford University Press, pp. 46-132

――――. 1990b, "Conclusion:Decline of a Social Order", Frankel, Francine R. and M. S. A. Rao (ed.), *Dominance and State Power in Modern India-Decline of a social order*, vol. II, Delhi, Oxford University Press, pp. 482-517

――――. 2005, *India's Political Economy, 1947-2004 -The Gradual Revolution (second edition)*, New Delhi, Oxford University Press

Gould, Harold A. and Sumit Ganguly. 1993, "Introduction: The Ninth General Election", in Gould, Harold A. and Sumit Ganguly (ed.), *India Votes-Alliance Politics and Minority Governments in the Ninth and Tenth General Elections*, Boulder, Westview Press

Graf, Violette. 1992, "The Muslim Vote" in Mitra, Subrata K. and James Chiriyankandath (ed.), *Electoral Politics in India-A Changing Landscape*, New Delhi, Segment Books

Gupta, Shaibal. 2001, "New Panchayats and Subaltern Resurgence", *EPW*, July 21, pp. 2742-2744

Hasan, Zoya. 1998, "Community and Caste in Post-Congress Politics in Uttar Pradesh", in Basu, Amrita and Atul Kohli (ed.), *Community Conflicts and the State in India*, Delhi, Oxford University Press, pp. 93-107

Jaffrelot, Christophe. 1996, *The Hindu Nationalist Movement and Indian Politics 1925 to 1990s -Strategies of Identity-Building, Implantation and Mobilisation (with special reference to Central India)*, New Delhi, Viking

――――. 1998, "The Politics of Processions and Hindu-Muslim Riots", in Basu, Amrita and Atul Kohli (ed.), *Community Conflicts and the State in India*, Delhi, Oxford University Press, pp. 58-92

――――. 2003, *India's Silent Revolution-The rise of the low castes in north Indian politics*, Delhi, Permanent Black

Jannuzi, F. Tomasson. 1974, *Agrarian Crisis in India-The Case of Bihar*, Austin, University of Texas Press

Jha, Alok Kumar. 1991, "After the Carnage-Relief and Rehabilitation in Bhagalpur", *EPW*, January 5-12, pp. 19-21

Kishore, Avinash. 2004, "Understanding Agrarian Impasse in Bihar", *EPW*, July 31, pp. 3484-3491

Kohli, Atul. 1992, *Democracy and Discontent-India's growing crisis of governability*, New Delhi, Foundation Books (Indian edition)

―――. 1998, "Enduring Another Election", *Journal of Democracy*, 9. 3, pp. 7-20 (web版、URLは下記)
http://133.11.199.19:8080/-_-http://muse.jhu.edu/journals/journal_of_democracy/v009/9.3kohli.html (2007年2月12日アクセス)

―――. 2001, "Introduction", in Atul Kohli (ed.), *The Success of India's Democracy*, Cambridge, Cambridge University Press, pp. 1-19

Kondo, Norio. 2003, *Indian Parliamentary Elections after independence: Social Changes and Electoral Participation*, Chiba, Institute of Developing Economies, JETRO

Kothari, Rajni. 1964, "The Congress 'System' in India", *Asian Survey*, vol. IV, number 12, pp. 1161-1173

―――. 1990, *Politics and The People-In Search of a Humane India*, Delhi, Ajanta Publications

―――. 1991 (first published in 1970), "Introduction", Kothari, Rajni (ed.), *Caste in Indian Politics*, New Delhi, Orient Longman

―――. 1995 (first published in 1970), *Politics in India*, New Delhi, Orient Longman Limited

Kumar, Sanjay. 1999, "New Phase in Backward Caste Politics in Bihar Janata Dal on the Decline", *EPW*, August 21-28, pp. 2472-2480

―――. 2000, "The return of the RJD", *Frontline*, March 31, pp. 27-30

Kumar, Sanjay and Rakesh Ranjan. 2009, "Bihar: Development Matters", *EPW*, September 26, pp. 141-144

Lokniti Team. 2004, "National Election Study 2004: An Introduction", *EPW*, December 18, pp. 5373-5382

Louis, Prakash. 2002, *People Power-The Naxalite Movement in Central Bihar*, Delhi, Wordsmiths

Manor, James. 1991, "Parties and Party System", in Kohli, Atul (ed.), *India's Democracy An Analysis of Changing State-Society Relations*, New Delhi, Orient Longman

Mishra, Girish and Braj Kumar Pandey. 1992, *Ram Manohar Lohia: The Man and His Ism*, New Delhi, Eastern Books

———. 1996, *Sociology and Economics of Casteism in India-A study of Bihar*, Delhi, Pragati Publications

Mitra, Subrata K. and V. B. Singh. 1999, *Democracy and Social Change in India-A Cross-sectional Analysis of the National Electorate*, New Delhi, Sage Publications

Mishra, Upendra. 1986, *Caste and Politics in India-A Study of Political Turmoil in Bihar 1967-1977*, New Delhi, Uppal Publishing House

Mukherjee, Kalyan and Manju Kala. 1979, "Bhojpur: The Long Struggle" in Das, Arvind N. and V. Nilakant (ed.), *Agrarian Relations in India*, New Delhi, Manohar Publications, pp. 213-230

Navneeth, 1968, "Congress Debacle in Bihar: Voting Pattern in 1967", *EPW*, August 24, pp. 1311-1317

Nigam, Aditya and Yogendra Yadav. 1999, "Electral Politics in Indian States, 1989-1999", *EPW*, August 21-28, pp. 2391-2392

Pai, Sudha. 1996, "Transformation of the Indian Party System The 1996 Lok Sabha Elections", *Asian Survey*, vol. 36, no. 12, pp. 1170-83

Parikh, Sunita. 1998, "Religion, Reservation and Riots: The Politics of Ethnic Violence in India", in Basu, Amrita and Atul Kohli (ed.), *Community Conflicts and the State in India*, Delhi, Oxford University Press, pp. 33-57

Prasad, Pradhan H. 1989, *Lopsided Growth*, Bombay, Oxford University Press

Rao, P. V. Narasimha. 2006, *Ayodhya 6 December 1992*, New Delhi, Penguin Viking

Roy, Ramashray. 1991 (first published in 1970), "Caste and Political Recruitment in Bihar", in Kothari, Rajni (ed.), *Caste in Indian Politics*, New Delhi, Orient Longman, pp. 228-258

Rudolph, Lloyd I. and Susanne Hoeber Rudolph. 1988, *In Pursuit of Lakshmi : The Political Economy of the Indian State*, New Delhi, Orient Longman

Seth, Sanjay. 1999, "Rewriting Histories of Nationalism: The Politics of "Moderate Nationalism" in India, 1870-1905", *The American Historical Review*, vol. 104, no. 1, pp. 95-116

Seshia, Shaila. 1998. "Divide and Rule in Indian Party Politics The Rise of the Bharatiya Janata Party", *Asian Survey*, vol. 38, no. 11, pp. 1036-1050

Sharma, Alakh N. 1995. "Political Economy of Poverty in Bihar", *EPW*, October 14-21, pp. 2587-2602

———. 2005, "Agrarian Relations and Socio-Economic Change in Bihar", *EPW*, March 5, pp. 960-972

Singh, H. D. 1998, *543 Faces of India-Guide to Parliamentary Constituencies*, New Delhi, Newsmen Publishers

Singh, Mahendra Prasad. 2001, "India's National Front and United Front Coalition Governments -A Phase in Federalized Governance", *Asian Survey*, vol. 41, no. 2, pp. 328-350

Singh, V. B. 1995, "Class Action", *Frontline*, 1995/6/2, pp. 100-102

Sinha, Randhir and D. K. Singh. 1969, "A Case for Boosting Bihar's Agriculture", *EPW*, May 10, pp. 817-821

Sisson, Richard. 1990, "India in 1989-A year of elections in a culture of change", *Asian Survey*, vol. XXX, no. 2, pp. 111-125

Srikant. 1995. *Bihar Main Chunav- Jaati, buth loot aur hinsa*, Patna, Sikha Prakashan (in Hindi, trans: *Election in Bihar-caste, booth loot and violence*)

―――. 2005, *Bihar Main Chunav -Jaati, hinsa aur booth loot*, New Delhi, Vani Prakashan (in Hindi, trans: Election in Bihar-caste, violence and booth loot)

Srinivas, M. N. 1956, "A Note on Sanskritization and Westernization", *The Far Eastern Quarterly*, vol. 15, no. 4, pp. 481-496

―――. 1957, "Caste in Modern India", *The Journal of Asian Studies*, vol. 16, no. 4, pp. 529-548

―――. 1962, "Varna and Caste", in *Caste in Modern India and Other Essays*, London, Asia Publishing House, pp. 63-69

―――. 1995, *Social Change in Modern India*, New Delhi, Orient Longman (first published 1966 by the University of California Press)

Thakur, Devendra. 1989, *Politics of Land Reforms in India*, New Delhi, Commonwealth Publishers

Vanderbok, William G. 1990, "Critical Elections, Contained Volatility and the Indian Electorate", *Modern Asian Studies*, vol. 24, no. 1, pp. 173-194

Varshney, Ashutosh. 1995, *Democracy, development, and the countryside -Urban-rural struggles in India*, New York, Cambride University Press

―――. 2000, "Is India Becoming More Democratic?", *The Journal of Asian Studies*, vol. 59, no. 1, pp. 3-25

Weiner, Myron. 1967, *Party Building in a New Nation*, Chicago, University of Chicago Press

Wilkinson, Steven I. *Vote and Violence-Electral competition and Ethnic riots in India*, Cambridge, Cambridge University Press, 2004

Wilson, Kalpana. 1999, "Patterns of Accumulation and Struggles of Rural Labour: Some Aspects of Agrarian Change in Central Bihar", *Journal of Peasant Studies*, vol. 26, no. 2, pp. 316-354

―――. 2002, "Small Cultivators in Bihar and 'New' Technology: Choice or Compulsion ?",

EPW, March 30, pp. 1229-1238

Yadav, K. C. 1994, *India's Unequal Citizens-A Study of Other Backward Classes*, New Delhi, Manohar

Yadav, Muneshwar. 2004, "Bihar: Politics from Below", *EPW*, December 18, pp. 5510-5513

Yadav, Yogendra. 1996, "Reconfiguration in Indian Politics: State Assembly Elections, 1993 -1995", *EPW*, January 13-20, pp. 95-104

―――. 1999, "Electoral Politics in the Time of Change: India's third electral system, 1989-99", *EPW*, August 21-28, pp. 2393-2399

―――. 2000, "Understanding the Second Democratic Upsurge: trends of bahujan participation in electoral politics in the 1990s", Frankel, Francine R., Zoya Hasan, Rajeev Bhargava and Balveer Arora (ed.), *Transforming India-Social and Political Dynamics of Democracy*, New Delhi, Oxford University Press, pp. 120-145

―――. 2004, "The Elusive Mandate of 2004", *EPW*, December 18, pp. 5383-5398

[報告書]

Asian Development Research Institute, *Socio-Economic Status of Muslims in Bihar-A Study Sponsored by Bihar State Minorities Commission*, Patna, Asian Development Research Institute

Bhagalpur Riot Inquiry Commission, 1995. *Report of Bhagalpur Riot Inquiry Commission 1989 (Honourable Chairman's Report)*, Patna, The Superintendent Secretariat Press, Bihar, Patna

Chenoy, Kamal Mitra., S. P. Shukla, K. S. Subramanian and Achin Vanaik. 2003, "Gujarat Carnage 2002: A Report to the Nation by An Independent Fact Finding Mission", in Dayal, John (ed.), *Gujarat 2002: Untold and Re-told Stories of the Hindutva Lab*, Delhi, Media House

People's Union for Civil Unity, State Unit, Bihar. *The statement of fact, opinion, suggestions* (for Bhagalpur riot)

People's Union For Civil Liberties, 1992. *Sitamarhi Riots: The Truth*, Patna, November 1992

People's Union for Democratic Rights, 1990. *Bhagalpur Riots*, Delhi, April 1990

―――. 1992, *1984 Carnage in Delhi: A Report on the Aftermath*, Delhi, November 1992

あとがき

　本書は、2008年3月に東京大学大学院法学政治学研究科に提出した博士論文「暴力の配当——インド・ビハール州における政治変動とアイデンティティの政治」（2008年11月学位取得）に加筆・修正を行ったものである。博士論文は60万字を超える大部であったため、これを半分に削り、博士論文には含めていなかった経済的要因を第4章として付け加えた。現地調査を含む多くの論証部分を割愛しなければならなかったことは残念であるが、経済を扱った章を新たに付け加えたことにより、分析に厚みを持たせることができたと自負している。

　暴力の政治的帰結というテーマにたどり着くまで、長い時間がかかった。戦争と貧困の問題を考えようと国際政治学から研究生活に入った私にとって、暴力は貧困と並ぶ重要な課題であった。しかし、博士論文の主題として明確に意識するに至らせたのは、インドが突きつけた現実の重みに他ならない。私はこれまで国際交流基金アジア次世代リーダーフェローシップ奨学生として1996年3月から同年10月まで、在インド日本大使館専門調査員として1996年12月から1999年3月まで、文部科学省アジア諸国等派遣奨学生として2001年3月から2003年2月までインドに滞在する機会をいただき、更に2003年4月から2006年3月までは日本学術振興会特別研究員（PD）として現地調査を行う機会をいただいた。いずれの期間においてもインドが抱える問題は深刻であった。

　初めての留学で最初に経験したのはBJPが初めて第一党となった1996年下院選挙である。次の1998年下院選挙ではBJPがついに政権を獲得した。直後に実施した核実験のあとには、2002年グジャラート暴動が待っていた。あれほどの宗教暴動を引き起こした政党が民主主義の手続きに則って合法的に権力を獲得し、そして約束事のように再び大暴動を引き起こした過程を間近で観察したことは、民主主義と暴力の関係をどのように考えるかという問いを否応なしに突きつけた。

加えて修士論文に引き続き博士論文でも研究対象とすることを決めていたビハール州では、上位カースト地主の私兵集団ランヴィール・セーナーが暗躍している最中であった。ランヴィール・セーナーによって殺害された貧農の遺骸を前に、弔問に訪れたラルーが仁王立ちしている新聞写真の衝撃は、いまだに新鮮である。安定した民主主義体制のもとで虐殺が繰り返されることをどのように考えればよいのか。

　同時に、私がインドに滞在した時期は、競合的多党制期のなかでも最も政治的に不安定な時期であった。1996年から2004年までの8年間に、下院選挙は4回行われた。いずれの選挙も現地調査を行う機会に恵まれ、1998年BJP政権誕生の瞬間は下院の傍聴席で立ち会った。日々刻々と展開される政治過程を観察しながら、会議派の一党優位支配がなぜ急速に崩壊したのか、そのダイナミズムに興味を惹かれた。

　こうして暴力と政治変動という二つのテーマをつなぐことが博士論文の課題となったが、最初から本書のような形を考えていたわけではない。最初に取り組んだのはランヴィール・セーナーの問題であり、虐殺の原因を探るなかで政治変動の重要性を見出した。この分析は博士論文の一節として行ったが、紙幅の関係により本書には含めていない。「地主と虐殺——インド・ビハール州における私兵集団の結成と政治変動」（『アジア・アフリカ地域研究』第9-2号、2009年）として発表したので、関心がおありの方は読んでいただけると幸いである。

　研究を進めていくうちに、関心は暴力そのものの解明よりも暴力と政治変動の関係へと移り始めた。現地調査を行うなかで、ビハール州における競合的多党制の成立が、単に政党政治の変化に留まらない社会全体の変革を生み出していることに気がついたためである。ラルー政権の成立は、ビハール州の約9割を占める農村社会を大きく変容させていた。緩やかに崩れつつあった伝統的支配構造の崩壊を加速させ、下克上と呼べる現象を各地で生んでいた。本書で取り上げたムルホ村、そしてランヴィール・セーナー発祥の村ベラウールはそのような事例に当たる。

　それでは、なぜそのような変化が可能になったか。この問題を考える上で心に残っていたのが、1998年下院選挙調査の際にムスリムのジャーナリストであるファルザン・アフメッド氏（Mr. Farzan Ahmed）より耳にした1989年バ

ーガルプル暴動の影響であった。ここに、暴力と政治変動のつながりが確かな形を取るに至った。

　本書の議論は、2007年6月に開催された日本比較政治学会2007年度研究大会自由論題4「途上国研究の新アプローチ」セッションのなかで、「暴動の終わり方——インド・ビハール州における政治変動とアイデンティティの政治」と題した発表で最初に提示した。論文としては、「暴動と政治変動——インド・ビハール州の事例」(『年報政治学2009-Ⅱ　政治における暴力』日本政治学会編）として発表した。ご関心がおありの方は、この論文も合わせて読んでいただけると幸いである。

　本書の完成に至るまでには、実に多くの方にお世話になった。紙幅の関係により全ての方のお名前を上げることはできないが、心より御礼申し上げたい。
　最初にお礼を申し上げたいのは、指導教官の藤原帰一先生である。先生には修士時代から、政治学者として自立するための基礎を徹底的に教育していただいた。道に迷ってばかりいた私の現在地を的確に示してくださり、論文の完成までひたすら待っていただいた。ここまで時間がかかることは私にとっても予想外であったが、先生におかれてはなおさらだったと思う。個別の指導はもちろんのこと、毎週開かれる進捗報告会で論文の議論を同僚・後輩と共に鍛えてくださったことは、本当に幸せな思い出である。熟慮に満ちた素晴しい指導をいただいた。
　インド政治のみならずインドとの付き合い方を親身になって教えてくださったのが、竹中千春先生である。修士一年の後半からインド政治研究を志し、何から手をつけてよいかわからなかった私を、優しく懇切丁寧に指導してくださった。現在もなお先生の鋭い分析には目を覚まされるが、現地調査においては、研究のみならず、ある意味において研究よりも重要な、人としてインドに向き合う心構えを教えていただいた。インドとの付き合いも20年になろうとしているが、先生が紹介してくださったインドの方々との親交も含め、先生のご助言には常に助けられている。
　大串和雄先生には、日本学術振興会特別研究員（PD）時代に指導教官を引き受けていただいた。他にも先述の比較政治学会発表におけるコメンテーター、

そして博士論文の審査委員も担当してくださった。審査後に頂戴した正確無比としか呼びようのない詳細なコメントには心より感動した。本書がいくらかでも緻密さを備えているとすれば、それは先生のご指導のおかげである。

そもそも私が研究者として歩む道を開いてくださったのは、故鴨武彦先生であった。元々、修士を終えた後は就職するつもりで大学院に入った私に、博士課程への進学を勧めてくださったのは先生であり、先生の勧めがなければ本書も存在しなかった。先生に直接お渡しできないことは本当に残念であるが、上梓できたことを喜んでいただけると思う。

そしてインド研究の世界へ道を開いてくださったのは、長崎暢子先生である。面識のない私の相談に親身に乗っていただき、ゼミへの出席も認めてくださった。歴史学を超えて幅広い観点から常にご指導いただき、若手の育成に情熱を注がれるお姿には、感銘を受けている。

中里成章先生にもゼミへの出席を認めていただき、博士論文の執筆過程においては、東京大学東洋文化研究所班研究会（2007年）で構想を発表する機会を作ってくださるなど、大変にお世話になった。インドと真摯に向き合う先生のゼミからは、学問の厳しさを学んだ。折に触れていただく鋭くも暖かい貴重なご助言は、研究者として歩む上での指針となっている。

博士論文の審査を担当してくださったのは、馬場康雄先生、藤原帰一先生、大串和雄先生、伊藤洋一先生、水町勇一郎先生である。馬場先生には、ランヴィール・セーナーについて発表を行った東京大学法学部政治史研究会（2003年）においても、また審査会においても比較政治の観点から重要なご指摘をいただいた。先生方のご指摘は、必ずしも本書では十分に生かすことができなかったが、今後の重要な課題となっている。

博士論文を完成させた後にも議論を鍛えてくれたのは、多くの方からのご助力だった。石田憲先生、高原明生先生、足立明先生は、それぞれ世界政治研究会（2008年）、東京大学法学部比較現代政治・政治史研究会（2008年）、京都大学南アジア・インド洋世界論研究会（2009年）で博士論文の全体を発表する機会をくださった。田辺明生先生には、博士論文の出版へ向けた合評会を開催していただき、田辺先生はもちろんのこと、押川文子先生、近藤則夫先生、堀本武功先生、柳澤悠先生より大変貴重なコメントをいただいた。柳澤先生には世

界政治研究会（2008年）でもコメンテーターを務めていただき、経済的要因の重要性について大変貴重なご指摘をくださった。先生のご指摘を踏まえ新たに執筆した第4章には大変暖かい励ましをいただいた。

同じく経済的要因に関し、緑の革命の展開について実地で教えてくださったのは、藤田幸一先生である。2011年9月のビハール州ムルホ村調査、キシャンガンジ県調査において、緑の革命に関する基本的な知識に始まり、ビハール州における緑の革命を考察する際に留意すべき点など詳細にご教示いただいた。更に、第4章にも大変貴重なコメントをくださった。

インドの方々にも、大変にお世話になった。最初の留学、二回目の留学でもジャワハルラール・ネルー大学（Jawaharlal Nehru University）で学んだが、指導教官として私を受け入れてくださったのは、アシュウィニ・クマール・レイ先生（Prof. Aswini Kumar Ray）、イムティアーズ・アフマッド先生（Prof. Imtiaz Ahmad）、カマル・ミトラ・チェノイ先生（Prof. Kamal Mitra Chenoy）である。私が留学生活を乗り切ることができたのは、先生方の研究指導とご助力があったからこそであった。

デリー大学（University of Delhi）のアチン・ヴァナイク先生（Prof. Achin Vanaik）には、奥様で著名なジャーナリストのパメラ・フィリポーズ（Pamela Philipose）さんとともに、訪印のたびにお世話になっている。自由と平等の実現へ向けて長年闘ってこられた先生からは、インド民主主義の可能性を学んだ。

同じく民主主義の理念の実現へ向けて長年精力的にインド政治学を導いてこられたラジニ・コターリ先生（Prof. Rajni Kothari）からご指導をいただいたことは、深く心に残っている。ビハール州を選んだことをよい選択だと喜んでくださり、政治学の殻に閉じこもらずに文化を学べ、と鋭くご指導いただいたことは私の宝である。

現地調査を展開したビハール州においても、本当に多くの方にお世話になった。まずはアジア開発研究所（Asian Development Research Institute）のゴーシュ博士（Dr. Prabhat P Ghosh）とグプタ博士（Dr. Shaibal Gupta）にお礼を申し上げたい。両氏からはビハール州で現地調査を展開するにあたり、ビハール州の基礎知識から調査地の選定に至るまで、様々な助言、そしてパトナで生活するにあたって全面的な支援をいただいた。両氏、そして研究所の皆さんの助力

なしには、現地調査を展開することはできなかった。博士論文執筆後には、セミナー（Asian Development Research Institute Seminar, 2008年9月）において、博士論文の要旨を発表する機会をいただいた。その後も、アジア経済研究所プロジェクトなどで引き続きお世話になっている。

　実際の調査に当たっては、インドの友人達にお世話になった。本書では十分に掲載できなかったボージュプル県ベラウール村調査では、ヴィヴェック・シャランさん（Mr. Vivek Sharan）、パヴァン・クマール・シャルマさん（Mr. Pavan Kumar Sharma）、ダルメンドラ・クマール・シンさん（Mr. Dharmendra Kumar Singh）、マデプラ県ムルホ村調査では、シャンブー・クマール・スマンさん（Mr. Shambhu Kumar Suman）、ローヒット・クマールさん（Mr. Rohit Kumar）、ハレンドラ・クマールさん（Mr. Harendra Kumar）に助手をお願いした。バーガルプル暴動調査では、ジャーナリストのソルール・アフメド氏（Mr. Soroor Ahmed）、ヤクーブ・アシュラフィーさん（Mr. Yakub Ashrafi）に手伝っていただいた。彼らの協力なしでは、実りある現地調査を行うことができなかった。

　そして何よりも、インタビューに応じてくださったインド、とりわけビハール州の人々に御礼を申し上げたい。本書を執筆するにあたり行ったインタビューは、ビハール州だけで200名を超えるが、家族構成、社会的属性という私的な領域から暴動という、ともすれば自らの安全を脅かしかねない繊細な問題まで、実に快く応じてくださった。日本からビハールのことを学びに来たというそれだけのことで我が事のように喜んでくれ、長時間に及ぶ私のインタビューに倦みもせずつきあっていただいた。特にムルホ村の方々は、何度もインタビューに応じてくださり、本当に感謝の言葉しかない。インタビュー結果の全てを本書で活用することはできず、ここで全員のお名前を上げることも叶わないが、皆さんの協力がなければ本書も存在しなかったことはいうまでもない。心より御礼申し上げる。

　長く厳しい大学院生活を乗り切ることができたのは、先輩・友人達と楽しい時間を過ごせたことが大きい。日本では藤原ゼミの先輩・同僚・後輩に加え、上神貴佳さん、源河達史さん、庄司香さん、都留康子さん、野村親義さん、八谷まち子さん、デリー留学中は、川津千佳さん、木村真希子さん、小嶋常喜さ

ん、小西公大さん、小松久恵さん、鈴木真弥さん、冨澤かなさん、古井龍介さん、申才恩さん、李春晧さんと何度も食事を共にし、研究のみならず研究者人生について語り合えたことは、心温まる思い出である。李さんには、2009年5月に韓国外国語大学において博士論文の要旨を発表する機会をいただいた。

　現在所属している京都大学大学院アジア・アフリカ地域研究研究科の先生方、そして事務スタッフの方々にも大変お世話になっている。京都大学の校風そのままに大変自由な環境下で存分に研究・教育に従事できるのは、皆さんの暖かいご配慮あってのことである。そもそも京都大学に赴くことになったのは、人間文化研究機構プロジェクト「現代インド地域研究」が京都大学を中心拠点として開始されたからであった。総括責任者を務めておられる田辺明生先生からは、ディシプリンを超えて現代インド・南アジア研究を考える視点を、常に学ばせていただいている。大変にご多忙ななか、私の研究の進捗状況にも暖かいご配慮をいただき、心より感謝申し上げたい。同僚の石坂晋哉さん、福内千絵さんには、プロジェクト運営業務で大変お世話になっているほか、日々交わされる議論で大いに刺激を受けている。堀本武功先生をはじめとする京都大学拠点の皆さん、そして現代インド地域研究の皆さんからも、活発な研究会活動において様々な新しい視点をいただいている。

　東京大学出版会の山田秀樹さんは、初めて本を出版する私に、本の作り方を大変丁寧に教えてくださった。編集者の視点からいただく数々のご指摘は、私にとって新鮮であり、かつ議論を更に深めてくれるものであった。ともすれば作業が滞りがちな私を様々な形で励まし、私が本の内容に納得するまで諸々の作業をやりくりして限界まで待ってくださった。こうして博士論文を本として上梓することができたのは、何よりも山田さんのご助力のおかげである。

　本書は、日本学術振興会平成23年度科学研究費補助金（研究成果公開促進費）をいただいたことにより出版することができた。審査委員の先生方に心より御礼申し上げる。また、本書の論証を支えたフィールド・ワークは、国際交流基金アジア次世代リーダーフェローシップ奨学生（1996年3月から同年10月まで）、文部科学省アジア諸国等派遣奨学生（2001年3月から2003年2月まで）、日本学術振興会特別研究員（PD）（2003年4月より2006年3月まで）として貴

重な機会をいただいたことにより可能になった。心より御礼申し上げる。

　最後に家族について触れることをお許しいただきたい。本書が完成するまでの長い期間、家族には心配をかけ通しであった。特に私の母、そして義父母には、大きな心配をかけたと思う。妻の今村祥子は同業者としていつも私を支えてくれた。私の議論に厭わずつきあい、自信をなくしたときは決然と励ましてくれた。本書が少しでも読みやすくなったとすれば、彼女の助言のおかげである。

　論文の完成を心待ちにしていた父・和明と祖母・大村ヨシミに本書を直接手渡せなかったことは本当に残念である。

　本書の完成を何よりも待ち望んでいた母・小夜子と、いつも暖かく見守ってくれる義父母・今村嘉男・正子、そして妻の祥子に本書を捧げる。

中　溝　和　弥

索　引

ア　行

アーザード, B. J.(Bhagwat Jha Azad)　56, 165, 166, 180, 198, 199, 200, 227, 228, 288
アードヴァーニー, L. K.(Lal Krishna Advani)　3, 153, 154, 157, 249-255, 257, 274, 288, 320
アーンドラ・プラデーシュ州　95, 130, 152, 159, 205-207, 241, 250, 255
アイデンティティ　12-16, 21, 25, 28, 29, 35, 37, 41, 97, 140, 264, 317, 319, 324
　──政党　16, 17, 19, 21, 26, 27, 29, 317-320, 322
アッサム人民会議(AGP)　207
アメリカ　124, 129, 136
アヨーディヤ(問題)　2, 3, 143, 145, 153, 156-158, 175, 197, 202, 208, 211, 212, 215-223, 241, 249, 251-254, 256, 259, 275, 276, 283, 310, 319, 330
　──運動　20, 31, 145, 153, 156, 249, 283
　──開門　155-157, 200
　──動員　26, 27, 207, 208, 214, 238, 275, 322
　──暴動　289, 325
亜流宗教動員戦略　34, 150-154, 161, 197, 200, 202, 207, 215, 216, 227, 228, 321, 322
アンベードカル, B. R.(Bhimrao Ramji Ambedkar)　42, 79, 83
イギリス　37-39, 42, 43, 71, 72, 74, 79, 115, 116, 140
イスラーム　151, 155, 169, 171, 172, 175, 228
一党優位制／支配　1, 3, 4, 14, 17, 18, 25, 31, 33, 322
印中国境紛争　86, 124
インド　1, 30, 31, 37, 38, 41-44, 68, 72, 73, 79-81, 97, 115, 117, 125, 127, 129, 132, 133, 140, 142, 143, 178, 195, 203, 222, 252, 278, 325
インド革命党(BKD)　147
インド共産党(CPI)　74, 88, 146, 205, 214, 221, 240, 258, 289
インド共産党(マルクス主義)(CPM)　88, 146, 205, 214, 221, 240, 258, 289
インド共産党(マルクス・レーニン主義)解放派　281, 315
インド国民会議派(Indian National Congress)(会議派)　1-4, 6-21, 24, 26, 27, 29, 30-34, 37-44, 46-50, 55, 58, 62, 63, 65-67, 72-79, 81-99, 101-103, 105-109, 111-113, 118, 120, 124, 127, 138, 139, 140, 143, 144, 146-154, 159, 165, 166, 171, 187, 192, 193, 197-203, 205-211, 214-231, 233-237, 251, 257-259, 268-277, 279, 280, 282, 283, 288, 290, 292-297, 307-311, 313-316, 317-324
会議派(R)　93
会議派(S)　207, 208
会議派(O)　90, 93, 95, 97, 98
会議派システム　1, 4, 6, 8, 9, 31, 33, 37, 40, 44, 48-52, 55, 57, 58, 65, 67, 76, 82, 83, 86, 94, 124, 127, 321
会議派社会党　43, 67, 73-76, 85, 113
会議派組織崩壊仮説　15, 16
会議派─野党システム　4, 6, 7, 9, 13, 14, 25, 51, 86, 147, 202, 304
インド人民党(BJP：Bharatiya Janata Party)　1-3, 9, 10, 12, 13, 17-20, 22, 24, 26, 29, 32, 35, 103, 140, 142-144, 146, 150-154, 157-161, 167, 168, 171-173, 178, 183, 192, 196, 198, 200, 202, 205-209, 211, 212, 214-216, 219, 222-224, 227, 228, 230, 240, 241, 249, 251-253, 259, 268-270, 272-276, 289, 290, 292-295, 307,

351

309-315, 317-320, 322, 323, 325
インド・パキスタン戦争
　　第二次印パ戦争　　86, 124, 129
　　第三次印パ戦争　　94
インド・パキスタン分離独立　　2, 37
インフラストラクチャー　　111, 113
インフレーション　　86, 94, 115, 122, 124, 129, 144
ヴァージペーイー, A. B.（Atal Bihari Vajpayee）　　143, 144, 153, 212, 253
ヴァルシュネイ, A.（Ashutosh Varshney）　　128, 148
ヴァルナ制　　68-72
ウィルキンソン, S. I.（Steven I. Wilkinson）　　21, 23, 318
ウッタル・プラデーシュ州　　3, 7, 9, 10, 17, 21, 22, 24, 25, 31, 81, 145-147, 156, 157, 159, 162, 163, 173, 205, 208, 210, 217, 219-224, 239, 241, 242, 251-254, 261, 324
オリッサ州　　7, 95, 211, 241

カ 行

カースト　　3, 12, 15, 28, 29, 37, 41, 42, 44, 46, 49, 51, 55, 57, 68, 71, 72, 75, 76, 80-82, 86, 97, 101, 140, 200, 235, 243, 247, 248, 260, 261, 263, 265-267, 273, 291, 292, 305, 323
　　――アイデンティティ　　3, 16, 21, 25-32, 35, 77, 97, 249, 275, 317-320, 322
　　――動員戦略／モデル　　34, 50, 51, 67, 77-79, 85-88, 90, 91, 97, 98, 100, 102, 111, 138, 142, 231, 238, 240, 249, 304-306, 308
カール・セヴァ（Kar Sevak）　　250, 254, 256
階級　　37, 41, 46, 51, 57
　　――動員戦略　　93, 231, 238, 240
　　――闘争　　67, 73-75, 85
下院　　7, 11, 31, 49, 85, 157
下院選挙　　11, 55, 63, 96, 98, 102, 103, 140, 158, 193, 205, 258, 307, 315
格差　　112, 114, 119, 121, 131, 137, 144, 237
ガフール, A.（Abdul Gafool）　　95

カマラージ. K（Kumaraswami Kamaraj）　　92
刈分小作　　119
カルナータカ州　　71, 152, 159, 205, 206, 211, 241
カレルカール, カカ（Kaka Kalelkar）　　80, 81, 85, 86, 99-101
ガンディー, インディラ（Indira Gandhi）　　2, 8, 9, 15, 48, 89-96, 102, 105, 124, 129, 131, 137, 146, 152, 155, 194, 199, 208, 234
ガンディー, M. K.（Mohandas Karamchand Gandhi）　　1, 37, 39-43, 72-74, 80, 95, 113, 140, 143, 152
ガンディー, ラジーヴ（Rajiv Gandhi）　　2, 9, 15, 149, 152, 155-157, 161, 185-191, 193, 197, 198, 200-202, 209-211, 214-219, 222-225, 234, 259, 274, 286-288, 310
競合的多党制　　3, 4, 9, 10, 12-14, 18, 25, 31, 35, 51, 147, 202, 295, 314, 316, 317, 323
近代化アプローチ　　113, 124, 127, 128, 130, 137
クイット・インディア（インドを立ち去れ）運動　　37, 40, 74, 266
グジャラート州　　23, 24, 31, 95, 159, 205, 210, 241, 249, 250, 325
グジャラート暴動　　13, 313, 325
クマール, ニティーシュ（Nitish Kumar）　　290, 291, 325
クリシュナマチャリ, T. T.（T. T. Krishnamachari）　　129
クリパラニ, J. B.（J. B. Kripalani）　　85, 113
グンダー　　244, 245, 261-263, 265-267
計画委員会　　121, 128, 129
経済自由化　　124, 129
ケーララ州　　7, 23, 130, 144
言語　　17, 37, 41, 97, 140
現職不利の法則　　12, 13
後進カースト　　3, 13, 17, 18, 20, 21, 25, 28, 29, 31, 32, 34, 35, 44, 46-52, 55-58, 65, 67, 69, 73, 75-79, 82-85, 87-92, 95, 97-100, 103, 108, 109, 111, 118, 131, 137-139, 141, 146-150, 235-240, 243, 247, 248, 260, 262, 264, 265, 267, 271, 273,

276-283, 289, 290, 292-295, 304, 305, 308, 310-312, 314, 320-322, 327, 328
　　上層――（upper backward castes）　46, 47, 51, 57, 58, 65, 78, 84, 97, 111, 134, 137, 149, 191, 237, 260, 272, 273, 290, 312, 314
　　下層――（lower backward castes）　46, 51, 57, 87, 148, 191, 272
後進諸階級連盟　83, 86, 88
公務員職留保制度／問題　3, 13, 18, 20, 21, 25, 34, 50, 67, 75-77, 79, 82, 85, 91, 92, 96, 97, 100-103, 109, 238-244, 248, 252, 275, 282, 289, 290, 292, 321, 322, 330
コーリー, A（Atul Kohli）　15, 16, 317
五カ年計画
　　第一次――　113, 114
　　第二次――　114, 124
　　第三次――　114, 115
　　第四次――　124
国民戦線　3, 27, 29, 92, 102, 205, 207, 210, 234, 239, 240, 253, 283, 322
国民民主連合　1, 18
小作人　33, 41, 44, 46, 47, 65, 77, 78, 115, 118-121, 131, 132, 134, 138, 141, 142, 149
小作（保護）法　115, 118, 119, 121
コターリ, ラジニ（Rajni Kothari）　4, 6, 7, 9, 49
コミュナリズム（コミュナル）　172, 214, 216, 221-223, 225
近藤則夫　24, 231, 318

　　サ　行

サヘイ, K. B.（Krishna Ballabh Sahay）　57, 84, 88-91, 118-120
サマタ党（Samata Party）　293, 294, 309, 312, 314, 315, 323
ザミンダーリー制／ザミンダール　43, 59, 62, 65, 87, 112, 115-119, 121, 137, 163
左翼過激派　16, 134, 137, 138
サラスワティー, スワーミー・サハジャーナンド（Swami Sahajanand Saraswati）　41, 43
参加と代表の格差　33, 47, 50, 51, 57, 58, 66, 67, 73, 89, 99, 237, 295, 321, 322

サング・パリワール　2, 167, 220, 250, 251, 254, 283
サンスクリット化　71, 72
シーターマリー　187, 284
　　――暴動　266, 283, 285, 288, 289
JP運動　94-97, 140, 233, 235
シェカール, チャンドラ（Chandra Shekhar）　99, 103, 207, 231, 234, 238, 243, 258, 261, 262
塩の行進　41
自作農　46, 57, 61, 112, 134, 136, 137, 149
指定カースト　29, 33, 34, 42, 44-47, 51, 57, 58, 61, 63-65, 73, 77, 79, 83, 89, 92, 94, 96, 97, 107, 108, 111, 120, 131, 135, 137, 138, 139, 141, 145, 147, 148, 191, 234, 277, 280, 296, 297, 315, 321
指定部族　51, 73, 139, 147, 148, 277, 293, 294, 321
地主　16, 33, 34, 39, 41, 43, 44, 46, 57, 62, 63, 65, 66, 72, 73, 77, 78, 86, 93, 96, 109, 111, 113, 116, 120, 121, 130, 132-135, 137, 138, 141, 147, 149, 150, 172, 200, 241, 261, 264, 265, 267, 282, 283, 296, 298, 304, 305, 309
　　――動員戦略／モデル　33, 34, 46, 47, 49, 51, 58, 59, 65, 66, 67, 77, 78, 85-88, 91, 93, 94, 97, 102, 103, 105, 111, 112, 137, 138, 139, 142, 146, 148-150, 202, 296, 303-305, 308, 322
市民的不服従運動　37, 40, 41, 73
シャーストリー, B. P.（Bhola Paswan Shastri）　89-91
シャーストリー, L. B.（Lal Bahadur Shastri）　86, 92, 128, 129
ジャーティー　68-71, 305
シャー・バノ訴訟　151, 154, 155
ジャールカンド解放戦線（JMM）　233, 258
ジャールカンド州　10
ジャ, S. C.（Shiv Chandra Jha）　165, 166, 199
社会・教育的後進諸階級（socially and educationally backward Classes）　80, 81, 100, 101

社会主義／社会主義型社会　43, 81, 88
社会主義者　93, 98, 233, 234, 244, 296
社会主義政党　18, 21, 33, 34, 50, 52, 55, 66, 67, 73, 74, 76, 78, 82, 84-88, 90, 92, 96, 97, 102, 108, 109, 111-113, 118, 138, 139, 142, 146, 148, 207, 238, 321, 322, 324
社会主義党(Samajwadi Party)　17
社会正義　114, 243, 259, 283
社会的亀裂(論)　16-19, 25, 41, 317
社会党(Socialist Party)　75, 76, 86
ジャナター・ダル(JD：Janata Dal)　3, 10, 26-32, 108, 198, 199, 205-209, 211, 212, 214, 216, 218, 223-225, 227-232, 233-238, 240, 242, 245, 251, 257-261, 267-275, 284, 288-290, 292-297, 303, 310-314, 317-320, 322, 323
ジャナター・ダル(統一派)　299, 300, 305, 308, 309, 315, 323, 325
ジャナター党　7, 8, 18, 92, 96-99, 101-103, 105, 107, 109, 139, 140, 142, 143, 147, 148, 152, 157, 165, 207-209, 234, 262
シャハブッディン, サイード(Syed Shabuddin)　209
ジャ, B.(Binodhanand Jha)　84, 89
ジャフルロー, C(Christophe Jaffrelot)　19, 21, 47, 48, 50, 87, 317
ジャムー・カシミール州　241
ジャン・モルチャ(Jan Morcha)　207, 239
州議会選挙　9-12, 26, 62, 94, 98, 103, 143, 150, 153, 198, 233, 290, 307, 315, 317
宗教　14, 15, 19, 22, 37, 41, 55, 97, 143
　　──アイデンティティ　2, 3, 13, 21, 25-35, 67, 111, 140, 151, 154, 215, 248, 275, 309, 317-320, 322, 323
　　──行進　29, 202, 215
　　──動員戦略／モデル　34, 97, 98, 100, 139, 140, 142, 150, 151, 153, 207, 227, 275, 308, 318, 323
　　──暴動　13, 20-22, 24, 29, 32-35, 37, 67, 111, 112, 142, 159, 179, 202, 205-207, 212, 215, 216, 218, 219, 224, 226, 229, 231, 238, 242, 249, 252-259, 274, 275, 283, 285, 289, 292, 314, 318-320, 322,

325, 328, 329, 331
上位カースト　3, 11, 17, 20, 21, 25, 28, 29, 31-35, 44, 46-52, 55-58, 65, 70, 72, 77-79, 83-85, 89-92, 99, 100, 108, 111, 134, 135, 137, 138, 139, 147, 149, 191, 200, 236, 237, 241, 243-245, 247, 248, 259, 260, 262, 264, 265, 267, 269, 271-273, 275-277, 279-283, 292-295, 304-312, 314, 320-322
食糧
　　──危機　86, 87, 125, 127, 131, 137
　　──自給　113, 130
　　──不足　124
　　──増産　115
ショシット・ダル(Shoshit Dal)　88-90
ジョンソン, リンドン(Lyndon Johnson)　129,
シン, チャラン(Charan Singh)　97, 98, 101-103, 147, 148, 150, 207, 239
シン, V. P.(Vishwanath Pratap Singh)　3, 27, 29, 35, 207, 209, 211, 214, 216-219, 221, 223, 224, 231, 234, 235, 238-241, 243, 249-253, 258, 260, 261, 275
シン, S. H.(Sardar Harihar Singh)　90,
新興勢力　6, 20, 48, 49, 94, 96
シンジケート　92, 93, 128, 129
シンハ, A. N.(Anugrah Narain Sinha)　84
シンハ, M. P.(Mahesh Prasad Sinha)　84, 87, 88, 90
シンハ, R. J.(Ram Jatan Sinha)　226
シンハ, S. K.(Sri Krisha Sinha)　57, 84
シンハ, S. N.(Satyedra Naraina Sinha)　84, 90, 98, 166, 187, 188, 201, 225
人民革命党(Jana Kranti Dal)　87
人民社会党(Praja Socialist Party)　64, 76, 77, 90
スイク教徒　2, 151, 152
スブラマニアム, C.(C. Subramaniam)　128, 129
正義党(Insaaf Party)　209
政治参加　7, 11, 15
政治変動　3, 14, 15, 19, 21, 22, 25-28, 30, 31, 205, 317, 319, 322, 324

制度アプローチ　112, 115, 121, 122, 127, 128, 130, 132, 137
政党　14, 18, 52, 55, 72
　──政治　10, 72
　──間競合　11-13, 18, 22, 23
　──システム　3, 4, 6-10, 14, 16, 18, 19, 21, 24, 31, 32, 205, 317
　──連合　207
世界ヒンドゥー教会(VHP:Vishwa Hindu Parishad)　145, 155-158, 161, 167-169, 171-173, 178-180, 183, 197, 198, 208, 211, 214, 216, 219, 220, 225, 249, 251, 253, 256, 283
セキュラリズム(セキュラー)　19, 143, 151, 217, 223, 224, 251, 256, 259, 283, 289, 325
全インド学生会議(ABVP)　171, 276
選挙　12, 20, 23, 27, 30, 43, 47, 48, 72, 124, 129, 153, 154, 160, 164, 207, 208, 214, 215, 226, 260, 265, 298, 319, 320
　1951-52下院選挙　48, 76, 83
　1957下院選挙　77, 86
　1962下院選挙　77, 86, 165, 166
　1967下院選挙　6, 7, 20, 30, 48, 50, 63, 67, 77, 84, 86-88, 92, 94-96, 140, 321
　1971下院選挙　2, 8, 93, 94, 131, 262
　1977下院選挙　7, 9, 20, 31, 94, 96, 103, 105, 147, 165, 233, 321
　1980下院選挙　101, 105, 142, 146, 147, 233
　1984下院選挙　2, 8, 11, 146, 147, 150, 152-154, 159, 199, 200, 205, 207, 210, 227, 229, 262, 322
　1989下院選挙　3, 9, 20, 24, 27-29, 32, 34, 149, 150, 154, 166, 178, 197, 199, 200, 202, 203, 205, 207, 226, 228, 229, 233, 238, 239, 249, 258, 259, 262, 270, 274, 275, 303, 315, 317, 319
　1991下院選挙　9, 20, 28, 160, 248, 257, 258, 261, 262, 264-273, 275, 289, 292, 311-314, 319, 320
　1996下院選挙　1, 9, 10, 24, 303, 307-313
　1998下院選挙　1, 9, 11, 17, 303, 307, 310-313, 323
　1999下院選挙　1, 10, 12, 306, 311, 312, 315, 323
　2004下院選挙　1, 10, 12, 299-303, 305, 310, 312, 313, 315
　2009下院選挙　1, 10-12, 205
　1951州議会選挙　55, 62, 63, 83
　1957州議会選挙　62, 63, 86, 147
　1962州議会選挙　55, 63, 86
　1967州議会選挙　31, 55, 67, 84, 86-88, 91, 94-96, 124, 127, 167, 321
　1972州議会選挙　91
　1977州議会選挙　103, 147
　1980州議会選挙　102, 105, 233, 237, 295, 296
　1985州議会選挙　154, 165, 233, 237
　1990州議会選挙　29, 35, 231, 233, 235-237, 244, 260, 261, 263, 289, 292, 295, 296, 315
　1995州議会選挙　237, 289, 290, 292, 293, 295, 305, 307-310, 312, 314, 315, 321
　2000州議会選挙　306, 311, 313
　2005年2月州議会選挙　107, 237, 295, 300, 303
　2005年11月州議会選挙　315, 323
　2010州議会選挙　55
全国政党　10, 17, 18
全体革命(Total Revolution)　95
1857年大反乱　38
その他後進諸階級(Other Backward Classes：OBC)　7, 44, 69, 77, 79, 81, 99, 103, 105, 262, 268-270, 272, 273, 275, 312, 327

タ　行

タークル, カルプーリ(Karpoori Thakur)　87, 88, 91, 98-100, 103, 233-235, 257, 277
ダース, R. S.(Ram Sunder Das)　216, 234
大衆社会党(BSP:Bahujan Samaj Party)　17
大統領直轄統治　90, 91, 95, 206
タゴール, ラビンドラナート(Rabindranath Tagore)　39
山車行進(Rath Yatra)　3, 13, 29, 35, 241, 249-253, 255, 256, 274, 320
タミル・ナードゥ州　7, 126, 131, 137, 145

ダリット労働者農民党(Dalit Mazdoor Kisan Party)　152
タンドン, P. (Purshottamdas Tandon)　113, 114
チッバー, P(Pradeep Chhibber)　16-19, 21, 25, 317
地方政党　1, 10, 11, 13, 17, 18
チャンダプリ(R. L. Chandapuri)　76, 83, 88,
チャンドラ, K(Kanchan Chandra)　16, 278
出稼ぎ　34, 112, 131, 134-136, 138
デサイ, モラルジー(Morarji Desai)　92, 95, 97, 98, 100, 101, 105
デリー　14, 48, 83, 96, 98, 99, 136, 144, 152, 157, 162, 166, 189, 217, 222, 239-243, 250, 252-255, 257, 291
テルグ・デーサム党(Telugu Desam Party)　152, 205-207
統一議員党(SVD：Samyukta Vidhayak Dal)　88
統一社会党(Samyukta Socialist Party)　63, 77, 87, 88
統一進歩連合(United Progressive Alliance)　1, 12, 18, 136
統一戦線(United Front)政権　10
投票行動　20, 23, 24, 28, 29, 61, 105, 108, 109, 268, 295, 304, 305, 307, 310, 313, 314, 319, 324
投票率　7, 11, 87
独立　2, 6, 22, 33, 41, 74, 113
——運動　1, 6, 37, 40, 41, 62, 63, 67, 73, 82, 113, 267
ドラヴィダ進歩連盟(DMK)　207

ナ 行

ナラーヤン, ジャヤ・プラカーシュ(Jaya Prakash Narayan)　74, 85, 95, 97, 99, 235, 266
西ベンガル州　7, 130, 241
ネルー, ジャワハルラール(Jawaharlal Nehru)　2, 18, 41-43, 75, 79, 81, 86, 112-115, 120, 123, 124, 127, 128, 137
ネルー, モティラール(Motilal Nehru)　42,

43
農業　112, 114, 115, 124, 128, 148, 153
——技術　112, 113
——政策　112, 113, 124, 128, 137
——生産(性)　112, 115-117, 121-122, 124, 127
——労働者　33, 34, 40, 41, 44, 46, 57, 61, 65, 77, 78, 94, 111, 115, 120, 121, 131, 134, 135, 137, 138, 141, 142, 147, 296
——労働賃金　112, 131, 134, 137, 138
農業労働者大衆党(KMPP：Kisan Mazdoor Praja Party)　76, 85
農村(社会)　33, 37, 40-43, 46, 58, 77, 93, 94, 112, 119, 130-132, 135, 137, 149, 150, 167, 190, 200, 202, 239, 278, 282, 283, 295, 308
農業改革　75, 80, 94, 96, 102, 112, 114, 115, 117, 120
　農地所有上限設定(法)　96, 115, 119, 120
　農地統合法　115, 119, 120
農民　40, 73, 93, 97, 98, 111, 116, 118, 121, 131, 138, 149, 238-240
——組合運動　117
——政治　207
——政党　34, 111, 112, 138

ハ 行

バーガルプル暴動　3, 13, 27, 28, 31, 32, 34, 139, 141, 150, 154, 159, 161, 187, 191, 196, 201, 203, 205, 212, 214, 218, 225-229, 257, 274, 288, 314, 318, 319, 321, 322, 325
パキスタン　2, 152, 178
端の連合(モデル)　20, 34, 35, 139, 147, 148, 150, 202, 231, 314, 321, 322
バジラン・ダル(Bajrang Dal)　146, 178, 219-221
パスワン, R. V. (Ram Viras Paswan)　242
パテール, V. J. (Vallabhbhai Jhaverbhai Patel)　74, 112-114
パテール, B. C. (Bir Chand Patel)　84
バブリー・マスジット　2, 13, 145, 151, 155-157, 218, 221, 250, 251, 254, 256

——行動委員会（BMAC:Babri Masjid Action Committee）　157, 222, 251
　　——連絡協議会　209, 222
バラーティヤ・ジャン・サン（BJS:Bharatiya Jan Sangh）　26, 34, 88, 97-101, 103, 140, 142-144, 153, 167, 223
バラーティヤ・ローク・ダル（BLD:Bharatiya Lok Dal）　98, 147
ハリヤーナー州　134, 136, 238, 239, 250
パンジャーブ州　2, 7, 130, 134, 241
パンジャーブ問題　150, 214, 322
パンチャーヤット（制度／選挙）　58-61, 149, 150, 209, 297, 304, 310
パンデ, K（Kedar Pandey）　95
非協力・不服従　41
非常事態体制　8, 20, 31, 94-96, 208
ビハール州　3, 7, 9, 10, 16, 18, 25, 27, 28, 30-33, 41, 43, 46, 51, 52, 57, 58, 62, 65, 66, 71, 72, 74, 82, 85-87, 92, 93, 95, 96, 98, 111, 115, 117, 118, 121, 124, 125, 127, 132-134, 137, 142, 147, 148, 155, 156, 159, 204, 205, 208, 210, 212, 214-216, 218, 223-227, 229-231, 233, 235-238, 240-243, 250-253, 255, 256, 257-260, 262, 268-275, 277, 279, 281, 282, 289, 293, 294, 307-310, 314-325
　　——後進諸階級委員会（ムンゲリ・ラール委員会）　91, 99
　　——後進諸階級連盟（Bihar State Backward Classes Federation）　82, 86
　　——政府　182, 188, 202
　　——バーガルプル県　2, 161-162, 176, 194, 199, 215-217, 224, 225, 274
　　——バーガルプル県チャンデリ村　141, 190, 191, 194, 217, 228
　　——バーガルプル県バーガルプル市　159, 160, 163, 173, 175, 187, 188
　　——バーガルプル県ファテブル村　141, 162, 163, 167, 172-176, 194
　　——バーガルプル県ロガイン村　163, 191-193
　　——ボージュプル県　29, 57
　　——ボージュプル県ベラウール村　46, 141, 309, 310
　　——マデプラ県　27, 29, 59, 85, 243-248, 261-263, 268-270, 273, 275, 291, 299, 303
　　——マデプラ県ムルホ村　46, 58-61, 63, 65, 66, 78, 103-109, 136, 137, 149, 295-302, 304, 305
　　——マデプラ州議会選挙区　301
非暴力主義　41, 42
ヒマーチャル・プラデーシュ州　241
ヒラーファト・非協力運動　37, 40
貧困　93
　　——層　93, 94, 96, 259, 298
　　——追放（戦略）　2, 93, 94, 96
ヒンドゥー　3, 14, 19, 22, 24, 32, 40-42, 140, 141, 143-145, 150, 151, 157, 158, 161-164, 169, 170, 175-177, 179-181, 184-187, 189-200, 208, 216, 218, 225, 229, 231, 249, 252, 284-286, 288, 320
　　——アイデンティティ　18, 19, 140, 200, 320
　　——教　70, 171, 177
　　——国家　1, 97, 140, 142-144, 151, 223
　　——ナショナリズム／ナショナリスト　2, 19, 34, 97, 144-146, 151, 153, 155-158, 166-168, 172, 198, 200-202, 221
　　——票　32, 140, 143, 145, 150, 153, 156, 168, 199, 200, 202, 216, 249, 320
　　——民族　1, 140
　　——路線　153, 159
不可触民　44
藤田幸一　131, 148
ブラス, P. R.（Paul R. Brass）　20, 21, 23, 24, 146, 147, 318, 320
フランケル, F. R.（Francine R. Frankel）　58, 131
ベイグ, S. K.（Sushil Kumar Bage）　84
包括政党　12, 17, 21, 41, 50, 143, 323
暴徒　173, 175, 181, 185, 186, 192
　　ヒンドゥー——　184, 195
暴動　2, 13, 19-25, 27, 29-33, 99, 140, 159-163, 165, 167, 168, 170-173, 175, 179, 180, 184, 185, 187, 191, 193, 198-201,

203, 205, 207, 208, 214, 215, 217, 224, 226, 228, 238, 240-242, 246-248, 250, 253-255, 257, 258, 263, 265, 266, 268, 269, 273, 275, 278, 282-289, 291, 317, 319, 320, 322-325, 330, 331
　──への対処法　25, 28-30, 32, 34, 35, 203, 207, 229, 231, 267, 273, 283, 287, 314, 319-325
暴力　1, 3, 15, 16, 19, 29, 30, 41, 242, 243, 248, 257, 265, 276, 278, 319, 324, 325
ボース・スバース・チャンドラ(Subhas Chandra Bose)　43, 74

マ　行

マイソール州(現カルナータカ州)　95
マディヤ・プラデーシュ州　19, 159, 205, 250, 255
マデプラ暴動　243, 261, 263, 273
マハーラーシュトラ州　24, 205, 222, 241, 250
マハラノビス　114
マルキスト・コーディネーション(Marxist Co-ordination)　258, 289
マンダル委員会(第二次後進諸階級委員会)(報告)　3, 13, 17, 18, 21, 26-28, 31, 32, 35, 58, 69, 100-103, 105, 238-244, 249, 253, 258-261, 263-265, 278, 282, 289, 290, 305, 312, 318-320, 327
マンダル, A. K. (Arun Kumar Mandal)　107, 300, 301, 303
マンダル, M. K. (Manindra Kumar Mandal)　105-108, 296, 297, 299-301, 303,
マンダル家　60, 61, 64, 65, 105, 108, 109, 117, 136, 137, 296-301, 303-305
マンダル, B. N. (Bhupendra Narayan Mandal)　62, 63, 85, 91
マンダル, ビンデシュワーリー・プラサード(Bindheshwari Prasad Mandal)　27, 58, 62-65, 85, 87, 88, 91, 99, 100, 105-108, 244, 280
マンダル暴動　254-256, 258-260, 262, 263, 266, 268, 269, 273, 275, 318-320
ミシュラ, L. N. (Lalit Narayan Mishra)　85, 91, 225
ミシュラ, ジャガナート(Jagannath Misra)　193, 197, 216, 260, 277
緑の革命　34, 97, 111, 124, 127-135, 137, 138, 279, 282, 321
民主主義　6, 8, 28, 30, 31, 35, 44, 73, 95, 143, 324, 325, 326
民族ジャナター・ダル(RJD:Rashtriya Janata Dal)　237, 299, 303, 305, 307, 310-313, 315
民族奉仕団(RSS:Rashtriya Swayamsevak Sangh)　1, 26, 101, 140, 142, 144-146, 152-154, 156, 158, 161, 167, 168, 192, 194, 196, 198, 249
ムスリム　2, 14, 19, 22-24, 26, 29, 35, 40, 41, 51, 58, 61, 96, 107, 139, 141, 142, 144, 145, 147, 150, 154, 155, 157, 159, 161-164, 167, 169-186, 189-203, 208, 217-219, 221, 222, 224-231, 249, 251, 252, 254, 274, 275, 280, 283, 285, 287-289, 292-294, 310, 313, 314, 319-322
　──票　208, 225, 227, 257, 283, 325
雌牛保護運動　26
モハン, アナンド(Anand Mohan)　261, 262, 264, 265, 267, 268

ヤ　行

ヤーダヴ, シャラド(Sharad Yadav)　28, 242, 261, 262, 264, 265, 267, 299-301, 303, 305, 319
ヤーダヴ, D. P. R. (Daroga Prasad Rai Yadav)　90, 91
ヤーダヴ, R. L. S. (Ram Lakhan Sigh Yadav)　84, 103
ヤーダヴ, パプー(Papu Yadav)　244-246, 248, 264, 266, 267
ヤーダヴ, ラルー・プラサード(Laloo Prasad Yadav)　3, 29, 30, 32, 35, 160, 198, 233, 235-237, 243, 245, 246, 248, 252, 253, 255, 256, 258, 259, 261, 266, 267, 275-283, 286-291, 295-297, 299-301, 303-314, 318, 320, 322, 323, 325
柳澤悠　131

有権者　20, 23, 25, 28, 30, 35, 50, 67, 86, 87, 208, 218, 226, 275, 278, 300, 303, 307, 324
有効政党数　4, 11, 12, 298, 315
有力地主カースト　33, 37, 42-44, 46, 47, 57, 93, 94, 139, 148

ラ・ワ 行

ラージャスターン州　7, 159, 205, 241, 250
ラーム　252, 253, 257, 283
　――寺院　145, 156, 158, 197, 202, 208, 212, 214, 215, 219, 221, 226, 249, 251, 254, 283
　――神　2, 145, 154, 157, 202, 215, 216, 252
　――像　156
　――・レンガ行進　20, 27, 32, 139, 158-161, 167-169, 172, 175, 178, 186, 189, 191, 194, 196, 197, 200-202, 214, 218, 227, 229, 249, 257
ラーム、ジャグジーワン（Jagjivan Ram）　97, 103
「ラーム誕生の地」解放献身委員会（Sri Ramjanmabhoomi Mukti Yagna Samiti）　146, 251
ラール、デヴィ（Devi Lal）　150, 207, 211, 231, 238-240, 243
ラオ、N. T. R.（N. T. Ram Rao）　152, 207
ラオ、P. V. N（P. V. Narasimha Rao）　9, 49, 209, 276, 327
ランヴィール・セーナー　29, 46, 305, 306, 309
連立政権／連合の政治・時代　1, 10, 12, 14
連邦制　17, 30
ローク・ダル（LKD：Lok Dal）　102, 107-109, 150
　ローク・ダル（B）　207
　ローク・ダル（ラージ・ナライン）　103
ロークタントリック・コングレス（Loktantric Congress）　89
ロヒア、ラーム・マノハール（Ram Manohar Lohia）　75, 76, 88, 244

ワイナー、M（Myron Weiner）　20, 48, 49

著者略歴

1970年　福岡県に生まれる
1993年　東京大学法学部卒業
2003年　東京大学大学院法学政治学研究科博士課程単位取得退学．博士（法学）
現　在　京都大学大学院アジア・アフリカ地域研究研究科客員准教授

インド　暴力と民主主義
――一党優位支配の崩壊とアイデンティティの政治

2012年2月23日　初　版

［検印廃止］

著　者　中溝和弥

発行所　財団法人　東京大学出版会
　　　　代表者　渡辺　浩
　　　　113-8654 東京都文京区本郷 7-3-1 東大構内
　　　　電話 03-3811-8814　Fax 03-3812-6958
　　　　振替 00160-6-59964

印刷所　株式会社暁印刷
製本所　誠製本株式会社

© 2012 Kazuya Nakamizo
ISBN 978-4-13-036242-9　Printed in Japan

Ⓡ〈日本複写権センター委託出版物〉
本書の全部または一部を無断で複写複製（コピー）することは，著作権法上での例外を除き，禁じられています．本書からの複写を希望される場合は，日本複写権センター（03-3401-2382）にご連絡ください．

現代南アジア［全6巻］

1. 地域研究への招待*
   長崎暢子 編 　　　　　　　　　A5・400頁・4800円

2. 経済自由化のゆくえ
   絵所秀紀 編 　　　　　　　　　A5・344頁・4800円

3. 民主主義へのとりくみ*
   堀本武功・広瀬崇子 編 　　　　A5・330頁・4600円

4. 開発と環境*
   柳澤 悠 編 　　　　　　　　　　A5・336頁・4800円

5. 社会・文化・ジェンダー*
   小谷汪之 編 　　　　　　　　　A5・352頁・4800円

6. 世界システムとネットワーク
   秋田 茂・水島 司 編 　　　　　A5・360頁・4800円

（＊＝在庫僅少）

ここに表示された価格は本体価格です．御購入の際には消費税が加算されますので御了承下さい．